白衣披甲
家国情怀

九三学社参与抗击新冠肺炎疫情典型事迹

九三学社中央宣传部　主编

学苑出版社

图书在版编目（CIP）数据

白衣披甲　家国情怀：九三学社参与抗击新冠肺炎疫情典型事迹/九三学社中央宣传部主编. — 北京：学苑出版社，2020.10

ISBN 978-7-5077-6011-8

Ⅰ.①白… Ⅱ.①九… Ⅲ.①九三学社 – 先进工作者 – 先进事迹 – 现代 Ⅳ.① K827=7

中国版本图书馆 CIP 数据核字（2020）第 191908 号

责任编辑：任彦霞
出版发行：学苑出版社
社　　址：北京市丰台区南方庄 2 号院 1 号楼
邮政编码：100079
网　　址：www.book001.com
电子信箱：xueyuanpress@163.com
联系电话：010-67601101（营销部）、010-67603091（总编室）
印　刷　厂：北京兰星球彩色印刷有限公司
开本尺寸：710×1000　1/16
印　　张：29.25
字　　数：430 千字
版　　次：2021 年 1 月第 1 版
印　　次：2021 年 1 月第 1 次印刷
定　　价：93.00 元

编委会

主　任：丛　斌

副主任：张魁林　张培富

编　委：(按姓氏笔画排序)

王志鹏	王　博	丛　彬	刘晓卿
刘　倩	刘　影	孙　立	李　静(陕)
李　静(津)	吴国玲	陈丽英	陈建华
周　舟	赵书军	胡　超	侯艳华
贺尔馨	黄　羽	黄　赟	康文妍
程　恳			

坚定信心 迎难而上
助力打赢疫情防控阻击战
（序言）

新冠肺炎疫情是新中国成立以来，我国遭遇的传播速度最快、感染范围最广、防控难度最大的重大突发公共卫生事件。在以习近平同志为核心的中共中央坚强领导下，经过全国人民艰苦卓绝的努力，抗击新冠肺炎疫情斗争取得重大战略成果，我国成为疫情发生以来第一个恢复增长的主要经济体，在疫情防控和经济恢复上都走在世界前列，充分展现了中国共产党领导和我国特色社会主义制度的显著优势，充分展现了中国人民和中华民族的伟大力量，充分展现了中华文明的深厚底蕴，充分展现了中国负责任大国的自觉担当。

在这场严峻斗争中，九三学社认真学习领会习近平总书记对疫情防控工作的重要指示精神，坚决贯彻落实中共中央决策部署，把疫情防控工作作为全社最重要、最紧迫的政治任务，积极行动、全面部署，为打赢疫情防控阻击战凝聚了九三力量、贡献了九三智慧。

我们强化宣传引导。疫情期间，九三学社各级组织广泛利用网站、微信公众号等宣传平台，第一时间传达习近平总书记重要讲话和中共中央决策部署，发布通知、倡议、慰问信等，全力宣传社员投身抗疫斗争的感人事迹，凝聚起在中国共产党坚强领导下战胜疫情的坚定信念和必胜信心，产生良好社会影响。同时，密切关注网络舆情，加强监测和分析研判，坚决守牢意识形态领域阵地。

我们积极建言献策。各级组织和广大社员围绕抗击疫情，就科学防控、应急管理、社区治理、保障民生、脱贫攻坚、企业复工复产、宣传舆论引导等方面问题提出意见和建议。这些内容，既有应时之举，又有长效之策，充分体现了非常时期九三学社社员的责任担当。社中央及时通过"直通车"建议、政协提案和社情民意信息等形式反映,为相关决策提供参考,为打赢疫情防控阻击战贡献智慧。

我们投身疫情防控。许多医卫界社员白衣为甲、逆行出征,舍生忘死挽救生命。许多社员积极研发防疫物资、指导复工复产。大批社员下沉社区参与防控工作,全力配合党委和政府指挥安排。各行各业社员协调各种资源捐款捐物,支援前线。截至3月22日,全社累计协调捐款近2.2亿元、捐物价值2.9亿元以上;其中,王选关怀基金会共收到来自九三学社社员及爱心企业捐款1469.19万元,用于资助、慰问社内一线医务人员1280.27万元。

我们弘扬科学精神。社员们充分发挥智力密集优势,用科技创新支持防控工作。部分社员带领所在互联网企业快速研发社区疫情防控解决方案。部分社员率领团队积极开展检测试剂盒研发攻关和疫苗研制等工作。部分社员带领所在"互联网+"医疗企业在线诊疗各地病患。多地社员和社组织通过网络进行新冠肺炎防控科普宣传,解疑释惑。他们都以实际行动彰显了九三学社社员的社会责任和担当。

特别需要指出的是,九三学社湖北省委和武汉市委身处疫情中心,遭遇极大困难和风险,一些社员及家属不幸染病,但他们迎难而上,积极主动开展工作。他们上报了大量抗疫建言和信息,助力湖北省疫情防控。他们齐心协力,协调省内外社组织的爱心捐赠。他们派遣机关工作人员下沉社区,筑牢社区疫情防控线。他们走访慰问奋战一线的本省和外省援鄂社内医务工作者,致敬新时代最可爱的人。他们积极助力复工复产,为统筹推进疫情防控和经济社会发展做出了重要贡献。

习近平总书记在全国抗击新冠肺炎疫情表彰大会上的讲话中指出:"在这场同严重疫情的殊死较量中,中国人民和中华民族以敢于斗争、敢于胜利的大无畏气概,铸就了生命至上、举国同心、舍生忘死、尊重科学、命运与共的伟大抗疫精神。"为学习我社抗疫先进,弘扬伟大抗疫精神,社中央宣传部面向全社征集抗疫事迹,组织编写了《白衣披甲 家国情怀——九三学社参与抗击新冠肺炎疫情典型事迹》一书。该书展现了部分社员和社组织一线抗疫的感人故事,是新时代九三人传承爱国民主科学传统、服务社会报效国家的缩影。书中的人物和集体，既是战疫英雄和先进典型，也是在平凡岗位上兢兢业业的普通人和普通群体。希望广大社员以书中的人物和集体为榜样，从中汲取更多的精神力量，从我做起、躬身践行，在全面建设社会主义现代化新征程中再立新功。

当前，疫情仍在全球肆虐，国内零星散发病例和局部暴发疫情的风险仍然存在，夺取抗疫斗争全面胜利还需要付出持续努力。全社各级组织和广大社员要更加紧密团结在以习近平同志为核心的中共中央周围，按照党中央统一部署，进一步坚定信心、迎难而上，努力做到疫情防控和履职尽责两手抓、两手硬。各级社组织和机关要严格履行管理责任，坚决服从当地疫情防控统一指挥、严格落实各项疫情防控举措，围绕扎实做好"六稳"工作、全面落实"六保"任务，深入调查研究，积极建言献策，为夺取抗疫斗争全面胜利和全面建设社会主义现代化国家新胜利，做出我们应有的贡献。

九三学社中央主席

武维华

2020 年 10 月

目　录

"全国抗击新冠肺炎疫情先进个人"称号获得者

北京市

王贵强：即使疫情结束，要做的还有很多　　　　　　　　程　恳 / 003

朱凤雪：和"死神"赛跑　必须争分夺秒　　　　　　　　张瑞琨 / 007

杜斌：打赢湖北保卫战　他坚守到最后　　　　　　　　　程　恳 / 011

天津市

吴琦：灼灼丹心守津门　白衣逆行再冲锋　　　　　　　　丁宇辰 / 015

浙江省

朱佳清：在抗疫"前线"谱写人生最美芳华　　　　　　　陈　磊 / 019

黄小民：小方子亦能济世　大胸怀更为安民　　　　　　　周　舟 / 022

江西省

张伟：一名战疫老兵的担当与情怀　　九三学社南昌大学基层委员会 / 026

山东省

张伟：为国尽力　匹夫有责　　　　　　　　　　　　　　陈建华 / 031

河南省

郑福增：方舱医院里的中医"守护神"　　　　　　陈宝燕　马赛音 / 034

湖北省

杨彬：芳华在抗疫战场上绽放　　　　　　　　　　　　　胡艳萍 / 038

重庆市

田文广：怀医者仁心　用科学战疫　　　　　　　　　　　游　阳 / 042

黄爱龙：勇担使命　火线攻关　　　　　　　　　　杨现洲　王　维 / 046

001

其他典型

北京市

邢若齐：为新冠肺炎疫情防控工作做好督导检查　　　　孔瑶竹 / 053

杨佳：春暖花开　山河无恙　　　　　　　　　　　　廉维亮 / 056

张黎明：白首踏征程　轻装换重甲　　　　　　程恳　赵军民 / 061

高伟波：攻坚重症救治　战疫到底　　　　　　　　　　程恳 / 065

董国菊：江城战疫有中医　　　　　　　　　　　　　董译聪 / 069

天津市

大鹏展翅　逆风翱翔　　　　　　　　　　　　　　白大鹏 / 073

从武汉到非洲　一颗医者之心全力以赴　　　　　　　苏毅 / 077

河北省

吴相君：为抗击新冠提供中药方　　　　　　　　　牛家林 / 081

樊峰萍：托起生命的太阳　　　　　　　　　　　　　王烨 / 084

山西省

激情与悲情的力量　　　　　　　　　　　　　　　王俊平 / 088

李红：抗击疫情的九三学社"她"力量　　　　　　杨官娥 / 092

内蒙古自治区

九三学社内蒙古自治区人民医院支社：守初心　担使命　协同战疫
　　　　　　　　　　　　　　　　　　　　狄原　王博阳 / 096

辽宁省

曲东霞：一袭白衣担使命　　　　　孔艳梅　韩晋东　姜涛 / 101

王大庆：一份沉甸甸的任命书　　　　　　　　　　李东瑞 / 106

唯愿山河无恙　你我如初见　　　　　　　　　　　陈汉敏 / 110

吉林省

一袭白衣作战袍　不舍昼夜迎曙光　　　　　　　　李晓光 / 114

冷向阳：新时代中医人的责任与担当　　　　　　　瞿新明 / 119

赵辉：执着逆行的科研战疫者　　　　　　　　　　李道恒 / 124

黑龙江省

王占：别时风雪　归来春风　　　　　　　　　　　　沈　雪 / 128

王晓丽："无论在哪里，我都会为社组织增光"　　　刘振平 / 133

上海市

王莉："我觉得比较骄傲的是，没有把捐赠做成一场秀"　　李　轩 / 137

刘亮：出征武汉第6天，他再次向社组织递交了入社申请书　黄　赟 / 141

吴彬：阻击连着防控，从管医院到接手集中隔离点　　张　瑾 / 145

郑亦慧：上海日与夜，这位"老法师"带领着一支"抗疫联盟"　郭文绮 / 148

赵波："医生这两个字是一生的信仰"　　　　　　　方　翔 / 152

江苏省

闵凌峰：九三逆行者　抗疫显大爱　　　　　　　　匡海波 / 155

对每一个生命负责　　　　　　　　　　　　　　　赵大国 / 159

姚茂元：临危受命的"司令"　　　　　　　　　　王　力 / 162

郭春辉：去时无畏　归来无悔　　　　　　吴艳宇　郁　昉 / 166

从零起步　严防死守　为安全守门　　　　　　　　程科萍 / 170

浙江省

马彦俏："国家有难，我应该挺身而出"　　　　　　吴　珍 / 174

何旭东：《我的爸爸在武汉》背后的故事　　　　　周　舟 / 178

"非典"老将再战新冠肺炎　　　　　　　　　　　张林利 / 182

安徽省

九三学社滁州市委员会："小"市委会在战疫中的大作为　李　霞　陆小东 / 185

陈良：封城前，他默默退掉了从武汉回家的车票　　李国珍　阚春秀 / 190

福建省

陈德招：苟利国家生死以　　　　　　　　　　　　林修凤 / 194

山东省

尹丽霞："我是呼吸科大夫，必须往前冲"　　　　王海龙　郭吉显 / 197

吕纪玲：在战疫一线用行动书写担当　　　　　　　谭　艳 / 202

邹志强：纵有疾风起　人生不言弃　　　　　　　　张桂德 / 206

董蒨：始终走在创新路上的医者　　　　　　　　姜玉兰 / 210

湖北省

程真顺：坚守疫情防线　为生命保驾护航　陈毅斐　吴长蓉　王　凤 / 214

九三学社荆州市委员会：打赢疫情防控战　贡献九三正能量　张　伟 / 218

九三学社襄阳市委员会：病毒无情　九三有爱　同舟共济　共克时艰

　　　　　　　　　　　　　　　　　　　　　　　　　高长敏 / 222

习春光："我的城　我来守"　　　　　　　　　　江发权 / 227

爱在，希望就在　　　　　　　　　　　　　　　马卿莲 / 231

孔福生：甘当疫情防控的"勤务兵"　　　　　　　张　浩 / 234

风雨兼程"行"最美　　　　　　　　　　　　　左明宴 / 237

"医生与患者的双重身份，为我积累了宝贵的临床治疗经验"　冯　俊 / 241

全雨峰：逆行向前　天使仁心　　　　　　周平林　彭娇妍 / 244

刘金亮：不忘初心担重担　牢记使命抗疫情　　　周平林 / 247

疫情中的成长　　　　　　　　　　　　　　　　刘晓帆 / 251

"前方再危险，我也要迎难而上"　　　　　　　　闫学强 / 254

李晖：精心运筹　案牍建功　　　　　　　　　　蔡文怡 / 258

李雪锋：情系大山深处　谱写大医精诚　　　　　闻　雅 / 262

杨红英：她坐着"专列"逆行回武汉　　　　　　　徐　扬 / 266

我是抗疫战场上的侦察兵　　　　　　　　　　　杨　明 / 269

余丹：让志愿精神在"疫"线闪耀发光　　　　　　孔　辉 / 273

张子云：爱之所至　万里无阻　　　　　　　　　娄雪娇 / 276

张劲农：守望相助　跨洋分享武汉防御经验　　　赵晓丽 / 280

张祥明：他是奋勇冲锋的抗疫"战将"　　　　　　吴杰峰 / 283

林爱珍：巾帼英雄抗新冠　身先士卒战疫情　　　陈笑吟 / 287

胜利，定在意料之中　　　　　　　　　　　　　邻国虎 / 291

赵红：战疫路上的一抹暖阳　　　　　　　　　　童芳芳 / 294

"我在抗疫前线的第一道关卡作战"

　　　　　　　　　　　　　　胡圣阳　口述　周寒飞　整理 / 298

人人都有一本疫中日记，我的这本名为"方舱"	段　飞	/ 302
徐伟：与病毒搏击　让死神却步	张　伟	/ 307
高峰：是坚强的后盾，更是英勇的前锋	杨　萍　郑　华	/ 312
尘埃中的微光点亮希望	高　凌	/ 316
进退皆力战　不变是衷肠	高越男	/ 320
以笔为"枪"　同心战疫	崔瑞波	/ 324
我们做一切事情的目的是让患者好起来	程艳香	/ 328
童芳芳：战疫一线铁娘子	赵　红	/ 332

湖南省

张朋飞：白衣披甲　战疫乡梓	解　美	/ 335
我的抗疫小故事	梁彦超	/ 340
戴新贵：妙手回春新草木　铁心抗疫贵精神	刘艳红	/ 344

广东省

潘红星：援非英雄再战疫	冯晓丹	/ 349

广西壮族自治区

韦中盛：年逾半百勇逆行	庞建辉	/ 353

海南省

危难时刻，用生命守护生命	陈　兰	/ 357

重庆市

践行誓言　战疫攻坚	王　忠	/ 361
战疫日记："简单"方舱　"精细"管理	郭进军	/ 364
一线抗疫小记	陶　文	/ 368
简玉华：疫情就是命令　救人即为天职	夏　惠	/ 372

四川省

九三学社川北医学院基层委员会：艰难困苦　玉汝于成	蒋　莉	/ 376
九三学社四川省直工委川开电气集团支社：紧急增援雷神山24小时	鲜坤成	/ 380

心若向阳　无畏无惧 　　　　　　　　　　　　　　　刘若阳 / 384
杨莹：疫情下的追光者 　　　　　　　　　　汤文靖　陈秋豪 / 388
范红："国有所需　我必前行" 　　　　　　　　　　　　文彰屹 / 392

贵州省
张红：以病弱之躯扛起千钧之责 　　　　　　陇　华　杨大平 / 396
景照峰：医护人员的"守护者" 　　　　　　　王　锐　陈利华 / 400

云南省
2020援鄂抗疫记略 　　　　　　　　　　　　　　　　何建林 / 404
令人欣慰和自豪的抗疫答卷 　　　　　　　　　　　　邓星梅 / 408
饶振译：新时代九三青年的责任与担当 　　　　　　　王　璇 / 411

陕西省
逆行不是牺牲，而是能力与责任 　　　　　　　　　　刘　昱 / 415
用中医药为患者保驾护航 　　　　　　　　　　　　　屈小元 / 420
我的人生因抗疫而精彩 　　　　　　　　　　　　　　高　蕾 / 424

甘肃省
武汉，我还会回来 　　　　　　　　　　　　　　　　张韶橘 / 428

青海省
羊赞措：抗疫线上的蒲公英 　　　　　　　　　　　　程颐农 / 431

宁夏回族自治区
张志远：白衣天使的守护者 　　　　　　　　卜　磊　裴秀英 / 435
田炜宁：战疫中的担当 　　　　　　　　　　　　　　张西宁 / 441
吴忠兰：隐形的逆行者 　　　　　　　　　　　　　　王　炜 / 445

新疆维吾尔自治区
杨百京：只争朝夕　不负韶华 　　　　　　　　　　　张　怡 / 449

后　记 　　　　　　　　　　　　　　　　　　　　　　　／452

"全国抗击新冠肺炎疫情先进个人"
称号获得者

• 北京市 •

王贵强：即使疫情结束，要做的还有很多

程 恳*

王贵强

九三学社社员，北京大学第一医院感染疾病科主任，北京大学第一医院新型冠状病毒肺炎防治专家组组长，"全国抗击新冠肺炎疫情先进个人"称号获得者。

哪里疫情严峻，他就出现在哪里

当突发传染病及其他重大公共卫生事件发生时，医院感染科是冲在第一线的科室。

投身感染科事业几十年的王贵强，现任中华医学会感染病学分会主任委员，中国医师协会感染科医师分会副会长，可谓是一名久经沙场的老将。

17年前的北京，SARS流行初始，在医院出现首例患者时，王贵强就主持会诊和治疗方案制订，建言献策，配合院领导设计重新启用的旧病房楼，用于SARS患者的集中收治。不仅负责SARS主诊和会诊工作，他还承担了大量普通传染病重症患者的救治，因此获得北京市"抗击非典先进个人"称号，所在科室也获得了北京市"抗击非典先进集体"荣誉称号。

17年后，面对来势汹汹的新冠肺炎疫情，王贵强仍然冲在一线。

---

* 作者系九三学社北京市委员会宣传研究部干部。

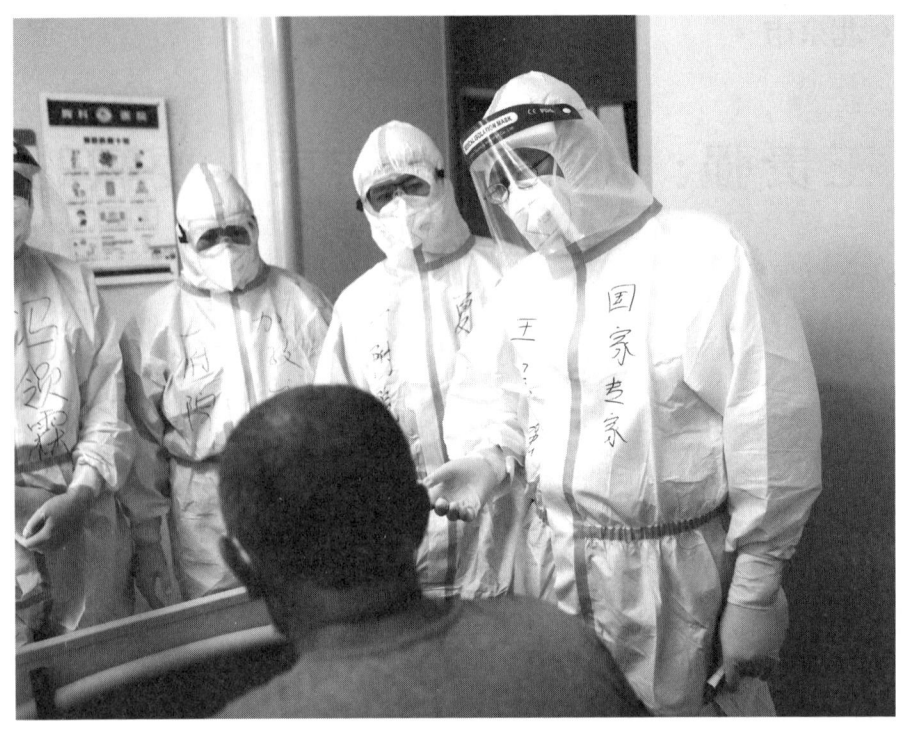

王贵强（右一）作为专家组成员指导防控工作。

哪里疫情严峻，他就出现在哪里。即便是在全国各地已陆续进入疫情防控常态化的情况下，王贵强仍马不停蹄地奔波在出现局部疫情的地区。9个月来，他先后去了安徽、新疆乌鲁木齐、云南瑞丽……在疫情最危重的地方指导临床救治等工作。王贵强先后担任国务院应对新型冠状病毒肺炎疫情联防联控机制医疗救治专家组成员、国家卫生健康委员会新冠肺炎恢复期血浆治疗专家组成员、国务院应对新冠肺炎联防联控机制科技攻关专家组成员、科技部新冠肺炎国际合作专家组成员等，全方位参与临床救治、诊疗方案编写、主持科技攻关、国际交流、新闻发布、培训和科普宣教等。

作为核心专家，王贵强参与了第五、第六、第七和第八版新冠肺炎诊疗方案，恢复期血浆治疗方案等编写工作，提出了一系列建设性意见并写入诊疗方案；对诊疗方案进行全国培训和解读，累计培训全国医务人员超过500万人次。

在乌鲁木齐期间，王贵强参与重症、危重症患者的抢救治疗，并负责普通病例的查房，最多时同时负责指导8个病区共计280例患者的诊断和治疗工作。在查房中仔细询问流行病学信息，并及时反馈至流行病学调查专家组，进一步降低了疾病的传播。对当地医务人员进行线下和线上培训，通过对一系列预测预警指标的观察，早期干预，降低了重症发生率。他代表医疗救治专家组，和孙春兰副总理视频连线汇报重症患者救治工作。

分享"中国经验" 传播科普知识

半年多来，王贵强积极投身国际交流与合作。

"因为这一场前所未有的大流行病，关乎的是每个人的生命。我希望全世界都要联合起来，正像世界卫生组织建议的，全球一体化地进行防控。"在王贵强看来，中国经验要和全球分享，携手应对威胁和挑战。

国际视频交流会议成为王贵强众多工作的一个重要部分。从2020年2月20日至7月7日，他作为国家卫生健康委和外交部指派的专家，参加了20余场国际视频会议，累计向160余个国家介绍了中国新冠肺炎诊断和治疗经验。通过交流，王贵强解答了各国卫生官员和专家提出的相关问题，为各国防控疫情提供了有益借鉴，获得了国际社会的赞扬。

王贵强认为，这次疫情有四大方面值得认真总结。一是疫情发生后，我们快速地分离到病原，找到了病因；二是国家采取了及时有效的"封城"和全民抗疫等防控措施，阻断了疫情进一步传播；三是分层救治避免了医疗资源的挤兑，将病人应收尽收、应治尽治；四是全国驰援武汉，充分发挥了国家的指挥动员能力，病人得到及时有效救治，大大降低了病死率。

除了向国际社会分享"中国经验"，王贵强还非常重视科普工作。他参加国务院联防联控机制新闻发布会13次，针对新冠肺炎诊疗方案和公众关心的问题进行专业解读和答疑。在中央电视台等媒体科学普及抗疫知识，讲解"气溶胶传播""中枢神经系统感染""无症状感染者""复阳"等问题，指导公众科学防护、增强抗疫信心。

在新冠肺炎疫情下，人们格外关注免疫力，也存在很多认知上的误区，是否能给大众提供介绍免疫力的科普读物呢？王贵强教授和王立祥教授、张文宏教授共同主编了《活出健康——免疫力就是好医生》一书。编写专家组包括抗击新冠肺炎疫情一线的感染病学、精神心理学、营养学、免疫学、中医等各方面的专家，王陇德、钟南山、李兰娟三位院士主审。王贵强希望这本书"从多个角度解读免疫系统，告诉大家如何提升免疫力"。

"免疫力就是人体的好医生，"王贵强介绍，但同时免疫力也是一把双刃剑，过犹不及，贵在平衡，"把免疫力维持在健康平衡合理的状态，才是最好的状态。"

倡议回归"大感染学科"建设

如果没有大规模疫情，在公众心目中，感染科似乎是"被边缘化的"。但不容忽视的是，即便在现代医学高度发展、公共健康水平不断提高的今天，传染病并没有像我们预期的那样被彻底遏止。

王贵强认为，需要进一步强化感染疾病的防控体系和诊疗体系建设，要加强综合医院感染科、临床微生物和公共卫生等相关学科建设，建立协同发展模式，"平战结合"提升传染病救治能力。专科医院应该向综合医院发展，成为具有综合救治能力并有专科特色的医院。要进一步加强感染学科人才队伍建设，要有相对应的培养机制和保障机制，"让专业人才真正发挥作用"。

"这些年我一直在强调'大感染学科'建设，通过这次疫情我们更加认识到，应该在综合医院把公共卫生、感染相关学科建设好。而建设好不是盖个楼、配好硬件设施了事，一定还有人才机制、人员保障，这是非常重要的。"

十多年来，王贵强一直致力于加强感染科能力建设的工作。2017年，王贵强启动了全国感染科主任和骨干医生培训项目，两年多的时间，做了41场培训，累计培训了5900多位感染科主任和骨干医生。

"这次新冠肺炎疫情提示我们，对感染病相关学科的建设要有更多反思。"即使疫情结束的那天到来了，王贵强认为，自己要做的还有很多。

朱凤雪：和"死神"赛跑 必须争分夺秒

张瑞琨*

朱凤雪

九三学社社员，北京大学人民医院创伤救治中心副主任、主任医师，本院援鄂医疗队副队长，"全国抗击新冠肺炎疫情先进个人"称号获得者。

朱凤雪，重症医学专业专家，多次参加国家级紧急医学救援行动，有着丰富的急危重症处理经验。

如果说，普通人的时间按小时计划，那重症监护病房里的危重患者则以分秒计生死。朱凤雪就是那不知疲倦、争分夺秒抢救生命的人。

"朱大夫来了，我们就踏实了！"

2020年2月6日，朱凤雪接到医院指令，作为北京大学人民医院援鄂医疗队副队长赴武汉参与新型冠状病毒感染的肺炎危重病人的救治工作，这支医疗队将独立承担起一个重症病区。

随着新冠肺炎疫情发展，提高救治效果、降低病死率成为重中之重。2月7日傍晚，北京大学人民医院援鄂医疗队抵达武汉。2月8日晚新病房启用，朱凤雪自告奋勇出现在首发阵容中。"根据集中患者、集中专家、集中资源、

---

* 作者系北京大学人民医院工作人员。

集中救治的'四集中'原则落实，病房启用后会短时间涌入大量患者，很多医疗队员都是刚刚经过培训，完成向传染病隔离病房医护人员的角色转变，无论是从患者救治还是从队员防护来看，我必须在这里坐镇！"

病房启用第一天共收治25位重症患者，其中有几位病情危重，大多数患者都有合并症。朱凤雪进入隔离病房，细致检查了所有患者，根据患者病情程度进行分层，根据患者症状、生命体征、血氧饱和度、肺部病变和既往基础病病情的不同，分别给予持续吸氧、经鼻高流量吸氧、无创正压通气及相应妥善的治疗，所有处理条理清晰、重点突出、忙而不乱。

第二天依旧是大量重症患者抵达病房，很多患者已经出现了危及生命的多脏器功能衰竭表现。得知病房新收治患者多、病情重，刚刚下夜班的朱凤雪晚上8点再次赶到医院支援，指导危重患者救治，直到凌晨3点还坚守在病房，密切监测患者生命体征，及时调整救治方案，为重症、危重症患者的生命"保驾护航"。

"朱大夫来了，我们就踏实了！"值班医生回忆道，"但她真的太累了，累得直不起腰。""我们有排班，可以倒休，可是她完全没有休息的时间，每一天都要来隔离病房工作。除了查房，朱主任每天都会穿着厚厚的防护服巡查病房的每一位患者。患者的生命体征数据、病历、各种流程规范、仪器设备状态等，甚至雾化瓶有没有水，她都会仔细地看一遍。"

谈到重症患者救治，朱凤雪认为，"患者的分层评估、分层治疗非常重要，要及时将病人划分出轻型、普通型、重型和危重型，实行精细化、个体化的诊疗策略，早期识别、抢先救治可能发展成为危重症的患者，提前做好预判。北京大学人民医院医疗队制定了规范化的工作流程，确保医疗救治的质量，我们要给这里的病人北京大学人民医院水平的治疗！"

"每个细节都有可能是最后一根稻草"

作为专家组成员，朱凤雪几乎每天上午9点，都会出现在同济医院中法新城院区的隔离病房，查阅每一位患者的病历资料。

这是每天夜班和白班交接班的时间，在了解了夜班的情况后，雷厉风行的朱凤雪马上开始早查房，细心询问病人的基本情况和病情变化，特别是危重症的病人。"现在感觉怎么样了？上完厕所回来吃力吗？"朱凤雪详细问患者身体状况。患者个体差异大，每个患者的基础疾病也不一样，因此，对于病情的把控和治疗方案的调整就不可能千篇一律。患者的情况可能瞬息万变，这时候就更需要细心观察，这种监护不能完全依赖机器的报警，需要医生实时了解患者病情的变化。"临床医生必须亲自到床旁去观察，这样才能做到心中有数，了解病人的情况才能逐渐了解疾病的特点。"这是朱凤雪的坚持。

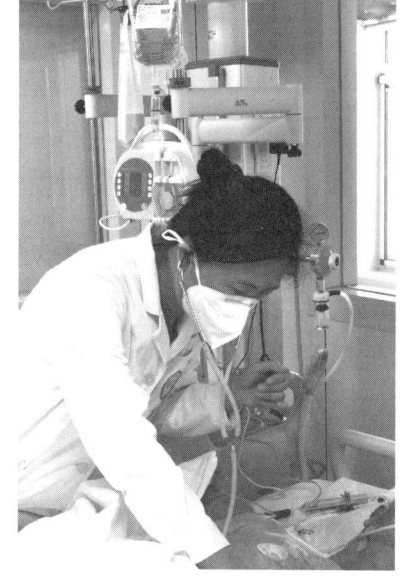

朱凤雪检查病人康复情况。

2月17日，医疗队进行了第一例气管插管辅助机械通气。这和以往普通监护室气管插管不一样，新冠肺炎患者进行有创机械通气时，患者气道与外界相通，操作过程中感染的风险比较高。朱凤雪带领医护人员认真梳理流程，克服病房条件不足的困难，评估可能的风险点，并做了相应的周密准备。闷热的防护服、紧压的护目镜、好几层橡胶手套，都为操作增加了难度系数。一旦操作时间长，就会增加飞沫扩散交叉感染的风险。朱凤雪坦言："新冠肺炎患者的气道打开后，会喷出大量病毒，医生近距离操作，虽然做了防护，但还是有一定风险。这个时候我必须冲在前面，我如果害怕了，其他人就更害怕了！"朱凤雪自告奋勇打前站："我在重症监护工作的时间长，有经验，我来配合完成这次插管！"

朱凤雪反复确认检查每一个流程。她敏锐地发现，隔离病房只有7号气管导管，而根据患者性别体格特征结合多年临床经验，应该使用7.5号导管，不适合的导管将会影响患者机械通气后期的维护与治疗。当机立断，她立即与库房沟通，以最快速度找到匹配的导管。

重症医学科的董桂英医生提到朱凤雪时说："她总是能够把握全局，而且细致入微，事必躬亲。我们接收的患者全部是危重病人，越是到了危重阶段，越需要细致。朱主任连密闭式吸痰器闭合的严密程度都能观察得到，实在是太仔细了。安装呼吸机本该是厂家工程师的工作，但朱主任说'节省时间，我来'，便开始按照说明书认真组装起来，安装完成后又进行调试，每一步都一丝不苟。"

胜利就是一起坚持到底

一位截瘫病人入院时对朱凤雪说："大夫，我可能会死在这儿了。"朱凤雪听到这位患者的话，心头一颤，轻声安慰："不要害怕，可以治愈的，我们一直都陪着你……"朱凤雪每天都来看这位截瘫的病人，了解他的病情，同时也给予他更多的心理疏导。这位患者渐渐病情平稳，慢慢重拾对生活的信心。"患者有了战胜疾病的信心，再加上实际有效的治疗措施，就会有利于病情的恢复。"朱凤雪一直这样认为，也一直这样鼓励患者。

"坚持就是胜利，我们一定能够战胜这场疫情！"朱凤雪说，"这是一个颠覆常规的战场！我们的前线工作可以说是困难重重，但是我们的队员都具有良好的职业素养和过硬的基本功。我们的团队是能打胜仗、硬仗的团队！面对严重的疫情，我们医护人员分秒必争。胜利就是一起坚持到底！"

国难当前，朱凤雪不退缩，勇向前，充分发挥了九三人不怕吃苦、敢于担当、勇于奉献、逆行而上的顽强拼搏精神。

杜斌：打赢湖北保卫战 他坚守到最后

程 恳*

杜斌

九三学社社员，北京协和医院内科重症监护病房主任，国家新冠病毒肺炎专家组成员，"全国抗击新冠肺炎疫情先进个人"称号获得者，"全国卫生健康系统新冠肺炎疫情防控工作先进个人"称号获得者。

在前线坚守到最后

2020年的第一个季度，杜斌是在武汉度过的。

他的日常工作就是在武汉所有接收新冠肺炎重症患者的医院之间来回奔波。最多的时候，他一天要巡查5家医院的ICU病房。最长的时候，他穿着防护服在ICU忙碌了10个小时。

1月19日，杜斌接到国家卫生健康委指令，加入国家高级别专家组，指导调研武汉疫情防控工作。高级别专家组由钟南山院士担任组长，组员包括李兰娟院士、袁国勇院士等，杜斌是专家组中唯一的重症医学专家。

在疫情暴发最初的1个多月时间，重症患者从发病到住院平均需要9.84天。但是，很多患者病情的发展速度让大家措手不及。争分夺秒完善诊疗措施，尽最大可能挽救更多患者的生命，这是保障人民生命安全和身体健康的锚

---

* 作者系九三学社北京市委员会宣传研究部干部。

定目标，也是国家医疗救援队的核心使命。

杜斌一头扎进了武汉重症治疗第一线，在武汉市各大医院巡视指导重症抢救。当北京协和医院国家医疗队增援武汉后，他被任命为华中科技大学附属同济医院中法新城院区协和ICU的临时科主任。

2月4日夜间，病房收治了18名危重患者，第一位转入患者呼吸极度困难，血氧饱和度仅50%，杜斌在没有配齐三级防护设备的情况下实施气管插管，使患者的生命体征终于得到维持。他为了给每位病人确定更优化的治疗方案，常常穿着防护服不吃不喝近10个小时在病房观察病人情况。在他的推动下，病人管理从分时段负责制改为医疗组负责制，使每一个病人都有相对固定的责任医生和责任护士，有利于治疗思维的贯彻和治疗方案的落实，也促进了医护之间的高效配合，提升了治疗效果。他把科学、规范的协和现代医院管理制度带到当地，因地制宜地建立起了各项规章制度，为前线共同奋战的一线战士们提供了"协和经验"。

这个春节，杜斌没有家人的陪伴，没有丰盛的年夜饭……陪伴他的是重症患者，吃的是泡面，脱下防护服是一身湿透的衣衫。他并未烦躁，并未有任何抱怨，问及他什么时候回来，他回答说"现在顾不得"。

"我不能要求别人，但我至少能要求我自己在病房里面多待些时间。越有风险的时候，只有你做了，你才能够对别人提出要求。"在杜斌的心里，指导大家救治最好的方式就是带头守在患者身边。情况紧急时，给病人气管插管、吸痰，杜斌都自己上。

杜斌说："即便疫情结束了，即便新发病例数回到了零，仍然在相当长的时间里，会有一部分危重病人在接受治疗。对于从事重症医疗的医生和护士来说，我们总是要坚持到最后，等到这些病人的情况真正稳定下来，我们才会离开武汉、离开湖北。"

这是身为医生的责任

白天，杜斌坚守在一线。晚上，来自意大利、法国等几个国家的同行，和杜斌预约同时在线交流探讨疫情相关情况。一个多小时的跨洋连线，从疾控到治疗，外国同行的问题具体到病人临床的诊断细节，他们希望能从中国办法中

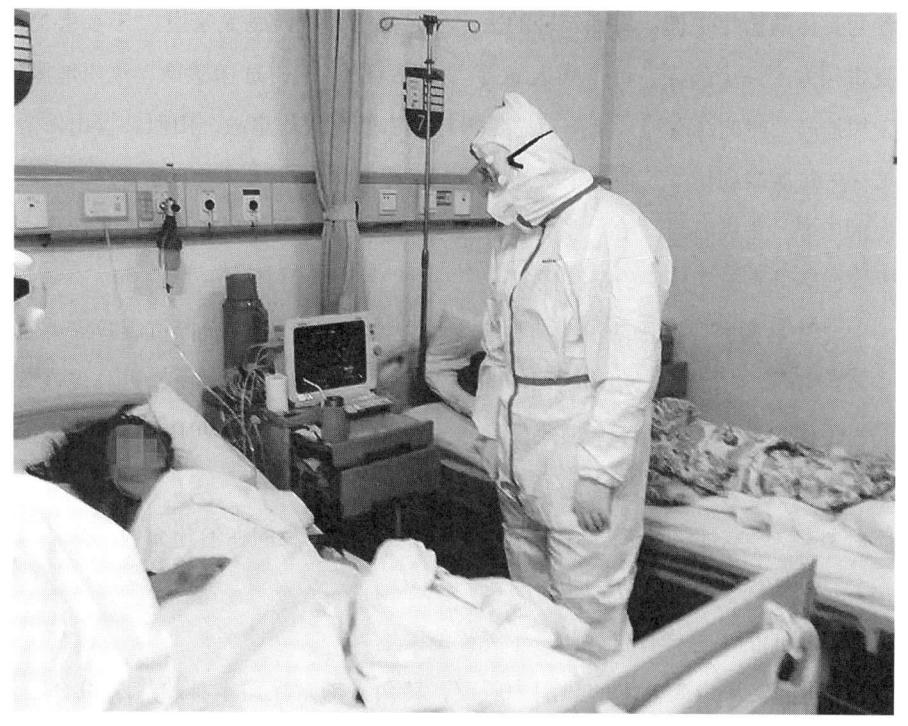

杜斌在武汉巡视指导重症抢救。

获得更多、更充分的借鉴。随着治愈率的提升、病死率的下降,中国也在为全球防疫、抗疫争取宝贵的时间。

杜斌是国家卫健委高级别专家组成员、国家新冠肺炎医疗救治专家组成员,这是一名医生能在此次疫情中担任的最重要的角色。他自认已经尽了全力,但他认为,应对烈性传染病的核心在于防控,不在于治疗。"最重要的决策不是去决定某一个人的生死,而是决定某一群人的生死。"

在杜斌眼里,选择一个职业,有荣誉,也有责任。"如果你是战地记者,哪里打仗你就往哪里钻,因为这是你干的活儿。如果你是飞机的机长,飞机出事了,你应该最后一个离开,这是责任。医生也一样,这时候,医生不上,你让谁上?这是医生的责任。"

在祖国和人民最需要的时刻,杜斌从不会缺席,几乎所有国内重大突发公共卫生事件的医疗救治中,都能看到他的身影。2003年春天,SARS肆虐全国,杜斌被北京市借调做全市调度指挥,由于工作需要,常常在深夜被叫到医院参与具体的诊疗工作。看到年轻的医生手足无措，他鼓励大家说："不要害怕，我带领大家一个病人、一个病人地看。"从SARS、猪链球菌感染、汶川地震、玉树地震、舟曲泥石流，到禽流感、天津滨海新区爆炸事故、山西临汾山体滑坡……每次接到任务，他从不犹豫，即刻启程，深入一线，来到危重伤员和病患的床旁，积极参与救治，多次作为医疗专家组组长指导制定治疗方案，高水平完成降低事故病死率的艰巨任务。

他先后荣获"全国防治非典型肺炎优秀科技工作者""全国抗震救灾英雄模范""国家卫生计生突出贡献中青年专家""全国卫生健康系统新冠肺炎疫情防控工作先进个人"等十余项荣誉称号，多次获得国务院、中国科协、国家卫生健康委的嘉奖。

杜斌总是对医生们强调："永远问自己一句话，我们在治什么病，为什么治的是这个病？"

熟悉他的人这样评价他：一个纯粹的医生。

"我们要从崇尚技术的热潮中脱离，转而去探索疾病本身的诊断和治疗，要从技术至上转变到怎样以病人为中心，使ICU从一个充满冰冷机器和设备的场所，变成一个有人文关怀、有温度的地方。"杜斌说。

• 天津市 •

吴琦：灼灼丹心守津门　白衣逆行再冲锋

丁宇辰*

吴琦

九三学社社员，天津医科大学总医院呼吸与危重症医学科主任医师，"全国抗击新冠肺炎疫情先进个人"称号获得者。

2020年，突如其来的新冠肺炎疫情把吴琦推到抗疫最前沿。作为天津市新冠肺炎市级医疗救治专家组组长，他既是火线上的指挥官，又是冲锋陷阵的战士。

吴琦是天津市呼吸与危重症领域的著名专家，SARS、H1N1、H7N9、新冠肺炎……一路走来，一路鏖战，他虽已青丝变白发，但从未缺席。他说"疫情就是命令，一听到'疫情'就不由自主地想要'摸枪'，这是一种责任所在！"

冲锋在前　指挥若定

天津市海河医院是天津市新冠肺炎患者定点收治医院，新冠肺炎疫情发生以来，收治了天津市的全部确诊患者。曾担任过10年院长、现任该院首席专家的吴琦，从春节前开始，每天一大早都会来到这个"主战场"。

在这里，他每天要主持两次"医疗救治专家组会诊"，对每一位新入院患

---

* 作者系天津市海河医院院长办公室干部。

白衣披甲 家国情怀

2020年2月10日，吴琦在天津市海河医院主持新冠肺炎患者救治工作专家会诊。

者的病情进行讨论，指导分型；对每一位住院患者的病情走势进行预判，进行出院评估；对每一位重症、危重症患者的用药效果、影像学变化等进行认真研讨，提出下一步治疗方案。

在这里，绿区与红区仅是门里门外几米的间隔。吴琦管着门里门外所有的事情，他每天手机不离手，随时沟通情况、查阅资料、处置各类紧急状况。

"不错，不错，这个情况挺好。你征求一下其他专家意见，应该是个办法，琢磨琢磨，盯住了！"吴琦一边吃着变冷的晚饭，一边给医生发微信语音。当电话那头传来患者情况好转的消息时，吴琦倍感欣慰。

"还是气道有问题，肯定通气功能也有问题，得把温度降下来。"重症监护病房监控室，吴琦终于找到一把椅子坐下。"调一组人上楼，看看患者指标。特别是夜里，要重点观察。"吴琦交代着。

疫情期间，从清晨忙碌到半夜是吴琦的工作常态。晚上回到医院宿舍，他还要通过手机对各种治疗信息进行筛选。"看看外面治疗的状态，沟通一下，各专业取长补短，有针对性地筛选，包括用药、给患者用哪个诊疗方案最佳，都需要选择。"

他带领市级救治专家团队24小时值班，充分发挥多学科合作优势：设立重症与危重症救治病区，实行集中救治，对危重患者进行一人一策，重点管理；配备重症医学科、呼吸科、感染科等专业科室业务骨干组成的应急医疗救治团队，确保每位患者随时都能得到最佳救治。

言传身教　带兵有方

海河医院的全体职工应对疫情经验丰富。这是一支危急关头拉得出、冲得上、打得赢的队伍。17年前成功抗击非典之后，吴琦接受任命，在海河医院当了5年副院长、10年院长。他带队非常严格，每年都会组织医院多学科联合演练。

他清楚日常演练对于阻击"非常之疫"的重要性。因为一旦疫情发生，就需要动用整个医疗体系，是多学科的同时投入。应急演习练的不仅是业务，还有同舟共济的团队精神。多年探索、多年练兵的结果是，新冠肺炎来袭，海河医院没有一个人当逃兵，全体医务人员从容淡定、义无反顾地投入到这场没有硝烟的战斗中，而他一手培养起来的业务骨干都成为抗疫一线的精兵强将，这是吴琦最引以为傲的。

卸任海河医院院长一年多了，这支团队与吴琦之间的情感并没有冷却。"我不当院长了，没有指挥权，但是作为专家组组长，我有这方面的底气。谁先进红区？科主任先进去！在外面指手画脚，怎么带兵？进红区，没有禁忌症。我比他们年长几岁，我都能进红区，他们就服气。领导带头上阵，前面面对的是患者，后面面对的是自己的团队，要做到问心无愧！"

顶层设计　科学防控

作为专家组组长，吴琦不仅主抓医疗救治工作，还要为天津全市重要抗疫政策的制定提出专业性意见。

他第一时间发现胸部X片在诊断新冠肺炎中的不敏感性，倡导及时通过胸部CT辅助提高确诊效率、准确率。他早于其他省市率先提出对出院患者进行隔离点观察14天的措施。他建议对患者的排泄物进行消杀，防止新冠病毒从患者的大便排出，从而导致病毒传播。这些意见建议为天津市委、市政府科学制定抗疫政策，进而取得抗疫斗争的重大战略成果发挥了重要推动作用。

桃李不言　下自成蹊

作为天津大学医学部临床医学院院长，吴琦教给学生的不仅是医学知识，更是医者的责任与担当。为了鼓励更多优秀的青年学子投身医学，他在天津大学捐资设立了"吴琦医学奖学金"。他认为，医疗卫生事业是造福人类的崇高事业，是充满爱心的光荣事业。在此次抗击疫情的斗争中，广大医务工作者彰显了关键时刻"硬核"的救治实力，这源于对医学精益求精的追求，更是对医者使命和责任的生动注解。他说："作为一名医生，一定要懂得自己肩上背负着怎样的责任与重托。每当国家需要的时候，医生就是义无反顾、勇往直前的战士！"

超强度的工作，极少的休息，使吴琦在疫情期间血压升高、痛风发作。即便如此，他也没有退缩，一瘸一拐照常奔波于病区和会诊中心，用脚步丈量希望，用坚守迎接曙光。

他坚信，胜利往往就在再坚持一下的努力之中，疫情终将被战胜！

• 浙江省 •

朱佳清：在抗疫"前线"谱写人生最美芳华

陈 磊[*]

朱佳清

九三学社社员，浙江省杭州市中医院重症医学科副护士长，浙江省首批援鄂医疗队队员，"全国抗击新冠肺炎疫情先进个人"称号获得者。

当接到医院护士长推选她作为驰援武汉人选消息的时候，她的回答是斩钉截铁的两个字"我去！"她，就是朱佳清。在近20年的护士工作生涯中，她有丰富的一线急救护理经验，多次参与危重病人重大抢救任务，曾先后获得"全省护理技能大赛重症护理操作能手"、杭州市"十佳护士"、杭州市"三八红旗手"等荣誉称号。

兵哥哥的深情泪水

疫区犹如战区。2020年1月25日，大年初一、千里之外，她作为杭州市首批驰援武汉医疗队13名队员之一，逆行前线。那天，在朱佳清丈夫徐杭春开车送她出发的路上，这个曾经的兵哥哥却突然流下了眼泪。20年前，朱佳清在护校读书，徐杭春在千里之外的西藏亚东当兵，这个时候朱佳清心中的春哥在边疆驻守，保卫国家边防安全。而现在，要换她奔赴疫情前方，守护国家健

---

[*] 作者系九三学社杭州市委员会调研员。

康防线,春哥则在大后方做好后勤保障。

朱佳清轻轻抚摸着他的背,告诉他不要担心,拜托他照顾好90岁的老父亲和行动不便的母亲,还有正在读小学的儿子牛儿。"春哥,我作为一名重症医学科的护士,正赶上这场战疫,为国家尽自己的一份绵薄之力吧!"朱佳清说,"牛儿的学习就靠你了,这次我做了一回甩手掌柜,回来再接盘吧。"父母和爱人给予了朱佳清最大的支持,是她坚强的后盾,让她义无反顾,"逆行疫线"!

吴侬姑娘和时间赛跑

在武汉,她成为一名从死神手中抢人的"女钢铁侠",成为悉心照顾病患、讲话柔声细语的江南"软妹子",成为一口气可以运送40公斤氧气瓶的"女大力士",成为和时间赛跑的"女博尔特"。

朱佳清很瘦,但在大家眼里,这位江南女孩总是力大无穷。一位男性患者下肢瘫痪,上肢只有三级肌力。病房狭小,轮椅刹车不灵,病患过床非常吃力。"放着,我来,我一个人可以搞定!"只见她干净利落地来了一个"乾坤大挪移",把病患移了过去。连组长也惊奇道:"佳清,真看不出,你是个女汉子!"其实朱佳清内心知道,这快速移床的背后,是二十年如一日的工作实战经验,是无数汗水的累积。

2月12日,她最担心的一名重症患者情况突然恶化,与病魔搏斗,耗去了他所有的力气,甚至已经要失去信心。这名患者已写下遗书:"我的遗体捐给国家。"进行呼吸机插管或许还有一线生机,而金银潭医院却一直没有床位。朱佳清所在的团队24小时不停联系医院和协调120,终于等来了好消息,金银潭医院床位有了!可此时,120设备还没有到位,怎么办?"拼了!"这个时候,大家只有这样一个念头。没有无创呼吸机,紧急借来一台,没有氧气筒,自己去扛,一个不行,扛两个。就这样,在大家的共同努力下,患者终于安全顺利地抵达金银潭医院!他戴着正压面罩向朱佳清等医护人员伸出了大拇指。下班坐在车上,大家都没有说话,疲惫到了极点。到了酒店,朱佳清突然哭了起来,生命是如此珍贵却是如此脆弱。他们尽力了。朱佳清感怀不已,录了一段自述语音日记,在人民日报、人民政协网、杭州日报等多家媒体上发布,点击率达 1500 多万次，听者无不泪目。

用智慧给予尊重和关爱

穿着厚厚的防护服，她不敢多吃更不敢多喝，就是怕上厕所，一个班次下来，几近虚脱。护目镜成了水帘洞，眼角都被压出了水泡，口罩的勒痕久久才能平复。当脱下防护服的那一刻，整个人会有点轻飘飘的感觉，其实那是因为轻微缺氧所致。这些还可以用勇气和毅力去克服，有时候和病人的交流却更需要智慧和爱心。

朱佳清说："病人正在遭受痛苦和折磨，我要为他们做的，不仅仅是解决病痛，更要给予尊重和关爱。"她护理的病人中有一位 91 岁的老人，方言大伙谁都听不懂，老人常常急得

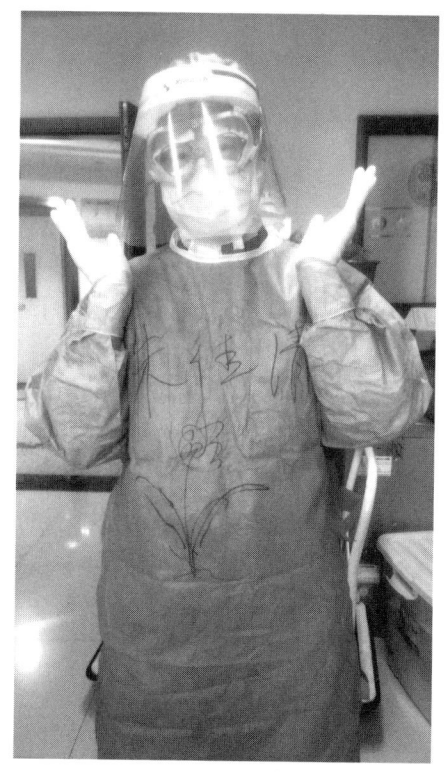

朱佳清奋战在武汉。

大喊。他的牙齿都已经快掉光了，所以喂饭时，朱佳清就把饭泡软，把菜夹成一小粒一小粒地喂他；喝豆浆时，用针筒 5 毫升 5 毫升地来。她还温柔地告诉老人，要是有事，就可以按铃，千万不要自行下床。慢慢地，老人也安静下来了。当发现老人是识字的，朱佳清就制作了爱心小本子，上面写着"解小便""我饿了""身上不舒服"等字句。老人看了，身上有什么问题，就会点着这些字，用来传递信息，有效解决了语言沟通理解障碍问题。就这样，医患之间逐渐建立起彼此的信任和深厚的感情。

4 月 28 日，朱佳清荣获第二十四届"中国青年五四奖章"。在这场没有硝烟的战争中，朱佳清用专业、信念、品行，诠释着一名九三学社社员、一名白衣天使的使命与担当，谱写了人生最美芳华。

黄小民：小方子亦能济世 大胸怀更为安民

周 舟*

黄小民

九三学社社员，浙江省中医院急诊医学科原主任，国家卫生健康委新冠肺炎重症救治专家组成员，"全国抗击新冠肺炎疫情先进个人"称号获得者。

2020年9月8日10时，在雄壮的《向祖国英雄致敬》乐曲声中，全国抗击新冠肺炎疫情表彰大会在北京人民大会堂隆重举行。九三学社社员、浙江省中医院（浙江中医药大学附属第一医院）教授黄小民因在疫情防治工作中做出突出贡献，荣获"全国抗击新冠肺炎疫情先进个人"称号。

黄小民，1954年11月出生，1994年加入九三学社。国家卫生健康委新冠肺炎重症救治专家组成员，浙江省中医院急诊医学科原主任；世界中医药联合会中医急诊分会副会长，中国中医急诊专科医联体副主席，浙江省中医药学会中医急诊分会主委、浙江省急诊医学会副主委、浙江省中西医结合学会急救医学专业委员会副主委。从医44年来，他参与过20世纪70年代的唐山大地震救灾、80年代的浙江肝炎大暴发救治、90年代的援助非洲马里共和国医疗卫生工作，21世纪的"非典"、2008年汶川地震抗震救灾，以及近年来的H1N9甲型流感、禽流感等重要救治任务。新冠肺炎疫情袭来，刚刚退休的黄

---

* 作者系九三学社浙江省委员会宣传部干部。

小民奋不顾身逆行武汉，加入国家重症救治专家组，开展重症病例的中西医联合巡诊工作。

奔赴武汉第一线

新冠肺炎疫情控制的难点主要在提高重症患者的生存率，降低病死率及致残率。为进一步发挥中医药作用，国家卫健委和中医药管理局在张伯礼院士的建议下，成立以北京中医医院院长刘清泉教授为组长，共12人组成的"重症救治中医专家组"。

2月19日中午，国家中医援鄂医疗队队长来电话："还在工作吗？身体怎么样？"黄小民明白，这就是召唤，任务来了！"除了年龄略大，身体没有问题，随时可以接受任务！"他当即回应。"做好准备，马上有通知会给到医院。"就这样，黄小民成了国家中医援鄂医疗队中年龄最长的队员。

第二天早8点，黄小民道别了家属，踏上了开往武汉的高铁，再一次"为国出征"，并于当天投入战斗。国家中医援鄂医疗队与相关西医专家分为12个小组，先后对武汉市区约50家医院进行了3轮巡查，每天进入两家定点医院的隔离病房，甄别危重症病人，推动合理的中西医结合救治，提高救治成功率。他们工作纪律严格，完成的巡查报告客观真实、数据准确。各组报告当晚经综合后，第二天就会以中央指导组的名义反馈给相关医院，并作为下一轮整改的依据。第二周开始，对11个地市近70家医院约3000名重型、危重型患者进行巡查，同时，针对各个医院的具体情况提出了切实有效的措施，形成了中西医联合查房、会诊，管理重型、危重型病人的相关制度。

发挥中医药优势

66岁的黄小民每天清晨从驻地出发，巡查2—3家医院，每到一处都要穿脱防护服一次。晚上回到驻地，连夜总结汇报，研究商讨解决问题的方案，每天工作12—14个小时。他脑子里想的都是危重症病例救治如何规范，医护人员的防护如何加强，病区管理是否有漏洞。在与死神赛跑的拉锯战中，他丝毫不敢放松警惕，作为专家组成员先后对武汉市54家医院及周边11个地市的定点医院进行了5轮巡查。

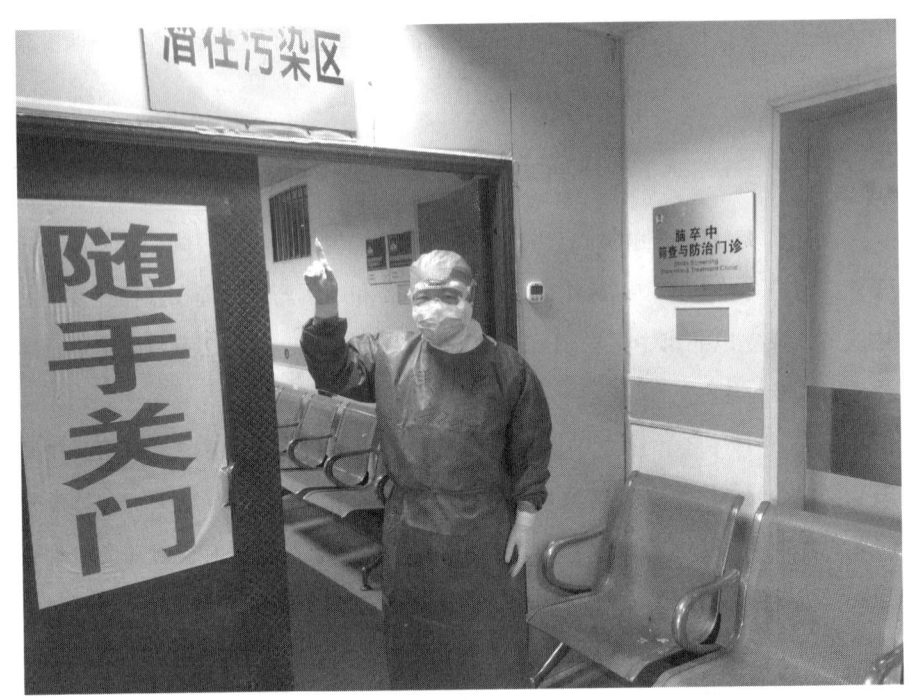

黄小民在病区前。

援鄂期间,黄小民巡诊重症、危重症患者200多人次,巡查20多家医院ICU,协助调整患者体位,改变通气模式,优化呼吸机参数,选择最佳治疗方案,优化重症和危重症患者的救治流程。

他注重发挥中西医结合优势,对重症病人开展中医会诊,提出的辨证施治的治疗方案在重症患者临床救治中得到推广应用,取得了良好效果。他作为会诊专家11次参加新冠肺炎疑难与死亡病例讨论会,多次发言体现了中医的整体观和辨证论治精神,意见建议得到充分肯定。他所在小分队形成的《新冠肺炎重症患者救治工作简报》,有力提升了中医药参与救治重症、危重症患者的规范性,中医药参与救治的比率提升到了90%以上,患者死亡率明显下降。

无惧危重症风险

唯其艰难方显勇毅,唯其笃行方显珍贵。黄小民说,"与'84岁的老年人(钟南山)''73岁的中年人(李兰娟)'相比,我这66岁的人,应该还是个'青年',理应有所担当!"在开展巡诊和会诊的过程中,他面临的基本都是重症及危重症患者,但他没有任何迟疑,也丝毫不畏惧巨大的风险,及时提出诊疗方案,为重症及危重症患者进一步救治和逆转赢得了时间。

多年的急诊工作经历,让他很少能睡一个安稳觉,十几年没能陪老母亲过一次年三十,他是随叫随到的"急先锋老黄"。抗疫过程中,他时刻牵挂病人的病情,回到驻地还在研究治疗方案,甚至连夜赶回病房解决难题。

"小方子亦能济世,大胸怀更为安民。"这是一副为他撰写的嵌名联,也是他一直坚持的行医信念和承诺。

• 江西省 •

张伟：一名战疫老兵的担当与情怀

九三学社南昌大学基层委员会

张伟

九三学社江西省委员会副主委，南昌大学第一附属医院院长，江西省新冠肺炎疫情防控应急指挥部高级别专家组组长，"全国抗击新冠肺炎疫情先进个人"称号获得者。

2003年救治"非典"患者，2005年诊断人禽流感……从医近40年，南昌大学第一附属医院（以下简称一附院）院长张伟再次冲在抗疫的最前线。

春雨淅淅沥沥地下着，在南昌大学第一附属医院象湖院区，张伟如同往常一样，先进入隔离病房了解每名患者的最新病情，接着调取患者病历及相关指标数据，再与医生们一起研判分析。连续60多天，她天天这样坐镇前方，为患者提供一对一的治疗方案。

她微笑着，说自己每天都在"赶场子"。早上8时，向江西省新冠肺炎疫情防控应急指挥部报告最新的全省疫情防控信息；9时至10时，在象湖院区查房；11时，在东湖院区处理事务；12时，巡查高新院区；中午，吃完工作餐，微信回复地市医院提出的治疗难题；14时，指挥部开会；15时至17时，在象湖院区远程会诊；19时至21时，在象湖院区与专家团队探讨对危重症患者的救治；21时至次日凌晨2时，学习国家和省里相关疫情防控政策，梳理疫情信息。这样算下来，她每天最多只有5小时的睡眠时间。

17年前，她是江西抗击"非典"专家组组长；17年后，她再次临危受命，毅然挑起了江西省新冠肺炎疫情防控应急指挥部高级别专家组组长的重担。这位抗击过 2003 年"非典"、2009 年"甲流",诊断过 2013 年全球首例 H10N8 禽流感的战疫老兵,在此次战疫期间,每天都在专家、院长、医生多个角色中频繁切换。

作为专家组组长,她向指挥部提出了专业的建议:设立省、市、县三级定点救治医院;在国家救治方案的基础上结合实际,提出江西救治方案;在疫情的每一个关键节点,撰写全省疫情研判报告;设立远程会诊平台,连通各级医院和援鄂医疗队。

作为一附院院长,她对全院的疫情防控工作未雨绸缪、运筹帷幄,做到有备无患。

2019 年 12 月底,当网上爆出武汉出现"不明原因肺炎"消息之后,业务精湛、经验丰富的她,敏感地意识到疫情的凶险,第一时间就有条不紊地开启了应对之策。2020 年 1 月初,院感防控已实施,成立涵盖感染、呼吸、预防医学、护理等相关专科包括 18 名专家的医疗团队,购买 2000 件防护服、5000 个 N95 口罩和一批专业设备。"采购这些医疗物资时,市场上货源充足,按以往的经验,我认为这些准备足够了,但没想到它来得比我预想的凶猛得多。"尽管看不到口罩下的面庞,但透过镜片,她的眼神里掠过些许的沉重。

1 月 16 日,在国家卫健委的电视电话会议后,她立即启动了院内防控应急预案。1 月 22 日,全省 105 家定点救治医院公布,一附院成为两家省级定点医院之一。2 月 7 日,按照指挥部的部署,一附院象湖院区由 200 个床位紧急扩展到 500 个床位。2 月 13 日晚,接到上级命令 30 分钟后,她抽调精兵强将,组建了由 141 名医护人员组成的江西省第六批援鄂医疗队,整建制接管武汉协和医院肿瘤中心 1 个重症病区。目前累计收治患者 87 人,其中重型和危重型患者占比超过 50%,1 人启用 ECMO 治疗。全国驰援武汉协和医院肿瘤中心的 11 支医疗队中,最早 1 例痊愈出院患者来自南昌大学第一附属医院医疗队负责的病区。

成为定点医院后,这三个院区该如何"排兵布阵"?——将全省新冠肺炎重症及部分省城确诊患者安排在象湖院区;发热待查及疑似患者在东湖院区。东湖院区急诊外科全部调整为发热病房,并且由"一人一床"改为"一人一间",有效防范院内交叉感染。这种把不同患者分别安置在不同区域隔离治疗的"分类分区"救治思路，被第一时间推广到全省定点医院。

填土铺路，修筑污水处理系统，按照传染病防治的要求改造病房……原本需要 1 个月才能完成的象湖院区扩建工程，居然是"火神山速度"，只用了 7 天 7 夜。

通宵给援助武汉医疗队队员备齐平底鞋、运动鞋、羽绒服、口罩、防护服以及呼吸机、ECMO、心电监护仪等医疗设备和基础防护物资。"你能想象得到院长考虑得有多周全吗？我们确保了一位刚下晚班的医生，拉上行李箱奔赴武汉，一到达就能直接进病房。这行李箱里，甚至还塞进了一袋他日常服用的药品。"一名负责准备出征物资的护士不无动情地说。

作为医生，她对每一位患者尽心尽力。2 月 11 日，全省首例危重型新冠肺炎患者罗某从象湖院区出院，主治医生曾振国感慨："在罗某情况危急时，ICU 医生提议上插管，但张院长考虑到插管可能增加感染风险和影响愈后，果断决定调整药物使用方案，结果，病人状况得以好转。"她还非常关注患者的心理健康和心理疏导，专门抽调了心身医学科医生和护理人员组成心理干预组，深入病房为患者服务。国家特派专家对这一做法给予高度肯定。

"我最大的两个愿望就是：希望救治好每一位患者；期望所有医务人员零感染，不管哪个医院，这是我给自己立下的'军令状'。"张伟坚定地说。

对前线战士，她把每一个人都当作家人看待，不仅送他们上"前线"，而且保证他们的安危、解决其后顾之忧。

为避免院内感染，全院职工都进行了院感防控知识培训；医院严格规定医护团队 4 小时一换班，保证他们有足够的体力回到岗位。"重症医学科潘烨的妻子要生孩子了，接生工作要特别关心，保证母子平安。""武汉冷，医务人员一定要注意保暖。羽绒服准备两件，轻薄的工作时穿，厚的长的户外穿。""支援武汉的医务人员家里还有菜吗？给他们买的菜要送到家。""我们的设备还缺什么？赶紧补上。"……这些，都是张伟给同事们实实在在的交代。

一线医生每天工作强度大，心理压力也大。张伟既是同事们"作战"的坚强后盾，还是他们的心理调节师。她一直主张："医生情绪好了，身体好了，病人才能更好。"在象湖院区的运动室，时常能看到张伟扣杀乒乓球的身影。她鼓励大家一起动起来；她和同事们一起去晒太阳，去看吐蕊的红山茶。得知

张伟在工作中。

工棚旁有一块野草丛生的空地,她就带领同事把它改造为菜地,种上了芹菜、青菜和生菜,分组包干,搞个竞赛。

在这场生与死的较量中,张伟凭着高超的医疗技艺和多年的战疫经验,带领所属团队创下多个"全国之最":在全国率先提出"临界值患者提前干预"的治疗办法,通过对患者进行科学评估,提前预判病情变化,防止患者由普通型转重型、重型转危重型;在全国最早提出"加强出院患者管理",并提出出院后继续服用1周抗病毒药物、居家隔离2周再复查的出院医嘱,目前严格遵医嘱患者中复阳患者仅1例;联合南昌市洪都中医院熊鸣峰团队,出台《南昌大学第一附属医院新冠肺炎中医诊疗方案》,中医参与治疗率100%,率先在全国提出"从肝论治"肺炎理念,取得了积极进展;率先对湖北危重型新冠肺炎患者开展"多学科"的远程医疗,并为重型和危重型患者"远程查房",为湖北的防疫抗疫工作提供坚强的"后援力量"……

1月27日上午,全省首例新冠肺炎确诊患者治愈出院。2月11日上午,全省首例危重型新冠肺炎患者治愈出院。截至3月6日上午8时,一附院累计接诊发热患者7514人次,累计收治的215名新冠肺炎确诊病例中,有206人治愈出院,治愈率达95.8%。与此相对应,截至3月5日24时,全省累计确诊病例935例中,出院病例908例,治愈率97.11%,高于除湖北外的全国平均水平。南昌大学第一附属医院获全省新型冠状病毒感染的肺炎疫情防控应急指挥部首个"表彰令"。

因为这段时间的超负荷工作,头痛、关节痛、牙痛接踵而至,张伟已经吃完四瓶止痛药。身边同事担心她的身体,劝她注意休息,可她总是说:"停不下来啊,有那么多病人在等着。"

这就是张伟,一名战疫老兵的担当与情怀!

• 山东省 •

张伟：为国尽力 匹夫有责

陈建华*

张伟

九三学社山东中医药大学委员会主委，山东中医药大学附属医院肺病科主任，"全国抗击新冠肺炎疫情先进个人"称号获得者。

2020年2月29日，山东省政府新闻办召开发布会通报，截至当日12时，山东累计报告新冠肺炎确诊病例756例，治愈出院417例，治愈率达55.16%，其中中医药参与治疗率超98%。

这些成绩浸满了山东中医人的辛苦和汗水。其中有一个人和他所带领的团队，在这场战疫的前线发挥了重要作用，他就是山东中医药大学附属医院肺病科主任，九三学社山东省委员会委员、山东中医药大学委员会主委张伟。

分析研判 优化完善中西医结合诊疗方案

疫情发生后，山东第一时间成立了山东省防控新型冠状病毒肺炎中医药专家组，对全省疫情防控进行中医药干预与指导，张伟任副组长。针对此次疫情，专家组提出因人、因地、因时的"三因制宜"，制定了《山东省新型冠状病毒肺炎中医药预防方案》，并建立了中西医结合会诊机制，坚持中医药及早参与、全程参与新冠肺炎治疗。

---

* 作者系九三学社山东省委员会宣传部干部。

"中医药可以减少抗生素和激素的使用，降低对人身的损害，在提高免疫力的同时改善体质。中医药治疗对于老年人，特别是合并众多基础疾病的老年人，整体状况的改善有着较好的作用，最大限度减少危重症发生，降低死亡率，并促使危重症向轻型、普通型转化。"张伟说。

临床问诊、远程会诊　为患者康复殚精竭虑

春节刚过，疫情进入攻坚阶段，山东确诊病例和密切接触者的数量明显上升，张伟每天一有时间就到发热门诊一线，排查发热病人。此外，专家组每天下午还要对全省16地市疑难病例进行远程会诊，其中普通和轻型患者每2日会诊一次，危重患者每日进行会诊随访，根据病情调整中药处方。截至3月初，专家组参与会诊患者已达835人次。

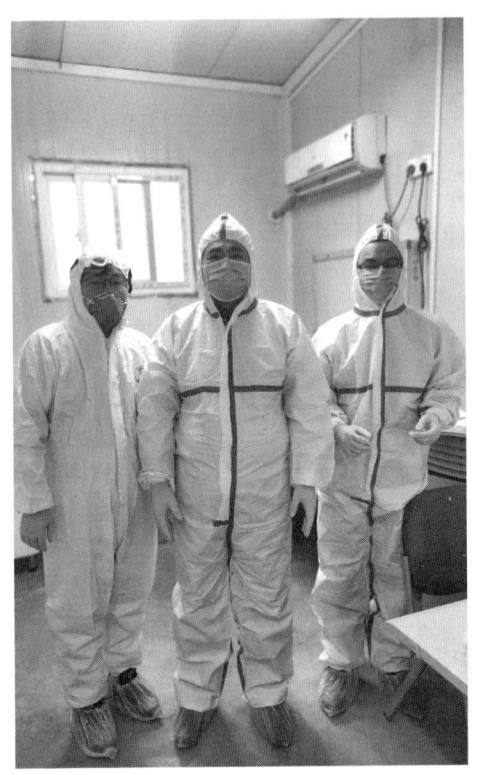

张伟（中）深入一线指导危重症病人救治。

"几乎每个人都有一个专属的'药方'。"张伟说，"中医讲究三因制宜，也就是因人、因地、因时，哪怕是同一个病症，也有不一样对症的药方，病人发病的时期不同，药方也要随之调整。"这种针对性的治疗方案，取得了明显的疗效。不少经过会诊诊疗的危重患者在用药后病情显著改善，直至康复出院。

培训指导　为全省中医专家答疑解惑

张伟和专家组成员在通过各种渠道为全省各地市中医专家进行培训的同时，还为多名抗疫一线同事指导临床救治工作。不论早晚，只要有同事提出疑问，他总是第一时间回复解答。

此外,他和专家组还紧急起草了《山东省 2020 冬春流行流感、新型冠状病毒感染的肺炎中医药预防方案》和《山东省新冠肺炎中医药诊疗方案》,撰写了《中医药的疫病防治概述》,介绍了近代重大疫病史及中医药在其中发挥的作用,他带领肺病科团队整理的《新冠肺炎之中医对策》也出版了电子版。他还做客山东卫视,现身说法普及中医治疗的效果,坚定大众抗疫胜利的信心。

每天临床和远程会诊解决疑难病例、通宵达旦制定各种方案,几乎每天都只能睡三四个小时,这就是 57 岁的张伟疫情期间的生活写照。面对严峻的战疫形势,他始终逆行而上,冲在一线。"为国尽力,匹夫有责!"出身于中医世家的张伟如是说。

• 河南省 •

郑福增：方舱医院里的中医"守护神"

陈宝燕　马赛音[*]

郑福增

九三学社河南中医药大学委员会主委，河南中医药大学第二附属医院（河南省中医院）副院长，国家第三批援鄂抗疫中医医疗队（河南）队长，"全国抗击新冠肺炎疫情先进个人"称号获得者，"全国卫生健康系统新冠肺炎疫情防控工作先进个人"称号获得者。

在2020年抗击新冠肺炎疫情的战疫中，涌现了许多"抗疫英雄"。在这些"英雄"中，有一位令人印象深刻，因为他带领的团队刷新了世人对中医的认知，实现了中医治疗轻型、普通型新冠肺炎患者治疗总有效率100%，被誉为方舱医院里的中医"守护神"。他就是郑福增。

带着初心奔赴一线

3月27日，郑福增和他的队员们圆满完成抗疫任务从武汉返郑。在随后隔离观察的日子里，郑福增也没闲着，时不时翻看在武汉的治疗记录，总结此次中医抗疫的成功经验。

回顾过去2个月的抗疫经历，郑福增说道："我们是带着医务工作者治病救人的初心走的！我们是背负着全省人民托付的阻击疫情的任务去的！作为国家（河南）中医领队，全力以赴奉献自己的智慧和能力是必须的！"

---

[*] 作者陈宝燕系九三学社河南省委员会宣传处副处长；马赛音系九三学社平顶山市委员会干部。

郑福增（右三）与队友在方舱医院病区内讨论治疗方案。

1月28日，国家中医药管理局委托河南省卫健委中医处组建国家第三批援鄂抗疫中医医疗队河南队，得到消息后，郑福增立即提出申请，要求奔赴武汉援助抗疫。郑福增今年已经58岁了，有人不解，问他为什么要去武汉，他说："我觉得作为医务人员，治病抗疫是我的职责。"

从接到领队任务的那天起，郑福增就开始了战疫准备：构建团队组织架构、统筹安排分工、专业知识强化培训、中西医诊疗方案解读、防护流程梳理训练、筹备物资、训练体能。

他像一位随时奔赴前线的老兵，胸怀责任，坚守初心，所向披靡。

据了解，郑福增参与过2003年"非典"的抗疫，还曾经参与援疆，是河南省的第七批援疆队员，而这一次他又义无反顾地去了。

"决不能让队员出现问题"

2月10日，郑福增带领中医医疗队抵达武汉。在江夏方舱医院，郑福增被任命为副院长，分管感控（感染控制）、护理、药事。"队员的零感染始终是最大的责任，所以防控的任务就更重，责任心就必须更强。"郑福增说。

在开舱前后的5天内，郑福增每天休息时间不足5小时，多次带领方舱医院的控感专家进入江夏方舱内，为整个江夏方舱医院制定方舱感控管理办法，梳理方舱感控流程，构建方舱管理相关文件，细化江夏方舱护理管理流程，监督和督促各项制度的严格落实……桩桩件件的事情都要亲力亲为。

"我们那个A舱一层是两个病区，天津和我们，188张床，各94张床。近200人的舱内，一定是带病毒的、传染的环境。我们防护得再严也不敢保证安全。所以说这是战役，危险就在于你防不胜防。"郑福增说。他一再向队员强调要做好防护，为此，还特别提出设立24小时专人值班的感控监督岗，同时建立驻地感控管理要求及流程，有效降低了驻地生活区交叉污染的风险。

"一线队员最辛苦，他们担的风险最大，所以我们尽量给他们服务好，尽量叫他防护措施做好，坚决不能让我们的队员出现任何问题。"郑福增在关注病区日常管理工作的同时，还要进入一线参与病人的查房、救治，并和专家组讨论制定病人的治疗方案。除此之外，郑福增格外注重随时掌握队员的思想动态和身体状况。考虑到队员初来乍到吃饭不习惯，郑福增叮嘱后勤组长为队员提供完善的后勤服务，不断改善医疗队伙食、日用品等，鼓励大家吃饱穿暖，给队员提供强有力的后盾。

在江夏区方舱医院工作期间，江夏区政府给每个医疗队配备一辆大通勤车和一辆小车，小车可供夜班、应急和院领导上下班使用。作为江夏区方舱指挥部成员和副院长，郑福增除了在没有班车和值夜班的情况之外，大部分时间都和队员一起乘坐大通勤车。郑福增说："也只有这时候，是和大家一起讨论头一天病区病情和下一步治疗方案的最佳时机。"

"中医真是中"

江夏方舱医院内普通型患者最多，占到60%以上。"普通型患者不仅有咳嗽、发烧、乏力等典型症状，而且已经出现肺部损害。一般来说，如果不及时干预，普通型患者中会有10%左右转化为重症或者危重症，及时阻断这种转化是当务之急。"郑福增介绍，"这次疫情中形成的一个共识就是中医药要早期干预。中药能调节体内正与邪的平衡，辅助正气就是提高人体的免疫力，阻止向重症转化，阻止最后器官衰竭。"

整个江夏方舱医院都弥漫着浓郁的中药味，中医就是这里的"压舱石"。

除了部分患者有其他基础性疾病的给予相应西医治疗，针对新冠肺炎的治疗全部都是运用中医药。

有一位女病人刚开始进入方舱时，对中医药治疗有些抗拒，因为她的丈夫在另外一个方舱跟她患病程度一样，用的治疗方法却跟她不一样。经过医疗队队员的耐心解释，她接受了治疗方案，每天按时服用中药，最终她比丈夫早出院好几天。出院时她竖起大拇指，学着河南口音说："中医还真是中！"

在医疗过程中，郑福增团队在使用方舱通用版中药汤剂全覆盖基础上，指导进行辨证施治的分类治疗，尤其在病变较重或核酸长期不能转阴的患者中更是给予一人一辨一方的严谨的中西医结合精细化治疗。"大水漫灌"与"精确滴灌"相结合，中医药治疗新冠肺炎取得显著成效，引起了世人瞩目。郑福增曾代表中医医疗队接受中央电视台记者的采访，讲述中医治疗新冠肺炎的特效之处。

在方舱医院里，河南援鄂首批中医医疗队队员时常带领患者在方舱内练习八段锦、太极拳、十二经络养生操等，帮助病人强身健体。另外，郑福增还将河南省中医院的"独门秘籍"清肺排痰滴剂带到了武汉，并用在所管理病人身上，取得了很好的疗效。

郑福增带领的团队共收治106名确诊的轻型、普通型患者，治疗总有效率100%，零转重症，零回头，零死亡，零事故，零投诉，医务人员零感染！正如郑福增总结里所写的："向组织和人民交上了一份满意的答卷！"

在一封由病区病人集体签名的感谢信中这样写道："你们在春寒之夜为我们患者站岗守护，尽职尽责，付出大爱，我们武汉人民为河南医疗队点赞！"

大疫无情，大爱无疆！正是每一位像郑福增这样的"守护神"义无反顾与死神搏斗，仿佛一束光穿越阴霾照亮了2020年的中华大地，我们才能看得到明媚的春天！

· 湖北省 ·

杨彬：芳华在抗疫战场上绽放

胡艳萍[*]

杨彬

九三学社社员，湖北省肿瘤医院胸部肿瘤内科主任助理，"全国抗击新冠肺炎疫情先进个人"称号获得者。

在新冠肺炎疫情期间，她勇挑大梁，主动请战雷神山医院，并担起医疗队队长重任。作为医疗队长，她身先士卒，冲在一线，主导多学科诊疗模式，精心制定医疗规范，最大力度保障医疗安全；作为医疗队唯一女医生，她在提供医疗服务的同时，还把病人当亲人，不仅关注他们的日常生活，更用耐心、细心抚慰着或焦虑或低落的病人。在大家眼里，这位年轻的80后女医生永远那么朝气蓬勃、雷厉风行，同时又那么温柔如水，仿佛一朵盛放的战地之花。

义无反顾 危急时刻担重任

2020年1月下旬，武汉拉响新冠肺炎疫情警报，原本打算春节回随州老家的杨彬主动报名，作为湖北省肿瘤医院医疗应急队队员留守武汉。

2月5日上午，杨彬受命率52名医疗队员奔赴雷神山医院。当时雷神山医院还是一片大的建筑工地，病房还在建设中。为更早收治患者，杨彬不停地协调雷神山医院、湖北省肿瘤医院、施工方等多方关系，带领着队友们从无到

---

[*] 作者系九三学社湖北省委员会妇女工作委员会主任，湖北省肿瘤医院胸内二科主任。

有，一点一点将感染一科15病区搭建起来。病区交付过程中，她同大家一遍又一遍检查所有房间的基础设施，水、电、网通没通，空调、热水器、电视好不好用，紫外线、灯、氧气设备是否到位，门窗是否完好……对检查出来的问题，杨彬都要一一协调相关部门维修解决。那几天，她的嗓子已经哑到快说不出话来。

2月9日晚，感染一科15病区终于开科收治患者。杨彬率先穿上防护服，带着6名医生，冲在了直面病毒的最前

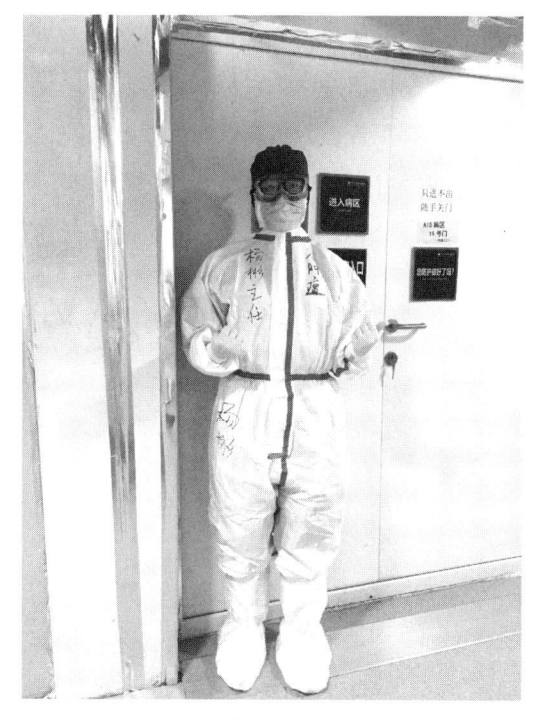

杨彬在工作中。

线。收完42位患者，已经是10日凌晨4点半。她让忙碌了一整晚的队友早点下班休息，自己则留下来带着第二批医生逐一熟悉病人情况，安排相关治疗，并协调病房里的大小琐事。直到10日晚9点病区收治完第二批患者，她才离开病房。这个时候的她，已经连续工作38小时了。

精益求精　医疗安全放首位

从准备开科到收治病人，保障医疗安全是杨彬最关心的事。

杨彬提议将医疗队13位医生分成四个医疗小组，每个医疗小组保证至少由一名副高级以上医师任组长，各医疗小组负责一定数量的病床，为每位患者精心制定合理的治疗方案。对于危重症患者，积极组织科内讨论，并与驰援雷神山医院的兄弟医院呼吸科及重症医学专家沟通会诊。

"每位值班的医护交班时，要把发烧、氧饱和度低、血压血糖不正常等重点病人的情况在医疗队微信群里进行交班。"她说，"我们要让病区每位患者的病情变化都能得到及时处理。"

作为非传染病专科的医生，每次新冠肺炎治疗指南更新后，杨彬都认真学习，把更新的内容吃透，然后在医疗团队里分享讨论，保证各医疗小组针对不同患者选择更合适、更有效的治疗方法。

在雷神山连续奋战45天，杨彬和其团队负责的感染一科15病区累计收治患者62人，治愈出院27人，整个团队做到了"零死亡""零投诉""零感染"。

医者仁心　人文关怀显柔情

在雷神山医院救治病患期间，杨彬观察发现，有很多患者因为长期处于隔离状态，情绪低落或焦虑。为此，她践行着"有时去治愈，常常去帮助，总是去安慰"的行医准则，在给予患者精心治疗的同时，千方百计鼓励他们以乐观的心态战胜病毒。

一天，60多岁的患者梁大爷跟医护人员吵着要出院，而他的身体状况根本达不到出院标准。知道情况后，本已准备下班的杨彬返回隔离病房，特意来到梁大爷病床前了解情况。

原来，梁大爷的老伴也是新冠肺炎患者，目前正在另一个定点医疗机构治疗，家里孙子没有人带。看到同病房病友治愈出院了，他自己就十分着急，也想早点出院，回家帮着带孙子。杨彬笑了一笑，把梁大爷两次拍的CT片子拿出来指给他看，告诉他目前肺部在恢复，但是还需要一段时间治疗。然后，杨彬又告诉他，如果恢复得不好，贸然出院回家，还会传染家人。在杨彬的耐心劝解下，梁大爷的心情逐步平复下来，不再闹着要出院。

在这之后，杨彬每次查房时都会在梁大爷病床前多停留一些时间，陪他说说话。她常常跟队友们说："其实患者闹情绪，都是因为他们希望得到关注和关心。在这个特殊时期，他们的亲属都不在身边，我们就是他们的亲属。"

斗志昂扬　家人支持是动力

在雷神山的日子里，杨彬总是干劲十足、斗志昂扬。她说，是家人的支持给了她全力战疫的动力。

临出发前，上小学的女儿画了一幅《雷神大战冠状病毒》的画送给她，说："妈妈，我会乖乖听老爸的话，按时写作业、画画、写字。你一定要平安回来，我的作业还要留着你回来检查呢！"每当身体疲惫不堪时，杨彬就会掏出手机看看女儿画的画，而她也总会被画上歪歪扭扭的字迹给逗笑。

　　来到雷神山以后，"不打扰"成为家人对杨彬的主要支持形式。在做开科准备的那几天，杨彬忙得好几天没与家里联系。她不知道的是，在这几天里，父母家的菜已经没了，二老又没有加入小区业主团购群，但他们硬是撑着没打扰她。"还有一次母亲高血压犯了也没告诉我，我都是事过很久才知道，感觉很内疚。"杨彬不无感慨地说，"但我是医生，危急时刻必须要冲到最前面，坚持到最后。只有这样，才不辜负全家人的默默付出。"

• 重庆市 •

田文广：怀医者仁心　用科学战疫

游　阳*

田文广

九三学社社员，重庆医科大学附属永川医院主任医师，"全国抗击新冠肺炎疫情先进个人"称号获得者。

自参加工作 30 年以来，田文广便一直在重庆医科大学附属永川医院感染科这个高风险的岗位上兢兢业业地工作。新冠肺炎疫情发生后，他作为隔离病房主任，全面负责隔离病房的医疗及行政管理，同时还担任重庆市级专家组副组长、永川区医疗组组长、医院医疗救治组组长。他既当指挥员，又当战斗员，为疫情防控做出了积极贡献。

疫情就是命令　防控就是责任

疫情发生以来，田文广带领科室职工第一时间向医院党委递交了请战书，号召全科人员立即投入到新冠肺炎的医疗防控及救治工作中。为了保证医院确诊患者有序收治，他组织科室人员将感染科病房的病人全部转移到 3 号楼，并耐心给转移的病人及其家属做解释工作，取得他们的理解，保证搬迁工作得以顺利进行。

他全身心投入隔离病房的筹建、新征用的重庆市职业病院改造等工作中，

---

* 作者系九三学社重庆市永川区委员会专职干部。

2020年2月2日,永川片区首例确诊新冠肺炎患者出院,田文广(右二)等医务人员与患者合影。

不分昼夜,不惧艰险。他依照国家标准带头制定了各级医师职责、隔离病房工作制度等相关工作制度,强调医疗交班制度、病历书写等核心医疗制度;为永川区及医院人员做新冠肺炎相关知识及政策培训7次,并加强医务人员院感防控,从根本上杜绝了院感事件的发生,确保医务人员零感染。

新冠肺炎患者的不断增多,患者基础性疾病与合并症的复杂化,对医务人员的数量和专业性提出了更高要求。身为隔离病房主任,他积极与各科室协调人员,满足救治病人需要,为患者提供优质的救治服务,并积极协调医疗物资,确保防控工作顺利进行。每天忙前忙后,跑上跑下,51岁的田文广早忘了2018年自己才进行了心脏搭桥手术。

重任在肩 唯勤唯行

重庆医科大学附属永川医院承担着永川区周边8个区县的确诊患者救治工作,医院工作压力很大。自2020年1月21日医院收治第一例病人,田文广就坚持每天与一线医务人员一起查房，探视危重病人，认真记录每位病人的身体状况与变化情况。每天协调组织市级、区级及院级专家会诊，上下午各一次，为每位病人制定诊疗方案；每天检查医护人员值班情况，了解工作人员的工作及生活，关心关爱一线人员的身心健康。无论每天的工作量有多大，他都会坚持全面总结当天的工作情况，总结抗疫工作存在的问题，思考如何改进。

此外，他还承担着永川及院内发热门诊病例会诊，每天约10余例次；负责渝西片区的电话咨询，每天约1—2次。疫情发生以来，他从来没有在深夜1点前休息过，最晚一次工作到凌晨5点，早上7点多钟就又投入紧张的工作中。虽然工作很苦很累，且风险很高，但他从无怨言。他总是乐观地说："医生的天职就是救死扶伤。"

科研攻关　助力战疫

田文广不仅重视抗疫工作本身，还积极组织隔离病房工作人员进行新冠肺炎的科研工作，带领大家一起探索新冠肺炎的病理研究、预防等。

他说："我们一定要重视科研，从个性中发现共性，探索疫情防控与治疗的有效手段，总结出传染病的防治方法"。他邀请科技科、实验中心的老师讲解科研政策、科研方法及科研选题，为大家开展科研工作指明了方向。他自身也参与了重庆市科委攻关项目"基于大数据的新型冠状病毒肺炎临床评价技术研发与应用"。

他注重中西医辨证施治，运用中西医联合治疗新冠肺炎病人，有效提高了病人治愈率。

"疫情不退，我们不退！"

56天，90位病人，零死亡，零医务人员感染，是田文广给党和人民交上的一份满意答卷。随着复工、复学的开始，感染科作为医院抗疫的排头兵，负责发热门诊、全院病人及陪护人员的新冠筛查工作，同时还要兼顾日常诊疗工作。"疫情不退，我们不退！"是他常挂在嘴边的一句话。

田文广的妻子何平是重庆医科大学附属永川医院消化内科的主任。平时在医院，夫妻俩都很忙，只有中午在食堂吃饭时才能聚在一起。疫情发生后，两人都第一时间奔赴各自岗位，为了打赢这场战疫他们倾注全力。

忙于工作，自然就无暇顾及家庭。同为专家组成员的两人除了参与患者的会诊工作和培训指导一线工作人员时还能见上一面，平时忙得连面都见不到。他们是爱人，更是战友，怀着"有大家，才有小家"的情怀，为彼此竖起了温情的后盾。

黄爱龙：勇担使命　火线攻关

杨现洲　王　维[*]

黄爱龙

九三学社重庆市委员会副主委，重庆医科大学校长，"全国抗击新冠肺炎疫情先进个人"称号获得者。

2020新年伊始，当武汉不断传来不明原因肺炎的消息时，长期形成的职业敏感让黄爱龙高度关注疫情的发展。他所在的感染性疾病分子生物学实验室，既是教育部重点实验室，也是国家卫生应急实验室网络成员单位。1月13日，在实验室的年会上，他和实验室成员对疫情进行了研判和讨论。当时疫情尚不明朗，他们更多停留在担忧和观察的状态。但接下来的一星期，形势急转直下。内心深处的责任感和使命感，不断提醒黄爱龙：重庆医科大学作为医学院校，在国家面临公共卫生危机时，必须发挥人才和专业优势，有所作为！他自己作为病毒学专家，更加责无旁贷，必须要为抗击疫情做点儿什么。

火线攻关　挑战"从0到1"的原始创新

1月20日，钟南山院士确认了新冠病毒肺炎能够"人传人"，病毒检测能力不足成为关注的焦点。黄爱龙和团队成员经过深入讨论，确定以检测试剂作为攻关方向。团队在反复权衡分析之后一致认为，与其在已有核酸检测技术上

---

[*] 作者杨现洲系重庆医科大学学校办公室主任；王维系重庆医科大学学校办公室科长。

黄爱龙（右三）在工作中。

做锦上添花，不如做检测优势多但研发门槛高、国内具备研发能力单位少的化学发光法抗体检测试剂。因此，他们决定挑战从0到1的突破！

1月21日，重庆市出现首例确诊病例当天，团队启动试剂盒研发的火线攻关，开始与病毒赛跑。目标确定了，困难也接踵而至。因学校放假，大部分老师和研究生都离开了学校，人手严重不足，黄爱龙迅速把仅剩的几位学术骨干聚集起来，又从实验室其他老师手里"挖"来6名家住重庆主城区的研究生，加上学校科研处几位干部，就这样形成了临时团队。

因物流交通基本停运、工厂停工，研究的原材料、设备严重不足，团队合作伙伴博奥赛斯公司从重庆、天津、上海分别调集物资，安排专人乘坐飞机来回取送物资。为避免被隔离，负责取送的人员仅往返于三地，不出机场！负责协助抗原规模化制备的派金生物公司，原本春节期间已经停工，为了应急科研攻关，在政府的特批下火速复工。

争分夺秒　与病毒赛跑

为了节省时间，黄爱龙制定了两套平行推进的实验方案，每一项任务都是两组同步进行。团队所有成员都放弃春节休假，除夕和正月初一仍奋战在实验室，"两班倒"或"三班倒"轮流坚守，每天睡不到5个小时。团队骨干、"国家优青"获得者陈娟教授，项目启动后就一直投入到高强度的研发工作，经常白天黑夜连轴转，困了就住进临时安排的学生寝室休息几个小时。有一段时间，早上起床后出现气促、缺氧等心衰现象，为了不影响研发进度，她每天抱着氧气瓶吸半小时氧，又投入到实验室紧张的工作中。

2月3日，团队制备出6个重组抗原，但只有3个效果较好，可用于免疫检测，这个结果让团队陷入一片阴霾。为了寻找根源、解决问题，实验室开启了24小时奋战模式，除了实验操作的声响，大家都在沉默工作。黄爱龙也是焦急万分，当晚回家后辗转难眠，凌晨两点多又驾车回到学校，与大家共同探讨改进技术与方法。经过反复试验，2月6日，初步组装的化学发光试剂盒各项性能基本达到预期设定指标。最终，黄爱龙和他的团队仅用了48个小时，就完成了平时需要5—7天完成的实验任务！

逆行而上　不怕牺牲

在紧张而且充满危险的大规模临床验证阶段，为了在尽可能短的时间完成临床验证，黄爱龙团队组建了临床验证工作小组，分批进驻沙坪坝、永川和万州的三家定点救治医院。当时防护物资很紧缺，深入医院进行临床验证，被感染的风险非常高。为了鼓舞团队士气，黄爱龙第一个带队去了重庆医科大学附属永川医院。黄爱龙告诉团队成员，我们是做传染病研究的，在这场灾难面前，必须要有担当，要不怕牺牲，做出我们应有的贡献。

2月中旬，病毒更加肆虐！为加快整体进度，黄爱龙团队决定采取集中批量验证。集中验证，涉及转运病人血清，这是一项高危工作。当时租车公司、餐饮行业全部停业，团队成员就开着私家车，带上干粮，驱车往返于学校与各定点医院亲自转运样本。团队成员——校科研处长袁军也亲自当起了"快递小哥"。在不到两周的时间，他开车往返万州转运样本7次，行程4200多公里，常常是星夜兼程，独自在高速路上狂奔。在大家舍生忘死的努力下，黄爱龙和他的团队，在极短的时间内完成了近300例临床样本转运和验证工作，证明了试剂盒在新冠病毒检出方面的灵敏度和特异性。

天道酬勤　小小盒子显威力

经过 40 多天夜以继日的火线攻关,黄爱龙团队研发的两款抗体检测产品于 3 月 1 日通过国家药监局注册审批,成为全球首个获批上市的化学发光法新冠抗体检测产品。截至 9 月份,黄爱龙团队已有四款产品通过国家药监局注册审批,七款产品通过欧盟 CE 认证,多款产品通过菲律宾 FDA 认证,为国内外疫情防控发挥了重要作用。此外,他们研发的产品更成为中国疾控中心唯一推荐用于分子流行病学调查研究的抗体检测产品,和国家海关总署指定的两款抗体检测产品之一。

习近平总书记强调"人类同疾病较量最有力的武器就是科学技术,人类战胜大灾大疫离不开科学发展和技术创新"。这个小小试剂盒,不仅代表着重庆的抗疫成果和特殊贡献,也是中国对全球疫情防控的众多贡献之一。

与病毒斗争,是黄爱龙的职责和使命!疫情不止,攻关不停。现在,黄爱龙和他的团队仍在继续研发可替代核酸检测的抗原检测产品,他们将继续努力用科技之力击溃新冠病毒,不断造福祖国和世界人民。

其他典型

• 北京市 •

邢若齐：为新冠肺炎疫情防控工作做好督导检查

孔瑶竹 *

邢若齐

九三学社社员，国家卫健委医政医管局副局长。

面对新冠肺炎疫情，中国人民坚韧奉献、团结协作，构筑起同心战疫的坚固防线，九三学社社员邢若齐就是这战疫洪流中的光荣一员。作为国家卫健委医政医管局副局长，从疫情发生开始，她便全身心投入疫情防控工作中，先后两次在疫情中心累计工作超过百天，发挥专业特长，为切断病毒传播链条和全国疫情防控做出了突出贡献，直到疫情得到有效控制。

2019年12月31日，作为国家卫生健康委第一批工作组成员，邢若齐紧急奔赴武汉。除每日在金银潭医院进行病例分析讨论、研究制订治疗方案外，她带领专家深入三甲医院发热门诊检查，对留观疑似患者进行临床诊断，督促尽快转院；组织专家研究讨论，编写不明原因的病毒性肺炎诊疗方案。

因工作安排，邢若齐2020年1月7日晚从武汉返回北京，并于1月17—19日，带队分别在北京、广州和深圳以医疗机构门诊预检分诊、发热门诊就诊流程、新冠肺炎病房和重症监护室的准备及院感防控等情况为重点，为疫情防

---

* 作者系九三学社北京市委员会宣传研究部干部。

控工作做好督导检查。

1月23日凌晨,武汉"封城"了。作为重点地区,武汉的疫情防控工作事关全局。只有集中力量把武汉的疫情控制住,才能从根本上扭转全国疫情蔓延局面。于是刚刚结束多地督导检查工作的邢若齐于1月23日武汉"封城"当天,再次逆行武汉。她一方面督导新增定点医院加快进行病房改造,推进患者收治工作,另一方面推动提高核酸检测能力。

根据安排,邢若齐进入中央指导组医疗救治组开展工作,并于2月初开始参与中央指导组综合组工作,协助开展疫情防控的协调联络沟通工作,从医疗卫生专业角度为决策提供参考。其间,她通过参与座谈会、讨论会,配合中央指导组对医疗救治、预防控制、中医药防控等工作不断进行总结和推进;参与中央指导组调研工作,通过对社区、医疗机构、大学、研究机构等现场调研活动,了解武汉地区疫情防控工作的开展情况及主要经验和存在的困难。

为实现"应收尽收、应治尽治"工作目标,邢若齐协助完成了新冠肺炎患者信息核对工作,通过多源流数据比对,核清累计发病患者收治及转归情况,

邢若齐参加防控工作情况通报会议。

并就摸排发现的问题及时进行反馈,为及时精准决策提供支撑。通过与相关部门及专家的沟通,邢若齐还协助完成了治疗药物攻关进展、数据统计口径及指标解释、试剂检测等舆论热点和关注话题的答复工作。

4月,黑龙江省绥芬河口岸境外输入疫情和哈尔滨市境外新冠肺炎输入病例关联的本土聚集性疫情两起事件引起中央高度重视。4月26日,中央指导组离鄂返京的前一天,邢若齐和同事及三位重症专家没有随队返京,而是连夜转战黑龙江。

邢若齐一行抵达哈尔滨后,马上开始着手指导督促医疗机构开展实验室建设,使其尽快具备新冠病毒核酸检测条件和能力,尽早开展核酸检测并不断提升检测能力。由于前期已经在实践中储备了足够的应对经验,加之上下一心,疫情终于得到控制。随后,她又马不停蹄奔赴绥芬河,继续督促当地医疗机构和疾控中心核酸检测能力的提升,指导推进定点医院和隔离点的储备——为绥芬河口岸后续开放做好保障。

日夜兼程,连续奋战,靠的是有序高效的组织、丰富的工作经验和过硬的专业技术。黑龙江的困局纾缓了,邢若齐和她的同事们做到了。

2017年10月,九三学社北京市东城第二综合支社换届,邢若齐当选为宣传委员,她和支委班子其他成员一起,又当上了带领支社全体社员的"领跑员"。在繁忙的本职工作之外,社务工作这项全新的内容让邢若齐既体会到了责任,也增添了荣誉和自豪感。

跑步是邢若齐释放压力、排解负面情绪、提升抗压能力的重要方式。她的女儿曾在一篇文章中写道:"妈妈是那种会把一件事干到极致的人,她努力的过程像是在平凡的院子里埋下了细细的无人注意的种子,任凭风雨的吹打,等到有朝一日自会顶开泥土,无声地舒展枝丫,长成如塔一样的树。"

杨佳：春暖花开　山河无恙

廉维亮*

杨佳

九三学社中央联络工作委员会主任，中国科学院大学教授。

"湖北省随州市确诊病例迅速增加，现在急需医疗队、急需物资支援、急需政策帮扶。"2020年2月4日，庚子鼠年第一个节气——立春，全国政协委员、中国科学院大学教授、九三学社中央联络工作委员会主任杨佳发出了一条"一呼三急"信息。

这是她刚刚与在随州的九三学社中科院青工委谭颖委员沟通后得知的情况，杨佳心急如焚。

新冠肺炎疫情暴发后，在九三学社中央的安排下，联络工委加强了与各地特别是湖北各地市之间的联系，发出了"从我做起，为打赢抗击新型冠状病毒肺炎攻坚战做贡献"的倡议。九三学社中央副主席印红提出要求，及时收集整理社情民意和意见建议，积极为战疫建言献策。

紧急求援：医护不足、物资短缺

常住人口仅220多万的随州是湖北省最年轻的地级市，截至2月4日，确

---

* 作者系人民政协报记者。

诊人数达到 641 人。

"相对武汉、孝感、黄冈等大中城市而言，随州只有市中心医院一家三甲医院，面对感染者急剧增多的局面，目前随州医疗系统已力不从心。"谭颖的每一句话都带着焦急。

定点医院的病床已经满员，而每日新增的确诊病例数仍在攀升，已经抵达的"外援"只有内蒙古来的 4 名医生，防护服、护目镜、呼吸机等医疗物资库存告急……一时间，随州疫情防控形势十分严峻。

千里之外，谭颖的求援让杨佳感到揪心。杨佳是九三学社中央常委，也是一位一级视力残障人士，尽管眼睛看不到，她的心却与疫情笼罩下的随州紧密相连。

"密切接触的医护人员中已经有人出现发热。"谭颖说。她的母亲是随州市中心医院的医生，已经连续在医院工作了好多天，刚刚匆忙回了趟家，顾不上休息。

"看着妈劳累的样子，我的泪止不住地流，心疼她和她的战友们，也为这座城市的安危深深担忧。"

谭颖的求助信息得到九三学社中央及所属王选关怀基金会的高度关注，四面八方的九三学社社员火速帮助联系捐赠医疗物资。在中科院九三学社高能所 8 支社、国科大 14 支社和"九三密码"参政议政培训活动群等微信群里，多位九三学社中央常委、委员也在积极建言献策。

火速驰援：救援"神兵"天降

谭颖有一段时间没有发来语音，杨佳感觉到了她的情绪低落，一边送上及时安慰，一边马上通过各种渠道帮助反映。

"作为一名全国政协委员，有责任向中央及时反映真实情况，民有所呼，不容坐视。况且，这事关几百万人身体健康和生命安全。"杨佳始终忘不了九三微信群里高能所陈冬发给谭颖的那条信息："无能为力，良心不安啊。"

杨佳一方面通过九三学社中央报送社情民意，一方面通过全国政协信息专报反映情况。此外，她还联系到一些曾在两会上采访过她的记者朋友，及时通过新闻媒体向外界介绍随州的危急局面。

当天信息传递出去后，引起中央高层、有关部门和社会各界的关注。连日来，在党中央、国务院和有关部门统一部署调度下，湖北各地抗击疫情的危机状况得到明显改善，随州的医疗救治能力和物资供应水平都有了很大提升。

"深山里终于盼来了太阳。"情况的好转让随州人重拾信心。谭颖第一时间把随州的转机，通过杨佳向九三学社中央汇报。

"省里领导来随州调研了解情况了，随州正引起了各级重视。"

"武汉肿瘤医院30位危急重症专家来支援了，连续多日孤军奋战的医务人员终于稍稍松了一口气。"

"我妈也终于可以回来休息一下，仔细把衣服用酒精和紫外线灯进行了消毒，洗了舒服的热水澡。"

"江西的医疗支援队伍到随州了，135名勇敢逆行的白衣天使被安排在市里最好的酒店，很多有名的厨师都自发去那家酒店为他们做最拿手的饭菜。"

王选关怀基金会组织的救援物资这几天也有了进展。基金会向随州市中心医院捐赠的15箱1200瓶消毒泡腾片、40台紫外线医用消毒灯、320瓶预防用喷雾已经陆续发出，星夜兼程发往随州。

医护救星"神兵"天降，带着中央的关怀来了，金子一般宝贵的雪中送炭，带来了战胜疫情的强力支援。

尽管尚未转危为安，疫情仍在发展，但对外传递的SOS信号有了火速回应，220多万随州乡亲的心神稳下来了，战胜疫情的底气和信心足了，隔离的生活有了希望。

谭颖发来一段感怀："疫情让我们懂了很多……以后再也不抱怨堵车了，因为那才是繁华大道；再也不抱怨人山人海了，因为那才是国泰民安；再也不抱怨生活忙碌了，因为那才是生命的意义。"

杨佳给谭颖微信回复了8个字"春暖花开，山河无恙"，鼓励并嘉许她继续密切跟踪通报随州战疫的进展。

谭颖回复："感谢连日来全国政协、九三学社中央和杨佳老师的倾情相助。妈妈特别喜欢您发的这8个字并转发给了她的战友们，邀请你们战疫胜利后到访，共赏春日美好。"

举世闻名的曾侯乙墓就在随州，湖北省博物馆的镇馆之宝编钟就是从这里出土。两年前，杨佳在武汉开九三学社中央第十四届三次常委会议时，参观了该馆，至今记忆犹新。谭颖还发给杨佳一首乐曲《楚商》。"从我有记忆开始，这首编钟演奏的乐曲每晚6点准时播放。此刻仍在大街小巷美妙演奏，鼓励着随州人民坚定信心、战胜疫情。邀您共赏，以示答谢。"

责任委员：特殊时刻方显责任担当

《楚商》循环播放，杨佳听出了其中亘古不变的典雅和深邃，也听出了此刻随州人民饱含热泪的谢忱和坚强。

灾难和不屈，光明和信心，对于杨佳来说，比一般人的感受更加深刻。全国政协十二届三次会议上，她代表九三学社中央做了《点赞正能量　厚爱正能量　弘扬正能量》的大会发言，成为政协历史上第一位走上大会发言席的盲人委员。

2018年3月，杨佳参加全国两会期间在人民大会堂前留影。

没有在病痛中倒下，绝不向命运低头。在灾难和疫情面前，杨佳的事迹本身就能够给艰难中的人们以鼓舞、以温暖、以信心。

只要信心不倒，光明始终就在眼前。

她是一名勇担责任的全国政协委员。"汪洋主席在全国政协十三届一次会议闭幕讲话中要求做好一名'责任委员'。责任就应该体现在国家需要之时、人民期盼之时，在特殊时期更要做好表率、发挥作用。"

积极传声奔走呼吁，助力破解随州危局。杨佳认为，这既是政协委员该完成好的"作业"，更是每一位中国人义不容辞的责任。"随州的转机，是党中央、国务院决策和集中统一部署调度的结果，体现了党和国家集中力量办大事的能力水平，其中也包含着全国政协和九三学社中央等各方面的共同努力。政协委员通过建言和信息反映情况并得到重视，体现出多党合作和政治协商制度的优越性。"

春的感言：我们都是与时间赛跑的人

春节前夕，杨佳参加了中共中央、国务院举行的2020年春节团拜会。再一次现场聆听了习近平总书记的重要讲话，杨佳倍感振奋。"在全面建成小康社会的路上，一个人也不能掉队。我们所有人都要尽己所能，用汗水浇灌收获，以实干笃定前行。"

团拜会上，总书记指出要"同时间赛跑，同历史并进"。"我想眼下抗击新冠肺炎疫情的战役，就是在同时间赛跑，与疫病斗争，同病魔较量，打赢这场阻击战必须人人奋勇、分秒必争。"杨佳说。

杨佳告诉记者，国际上普遍把盲人群体称为灾难中"第一个被忘记，最后一个被想起"的弱势群体。除了牵挂千里之外的随州，作为北京市残联副理事长、石景山区盲协主席，她时刻不忘关照身边的盲人朋友。"很多盲人按摩店也要叮嘱他们暂停营业，杜绝人员聚集。要时刻了解残障朋友在特殊时期有什么具体困难，格外关心他们的基本生活保障和生计。"

"这次大家自我隔离宅在家里，能够体会到平日里残障人士出不去门的苦恼，也希望借此能提升全社会对残障群体无障碍出行的关注。"杨佳与许多助盲志愿者一并呼吁，疫情过后，全社会更多理解出行不便的残障伙伴，为他们提供自由自在的广阔空间，可以自由自在地呼吸户外的空气。

杨佳还联系到在国际散打界享有盛誉的刘向阳先生，制作了一套适合在家锻炼身体、提高免疫力的健身操，"不仅对残障朋友有好处，对所有人都能起到强身健体的功效"。

"过往的遭遇和经历告诉我，没有越不过的坎，没有战胜不了的困难。"杨佳寄语此刻正奋战在战疫一线的医护工作者，"危难时刻方显英雄本色，愿大家保重身体、出战必胜、胜利归来。人民感念您此刻的英勇付出，历史会记录白衣天使的夺目光彩。"

张黎明：白首踏征程　轻装换重甲

程　恳　赵军民*

张黎明

九三学社社员，北京朝阳医院呼吸与危重症医学科主任、主任医师，北京市援鄂医疗队队员。

危难时刻勇担当

"白首踏征程，轻装换重甲。长歌行，十万王师会江城。伏魔日，杯酒祭英灵。"在抗击疫情百日之际，张黎明写下了一首《小重山·王师会江城》，以纪念与新冠肺炎进行殊死搏斗的那一个个令人终生难忘的日日夜夜。

张黎明今年56岁，是北京朝阳医院出征武汉医护人员中年龄最大的一位。2020年新年伊始，新冠肺炎疫情在武汉肆虐，作为有30年呼吸科临床工作经验的医生，他十分关注疫情发展态势，敏感地意识到疫情的严重性。当医院发出驰援武汉的号召时，作为科室主任，他第一时间报名参加，体现了医务工作者"生命无价""医者仁心"的崇高精神和九三人强烈的担当意识。

1月27日，大年初三，张黎明随北京援鄂医疗队在北京首都机场集结出征武汉。临行前，他刚刚得到父亲去世的消息，但自古忠孝难以两全，他慨言："位卑未敢忘忧国，值此危险时期，只能奔赴一线保家卫国。"

---

* 作者程恳系九三学社北京市委员会宣传研究部干部；赵军民系九三学社北京市石景山区工作委员会办公室主任。

刚到武汉协和医院西院,他就投入紧张的院感培训。晚上利用休息时间抓紧学习并查阅新冠肺炎的相关资料和治疗的前沿技术,根据既往病毒性肺炎及感染所致呼吸衰竭、急性呼吸窘迫综合征的治疗指南及治疗经验,拟定在临床可行的救治方案,为即将到来的救治工作做好准备。

"我的战场就应该在隔离病房"

虽以"白首"自称,一旦投入工作,张黎明就忘记了自己的年龄。面对每天高强度的工作,他冲锋在前。"我是呼吸科的,这个时候我的战场就应该在隔离病房。"他说话带着浓浓的山东口音,平实中带着无比的坚定。工作之余,他经常与年轻医生研究病例,探讨治疗方案,以此培养青年技术人才。他还经常与病区的同事们分享来自九三学社中央、社北京市委及其他各级组织的鼓励和慰问,激励同事们树立必胜信念。大家打趣地说,张主任独特的"山普"是医疗队里最受欢迎的声音。

作为病区主任,张黎明率先垂范,和年轻医生一起参与白班、小班及大夜班值班。每逢值班时,他都要穿上厚厚的防护服,进入隔离病区查房,40多个患者查一遍要花3个多小时。每次查房结束,都像刚从蒸锅里出来一样,汗水湿透衣服,浑身乏力,但他依然咬紧牙关坚持。形势危急,重任在肩,即使工

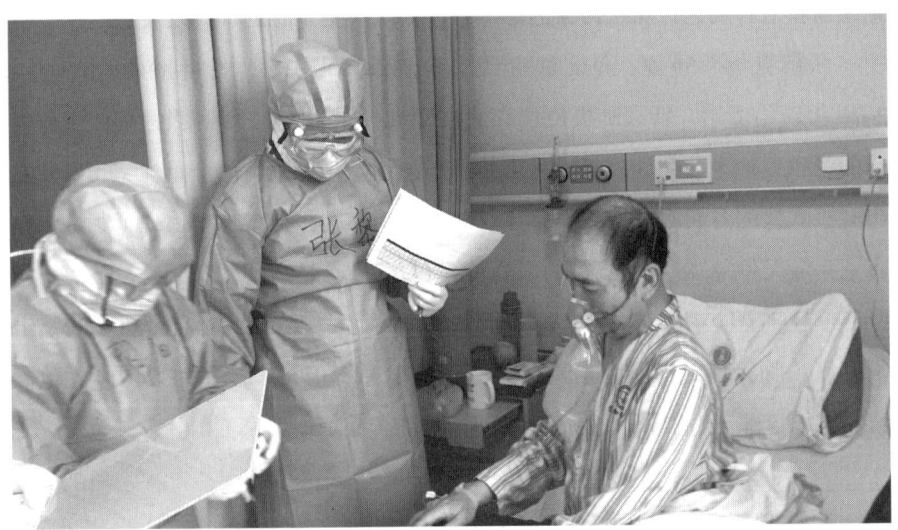

张黎明(中)在武汉查房。

作至深夜才上床休息,他也很难睡个踏实觉。由于牵挂患者病情,他经常在凌晨两三点醒来翻看手机,从工作群里了解患者病情的最新情况,认真分析值班医生上传的每一张化验单,发现问题立即与他们电话沟通。旁人劝他多注意休息,他只轻描淡写地说:"没事儿,人上了年纪,觉就少了。"

援鄂期间,北京医疗队共负责3个隔离病区的接诊工作,分别位于住院楼第12层、第10层和第8层。张黎明负责的第10层病区,是3个病区中收治患者最多,也是收治危重症患者最多的病区。

张黎明还记得,2月7日,他负责的病区迎来了北京医疗队第一位及第二位治愈出院患者,这极大提振了北京医疗队的信心。2月17日,感染重症的台胞金先生(在湖北感染的两位台胞之一)经10病区精心治疗好转出院,专程给医疗队送来感谢信,湖北台联也表达了对北京医疗队的感谢。截至3月30日15时,10病区累计收治患者125例,其中重症病例70例,危重症病例30例,好转出院78例,转往其他病区24例。一批批出院患者在离开时对北京医疗队充满感激之情,与医护人员依依惜别,在张黎明看来:"这是对我们最大的认可,一切付出都值了。"

时刻把科研攻关当作治疗最有效的武器

作为呼吸与危重症科主任的张黎明,具有30年丰富的临床经验。但在武汉,他带领的是由7家不同医院医护人员组成的新病区,一线大夫均出自消化内科及普外科。可以说,这是在人员、场地完全陌生的战场与凶猛的新冠肺炎搏斗。

作为病区的"指挥官",为规范治疗,使病区运转尽快步入正轨,他首先建章立制,统一治疗原则。为尽快融合队伍,凝聚人心,他处处以身作则,以身先士卒的行动激励和团结来自不同医院的医护人员。在临床上,他大胆创新,创建了三线二线隔离病房及清洁区同步音视频查房新模式;作为三线主治医生,他不畏凶险,每次都深入隔离病房,掌握第一手资料,为其他医生做好榜样。除常规医疗工作外,他还负责组织本病区疑难危重及死亡病例讨论,并参加医院每周组织的全院病例讨论,每次他都积极准备、踊跃发言。有一次,为准备临床讨论及上级督导,他不顾一天的辛苦和劳累,凌晨1点步行40分钟到病区准备病例资料。

在抗击疫情初期，患者突发猝死或病情突然加重是最为棘手的难题。张黎明根据丰富的临床经验，发现了问题的突破口，血栓随血液上移导致的肺栓塞，有可能是这些问题出现的原因之一。他及时为患者调整抗凝药物，把预防做在前，极大地降低了患者病亡风险。

新冠肺炎作为新发急性呼吸道传染病，还有很多未知的领域。作为主要研究者之一，张黎明时刻牢记"科研攻关是治疗最有效的武器"。他发扬九三人严谨、负责的科学精神，联合华中科技大学附属协和医院超声影像科谢明星团队、血液科胡豫团队，进行新冠肺炎下肢深静脉血栓形成的研究，学术成果以"新冠肺炎住院患者深静脉血栓形成的患病率、危险因素及转归"为题，在国际顶级学术期刊 Circulation 在线发表论文。首次在全球相关领域，全方位、多角度、多层次阐述新冠肺炎患者深静脉血栓形成的发生率、危险因素及对预后的影响，向全世界医疗界推介了研究成果，为降低新冠肺炎病亡率贡献了中国智慧。新华社、新华网、《中国日报》《北京日报》《工人日报》等媒体均进行了报道。

3月28日晚，医疗队接到撤离通知。张黎明按规范于3月30日进行病区移交，进隔离病房与接收方共同查房，逐一床位认真进行交接，还与接管的呼吸科主任进行细致的病情交接。他严谨的工作作风，对患者高度负责的态度，得到接收方的高度赞扬。作为一名参加过抗击"非典"的老兵，他做到了第一个进入隔离病房，最后一个撤离隔离病房，在援鄂战场上站好最后一班岗。

离开武汉之际，张黎明赋诗一首，赠别曾经生死与共的战友：

重甲京师飞江南，三镇重光是凯旋。
他年欢聚鹦鹉洲，黄鹤楼上尽开颜。

高伟波：攻坚重症救治　战疫到底

程　恳[*]

高伟波

九三学社社员，北京大学人民医院急诊科副主任医师，本院援鄂医疗队队员。

尺素情深　家书抵万金

北京一名8岁小男孩，以稚嫩的笔迹，郑重地向远在武汉前线的爸爸和即将出征的妈妈写下"保证书"："我会照护好弟弟，照护好这个家！"

这名小男孩是高伟波的大儿子，名叫高帅。高伟波的妻子也是一名医务人员，在北京协和医院工作。这是一个夫妻双方都是医务人员的特殊家庭。

高伟波与妻子结婚13年了，可除了当年的结婚照，两个人没有一张合影，更没有全家福。夫妻二人，当一个人休息时，往往另一个人还在医院值班。翻开相册，最多的是一个大人带孩子们的照片，"不知道的肯定会以为我们是单亲家庭。"

在武汉的高伟波，利用休息间隙，给儿子回了一封信。"孩子们，放心吧，爸爸在武汉一线这边挺好的，这里有很多的英雄的医生、护士、叔叔阿姨，和爸爸并肩作战，共同驱赶病毒魔兽。还记得我们一起看过的《大圣归来》吧？我们有白色的战袍，就像大圣的铠甲；我们有坚定胜利的信念，就像大圣手中

---

[*] 作者系九三学社北京市委员会宣传研究部干部。

的如意金箍棒。现在我们已经取得了阶段性的胜利,现在我们已经从病毒魔兽手中抢救出很多的人,相信我们将取得最后的胜利,凯旋的日子指日可待!"

烽火连三月,家书抵万金。抗击新冠肺炎疫情,是一场艰苦卓绝的战斗,更是一次意志品质的磨炼。医护人员在疫情防控一线连续奋战多月,支撑他们的,是对国家的忠诚,是医者的使命担当,还有来自亲人、朋友的鼓励和思念。

高伟波在信中写道:"孩子们,我相信等你们长大了,就会理解什么是责任与担当!"

生命之托　重于泰山

矗立于华中科技大学附属同济医学院附属同济医院中法新城院区的一尊刻有"生命之托　重于泰山"八个字的石刻,代表了所有医疗队员、医护人员的心声。

新冠病毒疫情肆虐之际,高伟波响应国家召唤,毅然报名参加驰援武汉之战。2020年2月7日下午3点,高伟波逆行抵达武汉。走出异常安静的机场大厅,他发现"整个武汉城市像是按下了暂停键"。

高伟波作为重症领域医生,带领一组医生及护理团队,战斗在抗疫一线。每一次进污染区,他们都要逐层穿上防护服、隔离衣、手套、鞋套、护目镜和防溅面屏。作为组长,高伟波认真照顾医疗队员,查漏补缺,确认防护合格,确保医护战友们的安全。在重症病区,医疗团队和专家组对重症患者展开讨论,做到个体化、精细化管理,实施了气管插管机械通气、中心静脉穿刺置管、床旁血液净化等治疗。

经过不断的努力,一个个患者从焦躁、惶恐的情绪中逐渐解脱,重新恢复到往日的平静和健康。高伟波动情地回忆:"2月21日,第一对患者——一对夫妻治愈出院,这是让整个团队最兴奋的事!"之后,重症病房患者陆续康复出院。

在武汉一线,除了认真负责进行医疗工作外,高伟波也不忘作为民主党派成员的使命。考虑到在早期没有特效药物可用的情况下,可以使用康复者血浆输注治疗,2月10日,高伟波向九三学社北京市委提交信息《康复者血浆输注治疗提议》。后期康复者血浆输注治疗得到高度关注,为重症患者治疗起到了

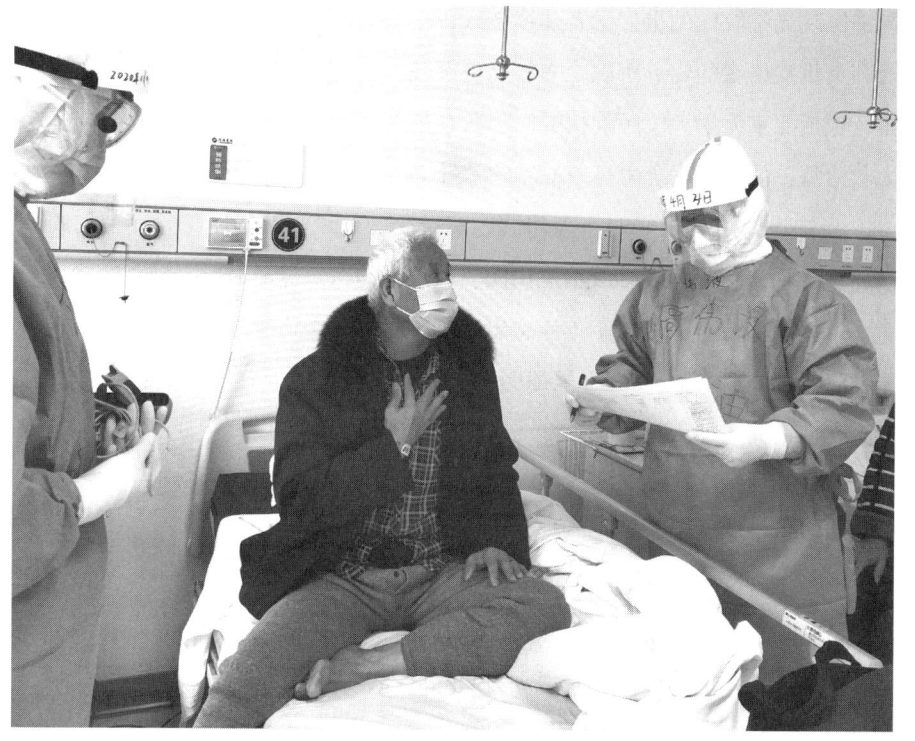

2020年4月4日清明节,高伟波(右一)在武汉值完最后一个夜班后早晨查房。

非常关键的作用。

为了使更多医疗工作者深入理解新冠病毒感染的诊疗,高伟波积极在抗疫一线采集数据,整合医疗精英团队,进行论文撰写并投稿,以第一作者、共同第一作者、通讯作者、共同通讯作者完成5篇论文的组织和撰写工作。

国家队就是要战疫到底

3月的武汉,樱花盛开。春光驱散许久的阴霾,一座病痛中的城市慢慢苏醒,一批又一批逆行驰援的白衣战士踏上了归程。

国家队一定要留到最后。高伟波所在的北京大学人民医院援鄂医疗队按照国家要求,坚持到了最后。他们慎终如始,精准施治,挽救每一个生命,治愈最后一位病人,见证了武汉这座英雄城市的最终胜利。

当新冠肺炎重症救治进入最后攻坚阶段,平静许久的华中科技大学附属同济医院中法新城院区北京大学人民医院援鄂医疗队重症病房又忙碌起来,来自同济医院光谷院区的重症患者陆续转入。作为武汉最后兜底的三家集中收治新冠肺炎重症患者的定点医院之一，同济医院中法新城院区集中了高水平医疗力量，包括北京大学人民医院援鄂医疗队在内的顶尖医疗队仍在坚守，尽最大努力救治每一位患者，全力打好最后的"歼灭战"。

当知道要继续留守时，高伟波欣然接受。他说，开始刚接管病房时瞬间"爆满"，后来这批患者陆续治愈出院。武汉方舱医院休舱时，又转来第二批患者，也逐渐在精心救治下基本痊愈出院了。尽管已经连续战斗了2个多月，大家非常劳累，但是队员们心里都明白，让他们坚守，是国家对他们工作的认可，是他们莫大的荣誉。

4月6日，已在武汉鏖战70天的北京大学人民医院援鄂医疗队平安抵京。人民英雄安全归来了。

5月15日，九三学社北京市委副主委陆杰华带队前往北京大学人民医院看望慰问参加援鄂抗疫的九三学社社员。陆杰华副主委动情地说："我为九三学社能有这样优秀的医护人员感到自豪和骄傲。你们的贡献，完美诠释了九三学社爱国、民主、科学精神的深刻内涵，你们传承了九三精神，是全社会学习的榜样！"

董国菊：江城战疫有中医

董译聪 *

董国菊

九三学社西苑医院委员会第三支社主委，中国中医科学院西苑医院心血管一科主任医师，国家中医医疗队援鄂队员。

2020年1月，武汉疫情的暴发牵动着全国人民的心。大年三十，中国中医科学院西苑医院作为国家级中医医院，在国家中医药管理局党组的领导下，开始组建驰援武汉的国家中医医疗队。此时的人们，都在向往着一年一度的春节团圆，而董国菊在接到上级通知后，成为科室第一个报名的民主党派医生。她的理由朴素而直接：作为一名医生，真正投身到一线才能最大限度发挥作用，我可以随时奔赴一线！没有考虑生死，也没有考虑艰险，只是源自那颗救死扶伤的医者仁心。于是，除夕夜变成了离别前夜，年夜饭变成了送行宴。简单地收拾行装后，大年初一，董国菊作为国家中医医疗队的首批队员驰援武汉。

不忘初心　砥砺前行

刚到武汉时，大街上空无一人，董国菊真切感觉到凄凉、悲情。她接管的金银潭医院南一区是普通病房里的重症病房，这里虽然没有硝烟，但是当看

---

* 作者系九三学社北京市海淀区委员会副秘书长。

到一张张触目惊心的"白肺"CT，董国菊心里的恐惧还是油然而生，随之而生的还有沉甸甸的使命感。看到患者痛苦的表情、期待的眼神，董国菊就像是披上了战甲的战士，立刻忘却了所有恐惧，心中所想只有细心检查病情、询问病史，耐心地安抚病人。

由于身上穿戴了层层防护用具，说话时间长了明显氧气不够用，往往是查完一个患者走到另一个患者那里说话的气力都没有了，董国菊就一边和患者打着手势，一边喘着气说："我缓一下再和你说。"患者对此都特别理解和配合。为了这份信任和理解，董国菊留了每一位患者的电话号码，查房时没有回来的检查结果，她会逐个打电话告知患者，只为了让他们早一点知道结果，早一点安心。她用自己的耐心和细心帮助患者点亮了一盏盏希望的明灯。

中西医结合治疗逐渐开始彰显疗效，越来越多的患者走向康复，但是这些患者却始终无法看到医护们的真容。有一次，一位即将出院的患者对董国菊说："漂亮的董医生，谢谢你救了我的命！我进来的时候真的没有想到自己能活着出去！"董国菊跟他开玩笑说："穿着防护服，你怎么看出我漂亮的啊？"患者立刻说："因为你有一双乌黑的大眼睛，我猜想你一定很漂亮，哈哈！"董国菊也会心地笑了。

有责任　有担当

董国菊是团队里最年轻的主任医师，也是年轻队伍里最资深的队员。她经常给年轻的队员打气，并且主动承担了排班、分配患者的任务。在抵达武汉的第一天，她顾不上休整，就安排自己第一个值夜班。接管病区的第一个夜晚显得那么漫长，她一晚上几乎没闲着，一会儿这个患者的血氧掉了，一会儿那个患者的血压高了，都需要及时应对。武汉的冬夜，阴冷刺骨，一夜未眠的她冻得胸痛，到了早晨脸是铁青的，全身都哆嗦。后来她总和大家开玩笑说："经过夜班，我深切体会了'寒主收引'的内涵，而且经过了这次彻骨的历练，人生都得到了升华，从此不怕冷了。"

金银潭医院收治患者有两个完全不同于医院日常工作的特点：一是在夜间收治患者，转运患者的时间都是在晚上11—12点；二是患者一波一波地来，一次会送来十几个患者。这导致夜班工作量很大，仅靠一人之力很难完成，于是董国菊在不值夜班的时候也总是关注着工作群，只要群里通知要来比较多的患者，她就立刻穿上衣服去增援。在武汉的66天，她每天接班都是最早的，7点开始的晚班，为了让队员能更早地吃上饭，她6点多就会去接班，这个习惯，几乎从未间断。这样的工作强度对于年届不惑、常年贫血、身材瘦弱的她的考验可想而知，更何况还有武汉湿冷的天气和密不透风的厚重防护服。然而每次同事们关心她的时候，董国菊总是乐观地安慰大家说："只有我这样的瘦子才更能在防护服中游刃有余！"

传承中医　坚持中医自信

国家中医医疗队是金银潭医院唯一一支中医队伍，肩负着为祖国、为人民、为中医交上一份满意答卷的重任。董国菊与团队的每一名队员都心怀这种使命感，坚持辨证论治，病证结合，取得的疗效和口碑不仅在金银潭南一区，在许多病区都声名远播，其他病区纷纷主动请中医会诊，主动寻求中药治疗，这让董国菊倍感欣慰。

董国菊告诉我们："在武汉金银潭医院的日日夜夜，每天我都不松懈，每天我都全力以赴，因为我面对的不仅仅是一个个患者，还有他身后的像我们一样的千千万万个家庭。中医是智慧的医学，不仅治病，也疗心。这次疫情给多少家庭带来了支离破碎的痛，我没有能力去弥补，唯有尽一己之力去救助、去安慰、去鼓励他们。我能给予的只有一双露在外面的真诚的眼睛和发自内心的话语，我希望每个人都能感受到我传递的爱和希望，希望每个人都能在爱的关怀下逐渐疗愈、逐渐康复。"言语中朴实无华，却传递着中国医者的家国情怀，彰显着忘我奉献的天使之爱。

面对网络上一些质疑中医的声音，董国菊说："中医在此次抗击疫情中发挥的作用，应该说是沧海横流，方显英雄本色。在救治过程中，我们已经形成了有效的中医药救治方案，并有严格的临床证据来证明疗效，必将为世界所认可。"在她看来，西医的作用主要体现在利用强大的技术，在微观层面上精准打击病毒；而中医是从宏观和整体上面对新冠肺炎，坚持身心兼治，从天地合参的角度，分期分型、辨证施治，更加智慧地认识和治疗新冠肺炎。

作为国家中医医疗队队员，董国菊在抗击疫情的过程中证明了中医药的作

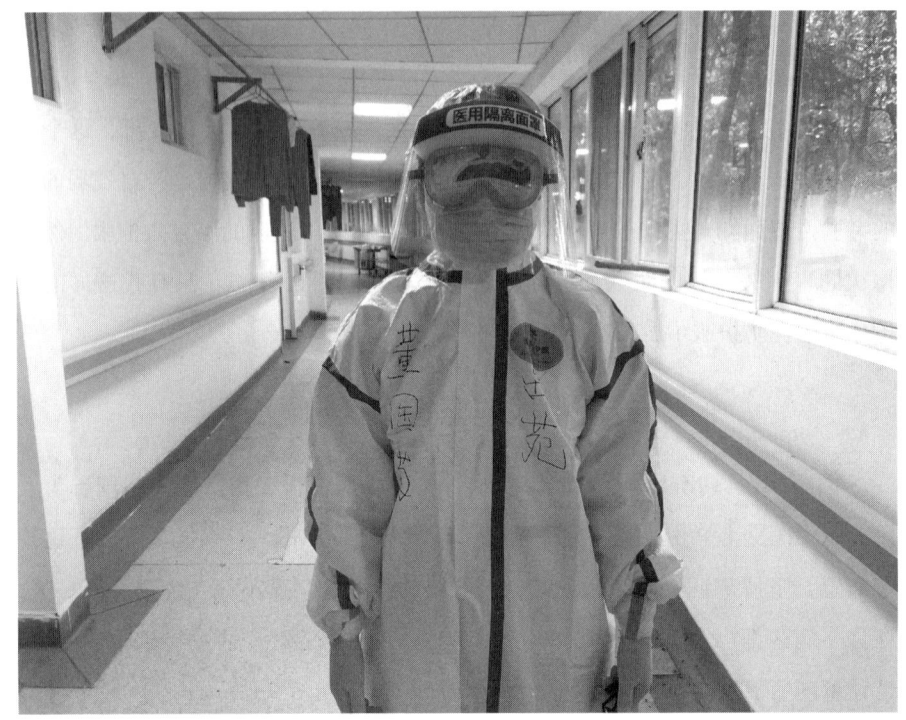

2020年3月28日，董国菊在武汉金银潭医院。

用和优势，这也是她奉献毕生精力的事业。回首武汉战疫的历程，有艰辛、有恐惧、有泪水，也有欢笑。她说，所有的经历都是一种历练，今生都要继续传承和弘扬中医。

• 天津市 •

大鹏展翅　逆风翱翔

白大鹏

白大鹏

九三学社社员，天津市海河医院感染科副主任、应急医疗队队长。

作为天津市新冠肺炎定点医院——天津市海河医院的应急医疗队队长，从接诊全市首例新冠肺炎确诊病例起，我和我的队友一直奋战在抗疫一线，逆行而上，并肩战斗。在这场阻击战中，我们每位白衣战士身上都发生了许多真实鲜活、深情感人的故事。我把我身边发生的一些故事记录下来，希望借此传递医者的精神，接续大爱的力量，借此鼓舞和带动更多的人众志成城，共克时艰，早日打赢这场疫情防控阻击战。

2020年1月20日晚，我在天津医科大学第二医院会诊时，电话铃声突然响起，我立即意识到肯定有急事。果不其然，医务科的人员告诉我，我市首例新冠肺炎患者已经确诊，将被送到海河医院治疗。按照医院新冠肺炎应急部署，应急医疗队要在1小时内集结完毕。知道情况紧急，我一口气跑下楼，冲进车里，第一时间通知所有队员迅速集结。到达医院后，我一边分工部署，一边带领队员们换上防护服，做好接诊准备。

有人说，性格内敛的人往往在内心深藏着一份坚韧和勇敢，在关键时刻，这份坚韧和勇敢往往会瞬间爆发出来。我想自己应该就是这样的人。从小内向甚至有些腼腆的我，在疫情面前感觉内心有一个强大的声音在对自己说："上，你必须上！行，你一定行！"

坦诚地讲，对于接诊第一例确诊患者，心里不免有些忐忑。因为各方面信息显示对这个病毒尚没有充分认知，对它的传染性及强度没有准确预估，病患会不会是超级传播者等这些问题都是未知数。但是作为队长，我必须保持镇静与从容，这样才能让我的队员们避免过多的焦虑与不安，从而能更好地诊治患者。

我们把病人接入病房，吸上氧气，戴上心电监护，患者有些喘憋气促，数了下呼吸频率 31 次 / 分，血氧饱和度 96%。看到呼吸频率这么快，我心里一惊，这是个重型病例。"阿姨，怎么样？有什么不舒服和我说说？"我了解到这是一位 59 岁的女性患者，基础病很多，患者有长年糖尿病、高血压、冠心病病史，发病前 1 个月还患过急性脑梗死。而且这位阿姨有一只耳朵有问题，听力很差，所以我们每次和她沟通时都要离得非常近。病床旁，我俯下身，每次询问病史都几乎"贴面"，这一看似简单的举动，会增加感染的危险系数，但为了了解病情，为了更好地与患者交流，我必须这样做！按照市级专家组制定的一人一策精准治疗方案，经过我们医生的全力救治和护士团队的细心护理，该患者于 2 月 11 日治愈出院。

在"红区"中，因为防护用品的穿戴会导致查房诊疗的许多不便，我及时提出改进意见，也让队员们在每天工作交班时提出在工作流程中发现的问题与建议，随即进行讨论以便优化改进。医护人员都要戴双层乳胶手套，这样会增加取血的难度。穿上防护服，大家都会尽量多在里面工作一段时间，争分夺秒，把现阶段能干的活都干了。这样既可以减少防护服的使用，也可以提高工作效率。戴防护眼罩或面屏工作时间一长就会起雾，我们也尝试了多种办法来减少起雾。对于进出隔离病房，我们在实际操作中改进流程，最大限度减少交叉污染。内走廊属于"黄区"，所有进入隔离病房的医护都要脱掉防护服从内走廊出来，所以应该确保内走廊干净不被污染：在病区病房没有被完全占用的情况下，通过未被占用病房进入病区查房；病区病房都收有患者时选择病情轻、治疗时间长的患者病房进入病区查房，以最大限度地保证内走廊的干净不污染，减少医护被暴露的可能。

在感染一病区工作了 6 天，已经收治了 14 名确诊患者。面对天津确诊新

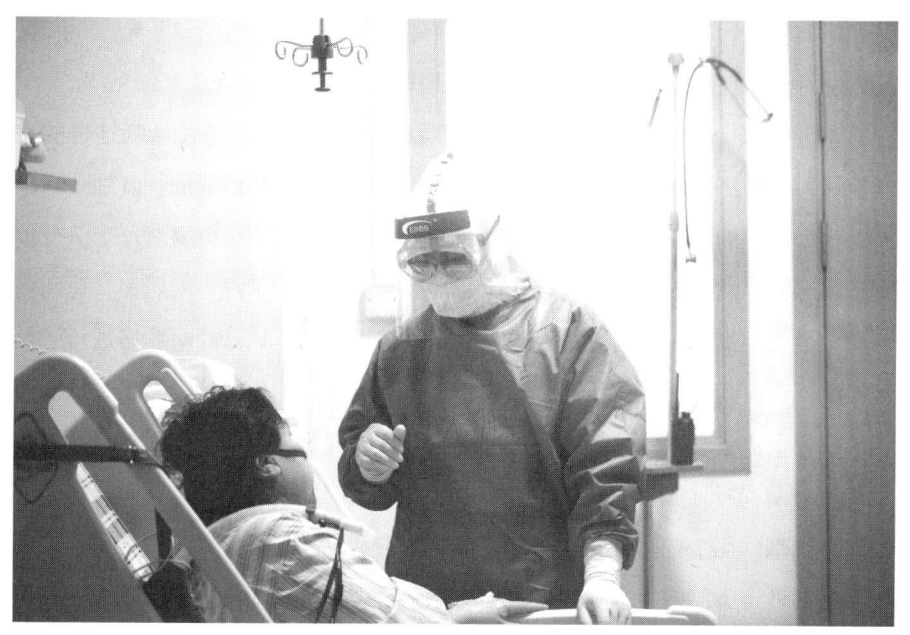

2020年3月13日,白大鹏在天津市海河医院"红区"查房。

冠肺炎病例的持续增加,医院领导迅速部署,我再次被派到应急医疗二队,作为队长与邵红霞主任共同负责感染二病区筹备及收治患者的工作。因为有一病区的工作经验,我们迅速集结队员再一次进行流程培训与演练,向大家讲解工作流程与注意事项。第二梯队的队员大部分都没有参与甲流及H7N9的诊治经历,一些人难免有忐忑与不安。我言传身教,向大家叙述各个环节,并不断安抚大家的紧张情绪。就如队员后来所说:"站在门外,第一次面对战疫的我,心里分外忐忑,怕感染,也怕自己感染了会连累队友,各种不好的画面,在脑中闪现。就在这时,平和的声音在耳边响起,'放心吧,没事的'。我看不清护目镜、N95口罩遮盖后的表情,但是熟悉的声音、慈祥的眼神,立即安抚了我不安的心。紧接着,白主任打开了'红区'的大门,从容地走了进去,我们也跟着依次进入。真正开始工作时,除了穿着防护服,其他没有什么不同,仿佛就是回到了以前日常的工作。问诊、查体,一切都是那么熟悉而自然。"我被队员看作"让人安心的大家长"是因为我们一起工作十几年的默契,是对"白主任从心底的信服和崇敬"。队员这样评价:"十几年来,兢兢业业地工作在传染病事业的第一线,治愈了无数的病人。作为一名感染科的主力军,自从'非典'开始,便一直冲在公共卫生事件的第一线。经历了'非典'、甲流、MERS,可谓身经百战,经验丰富,在处理疑难病例上,有他独到的见解。"

对于队员,我要求确保零感染。我觉得在面对新冠肺炎传染病这样的疫情上每一个人都会对自己负责,这一点从各个队员穿脱防护服的认真细致,以及对整个流程的不断探究过程就能感受到。大家相信我,我也要对每个队员负责。在感染二病区收治病人前,我像往常一样认真查看了每一间病房,每间病房的排风是否都打开,运行是否都正常。我知道医院应该已经对病房进行了负压检测,但在病人入住前我还是不放心,想了解负压的运转情况,于是从不抽烟的我找了盒香烟(这可能违反医疗机构严禁吸烟规定,应该接受处罚,但我觉得这是最简单了解负压及气流方向的办法,我想对我的每一个队员负责),我点燃香烟,逐个把每一间病房开一条缝把香烟放在门缝前看烟的走向,然后在两边的外走廊门的上下缝隙处看烟的走向。因外走廊门处下面缝隙大,我担心里面的医护人员走动时形成涡流而使里面污染的空气流到外面造成污染,建议病区两面的外走廊门下面都又钉了胶条。虽然我不能肯定这样能降低多少风险,但是作为队长的我一定要全力把能预估到的风险降到最低,我应该为在走廊外的医护负责!

在大家的共同努力下,天津市的新冠肺炎疫情防控工作取得了阶段性胜利。疫病无情人有情,我们坚信在党中央的正确领导下,有千千万万中国医护人员的舍生忘死,有全国人民的众志成城,这场疫情防控阻击战必将取得最终的胜利!

从武汉到非洲
一颗医者之心全力以赴

苏 毅

苏毅

九三学社社员，天津市人民医院重症医学科副主任医师，天津市第一批援鄂医疗队队员。

作为天津市第一批援鄂医疗队队员，我于2020年1月26日到达武汉开展抗击新冠病毒感染医疗援助工作，到3月17日返津，历时52天。

我所援助的医院是武钢二院。这是个本来已经废用的病区，临时改造成隔离病房收治新冠肺炎患者。虽然设施相对简陋、条件比较艰苦，但是绿区、黄区、红区等分区很明确。

每天上下班穿脱防护服是件非常烦琐的事情。防护服要穿三层，帽子、口罩、护目镜、手套、胶靴、鞋套，一点马虎不得。自我防护必须做好，这既是对自己负责，也是对患者负责、对同事负责。穿脱防护服至少各需要30分钟，工作的4个小时时间无法喝水、吃东西、上厕所。穿着防护服行动不便，护目镜经常起雾导致看不清东西。

我们在全力救治患者的同时，还有一项非常重要的工作是对患者进行心理疏导。临床上，针对新冠病毒并无特效药，只能针对患者出现的症状使用相应药物缓解。有的呕吐无法进食，我们就静脉补液进行营养支持；有的考虑已经合并细菌感染，我们就给予抗生素抗感染治疗；如果有病情进一步加重的患者，我们会及时上报指挥部，以求使患者得到更加有效的治疗。

总体来说，疾病本身的治疗还是比较好把握的，但出于对疾病的恐惧，身边又无亲属陪伴，很多病人出现恐慌、焦虑，变得暴躁、易怒，从而出现不配合治疗的现象，这成为诊疗工作的极大障碍。因此，心理疏导尤为重要。

我很理解病人的心情，我知道，对疾病的未知和病情的不确定性是造成恐慌的根源，只要对病人真诚开导，他们是会理解和配合的。所以每次查房时，我都会用最浅白的语言将有关新冠病毒的知识讲给他们听，并且及时向他们介绍最新的研究进展，此外尽可能地与他们聊聊家常，说说笑话。我还会为他们提供心理医生的咨询电话，以便他们可以得到更专业的帮助。

病房中有一个18岁的小伙子，是一名高中生，入院时发热、咳嗽、全身无力。虽然他长得高高壮壮的，可毕竟是个孩子，身体受损加之没有父母陪伴，情绪非常低落，平时少言寡语，医院的配餐一份盒饭吃不到半盒，更别提对治疗有积极的态度了。针对他的情况，除了药物治疗，我会时常给他讲讲疾病诊疗知识，帮他树立战胜疾病的信心，也会跟他拉拉家常，帮他建立平和的心态。渐渐地，他越来越配合治疗，病情逐渐好转，精神状态越来越好，饭也吃得多了，一份盒饭不够吃，我就帮他申请两份。治愈出院时，他再三感谢我。成功救治这么年轻的患者，对于我们医生来说，尤其感到欣慰。

还有一对母女：母亲60多岁，女儿30多岁。起初，女儿非常急躁，对我们的诊疗工作很不耐烦。我判断这个病人可能有我们不了解的情况。果然，经过仔细询问得知，她的母亲曾行冠脉介入治疗，每天需要吃阿司匹林和氯吡格雷抗血小板治疗，可是药马上要吃完了，她很担心中断服药会导致严重后果。得知情况后，我积极联系药房进了这两种药，送到她母亲的手中。她非常感动，去除了心病，积极配合治疗，身体恢复得很快，还主动用拖把擦起了楼道。我说："怎么能让病人擦地呢？"她笑着说："不要紧，你们这样帮我，我也想帮你们干点儿什么！"

经过我们的耐心疏导，慢慢地，病房里的气氛没有那么沉闷了，许多患者的表情没有那么阴郁了，治愈出院的病人越来越多了。医者仁心，除了为患者解除病痛，还要从各方面关心、帮助他们，只有这样才能把工作做好。健康所系，性命相托。工作20余年，我第一次如此深刻地体会到这句话的千斤重量。

面对这么多的病人,这么不确定的病情,这么脆弱的心灵,我只有以一颗医者之心,全力以赴,不负使命。

结束了 52 天的援鄂任务,返津隔离 14 天。结束隔离返家的第二天,又接到院里通知,我作为援非抗疫专家组成员之一,要到西非国家布基纳法索开展抗疫援助工作。经过近两周的准备,我们抗疫专家组全体 12 名成员于 4 月 16 日凌晨出发,经过十几个小时的飞行,到达目的地布基纳法索。

2020 年 4 月 25 日,苏毅(第一排左一)在布基纳法索为周边国家医疗队进行视频培训。

布基纳法索位于非洲西部。在经济上,以农牧立国,农牧业占了全国近八成的劳动力。因资源匮乏,且地处沙漠边缘,可耕地面积较少,布基纳法索一直是个非常贫困的国家,是最不发达国家之一,也是周边非洲国家主要的外来劳工输出国。可想而知,这里的防疫力量相当薄弱。

飞机降落,步出舱门,阳光炽热,风漫卷着微尘。这里的人民是热情的!我们受到了隆重的欢迎。很快,警车护送,我们驶向营地。隔着车窗向外望去,路上的人流车流熙攘,不时有路人向我们这些配有中国标志的人投来微笑。街边的商铺在经营,三五成群很是热闹。远处的建筑工地上,工人在烈日下工作。这里的人民是勤劳善良的！可是我心里不由得为他们捏了一把汗，因为在这样重大的疫情中，戴口罩的人很少。

在短暂的休整之后，我们开始了紧锣密鼓的工作：为大使馆和当地中资企业和华侨做科普讲座，与当地卫生部门、世卫组织、国际红十字会工作人员进行座谈交流。通过讲座、座谈、实地调研等形式与布方医务人员进行交流研讨，分享我们的抗疫经验，并就临床诊疗多方面问题达成了共识。我们一边要适应炎热的气候，调整时差，一边要马不停蹄地开展各项工作。当地医生说我们进行了"马拉松"式的讲座。

给我印象深刻的是当地一位路易斯医生，他曾在中国北京和上海生活了8年，学习中医的针灸。他现在是当地最大的综合性医院雅尔加多医院中医针灸科的主任。他是个中国通，对中国也有着深厚的感情。我们无论到哪里举行讲座、调研、座谈等，路易斯每次都会参加。见到我们，他会用熟练的中文说"你好"，分别的时候，他会说"慢走"，让我们倍感亲切。

紧张忙碌的两周工作结束了，当地政府和医务人员对我们的工作给予了很高的评价。中国驻布基纳法索李健大使，将他亲笔书写的"驰援万里中非情，抗疫逆行第一军"的书法作品送给我们。这是对我们工作的鼓励和肯定。离开布基纳法索，我们又要赶往科特迪瓦开展抗疫援助工作了。哪里有病毒肆虐，哪里有需要帮助的人们，我们就奔赴哪里。白衣为甲，枕戈待旦！

• 河北省 •

吴相君：为抗击新冠提供中药方

牛家林*

吴相君

九三学社社员，河北省石家庄以岭药业股份有限公司总经理。

新冠肺炎疫情发生以来，连花清瘟的名字被广泛提及，一度成为热搜。连花清瘟其实大有来头，它是石家庄以岭药业股份有限公司在"非典"期间研发出来的专利中药，是唯一荣获国家科技进步二等奖的治感冒、抗流感中成药。

疫情防控中，连花清瘟曾被28版新冠肺炎诊疗方案推荐，成为推荐频次最多的中成药，被火神山、雷神山、各大方舱医院及全国医疗机构使用，并走出国门，走向世界，为全球抗疫贡献了中国力量。

这也是九三学社社员、石家庄以岭药业股份有限公司总经理吴相君给出的中医药方。

驰援武汉 捐赠1000万元药品

疫情之初，吴相君就密切关注疫情发展，并组织科研人员多方了解具体情况、进行研判。根据武汉前线反馈的患者症状，他意识到连花清瘟对这种新型冠状病毒肺炎可能会有一定作用。

---

* 作者系九三学社河北省委员会宣传部干部。

2020年1月21日，武汉疫情日趋紧张，有暴发迹象，得行动起来，让患者尽快使用中医药进行治疗！"与时间赛跑，为防控疫情做出企业应有的贡献！"吴相君当即做出决定，通过中国红十字会向疫区捐赠价值1000万元的连花清瘟。

兵贵神速，第二天下午，价值1000万元的连花清瘟生产集结完毕，价值500万元的药品被连夜运到了武汉。当时情况非常紧急，距离武汉23日10时封城，不足几个小时了。好在公司物流调度迅速，赶在封城之前将药品安全送达，这也使得以岭药业成为全国最早一批捐赠药品的企业。

药方对症不对症，疗效是一方面，另一方面也需要科学实验与数据的支撑。为此，吴相君积极组织企业科研人员，与前线专家开展连花清瘟治疗新冠肺炎相关基础与临床研究。连续3个月的研究，结果喜人：连花清瘟对新冠病毒具有抑制作用！在常规治疗基础上应用连花清瘟可改善确诊患者、疑似患者发热、乏力、咳嗽等临床症状，明显改善肺部CT特征，可有效缓解确诊患者、疑似患者发热、咳嗽、咳痰、气促等症状，缩短症状持续和治疗时间，提高临床治愈率。

各项研究积累了大量科学、确凿的临床数据，充分验证了连花清瘟治疗新冠肺炎的积极效果。经国家药品监督管理局批准，连花清瘟处方药说明书中增加了新冠肺炎适应证。

安全生产　使7000万人受益

由于新冠肺炎并没有特效药物，连花清瘟获得推荐后，需求量大增。面对紧急用药需求，吴相君制定"紧而有序、忙而不乱、层层把关、确保质量、安全生产"的管理原则，通过优化生产线、调整工作时间、购置新设备等措施，进一步提升产能，实现日产能由3800万粒提升到5300万粒，颗粒剂200万袋，可以满足70万人一周的用药需求。

疫情期间，以岭药业累计向全国供应2亿余盒连花清瘟，使国内7000多万人获益，在疫情防控中发挥了积极作用。

走出国门　为世界抗疫贡献一份爱心

病毒没有国界，疫情不分种族。当前，疫情在全球扩散蔓延，而中医药的独特优势正在逐渐被世界各国认知、了解、肯定与认可,连花清瘟也走出国门,走向世界,成为中医药国际化发展的代表。

据了解,连花清瘟问世以来,在海外市场销售量并不大,能够获得认证的更少。截至5月6日,连花清瘟产品在加拿大、印度尼西亚、莫桑比克、巴西、罗马尼亚、泰国、厄瓜多尔、新加坡和中国香港地区、中国澳门地区分别以"天然健康产品""药品""植物药""中成药""食品补充剂"和"现代植物药"等身份获得了当地的上市许可。

但即使如此,连花清瘟还是在当地疫情防控中发挥了积极作用。随着疗效和口碑不断扩散,连花清瘟的影响力越来越大,截至5月已经启动在秘鲁等30余个国家的注册申请工作。"全力推动连花清瘟在全球疫情防控中发挥更大作用,推动中医药加速实现国际化,造福世界各国人民,是我最大的梦想。"吴相君如是说。

本着"人道、博爱、奉献"的国际援助精神,以岭药业向伊拉克和意大利等国家捐赠抗疫药品和现金总价值达537万元,用于支援国际疫情防控工作,中医药的朋友圈越来越大了。

樊峰萍：托起生命的太阳

王 烨*

樊峰萍

九三学社社员，河北省保定市第一中心医院副院长。

崇高的信仰与职业理想纵横交汇，构筑起她的人生坐标；精湛的医术与高尚的医德交相辉映，点亮了她的人生轨迹。

2020年新冠肺炎疫情暴发后，17年前曾担任保定市抗击"非典"疫情医疗救治组组长的樊峰萍再次披挂上阵，担任了此次新冠肺炎救治专家组组长，成了全市207名医疗专家的主攻手，站到了疫情救治的最前沿。

在保定市第一中心医院刚建成发热门诊、隔离病房之时，1月22日晚上11点，得知发热门诊接诊的病人有武汉接触史，樊峰萍迅速赶到医院亲自诊查，这是保定市第一例确诊的新冠肺炎病人。从这时起到全市患者清零，她一直没有离开医院，没有离开过新冠肺炎的救治阵地。"疫情不退不回家！"正是这句承诺，将人民的生命高高托起。

樊峰萍充分借鉴抗击"非典"经验，根据全市医疗机构分布特点，结合医疗专业优势，提出了网格化管理，专业小组标准化诊治建议。按照保定区域，将疫情防控、医疗救治划分为东、西、南、北、中心五个小组，对全市22个

---

* 作者系九三学社保定市委员会秘书长。

县市区医疗救治工作进行了统一协调和安排,做到全覆盖,无死角,无盲区。根据国家卫健委下发的诊疗指南,她的专家团队(呼吸、重症、中医、心理等四个专业)24小时轮流值守,呼吸影像、实验室监测综合研判,确定了"一人一方案""一人一团队""一人一时一法一方"的诊疗思路。在此基础上,她对32例病人亲自会诊,科学研判,精准施治,突破性地提出早用药(早用中药、早用抗病毒药),综合施治(一般疗法——铸基、营养支持——强体、心理干预——放松减压、人性化服务——传递信心),大大提高了疗效,缩短了疗程。收治的一例新冠肺炎重症患者7天转危为安,治愈出院。

与病魔赛跑,赢的是时间。她吃住在医院,每天早上早早来到专家会诊室,借助远程互联网技术,通过信息共享平台互联,将患者的影像学资料、检验数据远程传送,现场分析研讨病情,并借助视频进行远程查房,连线患者,询问病情,查看患者症状。只要是疑似病人,就及时组织会诊。她领导的专家团队为全市确诊和疑似病人会诊数千次。32个确诊病例,她每天都要逐一审阅病历,而她作为甲减病人需每天服药,但因为忙常常忘了吃药、顾不上喝水,一天只能睡两三个小时。疫情最关键那几天,她感到头晕恶心,在同事的强烈要求和坚持下,樊峰萍量了血压,结果是160/110mmHg,但她偷偷嘱咐同事:"千万别说,我能坚持!"

樊峰萍(右一)在抗疫中。

樊峰萍有两个平时生活在一起的孙女，1个多月没见面，偶尔有空想和孙女们视频一会儿，又怕控制不好情绪，更怕想孩子们分了心，于是一忍再忍。一天，孙女高烧39℃多，恶心、呕吐，急坏了儿子和亲家。樊峰萍既心痛又愧疚，可自己能做的就是默默地等待孙女好转的消息。病愈后，亲家让孙女和她视频，孙女哭喊道："奶奶咋不回家？"樊峰萍匆匆结束视频哭了起来。更令人揪心的是此时妹妹的儿媳要分娩，因先天性血小板减少症血小板只有2万多，樊峰萍早就答应妹妹助力外甥媳妇安全分娩，但她不得不食言了……

截至2月25日，保定市32名新冠肺炎确诊患者全部治愈出院，其中有2例是河北省首例首批治愈的出院患者。她领军的专家团队创造了治愈率100%、患者零死亡、医护零感染的最佳战绩！这数字安定了保定市1100万百姓的心，背后是樊峰萍以及她率领的专家组日日夜夜的心血！

送走最后一批治愈出院患者后，樊峰萍没有任何调休又继续投入防控一线。她先后把保定市区的9家医院和22个县市区设立发热门诊、隔离病房的医院全部走了一遍。随着复工复学的准备工作开始，她又到工厂车间、学校进行疫情防控物资准备、防护隔离、救治培训。"随着复工复产，很多境外、省外、市外的人员会陆续回到保定，这个时候防控就更重要。每个县的发热门诊和集中隔离点，我得亲眼看看，不然不放心。"樊峰萍曾向记者打趣说，自己得比病毒跑得快一点，这样风险就能小一些。

还记得2003年抗击"非典"之战初期，她作为保定专家组组长将正在住院的父亲送到哥哥家便投入了紧张的工作。2个月后，父亲病情恶化，家人不断打电话催她回家，可当时正是抗击"非典"的关键时期，她答应"非典"过后一定回家陪陪老人，但父亲没等到抗击"非典"的胜利便遗憾地走了。父亲也是位深明大义的老党员，去世前3天，嘱咐抗"非"前线的女儿安心工作，别惦记家人。未能在父亲临终时膝下尽孝见上最后一面，成了樊峰萍永远的痛。

"非典"后，樊峰萍对防控传染病和呼吸专业有了更深的认识，在呼吸系统常见病、多发病及传染病疑难病症的诊断及处理上刻苦钻研，带领学术团队开展科研攻关，取得了一系列令人瞩目的科研成果，发表的多篇科研论文、学术著作引领和推动了保定市呼吸病专业发展。她还推动建立了保定市首个戒烟门诊，并因此获得了"京津冀控烟先进个人"称号。

　　樊峰萍从一名呼吸内科医生成了享誉省内外的知名呼吸疾病专家，这次又圆满完成了抗击新冠肺炎疫情阻击战。她先后接受了央视、长城网、《河北日报》《保定日报》《保定晚报》等多家媒体记者的采访。"亲情和疫情，大家和小家，我在'非典'的时候都已经经历过了。从我的内心来讲，希望每一位患者都能够恢复健康。可是医学是一种未知的科学，不可能做到完美，但我们会尽最大努力。我从没有怕过危险，过去没有退缩，现在和未来也决不会退缩。"铿锵有力的话语饱含着深情，这是她的医者仁心，更是她作为一名九三学社社员的初心。

• 山西省 •

激情与悲情的力量

王俊平

王俊平

九三学社社员,山西省人民医院消化科主任,山西省援鄂医疗队仙桃分队队长,"全国卫生健康系统新冠肺炎疫情防控工作先进个人"称号获得者。

2020年春节注定是一个不平凡的日子,一场猝不及防的新冠肺炎疫情令整个神州大地陷入全民抗疫的战斗之中。这次疫情,打乱了所有人的节奏,打断了无数漂泊在外的人回家和亲人团聚的计划。疫情之下,共克时艰,我们义不容辞。在这场紧张严肃的抗疫战争中,我作为太原市九三学社一名社员,发挥医卫界社员优势,积极主动履职,投身到疫情防控工作大局中,有效发挥作用,全力配合党和政府做好防控工作,用自己的抗疫行动带来无数感动和无穷力量,彰显着新时代医卫工作者守土有责、守土担责、守土尽责的责任与担当。

援鄂抗疫是我毕生难忘的经历,近2个月的奋战结束后,回到了家乡,脑海里却时常浮现在仙桃战疫的日子。2020年4月1日清明节临近,于隔离点山西饭店提笔疾书"悲情与激情的力量",再一次展示晋鄂情深,用我的坚韧和毅力一次次带来重生,彰显医者之大爱情怀。

其实年年如此,每每到这个时节,总有淡淡的哀思和忧伤缠绕于心,时而沉思,时而静默。母亲和岳母两位我生命中最重要的女性,虽早已安详静卧于黄土之中,然牵挂之心仍常常梦萦牵绕。两位母亲在有限的生命历程中,尽其所能，倾其所有于我，对我唯一的要求就是健康成长。60年代出生的这一代，用你不可想象的艰难生存至今，一瞬一个花甲，用饥饿、灾难、动乱、痛苦、幸福、奋斗、创造、辉煌等任何一个词去形容都是正确的。确实如此，但我生性乐观，从不去回念与痛苦和不幸相关的记忆和事件，然这一次却很难忘记，且常常回想并时时泪流满面，因为太多的生命在瞬间失去，心灵脆弱的闸门实难关闭。这些和我同袭战袍的同行，刘智明、李文亮、彭银华、夏思思……献出了自己的生命，却把生的希望留给患者，令人泪目。

从腊月始，我以职业者的敏锐已嗅到了战争的硝烟，应该去帮助我们的战友，这是使命，更是职责。从正月初二踏上武汉的逆行航班那一刻起，舍身、取义、救人、必胜就成为我内心又一澎湃的力量。传统文化与现代文明始终如一在我心里植根下理念，读书人在世，有三件事不能避：为国请命不能避，为国赴难不能避，临危受命不能避。医生也是读书人，国家有难，匹夫有责，危难来临时，医者，救死扶伤。事不避难，义无反顾。2月如隙，有惊有险，但却无怨无悔。

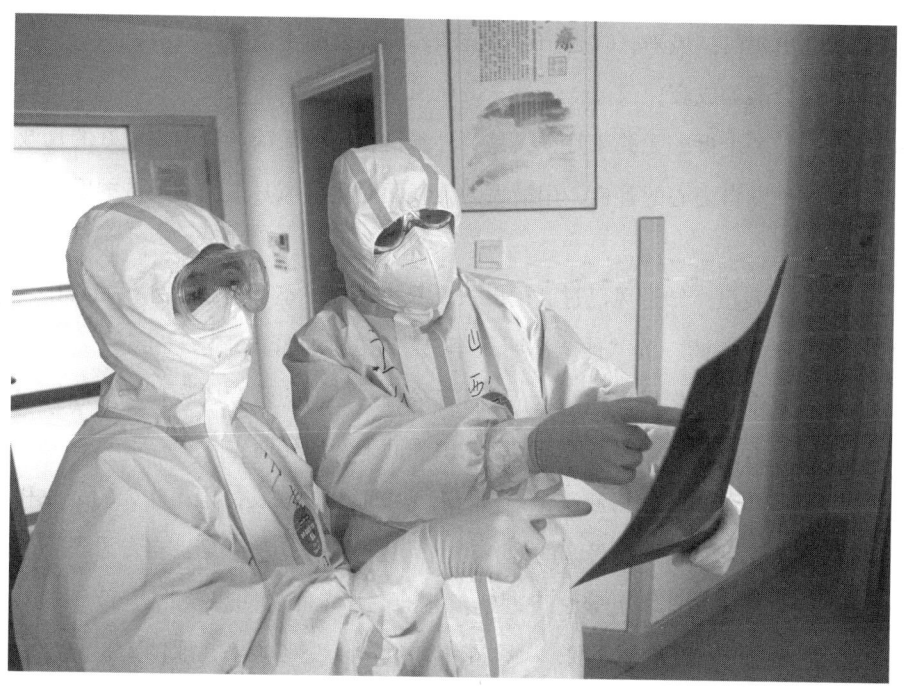

王俊平（右）在抗疫一线仙桃隔离病房为新冠患者阅片。

60天征程不是我单枪匹马，还有6万余名武汉本土医务工作者和4.2万名从全国各地驰援的医疗队员并肩作战，与时间竞速，与病魔赛跑。

人生匆匆，需要记忆的很多，回想也是一种记忆。作为山西省第一批援鄂抗疫的老队员，从元月26日大年初二出发至今返回太原已70天。难忘在湖北生死拼搏的58天，山西省医疗队和湖北仙桃中医院医生，手挽手，肩并肩，手足相拥，中西合璧，完成了一次又一次的成功救治。我们见证了生的光芒，目睹了死的回归，每一次都泪眼婆娑，每一刻都心怀忐忑。这期间时而感到重生的伟大，时而又觉生命的脆弱。

披袍征战时，也时时心怀畏惧，只是每每想起生命的渴望，均会把这点脆弱用更坚毅的内心包藏起来，假作轻松地告诉我的队员，我们是医生，只是换了个地方看病而已。然后更顽强地抬起头迈进这血与火的战场。当我褪去这白色铠甲，进行一次又一次消杀时，常常会想，踏山涉水饥寒伴随，心累体苦何为而至？曾去过很多地方，曾走过很多山水，唯有仙桃没来过，因我们共同的敌人新冠病毒使我们跨过山越过水，由不识到相熟，即使心怀畏惧，但仍可用一片布衣藏起这份懦弱，抬起倔强的头共同前行，这就是医者仁心的勇气和品质。我也更明白：风来，吹起一道道涟漪，但终会归于平静；雨落，只是一些涌动，终会落幕成寂；云过，只是一道道风景，终会成为记忆。守候一片自己的清静，无关尘世，无关风月，只是一种善良，一种恬淡。我会用最好的真诚去守护这种发自内心的善良，用最大的勇气面对尘世风月，用最真诚的爱去融化这种恬淡。

今天，我虽然知道风已过，雨已去，只是仍然放不下这片思念，尤其在这特殊的日子里，读一读"佳节清明桃李笑"，更觉"野田荒冢只生愁"。好在是"暖日宜乘轿，春风堪信马"。我们有努力，更多的是春风暖林。我们生而平凡，因努力而感动，因经历而记忆，因爱而来，向死而生。

我会记得仙桃，记得武汉，记得所有为疫而战的战友，记得昨天的战斗和思念。更会永远记得两位母亲的爱与付出，记得这一切的一切。自古忠孝不能两全，两位母亲定能在九泉之下理解孩儿的一片孝心。回想孩儿近60年的人生之旅，临40年的悬壶之歌，一个花甲，读学士，考硕士，取博士，只为治病救人，从未负国，两位母亲尽可安心。我也仍会记着仙桃，记着武汉，记着湖北，记着那些被病毒夺去生命的勇士和战友。因为有悲情，所以才有更多的激情。在经历这一场场生死之战后，我更会用最大的爱心容纳所有，真心愿天下安康，天下无医。

一代人有一代人的长征，一代人有一代人的担当。我们坚信沿着九三前辈的足迹，始终不渝，奋力前进，必将为中国道路、中国力量、中国精神注入更多的九三色彩。

李红：抗击疫情的九三学社"她"力量

杨官娥[*]

李红

九三学社山西医科大学第一医院支社委员，山西医科大学感染病科副主任，山西省第一批援鄂医疗队队员及天门组副组长。

武汉疫情暴发的危急时刻，九三学社社员李红主动奔赴抗击疫情的最前线，凭借过硬的医术和高尚的医德，谱写了一曲最美逆行者之歌，关键时刻彰显了女社员的责任和担当。

李红作为感染病专业医生，从2019年12月底就开始关注武汉不明原因的病毒性肺炎疫情。当2020年1月7日权威机构确认新型冠状病毒为疫情病源时，她心里咯噔一下：会不会引起更大的传播呢？后来的形势证明她的担心不是多余的，发热的病人越来越多。李红曾参加过2003年抗击"非典"战斗，积累了丰富的经验。1月17日，她在全院组织的新冠肺炎培训会上为大家解读了国家卫健委发布的《新型冠状病毒感染的肺炎诊疗方案（试行第一版）》，后来又在科里进行多次培训。随着疫情的发展，发热门诊的工作量越来越大，情况也越来越严峻。

除夕夜，原本说好与家人团圆，她却在发热门诊忙碌中度过。大年初一晚

---

[*] 作者系山西医科大学药学院中药学教研室主任。

2020年2月2日，李红在天门市中医医院陆羽院区整理重症患者资料。

上接到电话，她没和家人商量，就主动报名驰援湖北。孩子心疼她，不想让她去，她告诉孩子："妈妈就是搞这个专业的。"最让李红放心不下的就是80多岁的父母，她当晚没敢告诉老人，第二天出发时，二老看到她的行李箱，立刻老泪纵横。她满含内疚和不忍，含泪告别了年迈的父母和懂事的孩子，坚定地走向了湖北疫情一线。

1月26日晚8时45分，山西援鄂医疗队共计137名医护人员抵达武汉，李红所在的医疗队40人又连夜赶赴天门，于凌晨1点15分到达。27日一早，和当地医护人员一起，投入到共同抗击新冠肺炎疫情行动中。

李红第一站进驻天门市妇幼保健院，出任山西省抗击新型冠状病毒肺炎国家医疗队天门组副组长，从医疗、护理及院感三个方面与当地医务人员接洽。她充分发挥自己传染病防治的丰富经验，负责培训当地医护人员新冠肺炎的最新版试行方案，协助组长与卫健委、院方领导及医务科人员接洽，管理分配组员具体工作。1月29日，她为队员们讲解《新型冠状病毒感染的肺炎诊疗方案（试行第四版）》，确保每位队员领会、掌握每个知识点，为患者救治提供有力保障。几天中，她指导当地医生书写病历、收集重点患者的流行病学史，指导设计临时定点医院工作流程，和当地医院共同设计符合要求的工作路线。

医疗组由从各科室抽调的医务人员临时组成，大部分队员都是第一次直面大型突发疫情，对具有高传染性的新冠肺炎有天然的恐惧心理。李红作为队伍中唯一的感染病专家，有着丰富的与病毒斗争的经验。开始几天，她狠抓培训工作，反复培训每位队员，争取让大家快速、安全地投入工作。天门的空气湿冷，因为疫情不能开空调，对习惯暖气的北方人是很大的挑战。李红叮嘱每一位队员注意保暖、注意饮食，"只有先保护好自己，才能尽全力救治病人"。同时，她在到达的第二天就开始会诊重症患者，指导具体治疗方案。天门市妇幼保健院收治的病人都是肺部影像学有问题的病人，确诊的可能性较大，而医院条件有限，防护设备有限。他们集中各自从原单位带来的物资，交给护士长统一分配，按照工作安排合理使用防护用品。通过4天的超负荷工作，天门市妇幼保健院抗疫工作走入正轨。

1月31日，李红带领的医疗小组被转派到第二站——天门市中医医院陆羽院区。这里原为康复病房和养老公寓，临时改为收治新冠肺炎病区，可以说一切都是从无到有。李红团队与天门市中医院的医务人员通力合作、取长补短，很快将其建设成为有当地特色的合格的传染病房，在最初的3天之内就收满了6层病区共97位患者，后来将最上面的5层也作为留观病房，最多时收治了177名患者。

大部分患者都很配合，部分患者有焦虑情绪，尤其是一家几口分别住在不同的医院也不知道彼此情况的患者。李红查房时，从身体上、心理上都给患者一些安慰，帮助他们树立战胜疾病的信心。有一位年轻女性患者感觉胸痛明显，非常焦虑，她立即详细询问病史并查体，发现患者可能为乳腺增生所致，就给患者进行了详细讲解并安慰，患者很快消除了恐惧心理；还有一名骨折后新冠肺炎疑似患者，在精心治疗下，肺部症状和肺部影像明显好转；一位患者有8年精神分裂症病史，烦躁明显，不能配合治疗，尤其是不能配合牵引，导致创伤愈合不好且合并感染，李红联系山西省医学会咨询平台，请到后方资源合力救治，提出了合理的诊疗方案。

天门市共有4家新冠肺炎定点医院，李红作为援鄂专家，定期对天门市定点医院进行巡诊，提出改进方案，为疑难危重症患者会诊。她还多次参加天门市抗疫指挥部协调会，提出许多建设性意见，均得到采纳。例如：关于核酸检测阳性率比较低的问题，可以从样本的采集、运送、保存，还有试剂盒的质量以及检测的技术多个环节进行优化；治疗需要严格把控重症预警指标、因人而治、加强营养支持；加快周转流程，合理利用有限资源等。

李红带领的医疗队于 3 月 23 日回到太原，在湖北天门奋战了整整 57 天，做到了"取全胜、零感染"。

李红身材娇小，性格随和。她是女儿，是妻子，更是母亲，她也有家人需要保护，但在疫情来临之际，她义无反顾走向抗疫一线，去保护更多的患者。哪里有什么岁月静好，只是有像李红这样的医生替我们负重前行，保卫我们的健康。

• 内蒙古自治区 •

九三学社内蒙古自治区人民医院支社：守初心　担使命　协同战疫

狄　原　王博阳*

九三学社内蒙古自治区委员会直属内蒙古自治区人民医院支社部分抗疫勇士合影

2020年4月11日下午4点，搭载内蒙古自治区人民医院第二批驰援武汉医疗队21名医疗队员的车辆缓缓驶入医院。在热烈的掌声和欢呼声中，队员们依次走下大巴车，等候迎接他们的家人、同事、朋友们早已按捺不住激动的心情，纷纷上前和分别已久的队员们紧紧相拥。至此，内蒙古自治区人民医院37名驰援湖北的医护人员，全部平安归来。

时间回溯到2020年1月25日，内蒙古自治区正式启动重大突发公共卫生事件一级响应。一直在关注着新冠肺炎疫情的内蒙古自治区政协常委、九三学

---

* 作者狄原系内蒙古自治区人民医院党委办公室统战科科长；王博阳系内蒙古自治区人民医院党委办公室统战科干部。

社内蒙古区委副主委、内蒙古自治区人民医院支社主委、儿科主任、知名儿科专家朱华,第一时间在社员微信群中通知同事们学习新冠病毒肺炎的相关文件与知识,要求大家在做好自我防护的基础上,认真落实筛查与预检工作。"我们医院支社的65名社员中,有多位自治区医疗卫生领域的一流专家。大家业务能力强,是自治区战疫一线的一把把锐利尖刀。"朱华在微信群中号召社员充分发挥专业优势,同舟共济抗击疫情。

"得知家乡发生疫情后,我的心情十分沉重。"湖北鄂州人、九三学社社员、自治区人民医院心脏中心重症医学科副主任、新冠肺炎救治专家组重症救治组成员李昌玉说,"我曾在武汉生活工作十多年,那里还有我的家人、同学、同事、朋友,我无时无刻不牵挂着他们。我恨不得马上飞回家乡,为家乡抗疫出把力。"2月13日,在接到自治区新冠肺炎防控指挥部组建"ECMO(体外膜肺氧合技术)团队""驰援巴彦淖尔市传染病医院"救治新冠肺炎危重症患者的命令后,李昌玉心情异常激动,他终于可以为抗疫出一份力了。考虑到危重症病人ECMO后病情复杂多变,需随时了解病人的病情演变、机械运行状况、治疗效果等,李昌玉立即抽调科室精兵强将,与心外科医护组成有8名成

2020年2月13日,李昌玉(左三)和邓霖楠(左一)作为内蒙古唯一的ECMO治疗团队的业务骨干,奔赴巴彦淖尔市传染病医院,启动ECMO生命支持技术救助危重症感染患者。

2020年2月21日,内蒙古自治区第八批医疗队踏上赴武汉的征程,吴燕带领护理团队出发到一线进行疫情防控。

员的ECMO小分队,马不停蹄奔赴巴彦淖尔市。同时,九三学社社员邓霖楠作为内蒙古自治区新冠肺炎医疗救治专家组中唯一的ECMO专业人员,也与医院ECMO团队一同驰援巴彦淖尔。

当夜抵达巴彦淖尔市传染病医院后,发现需要救治的患者已经行呼吸机辅助治疗5天,但是氧合持续下降(氧分压低于40mmHg),二氧化碳潴留严重(二氧化碳分压大于100mmHg),时刻有心肺功能衰竭甚至死亡可能。情况万分危急,李昌玉带领ECMO团队连夜与自治区新冠肺炎医疗救治专家组远程会诊病情确定方案,次日清晨即为病人进行ECMO治疗。

病人的气道已经开放,但是当地医院没有负压病房,ECMO治疗中人工肺会快速排出大量二氧化碳和含病毒的气溶胶,操作时也要接触到含病毒的血液和分泌物。长时间滞留在高浓度含病毒环境里进行各种精细操作,要冒着高度被感染的危险。李昌玉、邓霖楠和团队的医生们顾不上考虑这些,穿上隔离服带着设备就冲进了隔离病房。进入病房后,发现病房没有加压氧气,邓霖楠就地拆除一台呼吸机的加压泵和ECMO进行连接,快速解决了氧气压力不平稳的问题。穿刺,安置插管,摆放各种管路,调制ECMO设备和呼吸机参数,厚厚的隔离服护目镜上已分不清是水珠还是汗珠,但是他们的每一个操作仍是按部就班,全力做到最好。1个小时以后,病人的心律血压恢复,脉氧到达100%,生命体征稳定下来了。

要确保救治设备的良好运行，需要有医生长时间滞留在高浓度含病毒环境中，不断评估机器运行的效果，密切观察病人基本情况、生命体征、容量情况、体温变化以及心率、血压的情况，判断治疗效果，随时调整后续治疗方案。李昌玉、邓霖楠毫不犹豫与超声科医生一起，冒着被感染的风险，坚守在病床旁。19天的日夜守护，病人终于成功撤机。这是内蒙古自治区首例新冠病毒肺炎行ECMO治疗成功的病人，其间多次与北京、上海、武汉的专家以及钟南山院士团队进行远程会诊。钟南山院士对内蒙古ECMO小组的技术能力和奉献精神给予了充分的肯定和赞许。

2月20日，李昌玉听闻巴彦淖尔市医院主动脉夹层的病人由于疫情不能转院得不到及时救治，随时有生命危险的情况后，主动和当地指挥部联系，率队进驻巴彦淖尔市医院。不顾疲劳与风险，在一个星期之内，和该院的医务工作者共同完成3台主动脉夹层手术，成功挽救了3名病人的生命。"其中有一名是来自牧区的蒙古族兄弟，因为体重非常大，所以在救治中要使用离心泵技术以减少体外循环中的血液破坏，邓霖楠还多次为当地医务人员开展ECMO和离心泵的实地教学培训。"李昌玉为同事在治疗的间隙所开展的医疗教学感到自豪。

在抗击新冠肺炎的初始阶段，内蒙古自治区卫健委组建自治区新冠肺炎医疗救治专家组，7名社员被指定为专家组成员。朱华作为自治区医疗专家组儿科组长，主持或参与自治区远程会诊，成功救治4名新冠肺炎儿童（年龄最小的患儿仅16个月），诊治十几名疑似病患；吴燕作为内蒙古自治区驰援武汉第八批医疗队护理组组长，带领着15名护理队员，逆行武汉华中科技大学附属协和医院西院区危重症病房奋战36天；医院影像科副主任柴军，雷打不动从正月初二开始始终坚守自治区专家组指挥部，远程为感染患者提供影像诊断。

"疫情期间，支社全体社员坚守工作岗位，一面全力以赴做好疫情防控，一面积极救治社会患者。"朱华介绍，肝胆外科副主任王石、骨创伤外科副主任孙官文、麻醉科副主任赵智慧、胃肠外科姜宏伟、神经外科王忠等专家社员勇于担当，毫不退缩，冒着被感染的风险，为多名急诊或重症病人紧急实施手术治疗，成功挽救多名患者的生命。医院感染科主任安纪红，是冲在疫情防控第一线的发热门诊筛查人员中的一员,尽管突发面瘫,却将点滴打在筛查一线,带病指挥,不下火线。

光荣的九三学社内蒙古自治区人民医院支社全体社员,在此次新冠肺炎疫情暴发后,整整3个月没有休息,始终坚持奋战在第一线,全力排查,严防死守,以大无畏的精神,救患者于危难之中,展现了白衣天使的敬业精神和职业素养,用实际行动践行着九三人的使命和担当。

"是爱国、民主、科学的九三精神鼓舞着我们在这场没有硝烟的战役中,面对重患迎难而上。"从武汉平安归来的吴燕激动地说。

• 辽宁省 •

曲东霞：一袭白衣担使命

孔艳梅　韩晋东　姜　涛[*]

曲东霞

九三学社社员，辽宁省大连市友谊医院血液内科主任，本院援鄂医疗队领队，"全国卫生健康系统新冠肺炎疫情防控工作先进个人"称号获得者。

没有共产党，就没有新中国，是我几十年来的信仰；此次身临疫情，这句话已成为融进我骨子里的铭记。

——曲东霞

一眼看去，曲东霞瘦削了很多，本就瘦弱的她说，在雷神山掉了八斤秤，回到大连28天了，已经长回来两斤了。在大连市友谊医院血液内科简陋的主任办公室，曲东霞用了近4个小时的时间，给我们讲述了52天"不一样"的雷神山。

无畏逆行　在集结号之中

2020年2月8日，庚子鼠年元宵佳节，下午将近4点，在家休息的曲东霞接到医院医务部电话，有援鄂名额，这次不分专业，问她去不去，晚上6:30到医院集合。曲东霞回复三个字：去！去！去！召回在超市的丈夫，匆忙收拾

---

[*] 作者孔艳梅系九三学社大连市委员会宣传部部长；韩晋东系九三学社大连市委员会宣传部干部；姜涛系九三学社社员，大连市友谊医院泌尿外科副主任医师。

好行李，到公婆家吃口团圆饭，不到6点曲东霞就到了医院。

不足2个小时，领命、准备、出征。曲东霞说："知道是战场，作为医生，别无选择；穿上这身白衣，就不应畏惧。"

晚上6:30，院党委卢成华书记做动员讲话和工作部署，曲东霞才知道自己是本院这次15人医疗队的领队。她说，她懵了，原以为自己作为一个普通的医护人员，尽到职责，医好患者，严格按照规范流程保证自身不感染，不给组织找麻烦就行，没想到还当了负责人，而15人当中就认识4个人，这得多大责任啊！

服从命令不仅仅是军人的天职，也是医生的责任。大疫当前，曲东霞没有退缩，在15名同事主动配合下，他们打响了雷神山战疫。

不负使命　在担当与责任之时

2月9日凌晨1点多钟，4架飞机载着来自大连20家医院的535名医护工作者和工作人员，先后着陆在武汉天河机场。

2月12日，指挥部紧急召开领队会议，曲东霞被任命为A2病区负责人。"责任太大了！"曲东霞向指挥部表达了自己的顾虑、担忧乃至压力，但最终她服从了组织安排。

2月14日，A2病区开始接诊。一大早，病区的医护人员冒着大雨按时到岗。47张床位的整理布置，污染区、半污染区、清洁区的界限标志粘贴，各种制度上墙，消毒、安装设备……他们既是保洁员又是设备安装技术员，一直忙到晚上8点左右。当天下午4点接到命令，开始接诊，一下子涌进一堆患者，工作量之大，是所有医护人员第一次面临的。看病例、写病志、网传病志……直到15日早上8点左右，他们连续工作了16个小时，共接诊37名患者。一切安顿好后，

连续工作了16个小时，曲东霞坐在椅子上睡着了。

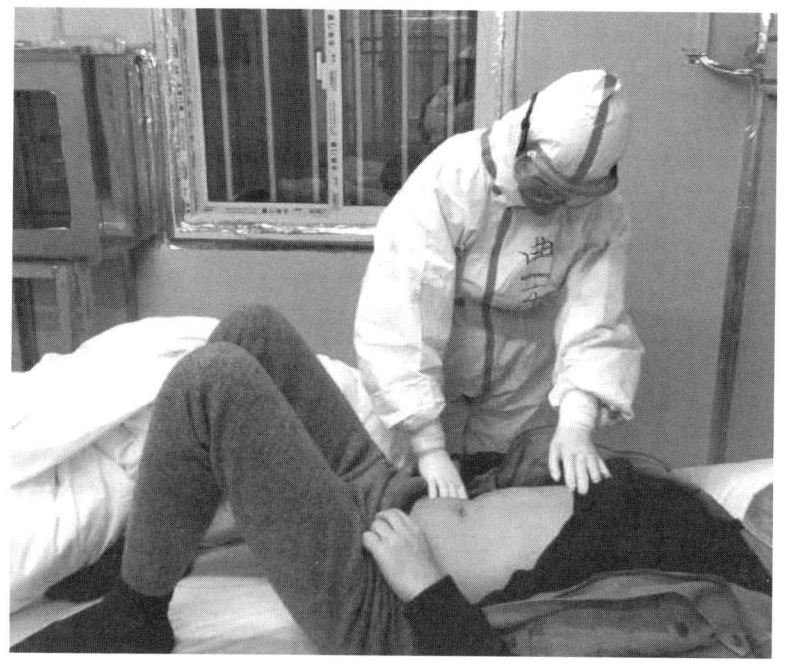

曲东霞在病房检查患者。

疲惫不堪的曲东霞坐在椅子上睡着了。

50多天，A2病区的宗旨是：轻症不能让其转重症，重症不能让其转危重症；目标是："一个都不能少"。

"一个都不能少"患者微信群，一张由曲东霞设计的"告患者书"，一份贴有曲东霞和大家共同完成心形折纸的"给出院患者的一封信"，一条满是医护人员自己设计的漫画和患者由衷留言的走廊，每天教学一句大连话，每天给患者奉送一份医护人员自己省下来的牛奶和水果等食品，过生日，谈心交流……A2病区显现了一个大家庭的温馨和美好，焦虑、压抑、孤独、恐惧逐渐消散，甚至符合出院标准的患者，还主动要求多待几天。

2月28日，第一批4位患者治愈出院，曲东霞自掏腰包，买了四束鲜花，把患者送到雷神山医院的大门口。她说，仪式感很重要，可以给治愈者以安心，给正在治疗者以信心。自此，每一名出院患者都能收到曲东霞的一束鲜花。59天的付出，她和"战友们"共收治患者67人，治愈65人，1人转入ICU，1人封仓时送到A11病区，他们没有辜负组织的期望。

3月5日，曲东霞被国家卫生健康委、人力资源和社会保障部、国家中医药管理局授予"全国卫生健康系统新冠肺炎疫情防控工作先进个人"称号。

魂牵梦萦　在穿越生死之后

采访中，曲东霞给我们看了一个微信界面，"曲主任，我妈妈听了您的意见，已经住院治疗了，谢谢您！"……"欢迎到武汉玩！武汉也是您的家。"她说这是一位治愈患者的儿子发给她的，这位女患者因其他疾病，需要住院治疗，但远隔千里的她就相信曲东霞，便有了这段微信。

离开武汉近1个月了，曲东霞说，总是能梦见在雷神山和"战友们"的日日夜夜，梦见驻地酒店的店长和志愿者，梦见与患者打交道的一幕幕……

恐惧、害怕、紧张，曲东霞也同样有过。进入病区前，他们接受了5天的严格训练和细致的防控培训，特别是一层层地穿脱隔离衣、防护服以及一次次地戴摘手套、口罩、护目镜等严密程序。在病区，整个面部不能有一点儿露在外面，口罩与护目镜不能有缝隙，手不能碰到任何部位。假如防护服撕裂一个口子，手不小心碰到面部，必须出病区，进行严格消毒。她说，那时候就开始紧张、恐惧和害怕了，生怕训练不到位，就被感染；担心防护服到底能不能保证不被感染等等。直到接诊患者，真的走上战场，这种心态才慢慢随之消失，全力投入了救治工作。

两次遇"险"，曲东霞也有辛酸的经历。2月17日晚她开始拉肚子，第二天尤为严重，因为符合新冠肺炎其中一个症状，她不停地测体温，很担心被感染，后来吃了几次治疗腹泻的药，身体慢慢恢复了；一次在更衣室，她的眼睛让手消液伤了，第三天早上，眼睛睁不开了，火辣辣地痛，没有医院可上，只能通过志愿者，电话询问眼科专家，用了几种眼药水点了2天后，才逐渐好起来。她说自己真的吓坏了，就怕没能做出啥贡献，把自己伤了，给国家添麻烦。

医患相帮相助，病区就是家。因诸多原因，患者多数焦虑、焦躁。一位女患者有明显的焦虑症状，每次查房，在她的病房至少要待上半个小时，一个检查结果，她能反复问上几十遍，而曲东霞他们也必须解释几十遍。90岁的王为熊患者，是一位离休干部，入住A2病区时，刚刚失去老伴，加上患有鼻窦炎、慢性气管炎，对戴口罩非常不适应，很抗拒和反感。在曲东霞和医护人员努力下，王爷爷终于走出了阴霾，治愈出院。他说，他的生命里，流淌着对大连"孙女"们的感动。在A2病区"一个都不能少"患者微信群，每天晚上都有上百条的询问、需求信息，他们都一条一条解答。时间久了，每次查房患者就主动伸出手臂，告诉医护人员跟他们保持一定距离，别感染了。大家像亲人一样相互体谅着、相互惦记着。"一个都不能少"微信群至今没有解散。曲东霞说，50多个日日夜夜，A2病区里不是医患关系，而是满满的亲情，是温暖的家，江海相连，难以割舍。

在即将结束采访时，曲东霞说，这次疫情，她亲身感受了祖国的伟大、中国的速度，感受到只有共产党才能救中国的深刻所在。

曲东霞，山河无恙，幸得有你。

王大庆：一份沉甸甸的任命书

李东瑞*

王大庆

九三学社社员，辽宁省人民医院院长，辽宁省卫健委抗击新冠疫情指挥部副总指挥兼医疗救治组组长、物资保障组组长。

忙完了一天的工作，王大庆抬头看了一眼时间，已经是凌晨4点，又是一夜未眠。他靠在椅背上，闭上眼睛打算打个盹，同时下意识地拿出手机放在身边，生怕错过一个紧急电话……

指挥部办公室里彻夜未熄的灯光照在他桌角的一份红头文件上——《关于成立省卫生健康委抗击新冠疫情指挥部的通知》。

2020年1月30日，辽宁省人民医院院长王大庆接到辽宁省卫生健康委的任命通知，任命他为辽宁省卫生健康委抗击新冠疫情指挥部副总指挥，兼任医疗救治组组长、物资保障组组长。一份文件，三个身份。疫情肆虐之时，最难的就是医疗救治，最棘手的就是物资保障。在如此危急的情况下，王大庆一人受命担任全省副总指挥和两个最重要工作组的组长，这是一种笃定的信任，更是一份郑重的托付。

有着省人民医院十多年呼吸内科医生的经历，在辽宁省卫生厅曾负责组织领导全省抗击"非典"、禽流感、甲型H1N1、H7N9流感等医疗救治，2008年

---

* 作者系九三学社沈阳市委员会宣传部干部。

汶川地震期间担任辽宁省抗震救灾医疗队大队长，曾荣获"全国抗震救灾医药卫生先进个人""辽宁省卫生系统抗击'非典'先进个人""省统战系统支援四川抗震救灾先进个人"等多项荣誉称号。王大庆身上这些特殊的标签让组织对他充满信心，在危急关头委以重任。他深知这份任命分量之重，责任之大。

自接到任命以来，焦急、紧张、忙碌成了王大庆工作的常态，难有片刻停歇。针对此次疫情传播速度快、波及范围广、救治难度大、病例诊断难等特点，他始终坚持医疗救治工作的一个原则和两字方针，即以人民为中心、以保护人民生命和健康为宗旨的核心原则和力争做到"快"和"细"的两字方针。

在开展医疗救治工作的过程中，他始终把及时有效救治患者作为第一要务，想尽一切办法提高收治率和治愈率、降低感染率和病死率。每一例确诊病例，王大庆都会仔细了解情况，中西医并重、康复者恢复期血浆、心理干预、危重症抢救等，同专家组都制定一对一的治疗方案，做到"一人一案一策"，精准治疗。同时狠抓危重症患者医疗救治工作落细落实，特别是3月8日上午，辽宁省首例使用"人工肺"（ECMO）抢救的危重症患者经过45天的全力救治治愈出院，这显示了辽宁省重症医学救治能力在全国的领先水平。

赢得时间，就是赢得主动，更是赢得生命！在这场没有硝烟的战斗中，王大庆一个"快"字，让辽宁省在与新冠肺炎疫情的斗争中抢占了先机。他坚持"工作不过夜"，根据疫情的发展情况，经常连夜召开新冠肺炎医疗救治任务布置会，制定方案和应对策略。紧急腾房收治病患、提前储备物资、强化落实预检分诊，织密织牢"早发现、早报告、早隔离、早治疗"的救治网络等，这一系列举措都让救治工作更加有序、高效。

除了要求"快"，王大庆也强调"细"。预检分诊、发热门诊、留观病房、重症监护室、定点医院、救治中心……救治工作相关的每一个部门、每一个细节，他都亲自查看。对于工作在一线的医护人员，他亲自组织培训，规范医务人员正确使用防护用品，杜绝院内感染的发生。同时全力协调物资保障，保证医疗防护物资的及时供应。

疫情暴发以来，王大庆基本吃住在单位，日日加班、夜夜部署，几乎没有按时吃过一顿热乎的饭菜，办公室里放一张简易床，实在累了困了，就打个盹。妻子担心他的身体，若他偶尔回家，无论夜里几点，都亲自开车接送。家中年近九旬的老母亲病重卧床，他没有时间照顾，为了让王大庆在疫情救治一线安心工作，姐姐主动请假和他的妻子共同照顾母亲。她们说："国家和人民需要，大庆义不容辞，我们能做的，就是给予他全力的支持！"

3个多月来，王大庆共向省指挥部全体会议、专题调度会议汇报医疗救治工作10余次；协调组织参与省领导专题调研、专题会议20余次；组织召开省卫生健康委医疗救治组调度会议28次；筹建紧急救治中心3个，共收治患者149人（截至5月13日）；成立医疗救治、重症患者救治专家组4个，共154人；制定出台87项院感防控流程，科学指导三大集中救治中心有序开展工作……作为此次辽宁省疫情防控救治工作的领导者、调度者、执行者，王大庆身先士卒，用过硬的专业素养、丰富的重大事件医疗救治经验、科学研判决策的能力，为打一场漂亮的疫情防控阻击战，为全省百姓筑起一道生命安全保护屏障，倾尽全力。

2020年1月7日，辽宁省人民政府副省长卢柯（左三）一行到省人民医院调研，王大庆（左一）等陪同调研。

由于在此次疫情防控救治工作中的突出表现，王大庆被授予辽宁省五一劳动奖章。面对荣誉，他总是说："这是我所在岗位的职责，也是我身为一名医生的职责。"接受采访时，他说："作为一名九三学社社员，在危难时刻，就应该像习近平总书记说的那样，与党和人民想在一起、站在一起、干在一起。这是我应该做的，也是我必须去做的。"

清晨5点的沈阳，还未迎来车水马龙的早高峰，很多人还未走出家门，王大庆已经在办公室里开始了新一天的工作。他说，疫情形势持续向好，但仍不可松懈，防控救治工作还在路上。

春日的阳光照向远方，翠绿的树木已然是一片欣欣向荣……

唯愿山河无恙 你我如初见

陈汉敏

陈汉敏

九三学社社员,辽宁省通用鞍钢总医院重症医学科副主任医师,辽宁省鞍山市第二批对口支援襄阳医疗队队员。

2020年新春伊始,谁也不曾想是以这样的方式度过,一场瘟疫在中国湖北迅速蔓延。2020年1月8日确认致病微生物为新型冠状病毒,1月21日,八旬院士钟南山确定新型冠状病毒存在人传人现象。1月23日,武汉封城,离汉通道关闭。新型冠状病毒感染,起病隐匿,传染性强,确诊困难,医疗资源紧缺,感染、停工、恐惧、死亡在人群中蔓延,武汉更是成了风暴之眼。很多危重患者甚至没等到入院就已病故。党中央迅速做出部署,全国支援湖北,一省包一市,辽宁对口支援襄阳。作为一名有十四年临床经验的重症医学科医生,我责无旁贷,主动请战,驰援襄阳。

在接到通知的几个小时里,爱人为我准备了出发所能想到的一切生活用品,小到针线盒、指甲刀,应有尽有,满满地装了三个大行李箱。她眼圈红红的,泪水就没有停过。6岁的儿子自然也知道疫情凶险,抱着我的腿哭得撕心裂肺,喊着爸爸不要去。我深知,这有可能是我们最后一次见面,最后一次别离。但战斗打响,我不想当个逃兵,用中国医生都在用的童话告知儿子,爸爸去打小怪兽了,然后匆匆离家。院里及科里的领导为我们准备了充足的医疗物资,临行前千叮万嘱,注意防护,平安归来。

2月17日下午，襄阳机场飞机落地。天气阴沉，空气凝重，口罩、帽子、手套将迎接我们的人裹得严严实实，只留下一双双疲惫又渴望的眼睛。空荡荡的街道，如此清冷，不见一辆车一个人，让人脊背发凉。响亮的口号，震天的锣鼓，也难掩我心中的惴惴不安。之后就是感控培训，从工作到生活，事无巨细。关乎生死，没有人会马虎。虽然做足了准备，入科仍然不免忐忑。中国医科大学盛京医院的老师们，对感染控制要求极其严格，每一步都要求一丝不苟，不得马虎。襄阳中心医院共18个发热病区，我们负责1区及2区共32名病人，均为疑似新冠重症病人，多数病人都合并有心脑血管疾病、慢阻肺、支气管扩张、肾功能不全等基础疾病，平均年龄在60到80岁。穿着厚重的防护服，戴着箍得死死的护目镜，鼻梁永远是酸胀麻痛的感觉，平素习惯了经鼻呼吸，现在只能逐渐适应经口，乏氧似乎始终伴随着我。别说不会喘，脸憋紫了，嘴自然就会张开了，这是我的心得。

改造病房，优化流程，创建收治条件，跟着教授们详细地查房查看病人，分析病情，动态分析化验检查检测结果，每一个指标的变化都会让我们如琢如磨，如履薄冰，指导我们寻根溯源，生怕漏掉一丝丝生的希望，每一个医嘱的调整都凝聚着我们的学识与智慧。并不熟悉的系统以及全新的工作，让我开始有些摸不着头绪，厚厚的防护服里面永远像上了笼屉，手术衣箍在身上就像不易变形的壳，不能停下来，不然壳会变硬变凉。慢慢地，一切进入了熟悉的模式。

讲个襄阳故事吧，也是我的日记。3月9日下班的时候，洗了澡，脱去了一身的汗渍，身体似乎轻松了很多。虽然仍然戴着口罩，但感觉呼吸还是畅快了不少。门外司机师傅已经在等待了，夜里的襄阳城依然很凉，街道空荡荡的，只有我一个人，本来无精打采的路灯似乎一下找到了目标，抬着眼皮，泛着昏暗的光，远远地窥视着我的一举一动。清冷的夜风很容易就打透了我的衣服，压了压帽檐，裹紧衣服，缩着脖子，钻进了车里。师傅礼貌地打着招呼，依旧保持着襄阳人真诚的微笑。已经很晚了，车上，就我一个人。看了眼司机师傅，走到最后一排坐下。望着窗外，车，开动了，一排排的商铺都闭着店，只有那林立的广告牌和霓虹灯，诉说着曾经的繁华，路旁的梧桐应该是睡着了。我想对着她们拍张照片，又怕扰了她们的清梦。八排道的马路流动的只有这辆车,还有红绿灯在变换着颜色。到驻地了,司机大姐打开车门站起身,讷讷地说:"医生,您辛苦了。"她那娇小的身躯,却也站得笔直。每天从早晨到夜间11时,时刻奔波在路上,她也辛苦了,于是礼貌性地回了句"大姐,您也辛苦了",说完就要下车离去。"医生,您等一下。"大姐急忙地叫着,生怕我下车就会消失一样。她从车座边上拿起一个塑料桶,提在手里,生怕别人抢去的样子。"这是我攒的牛奶箱的提手,前几日听你们谈话,说这个有用。我凑了几十个,你们拿去先用,我再继续找找。"她慌忙地说着,生怕中间喘一口气就会忘记台词一样。我一下子并没有缓过神来,愣了一下。她好像突然想起了什么,拿起车上的消毒液,喷了喷手和外面的塑料桶,然后说:"这里面都是84消毒液,一直泡着呢。"我慌忙一把接过这个桶,生怕再有迟疑,她又会多想。"谢谢大姐,就缺这个呢,您真是帮了我们的大忙啦。"我慌忙说。她一下子如释重负,就像通过了一场大考。"我们应该感谢您才对。"她说。"您真不用客气,应该做的。"我迅速逃下了车,生怕她再客气下去。车子开走了,缓缓消失在夜色里。有些人从不愿开口,但从笨拙的动作你能感受到她的真诚。远处,真武山的寺庙依旧威严,襄阳四中的牌匾依旧伟岸,微风拂面,夹杂着泥土的清香,春天应该是来了。

经过33天的奋斗,我们鞍山援鄂医疗队实现了收治207人,危重12人,

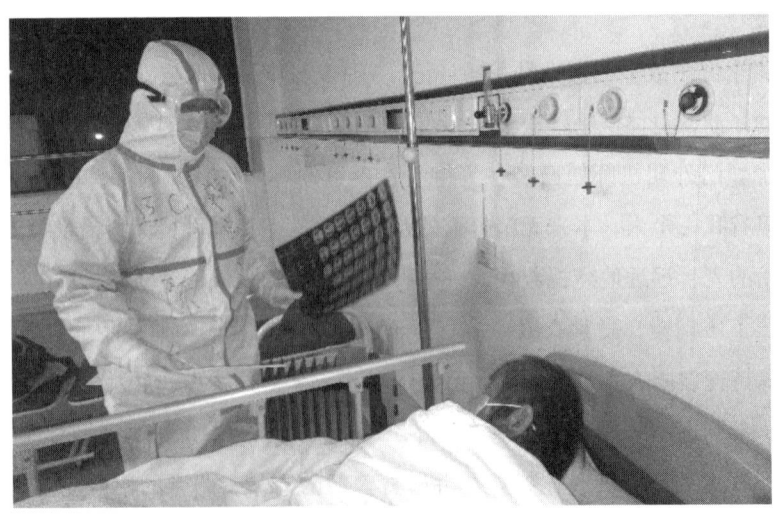

陈汉敏加夜班时接收新冠肺炎疑似病例,正在询问病史。

重症41人，出院186人，新冠病人零死亡，医护人员零感染。是时候回去了。近40年的人生磨砺，不说宠辱不惊、喜怒不形于色，但早已心生油腻，难有心电预激，但襄阳人民38公里相送，犹在昨日，全程泪奔。多少同志战友的一一惜别，语重心长；多少工作人员的细心照顾，历历在目。当地的医生、护士穿着笔挺的工作服，夹路相送，所有警察敬着标准的军礼。有的居民从小区里跑出来，大声地喊着"谢谢"，有的从商铺里跑出来，鞠着躬，招着手。所有的车辆停车，有的鸣笛，有的司机下车致意。38公里，不绝于耳的感谢从窗口飘进我的耳朵，我知道这是襄阳人民发自内心的感谢。真挚的情感沁入我的每一个毛孔，全车辽宁人都默不作声，不是我们不懂礼貌，所有人都泪眼婆娑，哽咽哭泣。荆楚大地从不缺乏英雄，这次疫情再次见证了英雄的城市、英雄的人民，他们所承受的远远超乎你的想象。此次前来，我们提供了一点点的帮助，也受到了教育。襄阳人民，"自强不息"四个字用在你们身上实至名归。致敬湖北襄阳人民，致敬我敬爱的战友，与你们一起拼过命是我的荣幸，此生无悔。襄阳，从来时的全城封锁，死气沉沉，到今天艳阳高照，大地回春，你我共同努力，还给世人一个生机勃勃的襄阳。

回来时更是英雄礼遇，飞机过水门，映现彩虹。警车开路，锣鼓喧天，一排排的人墙，各界人士欢呼致敬。大家用同样的眼神，诉说着质朴的情谊。车辆所到之处，只要有人就会驻足泪目。辽宁，母亲，你的儿子回来了，我能从你的一举一动中感受到爱的汹涌。

回到休整区，市委书记韩玉起接见表彰，送来亲自做的猪蹄，好久没吃得这么香了。鞍钢总院院长刘新及领导班子送来慰问品，了解我们的所需所想，事无巨细，为我们解决生活上的一切问题。汤岗子医院陈院长携全体工作人员送来无微不至的关怀，生活所需一应俱全。家乡的伙食还是那么可口，家乡的亲人还是那么热情。

经过14亿国人的努力，疫情得到控制，有序复工复产。但国外疫情依然严峻，国内二次暴发仍有可能。只要祖国需要，我愿随时再次出征，即使燃烧化成灰烬，也要留有余温。唯愿山河无恙，你我如初见模样。

· 吉林省 ·

一袭白衣作战袍　不舍昼夜迎曙光

李晓光

李晓光

九三学社社员，吉林省长春市人民医院呼吸科主任，吉林省支援武汉第二批危重症救治医疗队队员。

主动请缨　千里驰援

疫情暴发后，武汉成为抗疫阻击战的"暴风之眼"。2020年1月27日，我第一时间报名驰援武汉。2月2日，在疫情最凶险的时刻，秉承着九三学社"爱国、民主、科学"的宗旨，肩负着一名呼吸专科医生的担当和打赢这场疫情阻击战的使命，我随吉林省支援武汉第二批危重症救治医疗队出征武汉。

隔离病区　冲锋在前

按照驰援武汉医疗救治工作的统一部署，到达武汉的第三天，我随医疗队进入华中科技大学附属同济医院中法新城院区C12西区新冠重症病房，开展医疗救治工作。虽说曾经经历过2003年SARS，有着多年危重症临床救治经验，但隔离病房的工作对我来说仍然是新挑战。当时对于新冠病毒，除了传染性极强之外，还有很多未知，所以我与队友利用休息时间反复加紧练习穿脱防护服，严格科学防护。因为我们深知，只有保护好自己，才能保护好同事，才能保证救治更多的患者。取咽拭子、鼻咽拭子检测核酸标本时，为危重症患者应用呼吸机的时候，都会与患者随时随地亲密接触，感染的风险很大，每到这时我总是冲在最前面，几次独自进入隔离病房接诊患者，把安全留给同事。遇到新加入的年轻队友，会耐心为其讲解防护要点和注意事项，细心检查其防护中的疏漏，努力保护身边的每一个人。一个班下来经常都是12个小时不吃不喝，近乎虚脱。防护服下汗水湿透衣襟，护目镜在脸上压出深深的印痕，我们全体援鄂勇士一起用自己的血肉之躯筑起科学防控与救治疫情的铜墙铁壁。

及时总结　辨证施治

我们医疗队负责的病区全部为重型及危重型患者，年龄18—87岁，合并有糖尿病、冠心病、陈旧心梗、高血压、肝炎、心衰、肾衰、恶性肿瘤术后、强直性脊柱炎、脊髓型肌萎缩症等基础疾病，还有患有双向情感障碍需要服用精神类药物奥氮平的，大都比较复杂。医疗队开始仅有18位医生，刚开始的1个月开展工作异常艰难，工作强度和压力可想而知。尽管如此，我还是以最快的速度熟悉工作流程，对患者一丝一毫的病情变化都不放过，分析每个异常检验结果。遇到老年患者，方言沟通不畅时，会及时电话联系家属沟通，力求全面及时掌握病情变化。

疫情刚开始时，患者症状重，恐惧、孤独、焦虑、抑郁的比较多，查房时尤其关注患者的心理健康，尽量多地给患者时间充分沟通交流，尽力给予安抚及心理疏导，对于患者焦虑的具体问题耐心细致给予解答，请湘雅医院心理专家查看患者，及时调整相关药物。对于初期防护服紧张无法随时进入隔离病房与患者沟通、病历资料不能带入隔离病房的问题，及时向医疗组长反映并将交班记录尽量细化，加入CT对比分析，把患者的所有病情变化尽可能详尽地体现在交班记录中，每个班次及时更新，让每一个值班医生都能通过交班记录详尽了解患者所有病情变化……

慢慢地，患者越来越信赖医护人员，能吃得下饭睡得着觉，心态平稳下病情也逐渐好转，呼吸机撤除了，面罩吸氧改为鼻导管氧疗，我们都看到了希望，彼此心也都放了下来。对于病情稳定的患者，教给其如缩唇呼吸、腹式呼吸、八段锦、呼吸操等康复方法，帮助患者们尽快康复。在团队的共同努力下，患者相继治愈出院。

在武汉的56天里，医疗队共救治重症及危重症患者68人，出院59人，转出8人，圆满完成医疗救治任务。

真情付出　彼此相信

医疗上用科学的精神、专业的态度尽心尽力救治每一个患者，生活上对管理的所有患者也是精心照顾、百般呵护。

了解到有的患者因为家人都在不同的医院住院或者隔离，缺少一些生活必需品的情况下，让护理同事把自己节省下来的牛奶、饼干、面包、补品、苹果、柑橘、洗脸盆、毛巾、湿巾、纸巾、新发的衣物等及时带进病房，看到同事记录的视频中患者拿着物品眼泪汪汪的开心样子，心里面又是心酸又是欣慰。而我们的患者也会在医生、护士查房时反复用手确认自己是否戴好口罩，采集鼻咽拭子时尽量忍住不咳嗽，咳嗽时赶紧把头转向另一侧并用手示意我们离远一些，他们也在每时每刻注意，努力保护我们不被感染。

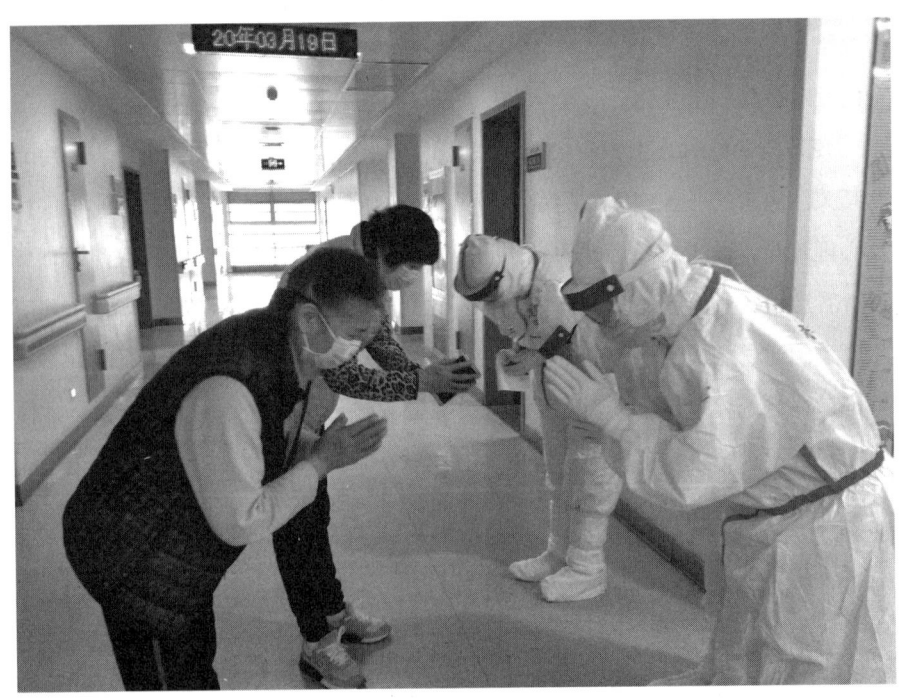

患者出院时与李晓光（右二）互相鞠躬致谢。

虽然这些都是微不足道的小事，但是足以让心灵历练成长，在平凡中让人感受到善良的美好，不经意间发现了那么多闪耀着光芒的灵魂。在灾难面前，相互关心爱护的我们都成为血浓于水的亲人，让我们感受到患难中真情的可贵，珍惜当下静好的时光，无论何时何地，无论多么艰难，希望和爱，一直都在。

克服困难　收获感动

阴冷潮湿的气候对于北方人真的是比较严峻的考验，尤其是曾经因腰椎间盘突出症做了腰椎微创手术的我，特别

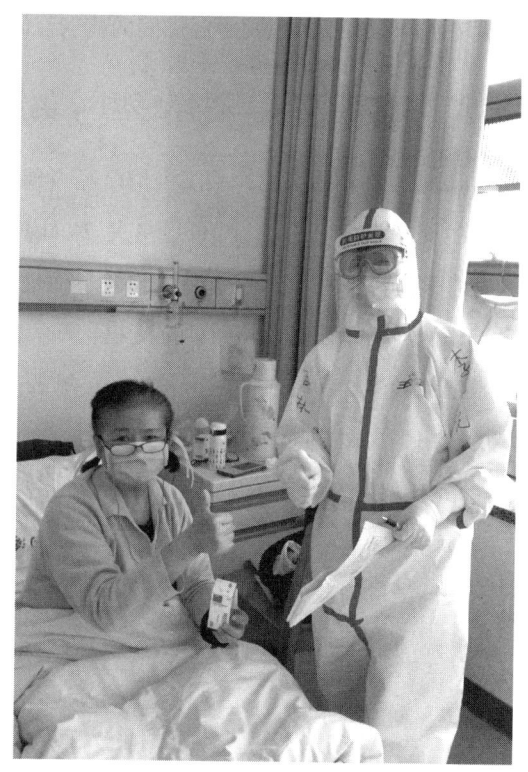

李晓光查房时教患者使用吸入剂，与患者互相点赞加油。

怕受凉。2月2日刚到武汉的第一晚，接到运送来的行李已是3日的凌晨1点多，气温很低，房间显示只有7℃。队里通知说暂住的酒店不能满足隔离分区的驻地要求，可能随时准备换驻地，要求我们不要开行李箱。这里的房间窗户与东北不同，关不严且四处漏风，空调也不好用，一整晚我们都是穿着外面的厚棉服和衣而卧，把房间里两床被子都盖在身上，勉强睡着仍然被冻醒，之后很快换了新驻地。蔡甸区政府想我们之所想，及时给医疗队调配了电暖气、电热毯帮助我们渡过了难关。度过了最艰难的1个月，迎来了春暖花开，患者相继痊愈出院，我们收获了师生情、战友情、医患情，也迎来了数不尽的感动。忘不了一同奋战的同济医护战友们展开的笑颜；忘不了出院前患者们求合影、求抱抱，说你们这些大白是我见过的最认真负责、最好的医生；忘不了曾经离不开氧气的她们偷偷练习那首《为了谁》，在痊愈出院时唱给我们听；忘不了她们用方言说的再来武汉我来"一碗"（衣食住行，所有全包），有机会一定要来看

看大美吉林；忘不了出院时医患间的鞠躬互谢……

心怀感恩 负重前行

历经 2 个月的奋战，武汉疫情已经得到控制。4 月 8 日，我们看到武汉重启后的繁华景象都忍不住泪目。4 月 26 日，武汉新冠肺炎已全面清零，所有人都由衷地感叹中国人民创造的奇迹！而这段逆行已经成为我人生中最值得、最难忘的经历，像那枚精致的抗疫纪念章一样，长久地保存在内心最纯净的地方。感谢武汉这座英雄的城市，感谢英雄的武汉人民，感谢团结一心、众志成城的全中国人民共同的付出和努力。

冷向阳：新时代中医人的责任与担当

瞿新明*

冷向阳

九三学社吉林省委员会副主委，长春中医药大学副校长，吉林省援鄂前线指挥部副总指挥，国家第四批支援武汉中医医疗队吉林队队长。

冷向阳，国家重点研发计划项目负责人，国家科技部重大新药创制专项负责人，吉林省新冠肺炎中医药科研攻关专家组组长。

疫情期间，冷向阳主动投身于最前线疫病救治之中。他大力弘扬敬佑生命、救死扶伤、甘于奉献、大爱无疆的精神，带领吉林中医团队充分发挥中医药专业优势，克服各种困难，主动担当作为，以实际行动为打赢疫情防控阻击战贡献中医智慧与力量。

逆行武汉　身先士卒

2020年2月15日晚，国家第四批中医医疗队吉林省团队共61人踏上了远赴武汉的征程，火速支援武汉抗击疫情最前线，长春中医药大学副校长冷向阳带队出征，进驻武汉雷神山医院！临行前他满怀赤子之心，庄严宣誓："自觉维护医学的尊严和神圣，敬佑生命，患者至上，扶危渡厄，奋勇争先，努力

---

*　作者系长春中医药大学党委宣传部部长。

担当增进人类健康的崇高职责，不忘初心，牢记使命，坚决打赢疫情防控阻击战。让我们勠力同心，共克时艰！中国加油！武汉加油！"

到达武汉后，冷向阳全面投身于组建病房、搬运设备、后勤保障等具体工作中，将雷神山医院C8疗区从一个"空房子"布置成一个符合接诊条件的正规疗区。与此同时，他与团队成员认真研究，迅速组建了感染三科八病区的组织架构，并将医生分成2个小组，护士分成6个小组，还特设感染控制监督员。在冷向阳的带领下，全体医疗队员在46天的高强度工作中打出抗击新冠肺炎疫情的强有力"组合拳"，临床治疗以中医治法为主，全面使用中药汤剂和中药免煎颗粒进行治疗，同时适当配合对症支持治疗，共完成75名患者的救治任务，在病区实现患者零死亡、医护零感染、安全零事故、人员零投诉、治愈零复发的"五零"骄人壮举。

精准聚焦　科研攻关

作为吉林省新冠肺炎中医药科研攻关专家组组长，冷向阳带领团队开展新冠肺炎防治科研攻关工作，制定长春中医药大学附属医院新冠肺炎防治方案。为全面深入推进疫情防控相关科研攻关工作，冷向阳组织专家开展吉林省科技厅紧急启动的应急攻关项目研究，协助吉林省中医药管理局推出《公众自行预防新型冠状病毒肺炎的建议》《预防新型冠状病毒肺炎中药代茶饮的建议》。

冷向阳科研团队在总结任继学教授治疗"非典"期间所提出的"扶助正气"防御原则基础上，提出了以"除湿防疫散"方剂对新冠肺炎疫情进行预防性干预。"除湿防疫散"方剂已获得吉林省食品药品监督管理局院内制剂批件，广泛用于社会各界人群的疫病预防。仅在吉林省就有12万余份"除湿防疫散"被分发到社区隔离点工作人员、一线民警、环卫工人、医疗机构及相关抗疫人员手中，为预防新冠肺炎起到了积极作用。

他带领团队积极攻关国家重点研发计划项目"中医治未病辨识方法与干预技术的示范研究"。在武汉期间，团队结合当地疫区的实际情况，在课题中增加了新冠肺炎的中医药预警与防控研究内容。他与队员克服身心疲惫，咬紧牙关总结病历资料，完成了国家重点研发计划课题、国家唯一批准的中药"化湿败毒颗粒"研究，为今后更大范围的防治奠定了基础。

凝聚队伍 关心同志

在2月15日召开的出征仪式上,冷向阳从省委书记巴音朝鲁手中接过队旗。扛起队旗的那一刻,他握紧拳头,心里暗暗告诫自己:"我是队长,不仅要完成医疗救治任务,还要把队员完完整整、一个不少地带回来,这两份责任同样沉重。"

这支队伍中的很多人没有防治重大传染病的一线工作经历,对烈性呼吸道传染病防护经验不足,冷向阳亲自主抓团队感控和质控工作。"我抓的第一件任务就是感控工作,无论是在驻地还是医院,严格的管控制度必不可少,确保每一位队员在一线救治做到零感染,这样才能更好地完成救治任务。"冷向阳说。

在艰苦的前线生活中,冷向阳细致入微地关心着每一名队员。为了克服南北方的饮食差异,冷向阳与后方取得联系,运来了吉林大米等物资,并协调了3台电饭锅,让在医院忙碌了一天的队员们吃上了可口的饭菜。不仅如此,看到队员们在生活物资上有什么需求,他都会积极协调并尽快落实。有时物资后半夜抵达武汉,他为了不打扰队员休息,一个人将物资从车上卸到驻地。"他

冷向阳(左一)在工作中。

们每天都特别辛苦，我一定要保障队员们的生活，让他们能够有力气冲到前线去救治患者。"他说。

医疗队的60名队员来自省内不同的医院和不同的科室，但冷向阳用最短时间了解了每一位队员的专业特长和工作特点，用实际行动凝聚起一支团结有战斗力的队伍。队员之间相互关心、相互爱护，在疫情面前精诚团结、携手共进，竭尽全力完成各项疫情防控任务。

建言献策　造福民众

在抗击疫情的危急时刻，一名肩负人民重托的人大代表、一名长期工作在临床一线的医生更懂得人民的期待和生命的意义。

自疫情发生以来，冷向阳便从中医治疗的角度对疫情进行了深入的研究和思考，向吉林省人大提交《关于中医药防控治疗新冠肺炎方案的建议》，建议从疫情防控和疫病治疗工作入手，结合中医特色优势，充分发挥中医"治未病"作用，真正做到"未病先防，已病防变，瘥后防复"。2月23日，冷向阳再次从前方传回了一份《关于新型冠状病毒肺炎患者治愈后进行集中康复治疗的建议》。他认为，现在疫情防控重点主要集中在对新冠肺炎的预防和治疗方面，对于解除隔离及新冠肺炎治愈出院患者，没有针对性的康复干预措施或方法，而且个别患者治愈后再次出现核酸检测阳性的情况，因此医疗条件具备和资源充足的地区，应对新冠肺炎的康复病人采取集中隔离并介入康复性治疗，防止患者在恢复期因病情反复而出现二次感染和二次传染。

医者仁心　视患如亲

医疗队接管的雷神山医院感染三科八病区的患者情况较为复杂，患基础性疾病的高龄患者较多。了解情况后，冷向阳带领队员与患者建立了微信群，实时掌握患者的病情。他要求每名护士都有责任患者，护士需要实时了解患者状况，对重症、危重症患者实行一对一护理。为了帮助治愈出院患者肺功能有效康复，他指导团队录制了太极拳、八段锦等科普康复视频，同时带领队员利用中医特色疗法帮助患者进行呼吸功能训练，助力患者康复。

在临床治疗中，根据病区患者用药需求和中医院药房设置要求，经冷向阳多方协调，雷神山医院迎来了首个由特种车辆改造而成的"流动智能应急中药房"。这台装有300多味中药萃取颗粒的新装备实现了更加快捷且安全地开药、配药、冲药等功能，能够迅速为病患提供更及时的中药治疗。

在这场抗击新冠肺炎的斗争中，冷向阳积极响应党中央指示精神，不畏艰险毅然投入抗疫最前线，带领医疗团队积极救治病患，组织科研团队攻坚克难。5月8日，吉林省舒兰市再次出现新冠肺炎本土病例，冷向阳临危受命，带领相关专家赶赴舒兰，开展中医药防护和救治工作。他用实际行动让全社会看到了新时代中医人的责任与担当！

赵辉：执着逆行的科研战疫者

李道恒 *

赵辉

九三学社社员，吉林省科学技术厅副厅长，吉林省疫情防控指挥部科技攻关组组长。

吉林省疫情防控指挥部，临时设立在省疾控中心的旁边。这里是全省战疫指挥的"心脏"和"枢纽"。

赵辉就是作为科研攻关组组长常驻指挥部。疫情来势汹汹，科研攻关始终在线。守住防线，不辱使命，推动科研成果快出先用，尽快用到抗疫一线，阻止疫情扩散，是她眼下最着急的事。

巾帼不让须眉，她没有任何豪言壮语，100多天中，始终身体力行坚守一线，夜以继日忘我工作，以勤勉无悔的实际行动默默为战疫贡献科技力量。

舍小家为大家　做抗疫工作的一颗"螺丝钉"

对于领导干部而言，舍小家为大家是理想信念与服务群众相结合的集中体现。有了这种精神，才能在关键时刻顶住压力、经受风险、战胜挑战。

她已经快一年没回辽宁老家了，原计划过年好好陪陪年近八旬体弱多病的老母亲，可是大年初一便接到疫情防控的紧急通知，还没来得及和久未见

---

* 作者系吉林省科学技术厅社会发展科技处处长。

面的亲人唠家常，就连夜开始打电话、发微信，抓紧衔接疫情防控工作。

她深知自己作为指挥部一员责任重大。一个计划好的春节假期，就这样匆匆结束了。

初二一大早她就风尘仆仆地赶回长春，迅速回到了疫情防控的工作岗位上。母亲不想让她担心和为难，临出门的时候，还不忘说了一句："不用惦记我，知道你忙，要注意安全啊……"

今年，她到吉林工作10余个年头了，与家人聚少离多已经成为常态。疫情开始以来，她更是全身心投入科研战疫指挥上来，偶尔与家人报个平安几乎是她最放松的时候了。经常是一天下来，拖着疲惫的身躯回到家中继续研究和处理头绪繁杂的工作。

家人不知道，连续的超负荷运转，已经让她体力透支、心悸失眠，但她往往是吃了药、忍一忍，随后就继续投入疫情防控工作。

丈夫对她的工作是理解和支持的，曾经和朋友略显无奈地说："她是到哪儿哪儿忙啊！"

忙，已成为她多年工作的主旋律。

关心群众冷暖　　做科研工作者的贴心人和主心骨

党的干部，就是要时时刻刻把群众的冷暖挂在心上，真心诚意地为人民群众办实事、做好事、解难事。

她的办公室经常灯火通明，楼里值班的服务员都和她很熟了。她认真关注和耐心解答每一个来电来访，想方设法解决问题，保护和尊重他们想为疫情防控贡献力量的热情。

对于和她共同战疫的同志，她的关心同样是无微不至、润物无声。一边不厌其烦地提醒大家加强防护、注意休息，一边心无旁骛地埋头工作、率先垂范。

为了让大家增加营养，提高免疫力，她时不时从家里带来新鲜的水果、牛奶和各种补品，却很少看到她自己吃一口。怕大家不好意思，她总是托词说："我吃过了，你们多吃点！"同志们私下里常说："和赵厅长这样的领导一起工作，多么难的事都不怕，心里温暖、踏实！"

为了给科研人员加油鼓劲,她深入科研一线了解课题研究进展,一有时间就和专家们沟通联络、交换想法,询问遇到的困难,坚定他们的信心。在她的支持鼓励下,科研工作者们干劲十足。

深夜紧急调度、现场办公、沟通协调已成为她在指挥部的常态,她的电话几乎成了热线,也成了手里最有力的武器,她先后帮助10多家企业和20多个科研团队协调解决了大量审批、研发和投产的问题。

她说:"对于自己来讲可能是好多事中的一件,但对于科研人员来说这一件事就是他们最大的事。"很多科研人员和她成了说心里话、说真心话的好朋友,她也用实际行动为他们吃下了定心丸。一名企业负责人说,我们就喜欢像赵厅长这样接地气、通民情、办实事、暖人心的科技管理者。

召必战 战必胜 做平凡但不平庸的战疫逆行者

路不险无以知马良,任不重无以知担当。领导干部就是要在吃劲岗位上淬炼一股韧劲,国有战,召必回,战必胜。

在年前新冠肺炎初露端倪,没有经验可供参考借鉴的情况下,她就率先打响科研战疫第一枪,先于国家和其他省份,迅速启动了新冠肺炎疫情防控

赵辉(左)在工作中。

科研攻关应急专项，为吉林省疫情防控打好了科技应对提前量。

在疫情防控紧急关头，她清醒地认识到，快出成果、尽快应用是助力打赢疫情防控阻击战的关键，按照以往的常规立项模式完成不了眼前的紧急任务，可是突破惯例又可能会承担责任。她当机立断，以抗疫大局为先，简化流程，程序先干后补，开通课题申报评审绿色通道。

在她的迅速推动和有力保障下，分别于1月23日、2月2日和2月24日快速完成了三批课题评审，确定了"新型冠状病毒DNA疫苗构建及免疫评价"等30个应急科研攻关专项课题。各课题组高效运转，应急科研攻关取得多点突破，为打赢疫情防控阻击战提供了强有力的"火力支援"。中医药方剂完成"除湿防疫散"院内制剂审评，获得医疗机构制剂（传统中药制剂）备案凭证（吉药制备字Z20200001000）。截至目前，23万余人次的该方剂使用者无一感染，其中的临床观察方案已在中国临床试验注册中心进行方案注册（注册号：ChiCTR2000029896）。系列消杀产品迅速投产并用于抗疫一线，有的被列为国家物资调拨目录。远程多方视频会诊平台在武汉一线应用，得到国家卫健委领导的高度认可。同步构建了3种基因工程新型疫苗，目前已在具备DNA疫苗生产线的企业完成中试，正在进行猴体免疫评价。快速检测一体化装备研发取得关键性突破，检测时间大幅缩短，荧光信号提高近100倍，达到国际一流水平。《吉林日报》头版、新华网、南方网等媒体均进行了专题报道。国务院第七指导组在反馈意见中对吉林省科研攻关给予高度评价，巴音朝鲁书记、景俊海省长均对科研攻关取得的成效给予了充分肯定。

• 黑龙江省 •

王占：别时风雪　归来春风

沈　雪[*]

王占

九三学社社员，黑龙江省绥化市第一医院心血管内一科副主任，绥化市援鄂医疗队队长。

从武汉回到绥化的第一个晚上，王占酣然入梦。

没有了半夜为患者诊疗的紧急电话，也没有了抗疫物资的调度令，与疫情争分夺秒后，他终于卸下肩上的"担子"，睡了个踏实觉。

38岁的王占是绥化市第一医院心血管内一科副主任。新冠肺炎疫情暴发，打破了每一个家庭原本宁静的生活。绥化市传染医院是新冠肺炎的定点收治医院，从2020年1月29日开始，王占主动请缨到该院工作，和所有同事一起加班加点奋战在抗疫的最前线。

2月22日，刚刚脱下密不透风的防护服，没来得及喘口气，王占又接到出征湖北的电话，他坚定地回答道："我去！"正在一旁的妻子、呼吸科副主任肖维艳也异口同声说道："我也去！"

放下电话，夫妻俩内心凝重：该跟父母怎么说，孩子很多天见不到我们会怎样……

为了不让双亲担心，王占只简单地说，他俩暂时被调入医院发热门诊，工

---

[*] 作者系绥化日报社经济部主任。

作强度大，需要长时间待在医院里。走出家门时，王占默默地搂了搂妻子的肩膀，妻子潸然泪下。

2月23日，王占担任绥化市第二批援鄂医疗队队长，带领全市50名医护人员，紧急驰援湖北。

在哈尔滨机场，王占和妻子对前来送别的人叮嘱："一定要替我们保守保密，不要播出我们出征的画面。父母年纪大，身体不好，还要照顾9岁的女儿，我们不能在他们身边，只想让他们少担点心，拜托了！"

风停了，下起了小雪，寒意更浓，但王占和妻子心里都揣着一团火，迫不及待地想赶赴湖北消灭疫魔。

医疗队抵达武汉天河国际机场。"冷清"是王占到达武汉后的第一感受，原本热闹的武汉已经寂静无声，冷清的机场和冷清的街道不断戳痛着他的心。只有置身疫情最严重的地方，才能真切地感受到湖北人民所经历的迷茫、恐惧和悲伤。深受触动的王占暗暗下定决心，一定拼尽全力打好这场硬仗，让湖北人民早日度过漫长的冬天。

2月25日，组织上做出新的安排，由王占担任绥化市驰援孝感医疗队总队长，带领70多名队员奔赴孝感市疫情最严重的汉川市人民医院分院，接管该院6个楼层、175张床位、156位病人的救治工作。

王占清楚地记得进入隔离病区的第一位患者——80多岁的卢大爷。他被推进病房时，因脑外伤致病情加重，只能大口喘气，基本不能言语。

当务之急，是尽快让病人吸氧！

罩上给氧面罩要扶住患者的头部，患者剧烈咳嗽时，带有病毒的气流和飞沫直接对着医护人员面部冲来，稍有不慎就会粘在面部防护装备外，危险可想而知。而且穿着厚重的防护服，人就像在闷罐中，随时都有缺氧的可能。还没动几下，汗水就浸透了衣服。危险和困难面前，王占和队员们仍然快速完成了患者的急救。

除了应对急救中的各种意外事件，王占遇到的又一个困难，是安抚患者恐惧、焦虑的情绪。

"湖北人脾气硬。"疫情早期，医疗资源严重不足，很多病人没有得到及时救治，有的还亲眼见到周围人痛苦离世，巨大的心理创伤之下，难免产生应激反应。王占不止一次撞上当地人的"硬脾气",你说什么都听不进去。

第一次进入隔离病房,穿上防护服的医护人员互相难以辨识,当时有人随口问了一句,有事找谁?王占答:"有事找我,我叫王占。""王占"这两个字,也被大大地写在了他的防护服上,也给刚入院的患者带来了安慰和希望。

为了缓解患者的心理压力,王占想方设法帮助他们建立信心。患者严女士得知丈夫和儿子相继感染,而且情况不明时,连续几天不睡觉,完全不配合治疗。眼见患者病情一天天恶化,王占便故作生气地批评她:"只要还有1%的希望,我就会全力救你,你要不配合,就连一点希望都没了。你把命交给我,我拼了命也会让你活着走出医院,你只有出院才能再次见到家人啊!"这番话真的起了作用!严女士渐渐从悲观、自生自灭的心理中缓了过来,在王占的细心救治下,逐渐康复出院。

"医护人员对病人多一分关心,患者便能体验到医生真的在帮他,他就会更好地建立起战胜疾病的信心。"王占对患者始终如一地耐心、用心。

王占既是总队长,还是孝感市新冠肺炎定点收治医院的巡诊专家组成员,负责对汉川皮草城、碧海蓝天、党校、滨湖宾馆等20余个新冠肺炎康复留观点,400余名康复患者进行巡诊。

在滨湖留观点,正在巡诊的王占被叫住了,一名女患者大声地说:"我认识你,我认识这双眼睛,你是黑龙江的王医生!"王占快速搜索着记忆,这名女患者马上又说:"我是你的患者呀,我姓严。当初就是你鼓励我好好活着,现在老公和孩子都出院了,我们一家马上就团圆了,太谢谢你了!"又一次再见自己的患者,王占也非常激动,严女士更是拉着王占合影,要把照片发给家人。

从留观点出来,王占发现汉川的花开了,一树又一树连成蔽日的云朵。这片被病毒肆虐过的土地,迎来了破土而出的春天……

穿上战袍,就是战士。除了每天牵挂着患者的身体状况,王占最担心的,是医护人员的安全,保证队员平安健康归来,是与救治病人同等重要的任务。

进入隔离病区前,从防护服的穿脱,到口罩固定带位置的调整,再到护目镜与防护服的贴合衔接,王占带着队员们一项一项预演。起初,大家对穿脱流程还不熟悉,一直反复练习到深夜,直到完全合格,才可以进入隔离病区。王

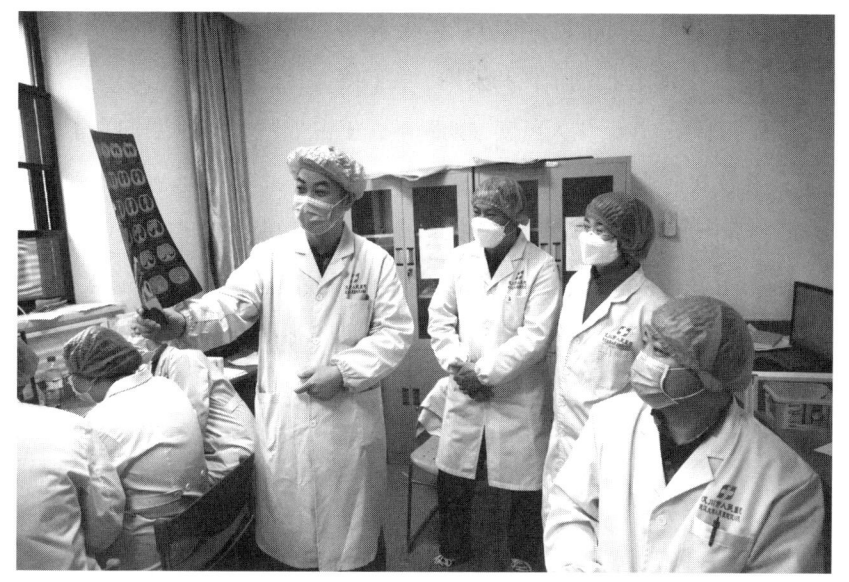

2020年3月9日上午10点，在湖北省汉川市人民医院感染五病区医生办公室，王占（左四）和同事们共同阅片，讨论病历。

占还特别叮嘱医护人员注意与患者的接触方式，最大程度减少被传染的风险。

虽然工作很辛苦，但看到微信群里患者们的留言："谢谢你们的医者仁心""你们是疫情期间最坚实的依靠""每一次问诊、每一句关心我们都铭记于心"……这些朴实真挚的感谢话语，让远离家乡、远离亲人的医务工作者倍感温暖。

来到汉川1个月，王占养成了一个习惯，每天回到住地时，他都会从窗子往外看。看到周围居民家中亮起的灯光越来越多，他心里就会有说不出的高兴："灯亮了，说明越来越多的人康复了，回家和家人团聚了。"

援鄂期间，绥化援鄂医疗队共接收新冠肺炎重症患者50余人，轻症患者351人，治愈出院306人。

寒冬已过，春暖汉川。从最初的床位紧张，到援鄂医疗队陆续撤离，王占见证了湖北疫情防控形势日渐向好的转变。他在日记本上写道："一天一天的坚守，就是为了所有人都能平安回家！"

3月20日，绥化医疗队接到可以返乡的通知。启程前，王占又来到了和汉川人民共同种下的，象征着友谊的万年青树旁。他徘徊了很久，心情既激动又不舍，还有惦念。在湖北，他收获了很多声"谢谢"。此时，最想留下的却也是"谢谢"，谢谢你们的信任和爱护，我们终会有再相聚的一天。

3月21日晚，在绥化人民翘首期盼下，王占带领72名队员归来了，绥化用最高的礼仪欢迎他们。

面对高呼"英雄"、为他们喝彩的人们，王占却说："我们不是拿着生命去拼，只是拿着我们的勇气在跟病魔战斗。回来的路上都是看到欢迎英雄回家，在我看来，我们只是一般医务工作者，尽责而已……"

王晓丽："无论在哪里，我都会为社组织增光"

刘振平*

王晓丽

九三学社社员，黑龙江省红十字（森工总）医院内科主治医师，黑龙江省第六批援鄂医疗队队员。

离开武汉时，王晓丽蓦然想到"故人西辞黄鹤楼"的诗句，可她在武汉33天却没时间去黄鹤楼，只是默默祈福因疫辞世者如仙而去，祝愿武汉明天更加美好。

武汉是她向往的旅游胜地，她却以一种从未预想到的方式来了，并且在此经历了人生永远不会忘怀的时光。

今年春节期间，新冠肺炎疫情开始蔓延，武汉不幸成为重灾区，危急时刻全国人民纷纷伸出援手。2月16日晚上10点多，王晓丽突然接到医院要选派医生支援武汉的电话，当时她毫不犹豫："驰援武汉，我必须报名参加！"

森工总医院内科主任王凤介绍说："晓丽要求驰援武汉一点也不意外，我们院防疫出发热门诊她是第一个报名的。她政治觉悟高、技术水平强、有高度责任感，是科室绝对骨干。"就在10天前，王晓丽还为援助武汉积极捐献，本

---

* 作者系九三学社黑龙江省委员会直属第六支社主委，黑龙江省总工会五大连池疗休养中心副主任。

来不要求一线社员捐款，她却说身先一线是我的责任，捐献援助是我的义务，一样都不能落下。

说起支援武汉，王晓丽说："我是医生，救死扶伤是我的职责；我是九三学社社员，无论在哪里，都会为组织增光！况且，在发热门诊工作过有经验，对战胜疫情充满信心！"

爱人郑峰非常了解妻子坚强的性格，连续三个晚上都没怎么睡觉，默默为她收拾行装，不停地叮嘱她注意安全。

所在支社的微信群更是炸了锅，社员们纷纷"致敬最美逆行者"并送上祝福。有的老社员甚至流泪说："真的像送孩子上战场一样地心疼！"王晓丽则说："感谢各位同仁！组织是我坚强的后盾！我一定不辱使命，圆满完成任务，平安归来！"

2月19日，王晓丽跟随黑龙江省第六批援鄂医疗队踏上征程。出发前，她毅然剪去了长发。其实，她身体并不好，动过三次大手术还留下后遗症；爱人长年在外地施工，她一人既要工作还要照顾幼小的女儿；母亲两年前去世，她由于工作忙没有多陪陪老人家，现在仍心存愧疚；这次出征武汉也没敢告诉年已七旬身体不佳的父亲。特别是，从春节一直在发热门诊加班，从没好好陪家人，感觉亏欠他们太多，还让家人整天提心吊胆。

到了武汉，她被分派到武汉市中心医院重症监护病房。这家医院是李文亮医生工作过的地方，也激起了她对同行高尚医德的敬仰，暗暗为自己打气，要成为一名钢铁战士，在这特殊战场，用自己的医术去挽救每一位患者的生命。

当时工作环境复杂、任务艰难可想而知，单是穿脱防护服就要一小时。王晓丽过去从来没有穿过防护服，从穿上的那一刻就要不吃不喝不上厕所，连续高强度工作直到下班。防护服不透气，穿上它不一会儿衣服就湿透了，她本身戴着近视镜，上面再扣上护目镜，将近视镜紧紧地压在鼻梁上，为防止意外一动不敢动，一天下来鼻梁上压出深深的凹坑，早就已经麻木了。N95口罩密封好，戴着有些缺氧，加上护目镜，全身密不透风，工作起来特别是和病人沟通，喘气都很粗，说话比较累，甚至眼冒金星、面部瘙痒、脑晕头痛，身体和精神上都承受着巨大的压力。面对种种不适，她暗暗激励自己，忍耐忍耐再忍耐！坚持坚持再坚持！事后她说："人的潜力是无穷的，人的毅力能战胜一切。"

2月24日,她所在团队接管后湖院区第十病区,包括她在内的三人小组打头阵。进入陌生而高危的诊疗环境,面对语言有障碍而又焦虑的患者,说不紧张那是假的。她努力压制内心的不安,克服各种困难展开工作。让她感到莫大安慰的是,一位91岁的女患者入院时虽然生活自理能力很差,还伴有低热、咳嗽、腹泻、体质消瘦、反应迟钝,但经不断调整治疗方案,老人被成功治愈,极大鼓舞了王晓丽的士气。

然而,一位85岁的男性患者入院时的状态非常不好,伴有高血压、糖尿病等其他疾病,尽管治疗上医护们倍加用心,患者还是因呼吸衰竭离世。她回忆说,大家那天情绪一度非常低落,全体医护人员自觉地在微信群里默哀。但大家没有就此颓废,而是化悲痛为力量,马上调整状态,认真研究病例,总结治疗经验,全身心地投入其他患者的救治中。

最难忘的是一位双目失明的老年女患者,由于突患疾病和行动不便,入院时心情十分焦虑,不断地呼唤医生和护士,对治疗也不太配合,显然心理上恐慌。王晓丽主动陪她聊天进行心理疏导,让老人平静下来,还用自己的手机拨通她老伴的电话让老两口通话,患者受到感动安心配合治疗。当得知王晓丽要撤离武汉时,老人十分不舍地哽咽道:"我眼睛虽然看不见,但是耳朵能听到,东北口音听上去是那么亲切,真舍不得你们走啊!"

"性格温和的确是她的优势!"王凤深有感触,"王晓丽对待患者一向和蔼,口碑非常棒,患者都称她是温柔美丽的医生,很多患者到医院就找她看病。"

其实,当时接诊的患者大都年纪比较大、基础疾病多、身体状态差,对医生充满了期待和信任。每次查房,患者都希望和她多聊聊天,但说得最多的就是"感谢黑龙江人!"王晓丽说,这里的医患关系太融洽了,能够感受到患者对医生那种浓浓的尊重和发自内心的感谢,甚至没法用语言形容。

团队有一个不成文的规定,进入隔离病房时都保持两人一组,相互监督提醒做到自保,因为一人感染就可能波及队友乃至整个驻地,后果不堪设想。同时,医生之间、医护之间坚持打好配合牌,使救治全程无缝衔接,最大限度挽救患者生命。王晓丽自豪地说:"这种团队合作方式提高了安全性和救治率,让我受益匪浅,永生难忘。"王凤则表示:"工作上能与同事互帮互助,有团结和奉献精神,这也是院里选派王晓丽的重要原因。"

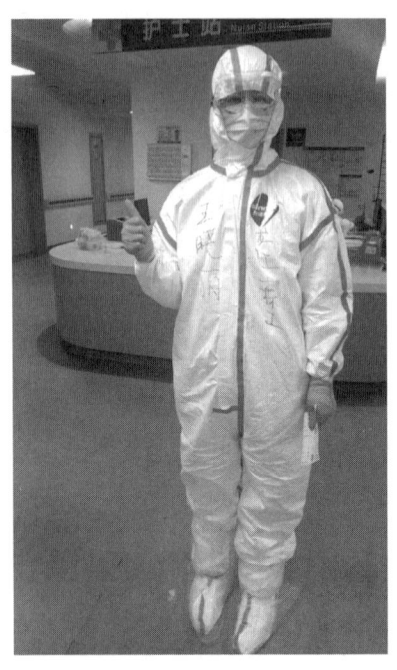

2020年3月2日,王晓丽在武汉市中心医院,将去隔离病房查房。

让她最感动的是3月23日返哈时,武汉市政府组织了热烈的欢送仪式。当时武汉还没有解封,好多市民在居民楼上挥手喊"谢谢",志愿者们自发地奉上鲜花,还送上一只精美可爱的小面人。看着车队外边不停挥手、高喊的人群,王晓丽心潮澎湃,慨叹自己在武汉这1个多月太值得了。当武汉市中心医院从车旁闪过、逐渐消失,她的眼泪禁不住地流了下来,心里涌起了深深的留恋和不舍。她说,武汉人的坚强、乐观、勇敢给她留下了深刻的印象。"我能和他们一起并肩作战,感到非常骄傲和自豪!"

王晓丽坦言,在武汉最惦记的就是6岁的女儿,每当女儿说:"妈妈,我想你,你什么时候回来呀?"就感到心酸,但自己坚持不流泪,希望为女儿做坚强勇敢的榜样。后来,为减少情绪影响,她索性忍着不和孩子通话。她还跟父亲撒谎说在单位出发热门诊,需要与家人隔离。回哈说出实情时,老父亲沉默了半天说:"我为有你这样的女儿骄傲和自豪,作为一名医生,国家需要时,你就得上!"

回顾援鄂历程,王晓丽感慨万千:"参加这场没有硝烟的战斗,我感觉得到了一次淬炼,业务水平和组织观念都有所提高。今后我会更加努力工作,不辜负组织的培养,更好地回报社会,实现人生价值!"

正如央视送给医务工作者的话:"每个时代都有不同的'英雄',2020年的春天,战斗在一线救死扶伤迎难而上的医护工作者就是伟大的英雄。"王晓丽就是其中之一。社员们都夸赞说:"她坚强的性格和果敢的精神,恰如武汉市花——梅花的品格,高尚不屈,铁骨铮铮,令人望之肃然起敬!"

• 上海市 •

王莉："我觉得比较骄傲的是，没有把捐赠做成一场秀"

李 轩*

王莉

九三学社社员，上海以心医疗器械有限公司董事长。

2020年2月，九三学社上海市委经贸委员会社员、鸿时医疗健康产业基金创始合伙人、上海以心医疗器械有限公司董事长王莉，因为远在千里之外的家乡——武汉，度过了一个极不寻常的春节。

大年三十晚上，她接到一位在武汉的护士朋友哭着打来的电话。在极短的时间内，她在自己的医疗投资群里收集到了一百多万个口罩捐赠订购的需求；她捧着一部手机，日夜不歇，凭一己之力牵头对接了湖北40多家医院的物资援助。她个人出资捐赠了30余万元，并组织捐赠、运送了四批物资，包括160万片医用外科口罩、3000片N95口罩和2000件防护服，统筹协调了10余家机构的捐赠。

从联系第一片口罩生产开始，经历了工人复工困难、原材料短缺、物资无法运输、武汉封城、工厂停工……每天都面临着新的问题。王莉开玩笑说，这就像打怪兽通关，一路走来过关斩将。凭着对医务人员的使命感、坚定执着的

---

* 作者系九三学社上海市委员会宣传部干部。

信念和顽强的执行力,她克服重重困难,把一批又一批防护物资送到了前线。

每一片口罩都是救命的稻草,每一件防护服都闪着希望的光。朋友的帮助、企业的奉献、所有人的努力,促成了这些医疗物资的及时到达。

一

"在武汉的护士朋友哭着给我打来电话,说现在进来的都是危重病人,但医生们的防护服都是破的,口罩也完全没有N95,连外科口罩都舍不得扔,不敢换……"

王莉在医疗领域工作了18年,从事了10年医疗器械注册认证的工作,和8年创新医疗器械的投资和孵化工作,和许多医疗机构都有联系。听到来自一线的求助,她的心一下子被揪紧了。她决定,不惜一切代价,为前线的他们寻得防护物资!

王莉明白,眼下是和死神赛跑,最重要的就是时效性,物资离武汉越近越好!她想到自己做了10年企业认证的医用防护物资集散地——湖北仙桃。她幸运地找到了当地一家企业可以接单,并在自己做群主的心血管创新技术与投资群里,发起爱心接龙,订单数量瞬间就突破了百万。

本来可喜的订单量,却让企业犯了难,正值春节,没有工人复工,要包装、出货、搬运,总共也就十几个工人,哪有那么大的产能?

面对严重不足的出货量,王莉思考,第一批物资数量不是关键,一定要先把路走通!她决定集合几份捐赠数额较大的订单:王莉本人、心血管联盟和同城伟业基金会,三方共计捐赠35万片口罩,先行下单。

企业了解到这是一批捐赠订单,非常支持,组织工人一边生产,一边包装,一边装车,马不停蹄地把刚从生产线上下来的"热乎乎"的口罩迅速备好。

另外一边,王莉也在抓紧做着对接医院的工作。她与两家机构对接了分布于武汉各个区和宜昌、孝感等地的四十几家医院。"我们的捐赠有一个原则:我们捐赠的物资,都是符合标准的医用级别的防护物资,因此希望一定要运用到一线临床医生的身上。一家一家医院确认好,我们才会给货!"

"对接的工作量很大,但这一点必须确保。"提到这个捐赠的硬性原则,王莉动情地说:"我做医疗很多年,听到的都是来自一线的声音,就特别心疼这些医生、护士们。我远在上海,每天看到疫情数量的增加,都被折磨得不行,医生、护士们怎么可能不害怕?脱掉白大褂,他们和我们一样,也是普通人,也有一家老小,但他们时刻在面临生死的考验。"

几天时间,工厂顺利交货了,但第二道困难随之出现:武汉已经封城,仙桃也相当于封城了,通车都很困难,更没有物流运输,想把这批货运到武汉去,几乎是不可能的!

这时,企业挺身而出:"我来派车!"但进入封城城市,还需要一样东西——通行证明。王莉寻找了许多朋友,联系到了当地政府,并将捐赠物资情况、订单详情、运输车辆信息等全部交代清楚,终于拿到一份类似于战时物资运送的红头文件。

王莉在发言中。

三辆载着满满救命物资的小货车,启程,奔赴武汉、宜昌和孝感!

晚上 8 点,江夏区第一人民医院停车场,深重的夜幕下,十多家医院的医务人员已经到达等待。物资在安静而紧张的氛围中被分派着,很快被提走一空。时间太紧迫,连一张像样的照片都没来得及拍。

随后的宜昌和孝感,也是同样的场景。

深夜,王莉的电话不断地响起,各个医院发来了确认单,以及一句句朴实的感谢:"王总,谢谢,真是救了命了。"每一张或手写或打印的确认单背后,都是无数直面生死的医护群体;每一片口罩,都成为医护的"盔甲",罩住了安全,也安稳了他们的内心。

二

"路走通了,第一批物资捐出去了;第二批货下单了 70 万片口罩,也顺利发出;第三批近 70 万片口罩,却在临近交货的日子,工厂停工了……"

王莉:"我觉得比较骄傲的是,没有把捐赠做成一场秀"

原来，2月初，湖北省开始对全省的医用物资生产企业进行统一管控。王莉对接的这家企业，一直做高端医疗产品的出口，有着日本、美国等多个国家的资质，但没有国内资质。为了防止不符合标准的口罩流入市场，企业被叫停了生产。

王莉连夜打电话，找了许多朋友帮忙，终于想办法联系到了相关部门负责人。她把企业情况、海外资质、订购口罩的目的、要捐赠的医院等信息，一并发出，并诚恳地说，希望这家企业一定给予复工。

十天之后，好消息传来，在200多家被叫停生产的企业中，有24家复工了，为王莉供货的企业也在其中。

更可贵的是，即便停工，仙桃的这家企业也并未"休息"。爱心企业联系到了江苏金坛一家具有国内资质但并不生产口罩的医用物资企业。企业做了一个大胆的决定，把几台生产口罩的机器运到了金坛，金坛的工厂开工了！"真的非常感谢企业的帮助。我想，大家都知道这些事是善行义举，都尽全力在互相支持。"

随后，第三批物资也陆续发到了各大医院。之后又有了第四批⋯⋯

三

这个春节，9岁的大女儿很有"意见"，常常抱怨妈妈天天抱着手机操心口罩，但孩子心里很明白。"有次女儿说，家里评选功劳最大的人，妈妈应该得第一名。妈妈一边给我们做饭、洗碗，一边还为了全国人民。小孩不太懂，但知道我在做重要的事。"女儿今年的寒假作业，准备写一篇作文，题目为《我家的口罩春节》。

"我觉得这次比较骄傲的一点，就是我们没有把捐赠做成一场秀。"王莉说，"所有参与其中的朋友，不管是在武汉的，还是在北京、上海、深圳的，都是每天通过物流或请司机到各大医院马不停蹄地送物资，收到货就送，只是为了保证在最短的时间内，送到最需要的人手里。"

接下来，王莉还想组织一批物资，捐给上海援鄂医疗队。"疫情没有过去，捐赠这个事就不能停。"平实的语言背后，透露着分外的果敢和坚定。

你们的职责令你殒身不恤，他们的努力，使你们的逆行不再孤单。疫情之下，没有旁观者，是共同的心怀希望和万分坚持，让我们一起渡过难关。

刘亮：出征武汉第 6 天，他再次向社组织递交了入社申请书

黄 赟*

刘亮

九三学社社员，上海市浦东新区精神卫生中心临床心理科主任、副主任医师，上海市第九批援鄂医疗队队员。

2020 年 2 月 21 日，上海市派出来自市、区精神卫生中心和综合性医疗机构的 50 位心理学专业医师，作为第 9 批上海医疗队驰援武汉，为医护人员和患者提供专业的心理干预治疗和心理疏导。

这其中就有九三学社浦东区委入社积极分子、浦东新区精神卫生中心临床心理科副主任医师刘亮。

在浦东新区精神卫生中心举行的出征仪式上，他作为代表坚定地说："作为一名医务工作者，若有战，召必应，战必胜。在祖国需要的时候，我们责无旁贷。我们将服从医疗队的部署和安排，用自己的专业技能为疫情防控尽心尽力。"

2 月 26 日，在武汉的刘亮再次向社组织递交了入社申请书，"我志愿加入九三学社这个优秀的集体！"

---

* 作者系九三学社上海市委员会宣传部调研员。

为了"家"出征

2月20日晚6点，在浦东新区精神卫生中心的微信工作群里，刘亮看到紧急援助湖北抗疫最前沿的通知，他毫不犹豫地报了名。"我一直从事心理治疗方面的工作，这次出征的任务正是我的专业所长，同时武汉也急需更多心理医师支援，所以当时没怎么考虑就报了名。"

晚上8点报名截止后几分钟刘亮就接到了中心领导的电话，问是否可以去，他说："我去。"放下电话，刘亮跟家人说了这件事。"我印象非常深，我跟爱人和父母说了以后，就5分钟，很短的时间，大家就做了决定表示支持我，在国家最需要我的时候，又可以发挥专业特长，肯定是义无反顾的。"其实家里人最担心的是刘亮的身体，因为之前他支气管炎发作，目前还在用药控制着。

"爸爸要去打病毒了。""你是要去武汉吗？爸爸，你要当心哦！"听到6岁的儿子这么说，刘亮心里暖暖的。但是那一夜，他失眠了，也出现了常人再正常不过的反应：焦虑。"我在有生之年第一次体会到战士出征前那种复杂的心情，既有对未卜将来的担忧，又有肩负使命的那份荣耀和悸动。为了我们的大家庭，只能暂时放下自己的小家了。"

为了"家"战斗

在疫情之初，刘亮和同事们就开始忙碌了，并于2月4日开通了心理援助热线，在抗疫的同时也防"抑"，为市民的情绪构筑一道健康防线。"那段期间，通过对市民的线上疏导，也积累了一些心理援助的经验，为这次出征做了充分的专业准备。"

到了武汉，刘亮首先接受防护的专业培训，这是一切后续工作的前提，其中最重要的就是如何规范地穿脱防护衣。从帽子到口罩，再到长短鞋套，再到手套、隔离衣和护目镜，前后加起来十多个步骤，每一个步骤都不能马虎，也不能心急。

"让我印象深刻的是，防护服看似轻便凉爽，实际上几乎是密不透风。特别是当你戴上同样密不透风的护目镜以后，整个人就像被包在保鲜膜里面一般。"刘亮回忆说。

刘亮所在小组的工作地点是黄陂区中医医院。这家医院主要收治的是中、重症患者，他的工作对象是医护人员和患者。他介绍说："通过走访，我们明确了问题和需求，把工作设定在三个层面：一是为患者和医护提供心理科普宣教，包括自我心理照料和放松的技巧等。二是为有需求的患者和医护提供一对一心理疏导。我们在每个病区的医护办公室和病房张贴了预约咨询的二维码，让大家可以在需要时随时找到我们。三是在病房有任何患者有精神科急症时，穿上防护服去到床边，为他们提供面对面的精神心理评估和治疗。"

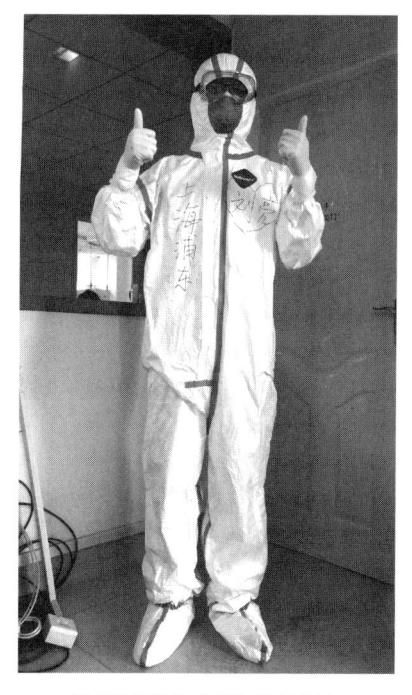

刘亮准备进入病区为患者会诊。

"在对医护人员进行走访过程中，感受到他们的情绪比较稳定，目前无论是物资还是人力都比较充足，他们的压力没有前一阶段大，通过倾听等方式尽量让他们放松，减缓他们焦虑和疲惫的情绪。"刘亮说，与医护人员沟通的方式相对比较灵活，可以在非隔离区进行，更换环境也可以让他们放松下来，心理上可以休息一下。

"心理咨询的前提是患者愿意向你敞开心扉，所以我们前期的工作就是告知大家，我们来了，就在这里守护着大家。"为了能给医护同事提供及时和全方位的心理支持，刘亮和同事们精心布置了医院提供的一间古色古香的中医诊室，作为专业的心理疏导房间，墙上贴着"援鄂手牵手，抗疫心连心"，简单而温馨。

在这里，平均每半天（3小时左右）6—7位医护工作者走进这间诊室，讲述他们的辛酸和不易。面对责任感强烈到略有些自责的医护工作者，刘亮内心充满着感慨和感动，通过倾听和分析，让这些医护工作者正视自己的困难，帮助他们从自己熟悉的信念和语言系统中找到答案，寻求到最有效、最持久的心理支撑。

"新冠患者的情绪比较复杂,因为每一个患者所处的阶段不同,面对的情况也不同,他们的需求就不一样,新入院的患者焦虑病情,即将康复的患者焦虑未来生活,通过心理干预,让他们能走出创伤的阴影,相信阳光总在风雨后,坦然面对未来。"刘亮感到,虽然大家总体的精神状态在往好的方向发展,但是依然有很多工作要做。

当需要为新冠患者进行会诊时,刘亮就得穿上一整套防护装备,"当我戴上护目镜后,由于长时间不通风,水蒸气会在护目镜内侧凝结。对我这种高度近视的眼镜仔,到后面更是一种'雾里看花,水中望月'的感觉。"在重重雾气的阻隔下,刘亮有时甚至看不到患者的表情,只能通过他们的语音、语调和语速,来间接判断他们的情绪和精神状态。他和同事们开玩笑地说:"这样反而锻炼了我们对患者情绪见微知著的专业能力。"

援鄂期间,刘亮基本上是连轴转,不遗余力地向公众传播疫情期心理保健知识。连线上海,他作为负责人管理着"浦东新区精神卫生中心抗疫心理援助热线";连线"湖北之声"电台、浦东电台和凤凰网抗疫心理公益援助节目,他传递着心理抗疫正能量。

在武汉的近40个日日夜夜里,刘亮与同组的同事们并肩战斗,同事们还悄悄地在他的防护服背后写上"宇宙最帅"的字样,在高强度的工作中互相开解、鼓劲儿。他感慨地说:"现在虽然不算年轻,也不算老,但不希望自己老了后,回想起2020年的这场战斗,遗憾因为恐惧或者害怕而没有来。"

吴彬：阻击连着防控，从管医院到接手集中隔离点

张 瑾*

吴彬

九三学社社员，上海市长宁区中医医院副院长。

2020年对于每个人都是一道难题，尤其是处于最一线的他们。

新冠肺炎疫情发生至今，阻击战连着防控战，对长宁区中医医院副院长吴彬而言，这3个月，疲惫、压力、连轴转，这些她都能扛，但最放不下的是对父母的那份牵挂和歉疚……

长宁区中医医院是全市110家设置发热门诊的二级医疗机构之一。1月中旬，吴彬就忙碌起来，制定防控应急处置方案，落实各部门防控职责，组建院内专家组；从人员、制度、流程、消毒隔离等各方面做好准备。医院启动发热门诊战时状态，实行24小时排班。各科医务人员分批开展培训，提高全院医生疫情防控能力和内科疾病诊疗能力。她深知"一个人失守，整支队伍都会受影响。做好保护既是为医生自己，也是对患者负责"。

1月23日夜，吴彬已在医院值守了24小时，第二天上午又开车直奔南京。父亲因为心衰、呼衰和肾衰被送进了ICU，母亲85岁，一个人在家，买菜吃饭都

---

* 作者系九三学社上海市委员会宣传部副部长。

吴彬在工作中。

成了问题，吴彬心急如焚。作为独生女，她的心里十分痛。她知道这个时刻，上海需要她，但是父母也需要她。在ICU里的父亲怎么办，母亲怎么生活？她尽力采买，备足食物，塞满冰箱，拜托南京的同学帮忙照顾。但是，看着病床上的父亲和年事已高的母亲，她心里的歉疚、担心和难过就翻涌出来，时时拉扯着她。

26日回到上海后，吴彬全身心地投入到疫情防控第一线，开启了超高强度加班模式。大年初四夜里1点，吴彬突然接到医院总值班的电话。原来，发热门诊来了一名疑似新冠肺炎的患者，这是发热门诊启动以来的第一例，值班人员都有些紧张。她马上赶到医院，按照制定好的流程，组织院内专家会诊……等做好病人转运、做好终末消毒，已是次日清晨。她顾不上休息，又和同事们对处置经过进行总结分析，进一步优化流程和措施。

发热门诊、院感工作，桩桩件件容不得分心，牵挂着南京的吴彬只能在工作间隙通过微信了解父母的情况。就在这忙碌又焦虑的时候，吴彬接到一个陌生电话，电话那头正是负责父亲的ICU病房主任："我们知道你工作的情况，你放心，我们一定竭尽全力治疗您的父亲。"回想那一刻，吴彬的声音有点哽咽了："后来我才知道，爸爸的一些医护用品都是医生掏钱买的。"疫情之下这份守望相助，让吴彬感动更铭记，她说："我想，我应该更努力。"

吴彬真的很努力，疫情至今，她没有放松过一刻，投入一波又一波的高强度工作中。正当阻击战显露曙光的时候，3月9日，区卫健委紧急发来通知，希望医院组织队伍赴2个集中隔离观察点接管工作。这意味着，新一轮防输入的防控战又开始了。

这一刻,吴彬没有犹豫地又站到最前线,但是她说:"最了不起的是我们的医生、护士,我很为他们骄傲。任务下来后,短时间里我们就集结了14人的医疗队伍。出发前,我和大家交心,这一次任务不同:首先,一定要确保做好防护;其次,我们代表长宁,也代表上海,面对的也不是患者,处理要有技巧;最后,工作没有规律性,只要有入境人员,就要迅速投入工作,没法休息。"牵挂着隔离点的队员们,吴彬一直守在微信群里,给他们打气,提醒他们不能松懈,做好防护,一旦发现有问题,她就赶紧过去协调解决。

3月29日下午6点,新任务又来了,区卫健委要求医院负责接手新增的第6家集中隔离点管理工作,并强调要"即刻赶往"。

7点30分,小分队第一波人员集结并抵达新隔离点。吴彬等也迅速赶到现场,根据入口位置和数量,布置清洁区、缓冲区和污染区,设定工作流程,开展封闭式管理,同时物资保障等也迅速敲定。晚上11点40分,承载着29人的第一部大巴到达。至凌晨4点半,4波入境人员陆续入住隔离点。这个夜晚,一直忙到凌晨5点30分,最后一位入住者被送至房间。

在隔离点,这样的不眠之夜很多……"工作节奏和强度也很大,常常24小时连轴转,但是,我们的医生护士真的可爱可敬。他们努力工作,不讲得失,即便在这么紧张的工作中,也常常站在对方的角度去思考。"吴彬说。

有的隔离人员回家心切,医护人员们理解他们的心情,即便是零点,也等候着为他们办妥手续。有一位在韩国读书的女孩子来到隔离点后,因为需要公证国内毕业证书,急需将证书快递回家,但是隔离点不能寄快递,小姑娘很焦急,因为如果延迟公证书,她就无法继续读书了。医生们想方设法联系到专家,终于得到可以用酒精棉花擦拭后快递的回答,解了燃眉之急。

就是这样的点点滴滴,一直感动着吴彬。她说,疫情之下,感受到的都是"善良"和"温暖",让我更加不后悔自己的决定,也让我更加不敢松懈。

如今,在南京的父亲已经好多了,回到家中静养。吴彬依然在医院和隔离点之间穿梭忙碌。这样的日子可能会持续较长一段时间,但是她的心里充盈着满满的动力。

郑亦慧：上海日与夜，这位"老法师"带领着一支"抗疫联盟"

郭文绮[*]

郑亦慧

九三学社社员，上海市普陀区疾病预防控制中心综合办、应急办主任，慢性非传染病防制科科长。

疫情期间，每一次病例数据的变化都牵动人心，每一份通报背后，都有一群隐形的"逆行者"。

他们冲锋在疫情处置第一线，出没于感染病房直面病人，承担着每一例疑似和确诊病例的流行病学调查、临床样本采集后收样工作。他们就是流行病学调查（简称"流调"）小组的成员，一群与时间、与病毒"赛跑"的人。

普陀区疾病预防控制中心综合办、应急办主任，慢性非传染病防制科科长郑亦慧正是其中一员。因为疫情，她取消了年后和女儿出国的安排，投身抗疫一线；从疫情防控到复工指导，她全程参与、统筹调配；因为经验丰富，她被工作小组的队员们亲切称为"老法师"。

守住疫情"第一关"的第一人

在传染病防治方面，郑亦慧可谓是"身经百战"。

---

[*] 作者系九三学社上海市委员会宣传部干部。

自1994年参加工作，2003年加入普陀疾控中心后，她先后任传染病控制科负责人、综合办应急办主任、慢性非传染病防制科科长，2009年甲型H1N1流感防治、2010年上海世博会传染病防控保障、2013年H7N9型禽流感防治的工作中，都有她深入一线、直面患者的身影。

在本次普陀疾控中心的新冠肺炎疫情防控工作中，郑亦慧承担了整体统筹工作，全权负责疫情的处置和人员的调配。疾控中心接到辖区内医疗机构发现的疑似病例报告后，第一时间第一通知的就是郑亦慧。按照对报告情况的判断，一道道"命令"通过她迅速传递给疫情工作小组的相关负责人，办公室安排车辆及驾驶员、流调组集合准备出发、检验科待命检验样品，所有环节自她开始迅速运转。

一线流调人员，要奔波于医院和疾控中心之间，连续数小时的询问及报告撰写；实验室检验，穿着二级到三级防护服，每一次实验都是近乎六小时的密不透风；消毒组还要额外背上重重的消毒设备，去上门消毒、指导社区及隔离点消毒并对医疗机构开展消毒评估。他们的体能消耗极大，郑亦慧必须安排好一线人员的轮换，确保他们以最佳精神面貌投入战斗。

郑亦慧还特别制作了详细的《防控流程图》发给大家，值班人员在接到医

郑亦慧（前排左一）为广东省疾控专家介绍普陀区的公共卫生服务。

院报告后，怎么通知，对于密切接触者，获取信息后要去告知哪些相关的负责人；流调人员接到通知后，去哪里集合，做什么样的防护，带什么资料，一切按着她的指引做，就是最佳方案。

冲在第一线的流调、消毒、密切接触者管理这三个工作组一共有40名成员，平均年龄34岁，大多是年轻人。平时，郑亦慧会叫他们"小朋友"，而他们则亲切地称呼郑亦慧为"郑阿姨"，并为她冠上了"老法师"的称号。这个称号源于一次经验分享活动，郑亦慧通过实例教授队员们流调技巧时，发出直击重点的"三连问"：

"这个地方属于江苏，既不是疫情严重地区，也不属于医疗水平落后地区，跨省求医是为了什么？如果是因为上海的医疗资源，为什么舍近求远来普陀？他是怎么通过道口的测温检查而顺利来到医院的？我让你们好好再问问，就是因为这三个疑问。"

年轻的队员们对她佩服得五体投地，纷纷留言："老法师的实战经验实在太丰富，受益匪浅！""我要给郑阿姨刷火箭！"

迅速刷屏的一排"我在"

提起队员们，郑亦慧是满满的感激。初期她忙于对诊疗方案、防控方案的学习和人员的确认调配，来不及做太多详细沟通，只能先在工作群内简单询问："谁在？"

一排整齐的"我在"迅速刷屏。

"随时随地可以安排我""我都可以""我也可以来帮忙"。有的队员春节期间害怕耽误时间，一早就来到单位待命，这样一天无论什么时候都可以第一时间出发。有的队员在半夜一两点被郑亦慧叫起出发去医院，也毫无怨言。在他们来看，能被安排做流调，这是一份沉甸甸的信任，也是他们的职责所在。

每当外出流调的队员报告归程后，郑亦慧总会在群里迅速回应，无论多晚从不失约，仿佛是一位等待孩子归家的人，守着一盏令人安心的灯。

队友们也格外心疼这位凌晨被总值班叫起协调各方、白天还要来单位坐镇的"郑阿姨"。一位队员这样留言："过年期间真的是，眼看着她由于睡眠不足,那个脸又肿又煞白。"言语之中,满满的心疼。

专业人士必须有专业的素质

工作中,郑亦慧对队员们有着严格要求:"我们是专业人员,一定要有专业的素质,要用数据说话。现在网上的信息真假难辨,有的说病毒已经变异了,那么哪来的毒种?有没有做过病原分离和基因测序?是个人猜测还是科学结论?一个家庭中的首发病例(第一个发病的患者)一定是这个家庭的传染源吗?我们不能只从表象认定,而要用科学的方法判定。只有具备了科学的态度和专业技能,才能得出科学的结论。"

在普陀区公共卫生科普中心,专门陈列着一位身着二级防护服的模特,看起来很帅气,但在实际工作中,如何规范穿脱防护服是对所有业务人员的严格考验。尤其是脱防护服时,必须保证自己不被污染,除了规定的顺序外,全程尽量降低动作幅度,比如说脱防护服时不能直接用手,而是要靠肩膀轻微的抖动同时慢慢卷起才是正确的方法,这格外需要技术和耐心。新进的队员必须一个一个过关,防护服要"穿脱合格",再把现有的诊疗方案、防控方案学习好,才可以上战场。

郑亦慧读书时,老师曾告诉她:"在公共卫生领域,你看到的是数据,假设一个疾病的病死率是1%,但这个概率一旦落到个人身上,就只有0和100%的区别,也就是生死之别。我们要做的是如何通过有效的策略去降低这个率,使更多人获益,从而保护人群的健康。"

这句话让她深有感悟,"面对疾病时,我们要从专业的角度去监测、统计、分析,我们要力求让市民能够听懂,能明白如果这个疾病发生在他们身上,会产生怎样的后果,给到他们最直接的说明和建议。"

取消了原本约定好的出国行,郑亦慧对女儿很是愧疚,连续几个晚上都没睡好。因为工作,她与家人之间已经不知道发生过多少次这样的道歉,每一次道歉的背后,都有着她无尽的忙碌……

但正是因为她、因为每一位奋战在一线的抗疫人的守护,各个岗位共同织就起了这道联防联控、群防群控的"铜墙铁壁",这座城市中的我们才能安然入睡。

赵波:"医生这两个字是一生的信仰"

方　翔[*]

赵波

九三学社社员,上海市宝山区中西医结合医院感染管理处处长、公共卫生处处长,上海市宝山区援鄂医疗队队长。

鼠年除夕夜晚上6点,正是万家团圆之际,上海市宝山区中西医结合医院感染管理科科长赵波正与全家在外吃年夜饭,突然接到医院电话,让他立刻到医院集合,奔赴武汉。"我在23日报名援鄂医疗队,但没想到出发这么急,原本订好了与家人年初二去新加坡的机票。但我并不后悔,因为医生这两个字是一生的信仰,没有什么比它更重要。"赵波说。

赵波简单整理行装,告别家人,在除夕夜9点多到达虹桥机场,和全市近30家医院的同行共赴武汉。在机场,他还临危受命,担任宝山医疗队队长,面对还不熟悉的队员,他分配好每个人要携带的物资,建立通信联系,叮嘱注意事项……午夜,大家在飞机上吃了一顿年夜饭简餐,度过了除夕。第二天凌晨1点多飞机抵达武汉,医疗队搬运携带的五吨医疗物资,直忙到凌晨四五点钟才入睡。

"我的本职工作是感染管理科,在武汉最重要的就是要保证进入隔离病区

---

[*]　作者系新民晚报记者。

的医生和护士们不被新冠病毒感染。"赵波说,"25日下午,我作为第一批医护人员,进入金银潭医院的3层重症病区,具体了解熟悉医院的基本情况。"新型冠状病毒肺炎的传染性很强,赵波格外留心消毒防护相关设施的位置,各个区域划分,医护人员出入严格的行走路线,并与金银潭医院的医护人员进行充分交流。"虽然这里的病人上了呼吸机,戴着面罩,不能讲话,但是从他们的一个眼神、一个动作中,可以看到他们对于新来的医护人员很期待、有信心。"

"我们这批医疗队成员来自上海的多家医院,之前彼此不是很熟悉,通过2天的培训,大家加强了沟通,这对于三班交接、相互监督、做好防护很重要。因为穿脱防护服的步骤十分复杂,会耗费不少的体力,而且穿着防护服工作2个多小时将到达体力极限,而脱防护服至少需15分钟以上时间,其间每卸下一层,都需要严格的步骤和消毒程序。"赵波的工作就是要避免医护人员在穿戴和脱下防护服的时候受到感染,虽然不是直接治疗患者,但责任却十分重大。

抵达武汉金银潭医院后的第一周是最为艰难的,"我们医疗队队员全部进入重症监护病区,危险和风险非常大。当时没有清洁工,都是医生、护士完成清洁工作。病人病情严重,每天都有人被病毒夺去生命。这是从医35年,我

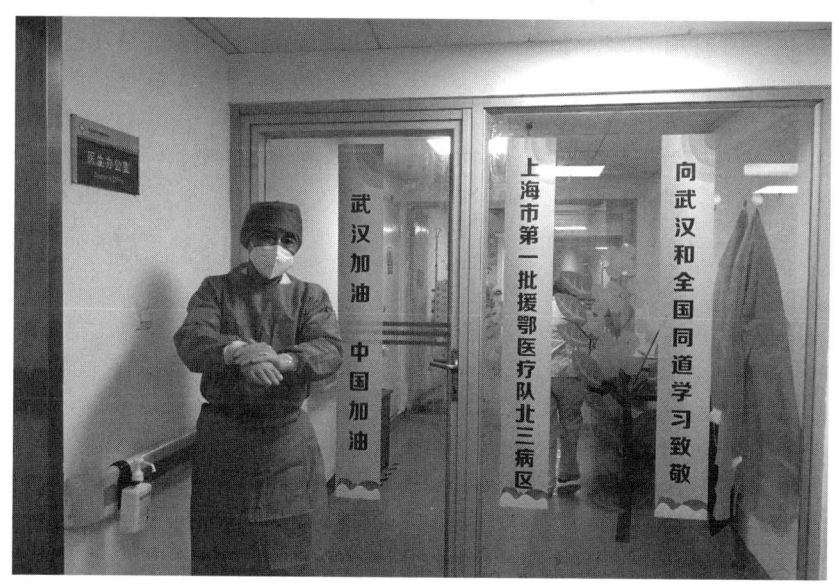

赵波准备进入病区。

从来没有遇到过的。我记得,第一天出来的六位护士中,有两位当场就吐了,回到自己的房间里抱着被子大哭了一场。有的因紧张、劳累等,出现了恶心、头晕等情况。"即便回到上海,赵波谈到这里,仍然有些不忍,"我不知道他们第一班是如何坚持下来的,我忍不住掉眼泪,也不愿讲这一段。"

看到队员们的情况,作为队长的赵波立刻担负起长辈的角色,为队员们看病、督促他们服药、观测体温、开展心理疏导、帮助调整睡眠,并且规定队员每天必须报平安,每天必须在微信群里多讲话。很快,队员们渐渐恢复了……

但是,赵波自己却病了,因为水土不服,加上痔疮复发出血、疼痛难忍,他连走路都十分困难,只能喝水不敢吃饭。但他还是坚守在岗位上,还制定了多个细则,让队员们知道什么可以做,什么必须做,什么是红线坚决不能做,并按照病区实际情况,制定制度、流程、细则、措施,让医院医护人员的穿戴防护走上规范安全的正轨。他反复说,做好全队医务人员的防护工作是他最重要的工作。

2月14日是一个浪漫的日子。工作之余,赵波做了一件特殊的事,给年轻的队友们拍了一组情人节纪念照。"其实,他们好些人年龄和我儿子相仿。"被亲切地称为"暖男"队长、"大叔"的赵波不无心疼地说。

3月14日,"援鄂51天,工作证发下来……感觉是一名员工了。"赵波在朋友圈中发了印有自己头像的金银潭医院工作证,喜悦和骄傲之情洋溢在字里行间。他说,刚开始来的时候,无论是金银潭医院还是上海援鄂医疗队,都没有想到要做工作证这件事情,那个时候病人实在太多了。但是随着现在救治工作逐渐常态化,加上武汉新发确诊病人数逐渐减少,大家为了方便出入医院,才做了工作证。"我会把这张工作证珍藏起来,因为它记录着我们的使命和担当,值得铭记终生。"

2020年3月27日,赵波和同事一起撕下重症病区内"上海市第一批援鄂医疗队"标志,那一刹那,在场所有队员泪目了!

"回首68天援鄂,历历在目。这可能是一生的记忆!"赵波说。

• 江苏省 •

闵凌峰：九三逆行者　抗疫显大爱

匡海波*

闵凌峰

九三学社扬州市委员会青年工作委员会主任，江苏省苏北人民医院呼吸与重症医学科副主任，扬州市第二批驰援武汉医疗队队长。

悬壶逆行入荆楚　白衣执甲战疫情

岁逢庚子，一场新冠肺炎疫情突袭荆楚大地，蔓延波及全国。一时间，武汉告急，湖北告急！危难时刻方显英雄本色，2020年1月28日，九三学社扬州市委青工委主任、江苏省苏北人民医院呼吸与重症医学科副主任闵凌峰作为扬州第二批驰援武汉医疗队队长，前往武汉一线与疫情作战！

50个日日夜夜，数千里风雨兼程，闵凌峰所在的援鄂医疗队累计救治和管理住院患者397人，其中重型及危重型患者68人。闵凌峰和他的战友们，用精湛的医术和高尚的医德，在病魔面前筑起一座坚固堡垒，谱写了一曲动人心魄的英雄战歌！

2月1日，闵凌峰正式进驻武汉市江夏区第一人民医院。作为队长，他总是身先士卒，率先走进病房了解患者病情、开展诊疗，并将患者按危重程度进行梳理，为后面的接班人员做好充足的准备工作。

前线的工作强度非常大，医院里只要有一位患者出院，病床立即会被另

---

* 作者系九三学社扬州市委员会组宣处副处长。

一位患者填上。闵凌峰经常是连轴转，每天只能休息3—4个小时，实在累了就在病区里套着防护服眯一会儿。2月15日，一名结肠癌术后癌细胞多处转移合并新冠肺炎的患者血压骤降，脉氧测不出。正在巡房的闵凌峰第一时间赶到患者身边，对其展开一系列抢救，一干就是近2个小时。直到看到患者的肢体末梢转为红润，他才大大松了一口气。尽管这样，他仍不肯放松，一直守在患者身边，一边关注心电监护指标，一边照顾患者。防护服里的闵凌峰，浑身早已被汗水湿透，同事们都劝他先去休息一下，但他却坚持继续守护："患者还没完全稳定，我就是去休息了也不能安心啊！"就这样，一直看到患者完全脱离危险，生命体征全面稳定，闵凌峰才步履蹒跚却又如释重负地走出病房。

疫情最艰难的时期，江夏区第一人民医院住进了530多名新冠肺炎患者，病区一度加床运转。其中有一对母女同时患上了新冠肺炎，60多岁的女儿心急如焚，经常深夜给闵凌峰打电话，询问病情。闵凌峰每次都耐心地向她解释治疗方案，并鼓励她放宽心态，早日战胜病魔。经过闵凌峰和医疗队的共同努力，这对高龄母女最终都治愈出院。

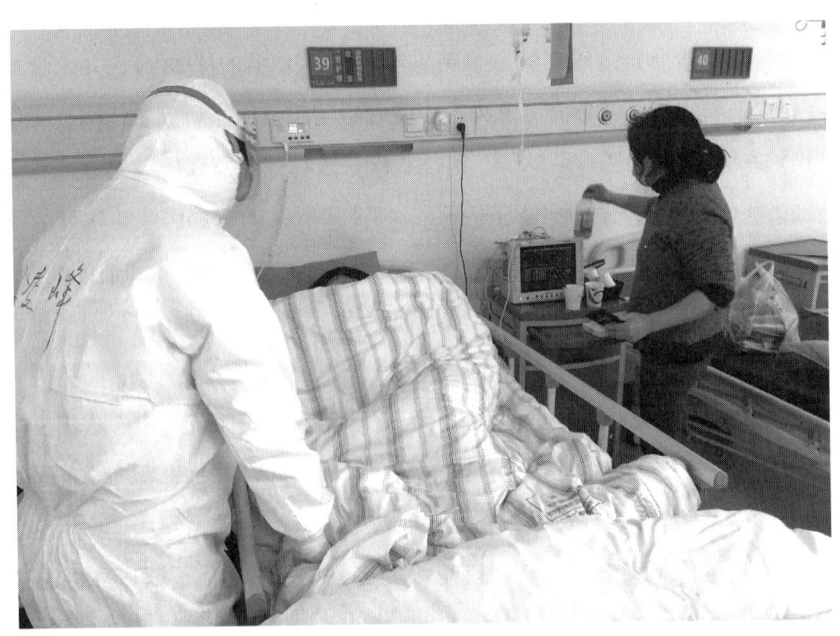

闵凌峰（左）在武汉市江夏区第一人民医院抗击疫情。

"你若性命相托,我必全力拼搏。"这样的案例还有许多……每一个生命奇迹,都源自闵凌峰和他的战友们的永不放弃、倾尽全力。他们无愧为新时代最可爱的人!

勠力同心担道义　履职尽责显担当

除了在本职岗位上兢兢业业以外,闵凌峰还承担着不少社务工作。虽然临床、教学、医院管理工作任务繁重,但他总是千方百计抽出时间,参加社组织的各项活动。闵凌峰曾被评为扬州市统一战线"最美同心人"、"九三学社中央组织工作先进个人"等荣誉称号。九三学社扬州市青工委成立后,闵凌峰被任命为主任。青工委在他的带领下,迅速成为扬州市广大青年社员成长和发展的重要平台。

此次支援武汉,虽然救治病人的工作异常繁重,但闵凌峰还是抽出时间,通过微信、短信等方式号召青工委委员和广大青年社员积极投身疫情防控工作。在他的号召和鼓励下,不少社员除坚守抗疫工作岗位外,还主动参与了群防群控志愿服务,或者向有关部门撰写社情民意信息,为推进疫情防控和复工复产建言献策。青工委也先后举行了向基层社区、援鄂医疗队捐献物资等多场献爱心活动,为打赢疫情防控阻击战贡献了九三青春力量。

难能可贵的是,闵凌峰在武汉得知九三王选关怀基金会开设抗击新冠肺炎专项基金后,立即询问捐款方式,准备向基金会捐款6000元。操作时,他发现一次捐不了这么多,就连续2天上网,终于将这笔钱全部捐出,在武汉前线献出了作为九三社员和抗疫战士的拳拳爱心!

胜利返回江苏后,闵凌峰又欣然受邀,于4月22日在江苏省九三学社科学讲坛做了《如何预防新型冠状病毒》的专题讲座。通过线上录播的形式,闵凌峰向社内外观众介绍了当前疫情防控的基本情况,以及支援湖北的切身体会。讲座受到了社员的热烈欢迎,在社会上引起了一定的反响。

纸短情长心相连　舍弃小家为大家

就是这样一名在前线忘我工作,与病毒奋力抗争的无畏战士,同样也是一位深情的丈夫、慈爱的父亲和孝顺的儿子。为了抗击疫情,闵凌峰只能选择在阖家团圆的时刻瞒着年迈的父母，与妻儿分离，毅然向武汉进发。

闵凌峰的爱人胡苏玮也是一名医护人员。谈及丈夫支援武汉，胡苏玮非常支持："救死扶伤是医生的天职，到国家最需要的疫情前线是我们医务人员的义务和责任！"可是，严峻的疫情形势，每日增加的患者数字，怎么可能不让她担心害怕？但胡苏玮知道闵凌峰作为队长每天有很多工作需要协调处理，因此这段时间，夫妻两人仅通过微信联系了四五次，每次都只有两三句简短的话。

就是这样不善表达的抗疫英雄，却也有他的侠骨柔肠。在武汉，为了排解医护人员的心理负担，闵凌峰开创了"相约晚七点"特别栏目，通过视频加强医疗队队员的相互交流。50天里，队员们每日能"互相见面"，充分感受到彼此团结在一起、战斗在一起、胜利在一起。交流结束时，闵凌峰总是会再问句："大家还有没有什么困难？"这句话也成了他在武汉对队员们说得最多的口头禅。

国家有难，召必去，去必战。闵凌锋以无声的行动践行了医者仁心，彰显了九三社员的担当。因为在鄂期间的出色表现，闵凌峰被江苏省人力资源和社会保障厅、江苏省卫健委给予记大功奖励，被九三学社江苏省委授予"优秀九三学社社员"荣誉称号。也正是因为有无数个闵凌峰不计个人安危，竭尽全力，迎难而上，疫情防控阻击战终于取得了重大战略成果。他们在这场载入史册的战役中所迸发的能量，所付出的牺牲，必将鼓舞全体中华儿女在实现中华民族伟大复兴的中国梦的路上披荆斩棘、奋勇向前！

对每一个生命负责

赵大国

赵大国

九三学社社员,苏州大学附属第一医院重症医学科副主任医师,江苏省第一批支援黄石医疗队队员。

2020年春,湖北黄石这座美丽的城市格外安静。相比街道的冷清,黄石市中医医院重症医学科却是每天24小时忙碌着。2020年2月11日至3月28日,我作为江苏省第一批驰援黄石医疗队的队员,奔赴支援黄石市中医医院和黄石市中心医院,奋战在湖北抗击新冠肺炎疫情的最前线。

我从事重症医学专业10余年,对于急危重症患者的诊疗与救治,具有扎实的理论基础知识和临床实践能力,熟练掌握动静脉置管、气管插管、气管切开、呼吸机使用、床边纤维支气管镜诊疗、血液净化、主动脉球囊反搏、体外膜肺氧合等操作和管理。在临床工作中,成功救治过数十例甲型H1N1流感、H7N9禽流感危重症患者,以及军团菌重症肺炎、腺病毒重症肺炎的患者。

2020年2月10日,我所在的苏大附一院接到驰援黄石的号召,短短数小时内组建完成一支来自重症、呼吸和感染等科室的14人医护团队。2月11日清晨我们整装待发,中共江苏省委副书记、省长吴政隆在南京禄口机场为我们送行。他说:"今天为勇士壮行,希望你们发扬江苏精神,感谢你们,希望大家早日凯旋。"彼时,我的内心是激动的,现场一派风萧萧兮易水寒的断腕豪情。当天深夜,我们抵达黄石。

经过前期的培训和部署，制定好一整套统一规范的感控、操作、诊疗流程后，工作随即紧张而有序地展开。因工作需要，我先后在黄石市中医医院ICU和市中心医院ICU工作，收治的均为感染新冠肺炎的危重症患者，患者的病情不稳定，变化快，随时都有可能进一步加重。我与同事每天身着沉重闷热的防护服，严密观察患者病情，及时调整治疗方案，及时积极抢救。

有一名61岁的患者，子女在海外生活工作，又遇到封城，没法来到老父亲身边，患者病情每况愈下，后又因呼吸衰竭行有创机械通气，家属只能全权托付医院。我将上述情况汇报给队长穆传勇主任，后又请相关科室举行了专家组级别的病例讨论，拟定了个体化治疗方案。后面患者出现肾功能不全等并发症表现，我们第一时间采取肾替代治疗等。患者家属在得知这一切以后，表达了极大的宽慰和感激："我们相信你们，我们相信祖国。"

另一名69岁男性患者陈某，1月26日因新冠肺炎住院，先后经历了高流量吸氧，无创、有创机械通气，俯卧位，气管切开等治疗，病情呈加重趋势。其间，患者女儿人在深圳，每周都会录一段视频深情呼唤昏迷中的父亲，感谢每一位医护人员。父女情深，医患相互理解、相互协作，这一幕深深感动了我。根据工作安排，3月1日我们护送患者至黄石市中心医院ICU继续治疗，一路上需密切关注其生命体征平稳，最后顺利完成任务。功夫不负有心人，经过治疗后，患者成功脱机拔除气切套管，经鼻导管吸氧，后来又通过早期的康复功能锻炼，4月8日康复出院。

还有一例特别危重的患者胡某，57岁，发热、咳嗽伴乏力就诊，后病情发展为极危重症，行"有创机械通气+ECMO+CRRT+俯卧位"等综合治疗。其间，我作为床位医生外出护送患者行CT检查，患者病情需要携带ECMO机、呼吸机，途中有惊无险，最后安返病房；治疗期间还和ICU同事紧张有序地更换了一套ECMO管路，整个ECMO治疗维持了近30天。每天都很艰辛，却很欣慰。

坚守黄石，将战疫进行到底。3月20日，江苏支援黄石医疗队第一批已经返苏，我和其他队员继续留守黄石，托举生命，守护患者希望，直至黄石新冠肺炎清零。许多患者经过救治，脱离了生命危险，转至普通病房继续康复治疗。3月27日，黄石新冠肺炎清零，此时的黄石城市早已"解封"。

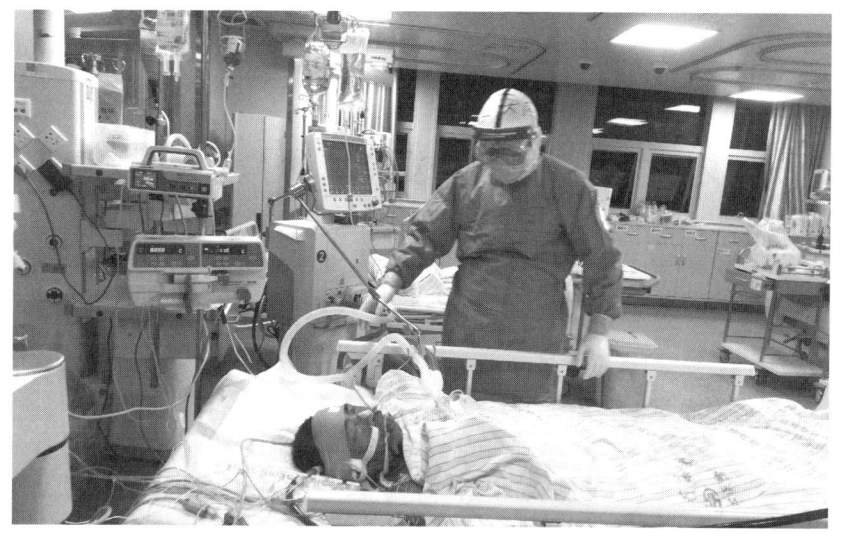

2020年3月10日,赵大国在黄石中心医院ICU查看ECMO患者。

3月28日一大早,黄石市民十里相送。几乎全市市民,从酒店至出城站口,男女老少,佩戴口罩,拉着横幅,手持国旗,夹道欢送。在黄石的47个日日夜夜,一幕幕在我的脑海中回放,有艰辛,有汗水,有泪水,此刻更多的是感动。作为一名普通医务工作者,我始终牢记"希波克拉底誓言",以先辈为榜样,在重症医学科病房里履行着职业赋予的神圣使命。

疫情就是命令,防控就是责任。作为一名九三人,不忘初心,砥砺前行,关键时刻冲得上去,危难关头豁得出来,对每一个生命负责,为每一个生命保驾护航。这既是职责的坚守、医者的担当,也是九三学社社员的初心所在。

姚茂元：临危受命的"司令"

王 力*

姚茂元

九三学社社员，江苏省淮安市淮阴医院神经内科副主任，江苏省支援武汉第五医疗队队员，淮安市第二批援鄂医疗队队长。

从第一次踏入武汉天河机场的那个晚上开始，姚茂元和他的战友们在武汉抗疫一线坚守了近40个日夜。其间，姚茂元说得最多的一句话是"一定要有信心。"他的这句"一定要有信心"如同逆境时的一缕阳光，激励着同行的医务人员，更为深陷伤痛中的病患带来了希望与光明。

两度请缨的"年轻人"

"把我排上，我去！"疫情发生后，姚茂元第一个报名到发热门诊值班。他对神经内科主任石广莲说："我年轻几岁，没问题。"这个说着自己"年轻几岁"的姚茂元，今年整整52岁，却真的像年轻人一样，面对疫情无畏无惧，挺身而出：坐诊、检查、抢救，每次从发热门诊出来，裹得严实的防护服里已是全身湿透。

得知要支援湖北后，他又在第一时间主动请缨，简单收拾几件换洗衣服，匆匆告别家人，就跟队友们一道踏上支援湖北的征程。姚茂元的妻子齐慧云是

---

* 作者系九三学社淮安市委员会办公室主任。

淮阴医院影像科的一名护士,孩子才3个月大。面对丈夫的义无反顾、逆向而行,齐慧云担心之余,更多的是对丈夫的理解与支持:"放心,家里有我。"

临危受命的"司令"

2020年2月9日中午,当姚茂元到达集合地点时,才知道自己被临危授命为淮安医疗队队长,被队友们笑称为淮安队的"司令"。

作为"司令",姚茂元尽力做好队内思想政治和业务工作,厘清"大家"和"小家"的关系,提高政治站位,率先垂范,急队员所急,想队员所想。从各项工作内容的上传下达、沟通协调,到业务培训、排班对接、后勤保障、心理疏导,最忙的一个半天,姚茂元手机上接到了2000多条微信和工作通知,不停地接收、回复、转发信息,他的几个手指头一度忙得失去了知觉。

洗手、戴口罩、戴帽子、戴手套、穿防护服、戴护目镜、戴第二层手套、穿靴套、穿隔离衣、戴第三层手套、戴防护面屏、穿一次性鞋套……入舱前的培训中,姚茂元不仅自己学得一丝不苟,更紧盯着队友:每天培训结束后,他都要站在旁边,一个一个亲自检查,每个人都不能有一丝一毫的差错,一遍一遍地练习,直到达到规范为止。

点燃生命的希望之光

"方舱医院"是专门为收治新冠肺炎轻症患者而建的,人们称它为"生命之舟"。2月13日晚上7时,姚茂元第一次进入武汉体育中心方舱医院值班。淮安医疗队进入时,500多张床位已经全部住满,共分为6个区,姚茂元负责C区,101个床位。

虽然收治的是轻症患者,但是方舱医院的工作并不轻松。每班6小时,要负责每位患者的转入、收治和转出工作,从进舱前的消毒、穿上层层防护服,到出舱脱下防护服、消毒,一番下来不吃不喝近10个小时,累得衣服全部汗湿,脸上的口罩压痕清晰可见,甚至破皮。早期入院患者集中,3天收了560名确诊患者,舱内手工书写病历资料,手机传输到办公室,再录入,还要进舱核对患者信息。后期出院病员多,有时一天100多出院患者,舱内、舱外二线班一起办理交接手续,工作不仅量大强度还特别高。

深夜,患者大都已经入睡。穿着沉重的防护服,姚茂元轻轻穿梭在舱内,悄悄观察着每位患者的精神状态。"除了药物救治,我们更要给病人战胜疾病的信心!"在发放药物治疗外,姚茂元特别关注病人的精神状态。有一天晚上,他发现一名女病人坐在床边无声地淌眼泪,原来她丈夫也患了新冠肺炎,重症,已离不开氧气。她入住方舱医院后,跟丈夫通了电话,情况并不好,家里还有两个十几岁的孩子……"请你务必相信我们!"姚茂元俯下身,声音不大,但是说得很有力。他详细分析她的病情,安慰她:"我们来自江苏淮安,有治疗肺炎疾病的经验,你很快就会好的;很多重症患者已经在慢慢恢复了,好多人都出院了,你的丈夫也会康复的。"慢慢地,这位女病人停止了哭泣,平静了些。姚茂元说,对于一些轻症病人来说,帮助他们树立战胜疾病的信心甚至比药物更重要。

如何帮助病人去除患病阴影、减轻心理压力,从而战胜病魔?下了夜班的姚茂元心里琢磨着,一直到凌晨 2 点,终于理清思路,总结出了"动一动、写一写、说一说、唱一唱、笑一笑、哭一哭、听一听、看一看"的"八个一"缓解法,从做运动、写日记、唱歌、聊天、倾诉、转移注意力等各个方面,有效帮助患者缓解精神压力,增强信心。

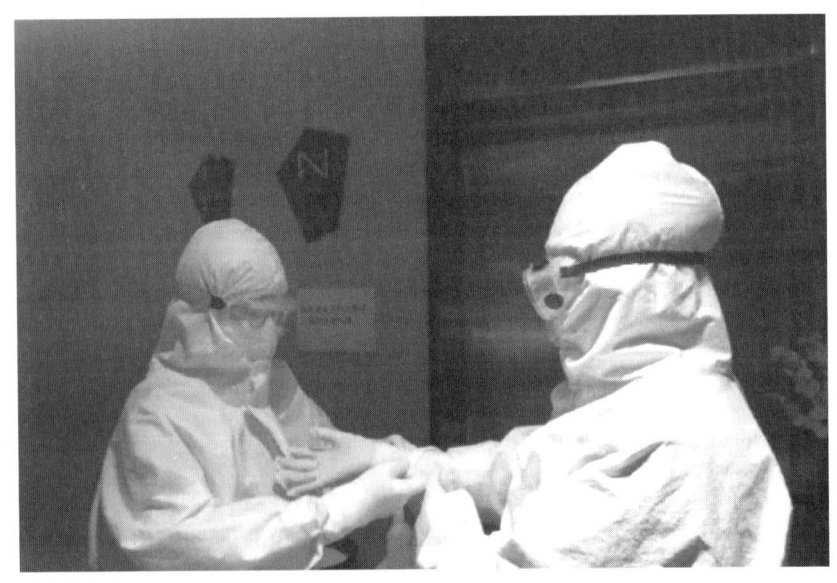

2020 年 2 月,姚茂元(左)为队员进行入舱培训。

随着越来越多的病人康复走出方舱医院，姚茂元和队友们坚信："武汉的冬天终会过去，美好的春天终将来临！"

"这工作责任大。"姚茂元暗暗下定决心，"既要抗击疫情，更要保护队友安全。淮安队30个人，一定要平平安安去，平平安安地回来。"他做到了！3月17日中午12点，大巴车载着返程的淮安队医务人员驶向机场。一路上，武汉的交警、特警及机场的工作人员对医疗队员致以最高敬意。山河无恙，平安归来！

作为援鄂医卫人员先进人物和典型模范，3月6日，姚茂元被江苏省人力资源和社会保障厅、卫健委给予记功奖励，4月8日姚茂元被淮安市委市政府授予援鄂战疫先锋荣誉奖牌。

郭春辉：去时无畏 归来无悔

吴艳宇 郁 昉[*]

郭春辉

九三学社社员，江苏省江阴市人民医院感染科副主任，江苏省首批援鄂医疗队队员。

2020年2月21日，九三学社江苏省委员会授予九三学社社员、江阴市人民医院感染疾病科副主任、主任医师郭春辉等7名同志"优秀九三学社社员"称号。3月21日，中共无锡市委宣传部、市卫健委正式发布了11位无锡最美战疫先锋，郭春辉医生光荣入选。

作为江苏省首批援鄂的医疗队队员，1月25日正月初一晚，郭春辉同队友一起奔赴武汉疫区一线，3月17日晚平安归来，历时53天。

请战出征

1月23日夜，郭春辉正在值晚班，科主任的电话突地响起，打破了夜的宁静。在得知需要支援湖北的消息时，郭春辉毫不犹豫做出了肯定答复。1月24日除夕一大早6点多就向医院正式上报了志愿去武汉的意向，8点多被确定为志愿医师，接下来还去做了一台手术，11点出了手术室才和妻子说了这事。

---

[*] 作者吴艳宇系九三学社江阴市委员会委员、宣传处处长，江苏省江阴职业技术学院副教授；郁昉系九三学社江阴市委员会秘书长。

出征之际，郭春辉坚定地说："我是感染科医生，这时候，就是我们发挥作用的时候！我和妻子都是医护人员，比较容易沟通，家里人同意就是对我最大的支持，我也向他们保证，一定做好支援防控工作，一定做好个人的防护工作，必不辱使命，平安归来！"1月25日大年初一，郭春辉随队出征武汉，他的母亲、爱人还有两个女儿送他到楼下，依依不舍跟他道别。

九三学社江阴市委主委时平在郭春辉临行前，赶去为他鼓励打气。郭春辉说："我是一名感染科医生，也是九三学社社员，这次出征武汉，是我作为一个医生的职责，更是一份荣誉、一份使命。我希望用实际行动，为组织增光添彩。"

坚强后盾

郭春辉是江阴市人民医院支援湖北抗击疫情首批医疗队的队长。到达武汉后，他被安排在武汉市江夏区第一人民医院。他在给社组织的报平安的短信中说："这里防护品基本到位，一切安好，不用担心我。"但是对于家中的困难，他绝口不提。

郭春辉的妻子也在江阴市人民医院工作，是呼吸内科护士，平时工作也很繁忙。家中两个女儿，一个正上高三，马上面临高考，一个才2岁。她说："我们都是医务工作者，丈夫决心去，我也就全力支持，把家里照顾好就是对他最大的支持。"江阴市委统战部领导上门慰问时才了解到，由于郭春辉的爱人工作繁重，她已经悄悄把小女儿和老人送往了江西老家。

全力战疫

经过2天的培训后，1月28日，郭春辉和队友们正式进驻武汉市江夏区第一人民医院开展新冠肺炎医疗救治工作，至3月15日病区清零，共收治患者200例。

郭春辉所在的31病区分成两个诊疗组，他和无锡的同行在同一诊疗组，带当地医院3名年轻医生，负责重症型和普通型的病人。他们每天工作七八个小时，查房、病情分析讨论、制定治疗方案、根据实际病例治疗情况调整治疗方案……与时间赛跑，与病毒斗争。病区65名病人多数入院时有咳嗽、气急不适等症状，入院后予以吸氧、抗病毒、抗感染、激素等对症支持治疗后症状好转。1个月后，因为医院最早收治发热病人的27病区的医生、护士全部被隔离，按例应该轮休的郭春辉团队又全盘接手了这个病区，马不停蹄地开始了新一轮的战斗……

"感谢江苏人民！感谢江苏医生！"2月12日下午，病房的灯光格外明亮，病区不复往日的安静，医护人员的叮嘱声、康复病人的感谢声，混合着消毒水味、鲜花香味弥散出去，形成特殊的生命气息。20名新冠肺炎患者脸上的笑容在灯光下洋溢开来，在医护人员的再三叮嘱中走出病房，连连鞠躬表示感谢。这是疫情发生以来，31病区同时出院人数最多的一批。这批出院患者住院时间最长的21天，最短的9天，年龄最小的25岁，最大的76岁。"看到患者顺利康复，所有医护人员都非常激动。"郭春辉说。

治疗工作繁重辛苦，但也时时有令人感动的时刻。一名65岁的重症患者，呼吸困难需要器械辅助通气，戴上口罩会加剧气喘，郭春辉在查房时发现这名患者坚持戴着口罩，问了之后才知道原来他是怕传染给医护人员。这个小小的举动让郭春辉很感动："我们防护服上写有自己的名字，来自哪个地方。患者知道我们来自江苏，非常感谢我们，也力所能及地想要保护我们。"还有一位近70岁的老太太，在凌晨4点多带着她重症的儿子一起来住院。老太太意志非常坚强，经过几天治疗后恢复很快，重症的儿子却迟迟不见好转。郭春辉安慰她说："我们一定全力以赴，您这么大年纪都挺过来了，您儿子也会好起来的。"经过

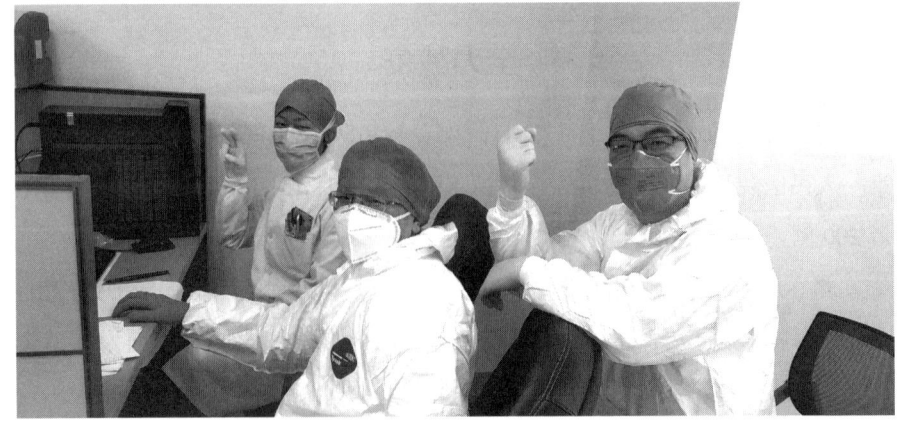

2020年2月，郭春辉（中）在武汉市江夏区第一人民医院与同事讨论医疗方案。

夜以继日地抢救和精心护理，老太太儿子的病情也终于出现好转，最终顺利出院。母子俩眼含热泪送来锦旗，感谢郭医生他们的医者仁心和高明医术。"眼见着患者一个个陆续出院，便觉得所有的辛苦都是值得的。"武汉之行虽然疲累，但也给了郭春辉20余年从医生涯中难得的巨大成就感。

寸心报晖

抗疫的日子，无数白衣天使舍小家为大家，勇于逆行奋勇战疫，让我们见证了他们的勇毅坚定和无私大爱。"从事专业20年，我有专业信心，我不怕。""去时无畏，归来无悔，我没有遗憾。""其实后方也有大量的无名英雄，我们只不过是冲向了武汉，冲在了前面，其实大家都是一样在与疫情作战。""援鄂医护人员子女高考加分？不，不应该，这不公平。"一句句平实的话语凸显了郭春辉作为一名医者强烈的职业责任心和社会责任感。

3月10日，江阴市中学生18岁成人仪式线上观摩活动举行。作为家长代表，郭春辉从武汉为高三的女儿，为全体即将成人的孩子们送上了祝福。他希望孩子们拥有健康的体魄、明亮的精神和纯美的灵魂，希望孩子们以后无论选择何种职业，都要保持职业自信、坚守岗位职责，因为这是一个人重要的社会责任，也是一个人社会道德的体现。

"疫情所然、职责所在！"这正是郭春辉主动请缨出征武汉抗疫背后的思想状态。

从零起步　严防死守　为安全守门

程科萍

程科萍

九三学社社员，东南大学附属中大医院感染管理科副主任，江苏省支援黄石医疗队感控组组长。

庚子年初，一场针对新冠肺炎疫情的阻击战打响之时，我连夜报名请战，毅然奔赴抗疫第一线。2020年2月11日，我随江苏省支援黄石医疗队抵达黄石，担任感控组组长。阻击疫情，感控首当其冲，对于我来说，要打的是一场硬仗，确保医务人员零感染，让大家健健康康来，平平安安归。"明者远见于未萌，智者避危于未形"是我的工作准则，为了保证医院感染防控工作有序进行，我带领感控团队提前与黄石市五家定点收治新冠肺炎医院对接，摸排疫情和感控工作总体情况，针对各医院的异同，开展了一系列工作。

修流程　抓培训　重考核

临床医务人员进入疫区医院工作，最重要的一步是学会穿脱防护用品，但各医疗队的穿脱防护服标准和流程不同。为了统一标准，到达黄石第一天我就制作了清晰明了、图文并茂的穿脱防护服示教版流程，带领队员开展高强度、高频率传染病感染控制专题培训和实战演练。"培训必须到位，才能进入战场"，我们感控团队连续三天，每天从早上7点培训到晚上11点，分次共完成160余人的一对一培训，所有队员全部通过考核，顺利上岗。2月24日，随着江苏第二批援黄石医疗队员的加入，第二日又对37名队员进行了集体培训授课、穿脱防护服演示，并分组进行了一对一培训和考核，确保每一位医务人员过关，这是防止医务人员感染最基础的保护神。

搭框架　建布局　抠细节

到达黄石后，我第一个开始忙碌起来。首先对驻地宾馆进行感控管理，从大厅到房间均进行区域划分，划定外出通道以及就餐通道，规定了出入不同场所的着装要求。在医院感控管理方面，因对接的五家医院布局各不相同，对于激增的新冠肺炎病人，原有的普通病区病房因布局三区划分不清，无法满足传染病病人入院要求，存在交叉感染的风险。而在隔离病区，有时一个小小的纰漏所带来的影响都是无法预计的，我满脑子都在想怎样更好地布局才能让医务人员不易发生交叉感染。在"三区两通道"的总体原则指引下，我化身感控建筑装修专家，对区域划分的每个环节、每个细节都与对接医院的后勤部门进行仔细打磨、推敲，根据实际情况，不断完善、因地制宜划分出清洁区、潜在污染区及污染区。在建筑工人和建筑材料都缺少的情况下，我们感控团队和对

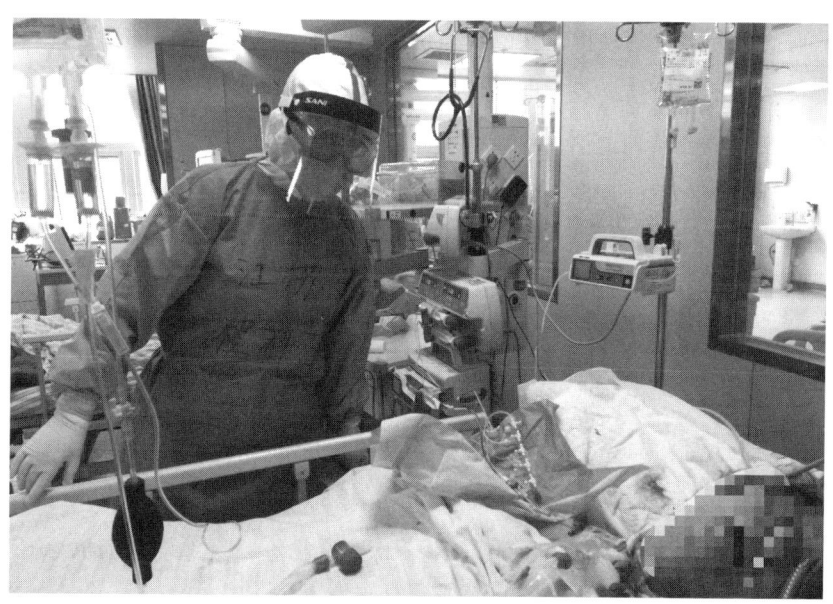

2020年3月15日，程科萍在黄石市中心医院重症监护隔离病房查看患者中心静脉置管感染状况。

接医院的分管院长亲自当起了搬运工，利用现有的材料合理使用改造。对于各家医院存在的共性问题，我们分别以患者身份、医务人员身份实地进出各类通道，与对接医院反复切磋，共同商讨直至拿出最佳解决方案，努力将医源性暴露风险降到最低，受到对接医院医务人员的赞赏，说江苏医疗队感控组来后他们的医疗环境一下子变得安全多了。有一次，我穿着白大褂想进入病房清洁区，在门口就被科室当班医生发现不让我进入，说明医务人员医院感染防控意识增强了。

进病房　看执行　保安全

我们感控团队每天对五家对接医院的感控工作实行循环管理。作为组长，我每日都会进入隔离病房，特别是对预检分诊点、发热门诊、隔离病区、危重症医学科等重点科室和区域进行检查，成为深入这些区域"排雷"的第一人。排查医院流程布局、院感防控、物资准备等感染管理布防情况，逐个角落排查隐患，构建起院感"钢铁"防线，在隔离病房到处"找碴儿、挑刺儿"。对于不合格的地方，第一时间反馈，第一时间整改，与对接医院感科积极沟通、帮助他们寻找解决方案，一起努力打造安全防线，对每一个生命负责。有一天晚上，一名护士在隔离病房打针时不小心戳到自己的手指，当场急得哭了，不知所措，我立即现场指导她处理伤口并对她进行心理安慰；还有时半夜里也会接到电话，隔离病房医务人员因穿着厚厚的防护服、工作强度大发生晕倒和呕吐现象，每次我都去现场处理，有我在，他们就觉得安心踏实了。

亲指导　实操作　保整洁

为做好隔离病房的消毒工作，我深入现场，计算房间消杀时消毒液的浓度配置和用量，并参与实地消杀。每次穿着厚厚的防护服、戴着三层手套、两层口罩、穿着三层鞋套，俨然是个女汉子。消杀时，我严格按照院感消毒流程，帮助各病区对空气、物表、地面、织物、医疗废物等一一消毒、清洁，确保万无一失，不留死角，还病区整洁、清新、舒适的环境。

下基层 预指导 再整改 回头看

按照援鄂抗疫黄石指挥部工作部署，为了把疫情防治工作关口前移，团队开始了新一轮的阻击战。我深入二级医院、乡镇卫生院及出院患者医学隔离点，指导乡镇基层卫生院优化发热门诊就诊流程，切实帮扶当地医护人员提高标准防护的意识，帮其规划"三区两通道"，在医学隔离点与患者面对面沟通，追踪出院患者隔离情况。有位阿姨因为全家得了新冠肺炎出现焦虑不安，当场就抱着我哭了。我当面安慰她并跟她亲人联系，正面引导和慰藉隔离患者，给予心理帮助。

在这场严峻的抗疫战斗中，我作为感控医生充分发挥作用，秉持敏锐的视角、专业技能和职业担当，为防控新冠肺炎提供了实用、规范、可操作性指导，为患者和与病魔战斗的白衣战士撑起了坚实的安全伞，为江苏支援黄石医疗队的所有医务人员零感染做出了应有的努力。

• 浙江省 •

马彦俏："国家有难，我应该挺身而出"

吴 珍[*]

马彦俏

九三学社社员，浙江省宁波市奉化区中医院呼吸内科副主任医师，浙江省第三批援鄂医疗队队员。

"我不让你走！妈妈，我不让你走……"7岁半的儿子朦胧中猛地搂住妈妈的脖子，小手突然间变得如此有力，拽得紧紧的，就是不肯松开。眼泪止不住地滚落到枕头上，湿了一大片。

"妈妈知道，妈妈知道，你舍不得妈妈走，对吧？"马彦俏医生心疼地一边给儿子擦眼泪，一边安慰着。

这是2020年2月9日早上6点半，马彦俏出发去武汉前跟儿子说再见时，令人不舍的一幕。

舍别小家 剪发出征

"武汉有难，国家需要，我应该，也有能力去参与这场战疫！"马彦俏是这样告诉自己和家人的。

不知是不是有预感，2月8日正值元宵佳节，晚饭时，一家三口聊起了新

---

[*] 作者系九三学社宁波市委员会宣传部部长。

冠肺炎疫情。面对刚上小学二年级的儿子，马彦俏担心地问："如果妈妈去支援武汉，你支持吗？"天真的儿子拍拍胸脯说："妈妈，你放心，我已经长大了，如果你去武汉，我会照顾好家里的！"

晚上9点半，马彦俏和往常一样，辅导完儿子的作业，正打算休息，却在单位工作群里看到：支援武汉，明天出发，请速报名！早在疫情发生之初就有这个想法的她，毫不犹豫就报上了自己的名字。

2个小时后，名单确定。"年前咱们就聊过这个话题，你放心，我肯定会照顾好自己的……"马彦俏面对暗自担心，默默地一起收拾行李的丈夫，她安慰着，心中满是感激。深夜2点，马彦俏将家中的银行卡、房产证、支付宝等交于丈夫，嘱咐要按时付按揭……她做了最坏的打算。丈夫扭过头去，偷偷擦去眼泪，更多的是不舍。

2月9日上午7点半，丈夫送马彦俏到单位。11点10分，奉化区卫生健康局集合，简短的欢送会后合影。突然间，对面居民楼里传来喊话："加油！平安回来！"一直表现得非常坚强的马彦俏，瞬间红了眼眶。

下午在宁波市卫生健康委员会培训地，马彦俏请理发师剃高发际线，剪短秀发，以方便穿脱防护服，减少感染风险。晚上6点，马彦俏和宁波第四批援助湖北抗击新冠肺炎紧急医疗队的268位医护人员一起，带着宁波人民的关切和爱，奔赴前线，驰援湖北……

温情传递　共同战疫

到达武汉的第二天，马彦俏和战友们便投入了战斗。接手华中科技大学附属同济医院光谷院区E3-3危重症病区2个小时，便收治了29位病人。这些危重症患者抑郁、烦躁，内心异常焦虑，很多人都是高龄且有其他系统基础疾病。

特别是22床的刘老太，发病后在外院治疗已有20多天，85岁，身体各项指标都不太理想。更让马彦俏头疼的是沟通问题，老太太并不配合医生的问诊和查体。破解她的"心病"成为马彦俏和战友们的首要任务。

医护们先找来队里一名来自武汉的医生，用方言与老太太沟通，但无济于事。后来几经周折，联系到老太太在外院治疗时的主管医生，详细了解了诊治过程，最后又联系上了刘老太的儿子，并通过病区电话视频。经过医护和家属们一次次的劝慰和解释，老太太的情绪总算渐渐稳定下来，开始配合治疗。

由于老太太病情复杂，马彦俏所在的医护小组每天晚上都要专门召开视频会议，针对病情变化进行讨论，并谨慎调整治疗方案。消化道出血，需要禁食；肾功能不好，又必须再三斟酌，精确补液的剂量。虽然老太太还是不怎么与医护交流，但每天查房时马彦俏和战友们都会尽量在老太太的床位前多站一站，多说一说，宽慰一下她的心情，缓解一下她的情绪。医护们始终相信，一次次地温情传递，老太太一定会慢慢转变。

准备撤仓前，医护们小心地把老太太抱到轮椅上，复查完胸部 CT 后，再把老太太抱回床上。当盖上被子的一刹那，老太太竟然紧紧地拽住了医护的手，流下了两行热泪……虽然她还是没有说什么话，但她的眼神，充满了信任和感激。医护们替她擦拭着泪水，而自己的护目镜也已模糊……

瘟疫无情，人间有爱。在武汉的 50 多个日日夜夜里，马彦俏和战友们悉

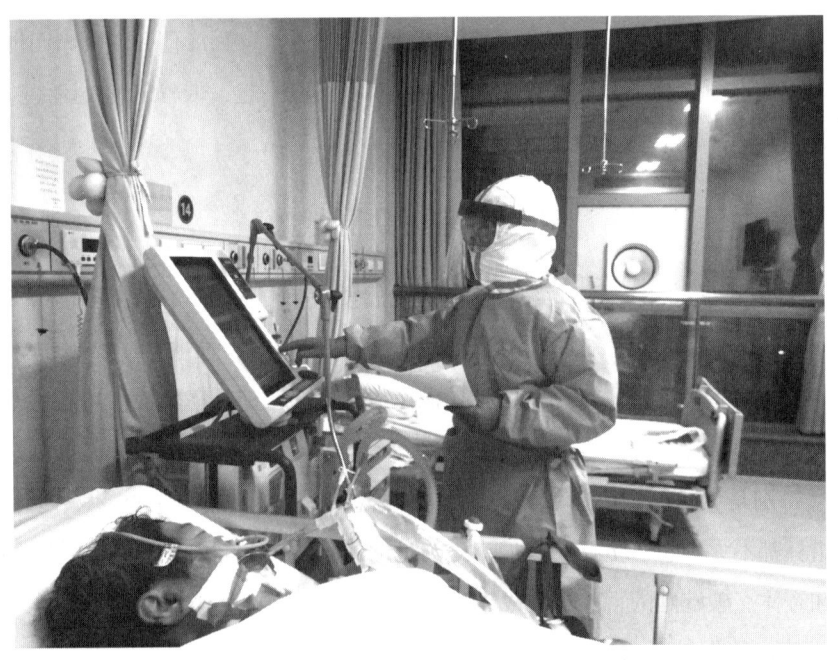

2020 年 3 月 17 日夜，马彦俏独自一人在武汉华中科技大学附属同济医院光谷院区 E3-3 危重症病区照顾病人，根据监护和血气调节参数。

心守护87位危重症患者，将爱和温暖传递着，与武汉这个英雄城市的人民共同战疫。

书信示儿　医者担当

马彦俏坦言，刚到武汉时，由于疫情形势严峻，又不了解当地情况，医护人员自身的内心压力也都非常大，整夜整夜地睡不着觉，也吃不下东西。每天除了上班，就是下班独居一个房间，不能串门，深感孤单，甚至还有些恐惧。

怎么办？必须想办法调节啊！马彦俏和一起上班的6位战友组建了"NB天团"（即宁波天使团），上班时全力投入工作，深入与患者及家属沟通，下班后每天在各自房间里定时定点视频跳操，相互扶持，互相温暖，每天还与家人视频聊天，缓解压力。

电话里，儿子一遍又一遍地问马彦俏："妈妈，你被感染了怎么办？""妈妈，你会死吗？"放下电话，马彦俏难过得流泪，心中充满了内疚和不忍。她知道，自己刚刚在浙一医院进修学习9个月，儿子一直很想她，好不容易盼回来才没几个月又离开了。更没想到的是，这一次，竟会让儿子为自己如此担心，似懂非懂的年龄，敏感又不得不承受着，佯装着坚强……马彦俏的心都要碎了。终于在第31天，马彦俏给儿子写了一封信。

"亲爱的儿子：想你！每一个独自一人的时刻，都在想你……妈妈曾经跟你说过，国家兴亡，匹夫有责。当国家有难时，每个人都应该挺身而出，担当责任。出征武汉、抗击新冠，这，就是妈妈的责任。"她希望儿子"长大后，国家有需要，也请你义不容辞地站出来，去守护你的职责，实现你的价值，就像妈妈这样，好吗？"

"苟利国家生死以，岂因祸福避趋之？"马彦俏说："驰援武汉的日子，让我懂得了'医者'更深刻的含义。其实我们还可以承担更多的社会责任。"

何旭东：《我的爸爸在武汉》背后的故事

周 舟*

何旭东

九三学社社员，浙江大学医学院附属邵逸夫医院神经内科副主任医师，浙江省第四批援鄂医疗队队员。

病毒猖狂父去汉，独看车影渐远去。
但愿爸爸平安归，消除病毒迎春天。

这是出征武汉前夕，上小学四年级的儿子给何旭东写的诗。看着躲在被窝里偷偷哭泣的孩子，他忍不住鼻子发酸，但依然坚强逆行。

2020年2月21日，支援武汉的队友陈美芬在微信上转给何旭东一个文章链接。打开后，何旭东看见了儿子的一篇作文——《我的爸爸在武汉》。

我的爸爸是一名医生，他平常很忙很忙。对于他的忙碌，我常有不满，但是现在我明白了，他是我的骄傲。

2020年的春天是一个不同寻常的春天，外面的空气中飘浮着一个大魔鬼，它叫新型冠状病毒，所有的人都必须待在家里等待春天的到来！可是我的爸爸

---

* 作者系九三学社浙江省委员会宣传部干部。

和别人不一样,他却要去另外一个地方,它叫武汉,一座很美丽的城市,开满了樱花,城市里很多人都感染了病毒,他要去救助那些生病的人们,让他们逃离病毒的爪牙。爸爸要去武汉,我心里特别地不能接受,我不想爸爸离开,我不想爸爸去那么危险的地方,我只想我的爸爸守护着我们这个小家,但是爸爸告诉我,这是他医生的职责,他必须完成。于是我只能给爸爸写一首送别诗,愿爸爸早日平安归来。"病毒猖狂父去汉,独看车影渐远去。但愿爸爸平安归,消除病毒迎春天。"

爸爸到武汉后的第一天,妈妈的微信响了,是爸爸发来照片。照片中

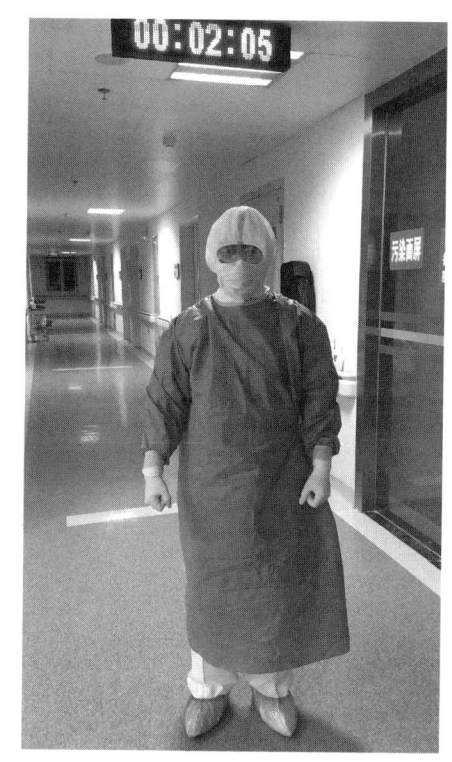

何旭东夜间巡视病房。

的爸爸就像是一个穿着防护服的太空人,包裹得严严实实的,我只能看见他含着血丝的眼睛。我好想爸爸,好想看看爸爸的脸,可妈妈却说他很好,他的脸很红润。我好难受,因为我知道那不是红润,那是口罩和防护服在他脸上留下的一道道深深的"红印子"罢了,这只是妈妈一个善意的谎言,想让我放心而已。我不能随时联系到爸爸,每次看到戴着口罩、穿着防护服的白衣天使,我都觉得他是爸爸,因为每一个穿白衣服的人都像我爸爸一样勇敢。

一天、两天、三天过去了,今天已经是爸爸去武汉后的第四天了。妈妈安慰我,学校的老师和同学们也常常来关心我,我知道大家都在勇敢抗疫,我也坚强起来了,不再哭泣。我期待着我的爸爸早日归来,也同样期待着其他白衣天使们健康平安!我想他们已经在战胜病毒的路上,马上就要迎来春天了,就要春暖花开了!

何旭东笑着欣慰地说:"反复阅读了好几遍,不禁热泪盈眶,觉得儿子开

始变得懂事了，希望他尽快健康成长，成为对社会有用的人才。"

2月13日晨7时许，在上班的路上，何旭东接到科主任电话："浙江省正在紧急组建医疗队去武汉支援，愿不愿意去？你有两个年幼的孩子，好好考虑下。"

"去！国难当头匹夫有责，这个时候我有责任去。"

因时间紧迫，何旭东在出完当天上午的专家门诊后便回家整理行李，和家人告别。当晚，儿子拿着手机缠着和他合影、录像，并为他写下开头那首诗。

"当天晚上，儿子非得和我一起睡，并偷偷地在被窝里哭。我不断安慰他，尽量表现得轻松、快乐，但还是会禁不住鼻子发酸。儿子知道我要上前线了，既为我担心，又舍不得。"何旭东说。

次日早上6点，何旭东赶赴医院集中，中午到达武汉。他所在的医疗队整建制接管华中科技大学附属协和肿瘤中心8楼隔离病区。该中心2002年扩建，2005年挂牌，病房设施相对陈旧，离华南海鲜市场约700米的距离。在快速人员调配、安排，拟定收治流程，克服重重困难后，2月15日下午3时，开科收治新冠肺炎患者，当日即收满床位（64人），部分为重症患者。

病房的电子病历和医嘱系统与浙江用的系统差别很大，需要重新学习及使用。当班至少两次查房、巡视患者，与患者面对面沟通交流，掌握患者病情、及时发现病情变化。

"患者除发热、咳嗽外，普遍有焦虑、恐惧情绪，有时会为点小事大发脾气。这时候需要我们耐心细致地解释，给予鼓励，消除恐惧，及时处置各种不适症状。"何旭东说。

当患者得知何旭东他们是来自浙江的医疗队，都不约而同地投以信任的目光。"年纪最小的患者仅10岁，是四年级的小学生，对疾病毫不畏惧，稚气的脸上充满着阳光。最大的患者是94岁的老奶奶，每次去查房时，都向大家伸手示意，说方言。虽然听得不是很懂，但能理解是表示感谢。大家就像一家人，共同抗击新冠病毒，赢取最后的胜利。"何旭东说。

夜班下班后，脱去防护服、洗浴，何旭东离开医院时经常是凌晨零点30分了。有一次下夜班后，考虑到回酒店的班车需数小时后才有，他便决定自行骑共享单车回酒店。"这是我首次在武汉大街上骑单车，很冷，但夜色依旧很美，空旷的大街上看不见其他行人，一路华灯相伴倒不觉寂寞。一路骑行，微风拂面，脑子里不断浮现小患者稚气的脸庞和老奶奶信任的眼神，想起大家对我们的期盼、支持，心里默念——武汉加油！中国必胜！"

3月31日，浙江省第五批返浙援鄂医疗队1010人乘坐包机返回，何旭东圆满完成任务，随队返回。"驰援武汉的这段时间，大家齐心协力，发挥各自专业所长，不分你我，在病魔面前毫无畏惧，冲锋在前，这是我们的职责所在。"何旭东坚定地说，"尽管大家都是连轴转，没有休息，也困难不断，但我们的热情不减，决心不减。家人的支持、病人的信任、同事们的团结协作，这就是我们的法宝。"

"非典"老将再战新冠肺炎

张林利

张林利

九三学社社员,浙江省温州市瑞安市中医院重症医学科主任,浙江省第二批援鄂医疗队队员。

年关将近,新型冠状病毒肺炎疫情来得如此凶猛,使人猝不及防,牵动着全国人民的心。作为一名常年生活、工作在温州瑞安的湖北荆州人,一名在临床工作了20余年、参与过2003年抗击"非典"疫情的呼吸专业重症医师,我时时刻刻关注着老家及瑞安的疫情发展,随时准备投身抗疫最前线。

2020年1月22日(农历腊月二十八),我带着家人回到湖南澧县陪岳母过年。当在电视上看到浙江省抗击新冠肺炎驰援武汉紧急医疗队在除夕夜逆行出征时,我们全家的眼睛都湿润了!当时我就在心里说:我的战友们,等着我,我一定会与你们并肩而行!我轻声但又无比坚定地对爱人说:"如果有第二批驰援医疗队,我请战前去,你同意吗?"爱人注视着我,沉默了下说:"如果你决定了,就放心去吧,我是你的坚强后盾!"1月27日(大年初三)下午,当我接到医院电话,立刻主动报名请战驰援湖北。1月28日凌晨2点出发,7点左右我们全家到达长沙。我的目的地是杭州,而爱人则要带着孩子们乘飞机回温州。分别时,爱人和女儿们都笑着向我做出加油、胜利的手势,要我平安回来!而我却从她们的眼里看到对我的不舍和挂念。但此刻,我只能选择更需要我的武汉!我知道只有守护好了我的国,才能守护好我的家!我想这也是同我一样的抗疫逆行者一样的心境!武汉,我们来了!

到达武汉的第二天,我们就开始了紧张的培训,完成对营地酒店及进驻的武汉科技大学附属天佑医院病房的改建。我被分配到重症组,将同战友们一起进入天佑医院重症监护室(ICU),参与新冠肺炎危重症患者的抢救。

虽然事先已经做好相当周全和艰苦的准备,但重症新型冠状病毒肺炎病人的收治和意外情况的处置还是给了我们一个不小的下马威。当晚,浙江医疗队重症组进驻重症监护病房后,病人以迅雷不及掩耳之势,迅速爆满,接到当班人员的信息后,驻地后备人员马上启动应急预案,增援病

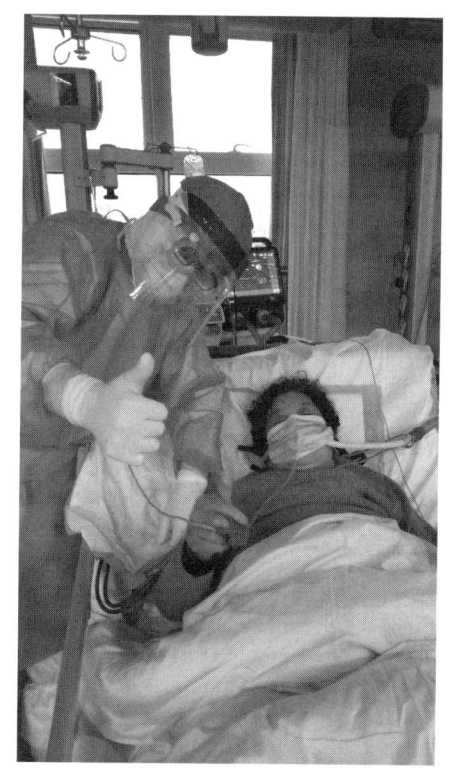

2020年2月18日,张林利在武汉科技大学附属天佑医院ICU病房为重症病患加油。

房。接收、处置、抢救……等把病人都安置妥当后,已是第二天凌晨。

我值第一个夜班时,一位确诊的新冠肺炎病人因病情加重而转入ICU,在过床时突然血氧饱和度下降,昏迷,心跳骤停了。我立即给予呼吸气囊加压给氧,心脏按压等抢救,约两分钟左右心跳恢复,神志也逐渐转清。因当时ICU内有创呼吸机全部在使用中,我决定给予无创呼吸通气,但患者总是出现人机对抗。我能从他的眼里看出对生的渴望,我用戴着三层手套的手紧紧握住他的手,对他说道:"我是浙江医疗队的,我们会帮助你的,你要放轻松一些,配合我们,我相信你能做好,你会好起来的。"我调整面罩的松紧度,调节呼吸机参数,并在旁不停地鼓励着,做胜利的手势。经过半个小时,他慢慢平静下来,血氧饱和度指标也上升至94%,他戴着面罩的脸上露出一丝丝笑容。我对他说,也似乎对自己说:会好的,一切都会好起来的!该患者经过积极治疗,病情好转已治愈出院了。微信与我们聊天时他说道:"我的命是你们浙江

医疗队救的，衷心谢谢你们！"出院后为表示感谢，该患者向浙江医疗队捐赠了 200 副护目镜及 5 台呼吸机。

令人印象深刻的是，有一位新冠肺炎危重症患者，退休前是一名警察，病人体重超过 200 斤，虽经我们予气管插管呼吸机辅助通气 3 天及 CRRT 治疗，但血氧饱和度仍只有 80% 左右。讨论病情后决定给予俯卧位机械通气，但病房内无特制的翻身床，我们只能找来 8 个枕头，在 4 名护士的协助下完成了整个过程。翻身过程中存在各种安全隐患，我们小心翼翼，每次完成翻身，穿着隔离服的我们就全身湿透了。这样的翻身每天都在上演。幸运的是，经过 4 天这样的俯卧位通气后，患者血氧饱和度慢慢上升到 95% 以上，肾功能也恢复了，最终度过了危险期转到了普通病房。转科时他向医护行了军礼，也让他们转达了对我个人的感谢！我的内心备受鼓舞。

由于医疗队人员缺乏，重症监护室实行八小时工作制。在监护病房内，我们必须在 N95 口罩外，再戴外科口罩，密不透气的防护服外再穿隔离衣，在进行有创操作时还必须再加一层隔离衣、手套等，呼吸费力程度不亚于在高原上跑步。当我们交班脱下防护服时，身上都是湿漉漉的，脱下口罩时脸上布满了印记、压痕甚至破皮，用酒精棉球擦拭时会有刺痛的感觉，这些对于我来说都习以为常了。

从 2 月 1 日浙江医疗队重症组正式进驻 ICU 到 3 月 14 日武汉科技大学附属天佑医院清零，我们共收治病患 192 人，其中重症 101 人，气管插管机械通气 99 人，CRRT51 例，好转出院 181 人。我们所在的浙江第二批援鄂医疗队获得国家三部委"全国卫健系统新冠肺炎疫情防控先进集体"表彰。

武汉是一个有温度、有力度的英雄城市。对于新冠肺炎危重病人，其实我们能做的很少，还没有特效药，医生所能做的极其有限。对于治愈康复患者来说，他们更应该感谢他们自己，是他们的勇敢、无畏让自己获得了重生。在对患者的治疗过程中，我们也看到了生命的力量，在逆境里追求希望，在绝望中期许阳光。

• 安徽省 •

九三学社滁州市委员会:"小"市委会在战疫中的大作为

李 霞 陆小东[*]

九三学社滁州市委召开"学社章,谈履职"座谈会。

4个基层组织,119名社员,2名专职干部……在诸多市级组织中,九三学社滁州市委显得有些mini。新冠肺炎疫情当前,初心在言更在行,力小更需尽全力,全体社员在社滁州市委的团结带领下,听党话、展所长,共担风雨,齐抗疫情。一名社员就是一个战疫力量,119个力量的碰撞,让"加法"起到了"乘法"作用,共同弹奏出mini市委会的战疫强音。

---

[*] 作者李霞系九三学社安徽省委员会宣传部调研员;陆小东系九三学社滁州市委员会办公室副主任。

全社拧成一股绳

"虽然我只是临时负责社市委的全面工作，但疫情当前，发动全市社员凝心聚力投身疫情防控是当务之急。"社滁州市主委退休，副主委丁晓丽临危受命临时负责，她没有丝毫犹豫，号召全体市委委员统一思想，坚定信心，率先投入战疫。

紧接着，《众志成城战疫情，勇于担当展风采——给全市九三学社社员的倡议书》及时发出，号召全市社员全力参与疫情防控，并积极履职尽责；各QQ、微信等工作群被及时完善，社员们在线学习习近平总书记对疫情防控工作的重要指示精神、社中央和社省委的要求等，凝聚思想，汇聚抗疫合力；市委委员等分别联系奋战在一线的医卫界社员，及时传递组织的温暖，激发战疫活力……

"上有千条线，下有一根针"，专职干部就是穿针引线人。社市委2名80后的专职干部一边下沉基层参与战疫，一边及时宣传疫情防控中涌现出来的先进典型，弘扬正能量，撰写了近40篇次各类稿件，其中1篇被《江淮时报》采用，3篇被社省委公众号战疫专题推送。

市委委员以身作则，专职干部主动作为，全市社员尽己所能……滁州市九三学社拧成一股绳，投身战疫，共克时艰。

星星萤火汇聚战疫合力

汇聚星星萤火，终成人间银河。做好"天使白"、争当"志愿红"、保障复工复产、致力心理疏导……119名社员散落在战疫的各条战线上，人人担当、人人战斗，以"螺丝钉"精神，奉献自身的星星萤火，融入全民战疫的磅礴力量。

"作为有担当的民营医院，必须为战疫贡献力量。"2020年2月20日，在滁州市家宁医院为本院3名出征武汉的医生送行仪式上，九三学社社员、院长赵家林郑重地对媒体说。战疫以来，家宁医院先后分两批派出4名医护人员参加援助武汉医疗队；组织了16名医务人员参加高速入口和客运站的流动人口体温检测；全院捐款4万余元（赵家林个人捐款1万元）、捐赠医用口罩1万个、献血17 000毫升。

社区防控阵地是抗击疫情的两个主要战场之一。工作在基层社区的社员跑断腿磨破嘴，忙排查抓落实，当好"守门员"。李欣是琅琊区扬子办事处副主任，她带领社区工作人员对近2000户居民进行网格化管理，开展地毯式排查。紫薇东村社区的朱永丽和同事们在6天共排查2400余户，入户宣传244次。蒋丽丽夫妻俩均在清流街道办事处工作，他们"托管"孩子，全力战疫……基层疫情防控人少事多，赵家全、曹媛媛等11名社员响应号召，戴上红袖章，助力社区防控战场。

作为滁州市市场监督管理局药品化妆品综合监管科科长的王文明从大年初一就开始为口罩忙碌，夜以继日帮助企业备案、审批、转产……从解决"一罩难求"到出口助力国外抗疫，目标变了，王文明的工作节奏始终不变。

王其侠是一名中学老师，也是国家二级心理咨询师。她说："这场战疫人人有责。"于是，她发挥所长，坚持在新冠肺炎患者定点医院开展心理咨询工作。为了不耽误本职工作，她申请值守夜间热线，每晚6点到次日早上8点，从不间断。

不同岗位，不同方式，相同的拳拳之心。截至2020年5月，社滁州市委

2020年2月20日，滁州市家宁医院院长赵家林为本院出征武汉的医生送行。

参加一线抗疫的社员共有30多名，捐款合计约人民币35 200元，捐赠口罩13 600余个，献血1000毫升，消毒液、酒精1600公斤。

主动履职助力科学战疫

2020年2月14日，国家卫生健康委副主任曾益新在新闻发布会上介绍："截至2月11日24时，全国医务人员……其中6人'不幸死亡'……""医务人员为国捐躯，全社会都应该对他们更多些关爱……"社市委专职干部陆小东连夜撰写社情民意信息《官方通报医务人员抗击"新冠肺炎"中"死亡"应改用"殉职"》，被社中央采用。社滁州市委在疫情期间，组织发动社员围绕防控重点和群众关注的热点问题积极建言献策，如针对

2020年2月27日，社员刘静在实行封闭隔离管理小区（琅琊区矿业花园小区）进行入户随访。

"一次性医用口罩回收""疫情期间查酒驾的消杀防护措施"等提出的建议，被相关部门及时采纳。

打赢战疫科学防控必不可少。对九三学社来说，"用科学击碎谣言、用科学普及防护知识"是责任更是优势。疫情初期，"怎样发挥优势，助力科学防疫"就是滁州市九三学社社员在各工作群中讨论最多的话题。讨论出火花，碰撞出良策。一支以社内专家组成的"科普小分队"迅速组建，大家分工明确：收集资料、筛选初稿、精细加工、制版定样、广泛推送……人手不够时，社员家属也当起了"外援"。春节期间，幼教专家陈凯丽为孩子们挑选了十几本电子书读物，"科普小分队"立即进入"流水线"工作状态，甄选出《给孩子的冠状病毒疫情图鉴》和《不一样的春节》。"面对孩子，科普更需要严谨"，科普小分队是这样想的，更是这样做的。他们细致地对书中的内容进行了调整，

使其更符合不同年龄孩子的认知水平。考虑到涉及著作版权问题,律师王飞便多方打听联系到著作权人,社滁州市委专程函商同意后,电子书稿终于得以在微信、"社员之家"等诸多社内外新媒体平台上推送,获得了社会各界的一致好评。疫情以来,社滁州市委共推送了9期、18篇科普文章,"云科普"的内容丰富,深入浅出,实用性强,为科学抗疫发挥了积极作用。

"众寡同力,则战可以必胜,而守可以必固。"在疫情防控阻击战中,九三学社滁州市委不因mini而退却,扛起责任,奋勇担当,119名社员挽手共战就是119个"1"相加,集众智,汇合力,献爱心,鼓信心……加法产生了乘法效应,在滁州战疫战场中彰显了九三学社力量,以实际行动擦亮了九三学社"爱国、民主、科学"的优良传统。

陈良：封城前，他默默退掉了从武汉回家的车票

李国珍　阚春秀[*]

陈良

九三学社社员，安徽省合肥市第二人民医院副主任医师，武汉协和医院进修医生。

"到今年 5 月，我的一年进修期就结束了，可以回家了。"陈良是在武汉协和医院进修的合肥医生，参与了武汉抗疫的全场战斗。从入社积极分子到新社员，他一直在用实际行动践行《入社申请书》上的每一句誓言。

封城前逆向而行

2020 年 1 月 23 日，武汉封城。当无数人赶在封城前匆忙离开时，陈良默默退掉了 1 月 22 日从武汉开往合肥的火车票。他选择留下，继续在协和医院本部 ICU 病房工作。

"其实，我也担心留下来会被感染，万一有什么情况，武汉当时各大医院都在超负荷运转，也不一定能得到及时救治，家人也没法前来照顾。"陈良坦言，选择留下来是他思想斗争许久后才做出的决定。他拒绝用"高尚"一

---

[*] 作者李国珍系九三学社安徽省委员会宣传部干部；阚春秀系九三学社合肥市委员会宣部部长。

词形容自己的留守之举。在他看来，身为医生，遇到疫情向前冲是本能反应。

"当时，医院里像我这样的进修生、规培生以及研究生都回家过年了，医护人员人手严重不足，我留下总能帮点忙，另一方面我担心自己可能已经感染新冠病毒。"陈良告诉家人，冒险回到合肥，不仅会给同车的乘客带来隐患，也可能危及家人的健康。

身处武汉，陈良亲眼看到了特殊时期医院的接诊场景。急诊科、呼吸科、感染科等科室都人满为患，病患就诊难，医护人员更难，冒着被感染的风险超负荷接诊、安抚病患。不断有同行被感染、确诊的消息传来。"正是因为意识到新冠病毒的狡猾与可怕，我更坚定了留下来的决心。"当科室主任在工作群里发动大家坚守岗位时，身为进修生的陈良主动报名参战。

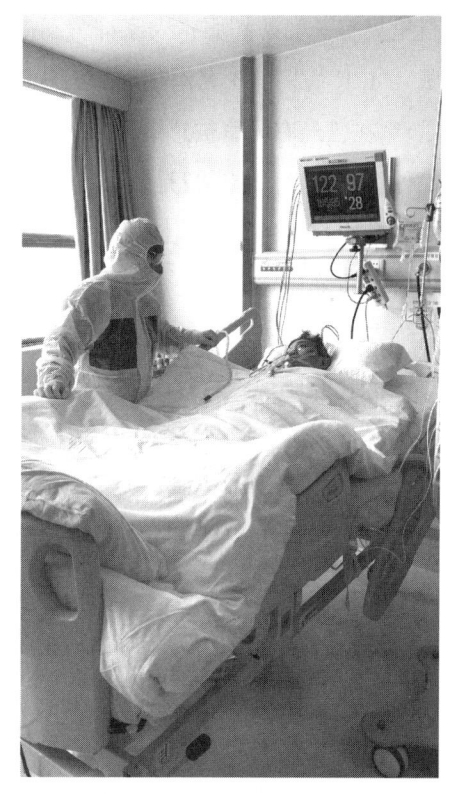

2020年2月6日，陈良在查房。

妻子夏萍和他是同行也是同事，最终含泪同意了陈良的选择。妻子在合肥市第二人民医院的工作岗位上抗击疫情，一双年幼的女儿跟着爷爷奶奶留守老家。特殊时期，陈良一家人分处三地，共同战疫。

勇敢战疫

陈良最早接诊的新冠肺炎患者是1月中旬入院的。这名患者起初在武汉一家医院接受乙型流感病毒对症治疗，治疗无效，病情恶化，转院至协和。

"其实当时已经怀疑这名患者感染了新冠病毒，很多症状都对得上，但是没有试剂盒，无法检测确诊。"陈良回忆说，当时医院防疫物资严重不足，科里只有一套防护服，大家都舍不得穿，N95口罩也不多，大家都是超时佩戴。"ICU病房的1名医生、2名护士都感染了新冠病毒，所幸病情不算太严重。"在已经有同事被感染的情况下，没有一位医护人员做逃兵，他自然也不例外。接诊时，陈良只是戴了口罩，未做其他任何防护。

陈良接诊的患者病情恶化很快，呼吸窘迫，入院第二天上无创，第三天插管。让陈良感动的是，患者一直全力配合治疗。住院治疗3个多月后，患者终于出院，转至协和西院做康复。患者的家属特地打来电话表示感谢。

陈良介绍说，特殊时期，他和同事在防护设备不足的情况下，近距离接触了疑似或确诊患者后，没办法按照规定进行医学隔离。能做的就是拍个肺部CT，条件改善时做个核酸检测，都没问题的话就继续工作。

作为进修生，陈良在ICU病房的工作内容很繁杂，除了气管插管、动脉置管、中心静脉置管等"技术活"，还有给患者更换体位、护送患者外出做CT检查等"体力活"。最忙时，他曾连续工作28个小时没合眼。

陈良很庆幸，自己能安然无恙工作至今，见证了武汉从封城到解封的76天经历，看着一支支援鄂医疗队紧急驰援而来，全部撤离而去。"作为医生，我的心路历程其实和很多市民一样，最初装作很坚强、乐观，其实内心不够勇敢，有些担心，有点悲观，后来随着现实的发展，逐步修正了自己的心态。"他坦言，经此一疫，深刻体会到"医者仁心，救死扶伤"的真实含义，也再一次感受到祖国的强大。

了却入社心愿

在武汉战疫期间，陈良还有一个意外收获。2020年3月5日，他收到了九三学社合肥市委远程发出的《入社通知书》。

一直以来，加入九三学社就是陈良的心愿。2019年1月，他正式向九三学社合肥市委递交了入社申请书，用朴实的语言表达了想成为一名九三学社社员的强烈愿望。在申请书中，他写道："九三学社前辈们对科技刻苦钻研、永不放弃的精神，对事业无限忠诚、无私奉献的崇高品格令人感动。从他们身上所折射出来的知识分子的人格魅力，时刻在感召着我，激励着我去做一个道德高尚、学识渊博、技能精湛的人。"

获悉陈良留守武汉抗疫情况后，九三学社安徽省委高度重视，协调九三学社合肥市委加速办理入社程序，为前线的他送去组织的关怀与支持。九三学社合肥市委迅速派专人赴陈良的工作单位合肥市第二人民医院现场外调，随后领导班子召开电话会议，专题审议陈良入社事宜并一致通过。

了却入社心愿后，陈良期待着进修结束后和家人团聚那一天。未来有一天，他还会带着家人再次踏入武汉这座英雄的城市，和一双女儿说说这场冬春之交举国战疫的故事。

• 福建省 •

陈德招：苟利国家生死以

林修凤*

陈德招

九三学社社员，福建医科大学附属协和医院妇产科主治医师，本院援鄂医疗队队员。

"苟利国家生死以，岂因祸福避趋之？"清代名臣林则徐于1842年作于充军路上的名句，是对逆行湖北战疫前线的白衣战士的最好写照。国务院副总理孙春兰3月1日说，全国各地共有340多支医疗队4万多名医护人员驰援湖北。陈德招就是其中之一。

半夜应征

2020年2月12日晚上，福建医科大学附属协和医院（以下简称"福建协和医院"）接到上级转发国务院应对新型冠状病毒感染肺炎的疫情联防联控机制医疗救治组的紧急通知，要求福建协和医院组派一支139人的医疗队（含行政领队2名、医生37名、护士100名），整建制接管位于武汉的华中科技大学附属协和医院肿瘤中心一个病区。当晚约10点开始自愿报名，集结号一吹响，仅妇产科半小时内就有16名医生、10名护士踊跃报名。全院请战名单汇总到医院领导手中，接近13日凌晨1点，援鄂医疗队入选名单最终确定，妇产科有主治

---

* 作者系九三学社福建省委员会常委、宣传部部长。

医生陈德招和 4 名护士入选。入选队员被要求于 13 日上午 10 点准时出征武汉。从接到自愿报名通知到准时出发，间隔只有 12 个小时，这注定是一个不眠之夜。

妇产"一哥"

陈德招，1982 年生，福建泰宁人，2005 年毕业于厦门大学医学院临床医学专业，在宁德市医院工作两年后，2007 年考取福建医科大学研究生院外科学专业硕士研究生，2010 年获医学硕士学位后进入福建协和医院妇产科工作，2013 年晋升主治医师。曾经于香港威尔斯亲王医院达芬奇机器人手术培训基地学习机器人手术技术，并顺利通过考核。后长期参与达芬奇机器人辅助腹腔镜宫颈癌根治术、子宫内膜癌分期手术等。在妇科良恶性肿瘤诊治、机器人和腹腔镜微创技术方面有深入研究，积累了较丰富的临床经验。陈德招被称为福建协和医院妇产科"一哥"，不是因为他资历最老，不是因为他技术精湛，也不是因为他长得帅，而是因为他是福建协和医院妇产科第一位男医生（他之后又来了几个），想不当"一哥"都不行啊。

援宁干将

自 1996 年闽宁结对帮扶协作以来，福建有大量人员到宁夏最艰苦的西海固地区开展帮扶工作。2019 年 7 月 1 日至 12 月 31 日，陈德招等 4 人组成福建协和医院驻固原市人民医院医疗队，定点帮扶半年。援宁期间，陈德招开展了妇科腔镜及妇科恶性肿瘤规范治疗工作，还开展了多项微创外科新技术首秀（如腹腔镜下子宫肌瘤挖除术、腹腔镜下巨大子宫全切除手术、单孔腹腔镜卵巢肿物切除术）和难度很大的新辅助化疗后卵巢癌手术，在医治患者的同时，也培养提高了当地医护人员的水平，出色地完成了支援任务。

前线战士

福建协和医院援鄂医疗队的任务是整建制接管华中科技大学附属协和医院肿瘤中心的一个重症病区。这个病区共 64 张床位，接管的时候是个空病区，没有医生、护士、病人。接管第一天就收治了当地新冠病毒肺炎重症患者 48 名，第二天再收治 16 名，整个病区满员。陈德招的主要任务是充当一线医生的角色，负责值班、收治及管理病人。一线医生总共 30 名，共分为 6 个班组，实行轮班。一天 24 小时分为 4 个班次。因为人员紧缺、任务重，所有队员均没有周末时间及额外的休息时间。他们的日常工作既艰辛又欣慰。艰辛是因为面对的都是重症病人，工作环境极度危险；欣慰是因为能够到武汉前线亲自参加对"疫"作战，治病救人，实现当年学医初心。

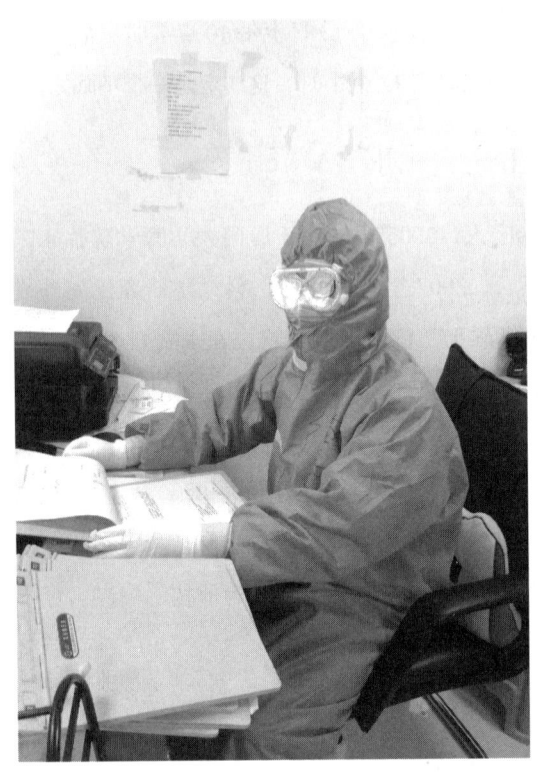

2020 年 2 月 20 日，陈德招在华中科技大学附属协和医院肿瘤中心重症病房阅看病历。

我本善良

迄今为止，对新型冠状病毒仍然没有特效药。一旦感染新冠病毒，患者只能依靠自身的免疫力去对付，医生仅能提供生命支持方面的辅助手段，重症患者只能自求多福了。一线的医护人员是最危险的易感人群。截至 2 月 11 日 24 时，全国医务人员确诊新冠肺炎 1716 例（含死亡 6 例），其中湖北医务人员确诊新冠肺炎 1502 例（武汉 1102 例）。陈德招完成援宁任务回到福州才 1 个多月，就主动报名出征武汉。他的这种义无反顾的勇气来自哪里呢？他也是人子、人夫、人父，应该也会担心害怕吧。思考良久，脑海里突然蹦出"我本善良"四个字。虽然救死扶伤是医者的职责，但到生死线上走一回并不是医者的义务。军人有军人的勇气，官员有官员的勇气，商人有商人的勇气，医者有医者的勇气。勇气本是一种稀缺品质，甘冒生死风险的勇气就更稀缺。所有甘冒生死风险的逆行湖北的医护人员，都配得上"苟利国家生死以，岂因祸福避趋之"这句诗。陈德招于 2012 年加入九三学社，是福建九三学社的骄傲，是广大社员学习的好榜样。

• 山东省 •

尹丽霞："我是呼吸科大夫，必须往前冲"

王海龙　郭吉显*

尹丽霞

九三学社德州市委员会委员，山东省德州市人民医院呼吸科主任。

2019年岁末，新冠肺炎突然来袭。德州作为山东北大门，疫情防控形势严峻。九三学社德州市社内医务工作者"逆流而上"，坚守在防控一线，成为全市抗疫战线上的重要力量。现任九三学社德州市委委员、市人民医院呼吸科主任的尹丽霞，就是其中的优秀代表，先后被评为"德州市疫情防控先锋""德州市疫情防控身边好人"等荣誉称号。

迎难而上显担当

在1月21日紧急召开的德州市新型冠状病毒肺炎联防联控会议上，尹丽霞被任命为德州市新型冠状病毒肺炎医疗救治专家组组长、兼任市人民医院新冠肺炎专家会诊组组长。早在抗击"非典"和甲型H1N1流感的战役中就已成为全市抗击疫情主心骨的她，未曾想在年近花甲时再一次重任加身，但她没有丝毫的犹豫与退缩，毅然奔赴战场。她平静而又无比坚定地说："组长这个帽

---

* 作者王海龙系九三学社德州市委员会办公室主任；郭吉显系山东省德州市人民医院宣传科科长。

子不是好戴的,但我既然戴上了,就要担负好这个责任。"

会后当晚,尹丽霞就和市卫健委领导集合开会,部署接下来的工作任务——将德州市救治工作的流程、制度、方案做了初步的规划,并抽调了呼吸科、传染科、重症医学科、影像科及检验科的30多名经验丰富的医生,组成了一支专家组,负责全市的疫情救治工作。

从这一天开始,尹丽霞就没了休息日,每天坚守在工作岗位上,有时要连续工作30多个小时。半夜里接到通知从家里赶赴单位的情况,她已记不清有多少次。"九三学社的很多医学专家都是我学习的榜样,像担任过社中央主席的吴阶平、韩启德,他们为医疗卫生事业鞠躬尽瘁、无私奉献的精神无时无刻不在感召着我。"尹丽霞深有感触地说。

逆行向前不后退

为了有序推进疫情防控工作,尹丽霞必须根据最新的治疗指南,及时有效地组织全市、全院、全科三级培训。20多天的时间里,她一共完成了几十次培训,培训医务人员百余名。

作为组长,面对每一例确诊病例,尹丽霞都要第一个把关。不管是白天还是深夜,检测结果出来后第一时间汇总给她;病人的感染源、症状、影像、CT、治疗方案等,她都要及时了解掌握;从疑似到确诊,再到转院、出院,每一个环节,都要经过她的确认。

尹丽霞的手机不敢关机,24小时待命,每隔一会儿就会有电话打来,每天要接几十个甚至上百个电话,深夜被手机铃声叫醒都已习以为常。有的病人在晚上转诊,尹丽霞也要跟着熬夜,观察病人的病情、安排人员、安排车辆、保证病人在路上的安全,忙得团团转的她有时凌晨4点多才能休息一会儿。

让尹丽霞印象比较深刻的是市人民医院的两位确诊危重症老人。二老都80多岁了,由于年龄较大,基础病很多很重,情况比较紧急。尹丽霞每天早上都要去看望病人,掌握他们的第一手资料:病情、体温、脉搏、血压等,将所有的化验检查结果进行评估,随后再和省级专家组共同进行会诊,根据病情制定精细化的治疗方案。那段日子,连续20多天,尹丽霞中午没有回过家,午休时间也一直在一线奔忙。省里的专家、领导对尹丽霞所在的专家组评价很高,他们说:"德州的专家组是一个负责、高效的团队,在疫情救治工作中取得了显著成果。"

"我们这个团队,同志们都很专业且敬业,所有调整的方案、制度,马上就能得到落实,执行力特别强。"说起自己负责的专家组,尹丽霞格外自豪。

医者仁心闪光辉

大年初三晚上,德州乐陵市突发紧急情况,打电话请求专家组会诊支援:有位患者情况比较重,已出现呼吸困难情况。人命关天,夜里12点多,尹丽霞和同事们争分夺秒地往乐陵赶。到乐陵市医院之后,他们马上展开会诊,进行救治,一夜未眠。直到第二天中午的时候,病人才终于转危为安。

尹丽霞说:"我年纪大了,那次抢救病人,后半夜累得我坐着都能睡着,但是看到病人情况好转,甚至可以自己坐起来吃饭、说话,心里真的感到很欣慰。"

危急的情况远不止一次。从乐陵返回的第二天下午,禹城市一位患者的病情发生变化,县级医院求援,请求市级专家组会诊。接到消息,尹丽霞等专家一行4人即刻出发,前往禹城。"从通知到上车,只用了半个小时就集合到一

尹丽霞和省专家救治组视频会诊本院重症患者。

块了，但是当时德州有雾，太大了，能见度只有一两米。"尹丽霞回忆道。时间就是生命，为了尽快抵达，市卫生健康委和医院积极联系铁路部门，安排尹丽霞4人乘高铁到禹城参加救治。当时的情形十分紧急，列车即将发车，赶往德州东站路程不近，且天降大雾。"紧急时刻，一切都要给生命让路……"司机师傅马力全开，冒着大雾仅用了20多分钟就把他们送至高铁东站。跳下车，尹丽霞4人一路狂奔，高铁站开辟绿色通道，在发车前最后一刻终于赶上了列车。到禹城后，他们马上奔赴医院给病人进行诊断。经过专家组会诊治疗，病人情况很快得到了改善。返程的路上，他们谈论起这次生死营救。"为患者服务是医生的初心。作为医生，我们责无旁贷，必须全力以赴，无愧于心。"尹丽霞这样鼓励着大家，更像是一种自勉。

当时带队去禹城的德州市卫健委医政科原科长庄霞说："尹主任太累了，我真的很心疼。每次危急情况需要尹医生的时候，她从来没有二话，太敬业了！"

身患疾病不停歇

"我今年已经58岁了，再过两年就要退休了，但我还是要站好最后一班岗。"在接受采访时，尹丽霞说。

尹丽霞患有心律失常，经常在劳累后反复发生心动过速，有时一分钟能跳160多次，引发胸闷憋气，头晕目眩。她的家中、办公室、包里都一直备着治疗心脏的药物，每天都要吃。"一累身体就容易出事，但是这么多工作都等着自己去处理，不能因为我个人原因，耽误工作进度。"尹丽霞的话掷地有声。

长期高强度工作，加重了她的病情，无奈只得加大了用药剂量，抗疫期间还因此进了急诊。前段时间查体时，体检医生告诉她，药物的副作用已经导致她的甲状腺出现问题。她的辛勤工作，同志们看在眼里、疼在心上，都劝她多休息。但她说："作为呼吸科主任，责无旁贷，必须往前冲。我以钟南山院士为榜样，他是我们呼吸科的前辈，80多岁了还要到武汉去，我还不到60岁，跟他比还年轻着呢。"

她是这样想的，也是这样做的。尹丽霞怕家人挂念，更怕80多岁的老母亲担心，总是报喜不报忧，不敢说忙。有时遇到紧急情况，她晚上11点多悄悄赶去卫健委或县医院处理紧急事务，早上4点才回家，家人都不知道。繁忙的工作让她总抽不出时间去照顾家人，直到疫情有所缓解，尹丽霞才有时间探望老人。她有些自责："最亏欠的事情，就是没办法好好陪伴家人。"

"我是呼吸科医生，必须得向前，不能因为身体不行就往后退。疫情来了，就算是死，也要死在工作岗位上！"面对这场疫情大考，尹丽霞用实际行动履行着一名医生的神圣职责，展现着一名九三学社社员的社会担当，向人民提交了一份满意的答卷。

吕纪玲：在战疫一线用行动书写担当

谭 艳[*]

吕纪玲

九三学社社员，山东省淄博市第一医院呼吸与危重二科副主任，山东省第一批援鄂医疗队队员。

新冠肺炎疫情发生后，吕纪玲第一时间报上"请战书"。大年初一，作为山东省第一批援鄂医疗队队员，她随队"出征"湖北。

坚守使命的逆行天使

2020年1月26日凌晨2点抵达黄冈，从培训开始，吕纪玲就进入战备状态。"做好防护培训不但是对自己负责，对家人负责，更是对病人负责。"为了既能减少病菌吸附，利于个人防护，又能节省打理时间，方便防护服穿脱，吕纪玲剪短留了10余年的长发，这是二女儿轩轩最喜欢抓着睡觉的头发。

1月29日一早，来到黄冈大别山区域医疗中心的吕纪玲立即投入战斗。隔离病区的各项要求比普通病区更加严格，不能随意进出，也不能吃饭或者上厕所。为了尽量节省时间、节约物资，吕纪玲在训练的时候就开始能少喝水就少喝水，尽量减少防护服的穿脱次数。她还自备了成人纸尿裤，节约一切时间

---

[*] 作者系九三学社淄博市博山区基层委员会副主委。

用来救助患者。

面对数量激增的患者，吕纪玲和战友们迅速接诊，逐一评估，对症下药，中西并重，精诚博施，与患者一起，与"疫"抗战。初期，因ICU床位紧张，有些危重病人无法及时转诊，吕纪玲加强对危重病人的巡视，不断调整诊疗方案，确保患者得到有效救治。她冒着被气溶胶传染的风险，对脉氧维持不住的患者，给予高流量氧疗，或无创呼吸机治疗。凭着多年积累的临床经验，她及时调整治疗参数，为患者调试机器佩戴舒适度，还要随时保持与ICU战友的沟通，确保重症患者及时转入。

"您笑起来真好看！"一天早上，吕纪玲在查房时，看到一个即将出院的阿姨笑容灿烂。"吕医生，是你的亲和力感动了我。"初入院患者通常内心恐惧、焦躁、烦闷，吕纪玲在救治过程中注重鼓励、安慰患者，让患者充满信心。对患者提出的各种疑问，她总是耐心解释，有时工作太忙来不及细说，她就利用休息时间通过微信与患者进行沟通。"患者现在被隔离，没有别的人可以托付，这时我的一句话可能就会给患者带来希望和安心。"吕纪玲表示。正是由于吕纪玲对患者时时处处的关心，她与患者建立了深厚的友谊。

深藏牵挂的女儿

"别和妈说了，你代我去看看她，说我忙，不能去看她了。我万一有点事，你以后要好好对妈……"出征湖北前，吕纪玲放心不下母亲，临行前不断叮嘱丈夫。但还是没瞒住，吕纪玲出发的第二天，母亲就得到消息，牵挂从此开始。

"春暖花开是谁啊？"几天前，湖北黄冈大别山区域医疗中心里，刚上完12个小时夜班的吕纪玲，收到了一个名为"春暖花开"的微信好友申请，随即母亲的电话打了过来。原来，母亲听说微信可以视频，特地换了智能手机，想通过微信看看战疫前线的女儿。"等春暖花开时，我的女儿就回来了。"听到母亲话语中满满的挂念和期盼，吕纪玲忍不住流下了眼泪。

"这是我的专业，这是我的工作。"义无反顾奔赴战疫一线的她，身后有着家人深深的牵挂。

吕纪玲的母亲于2015年查出结肠癌，手术后接受了12个周期的化疗，现在仍一直喝中药调理，需要定期复查。"我妈很坚强。"吕纪玲说。而这样的坚强,也体现在她在疫情一线的每一份坚守中。

作为山东省第一批援鄂医疗队队员,初期,因为人手少,一个班3名医护人员需要照顾40多名病人,12个小时的夜班结束后,她的背上常常是汗水淋淋。但是,她始终咬牙坚持,眼中只有患者,只有打赢疫情防控阻击战这一个目标。吕纪玲说,在济南登机时,乘务人员和送行人员给援鄂医疗队员敬礼,让她震撼又自豪,"那一刻更深刻地认识到此行肩负的重要责任和使命。"坚守使命,担当责任,她用一次次坚持,在1个月的时间里,与队友一起顽强战斗、不辱使命。

学术路上不断探索

这个外表柔弱的女子,内心始终秉承从医的执着与坚定。这些年来,学习、科研、教学,吕纪玲从未停止过奋进的脚步。

2010年,针对睡眠呼吸障碍疾病的诊治,她在本科室率先开展呼吸睡眠监测,并积极总结经验,开展相关科研工作;2012年,她远赴英国伯恩茅斯皇家医院进修学习;2013年,在科室主任带领下成立呼吸重症监护室,开展危重患者抢救治疗研究,着力降低危重患者的死亡率;2015年,她被所在的淄博市第一医院评为年度优秀中青年骨干医师。

在2015年陪母亲检查治病的那段日子,她同时准备着博士考试。在二宝9个月的时候,她一个人到青岛读博。上班后,在繁忙的科室工作同时,她还担任内科教研室教学秘书,积极开展临床带教工作,曾多次被评为潍坊医学院、齐鲁医药学院优秀教师。她从不叫苦也不喊累,在她看来,选择了从医这条路,只有让自己通过不断学习提升,才能更好地守护生命,实现自己的职责和使命。

"我们组成医疗小组,不断探讨改进诊疗方案,对病人进行无缝隙观察。"在黄冈大别山区域医疗中心的50多个日夜,吕纪玲和队友们并肩奋战,共救治新冠肺炎病人411人,其中重症、危重症92人。"通过这次战疫,我对学医时'健康所系,性命相托'的誓言有了更深刻的认识和感悟。既然选择了这一行,就要不忘初心,背负使命努力前行!"多年临床一线工作的磨砺,使得看起来瘦弱的她,身上透着一股子医者的坚韧与执着。

圆满完成援鄂医疗任务的吕纪玲,已经重返医院工作岗位。繁忙的临床工

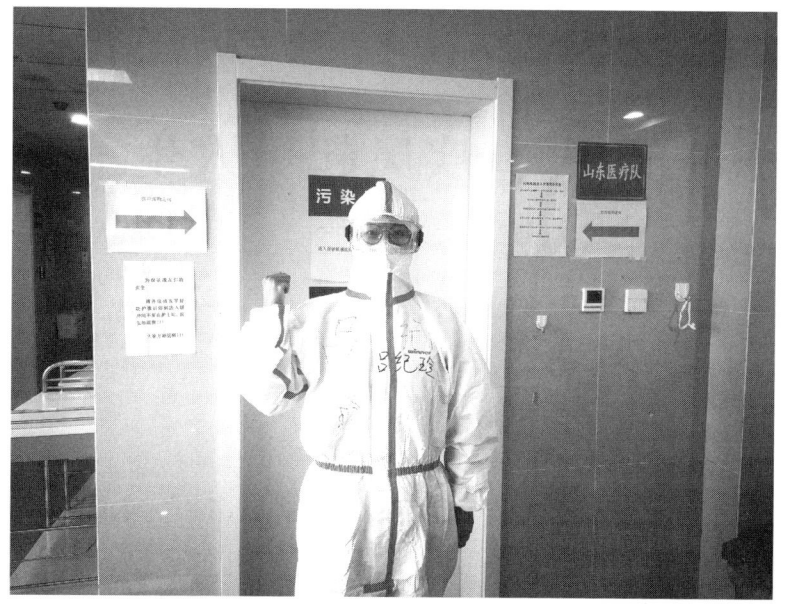

吕纪玲穿戴好装备准备进入病房。

作之余,她坚持对新冠肺炎病例的流行病学研究。"这次抗疫,让我对中国特色社会主义制度的优越性有了更深刻的认识,对作为一名医生和九三学社社员的责任与担当有了更切身的体会,对生命更多了一份敬畏,对家人更多了一份牵挂。"

邹志强：纵有疾风起　人生不言弃

张桂德[*]

邹志强

九三学社烟台市委员会主委，山东省烟台市奇山医院院长。

发热门诊和住院排查无漏诊、全市患者零死亡、出院患者无复阳、医务人员零感染！这是奇山医院作为烟台市级新冠肺炎医疗救治定点医院和山东省级新冠肺炎确诊患者集中收治定点医院，在这场抗疫大考中交出的出色成绩单。任何成功都不会是偶然的，这个成绩的背后，是邹志强带领他的团队为此次抗疫付出的沥沥心血和巨大努力。

邹志强被评为烟台市十大杰出青年卫士、十大医界英才、有突出贡献中青年专家、新冠肺炎防控担当作为标兵、山东省富民兴鲁先进个人、全国医药卫生系统先进个人。17年前，他是医院"非典"机动队队长；17年后，他作为新冠定点医院院长仍像一名钢铁战士般站在抗疫斗争的最前沿，书写着别样的战疫故事。

他是救治一线冲锋陷阵的无畏战士

每逢大战亲上前线，是邹志强的工作习惯，也是他的工作方式。他深刻体会关键时刻领导带头、带动、带领的价值。他说："进了隔离病房，我这个院

---

[*] 作者系九三学社烟台市委员会专职副主委。

长心里才踏实,职工和病人心里才踏实。"

从2020年1月21日医院接诊第一例疑似病人入院排查,邹志强就开启了自己的一线"战斗模式",一直到3月12日该院承担的烟威地区新冠肺炎确诊患者全部清零,他坚守在医院连续高强度工作50多天,没有回一次家。

每天上午,开完应急指挥部例会,换装进隔离区参加会诊,是他的常规动作。他还定期三级防护进隔离病房,到每一名病人的床边,详细了解病人的病情变化,饮食是否可口,睡眠状况如何……

2月12日,按照山东省委疫情处置指挥部的集中收治统一安排,奇山医院要一次性接收28名威海市的新冠肺炎确诊病例,其中包括2名重症患者。接转方案的每一项流程、每一个细节他都进行了审核把关。当日正赶上由山东省政府领导带队的督导组到院调研工作和烟台市第3例确诊患者痊愈出院,邹志强像个陀螺一样一直忙到深夜。虽然28名患者分7个批次顺利完成转运交接,但仍然不能让他完全放心。13日一大早,他便全副武装进入威海28名患者所在的隔离病区,面对面了解每一名患者的病情,一直过了4个多小时他才疲惫地走出病房。这绝非作秀式的走走过场,而是发自内心的责任和担当。

2月24日,又到邹院长的例行查房日,这一天隔离病房里竟然飘出他浑厚的歌声。原来是他了解到一名患者虽病情日渐好转,但核酸检测一直没有转阴,以致严重焦虑,多日失眠。他说,让我当一回你的心理治疗师吧。他从专业的角

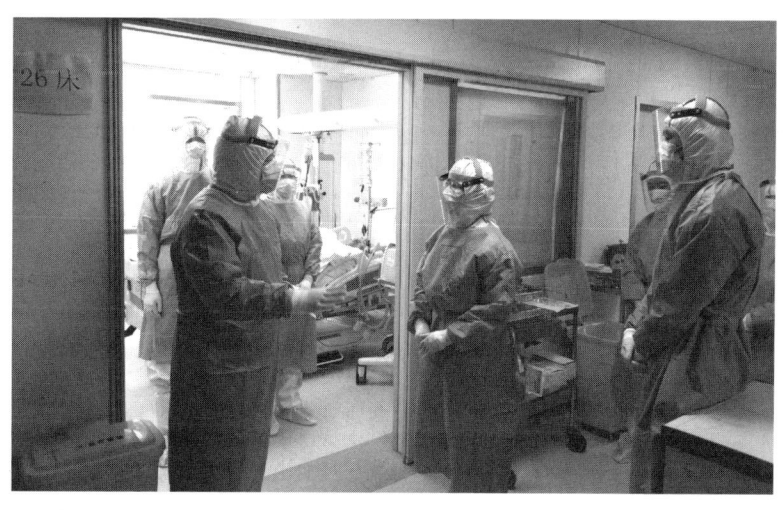

新冠肺炎疫情期间,邹志强(前排左一)在烟台市奇山医院隔离病区查房。

度劝慰病人，核酸转阴是迟早的事，并告诉患者唱歌可以有效缓解焦虑情绪。看到患者仍然情绪低迷，他便唱起了《天边》这首曲子。歌声婉转悠扬，意境辽阔高远，让人的思绪不禁飞出病房之外，仿佛来到了美丽的草原，尽情地享受着美好的春光。一曲终了，患者一直紧张的表情也随之放松下来，露出了难得的笑容。他感激地说："邹院长的歌声比药还管用，让我感觉到生活的美好，看到了康复的希望。"也是从这一次开始，他又主动承担起了隔离病区的心理疏导工作。

他是抗疫战场运筹帷幄的百战将军

"菩萨心肠，霹雳手段"是对邹志强抗疫指挥风格的最好写照。作为一名资深传染病专家，他心里最清楚，像新冠肺炎这种突发疫情的发病机制、传播途径、防控技术、诊疗方案都还在研究探索中，每一项工作的不到位都可能引发巨大风险，落到院长身上都是沉甸甸的责任。

他深知非常时期须有非常手段。抗疫伊始，他第一时间启动应急机制，建立起战时指挥体系并亲任总指挥，对所有疫情防控事宜实行单线指挥、半军事化管理。挑选精兵强将180余人组建"3+1"救治梯队，紧急完成专业装备和抗疫物资储备，在最短时间内腾空整栋病房楼，迅速形成300张床位隔离收治能力。

整个疫情期间，他说得最多的一句话就是"只有保护好自己，才能更好地救治病人！"先后抽调5名资深护理精英与2名院感管理专家组成强大的专职院感管理团队，实施了院感防控全程管理、重点人群管理、分区分类收治等措施；病区设立专职院感护士，确保每一步流程、每一个人员，操作、隔离、防护到位。

在医疗救治工作中，他注重个体化治疗、多学科联合诊疗和中西医深度结合。他根据专业经验和新发疾病特点探索提出的住院患者治疗管理模式更留下了抗疫中精彩的一笔。他提出并实施了由资深专家把关和预警的住院患者后台管理模式；在国内率先提出并实施了三次核酸检测阴性达到出院标准后再集中隔离观察14天，核酸再检测阴性才解除隔离的管理办法；他还较早提出恢复期患者康复理念，为恢复期和出院后隔离观察期患者制订个体化康复方案。这些创新性举措先后三次被人民日报客户端、中国网等国家级媒体报道，得到业界广泛认同并被大范围推广应用。

他是应急体系未雨绸缪的开路先锋

抗疫伊始,邹志强就提出"两个全力"重要目标:一是全力完成新冠肺炎救治任务,一是全力保障医务人员不感染。面对来势汹汹的疫情,敢于提出这样的目标并不简单。他心里是有底气的,因为很多工作其实他早已做到了前面。

他是一名长期工作在传染病医疗一线的资深专家,从普通临床医生,做到医院院长,还兼任过多年分管疾控应急和医政工作的卫生主管部门领导。多年来,他一直站在保护全市群众健康、保障城市安全、维护社会稳定的高度完善医院的公共卫生应急救治体系建设。

他常说:"成功总是留给有准备的人。"2017 年,他根据疫情防控形势并针对奇山医院存在的短板,按照平战结合原则进行了为期三年的功能性、系统化改扩建和能力提升工程。他主持建设了国内先进的感染性疾病 ICU、负压病房、正负压转换数字化手术室、高等级微生物实验室,配备了先进专业设备和远程会诊、机器人等无接触数字化设施;先后建成市级、省级传染病类紧急医学救援基地;他完善诊疗科目和专业设置,并选派 70 余名专业技术人员赴国内外知名医院研修,引进多学科骨干和带头人 30 余名,聘请 5 名国内业界学术专家为特聘专家和客座教授;还承办全市院感防护培训大赛,组织全院性急救大练兵、大比武。正是因为他主持实施的这些硬核能力提升工程,让医院具备了在应对大规模突发公共卫生事件时快速响应的能力,在本次疫情防控中发挥了至关重要的作用。

"一座不垮的大厦,必定有坚实的栋梁;一个不倒的巨人,必定有刚直的脊梁。"在国内新冠肺炎疫情防控转入常态的新形势下,邹志强做好了与新型病毒长期作战的准备。他正为奇山医院描绘新的蓝图——三年建成高水平的省级区域性公共卫生临床中心。目前该扩建项目已被山东省委省政府列为公共卫生类补短板强弱项重点项目,并被纳入该省"十四五"规划重大工程。

他说:"在百年未有的大变局中,在实现中国梦的伟大征程里,作为一名九三人,作为一名传染病防治战线的战士,我定当迎击风浪、勇立潮头,在履职尽责中担当作为,在拼搏创新中坚定前行,在热诚奉献中展现风采!"

董蒨：始终走在创新路上的医者

姜玉兰*

董蒨

九三学社社员，青岛大学附属医院院长、新冠肺炎防控工作领导小组组长。

"拜托，大家每个人都要把自己平安带回来！"

2020年2月8日，在青岛大学附属医院第三批援鄂医疗队出征仪式上，董蒨语气恳切而坚定。

"我们不仅是医生，更是战士；我们不仅要抢救病人，更要保护好自己。只有保护好自己，才能救治更多的病患！你们肩负着党和人民的重托，你们是患者的希望！你们战胜病魔凯旋之时，就是为你们庆功之日！"

1月19日，这名从医35年，拥有泰山学者特聘教授、博士研究生导师、国务院政府特贴专家、国家卫计委有突出贡献中青年专家等诸多头衔的儒雅院长，又多了一个新职务——青大附院新冠肺炎防控工作领导小组组长。

每天6点到医院，深夜回家，365天常常没有休息日，即使没有疫情，董蒨院长的日程也是安排得满满的，慕名求治的患者太多了。在他的心中，始终是病人至上，医护人员至上，而自己永远摆在最后的位置。"看到他，心里就有底儿了。"病人如是说。"院长就是亲人，和他交谈如沐春风。"医护人员如

---

* 作者系九三学社青岛市委员会组织处处长。

是说。新冠肺炎疫情发生后，青岛大学附属医院被确定为定点救治医院。他身先士卒，带领全院医护员工第一时间进入战备状态，科学、高效、规范、快速完成疫情防控战各项工作部署，快速建立疫情防控标准化流程，全力以赴投入救治工作中。

"救治新冠肺炎患者，需要多学科专家会诊，但实际情况是不可能将所有学科的专家都送进隔离病房，进入隔离病房的专家至少要隔离14天。如何既能保障患者得到及时有效的救治，同时也能保护医护人员的安全？"董蒨夜不能寐，脑海中一遍遍回想起在北京领奖的日子，一个想法逐渐成形。

1月10日，中共中央、国务院在北京人民大会堂隆重举行2019年度国家科学技术奖励大会，董蒨领衔的创新团队完成的"基于小儿肝胆胰计算机辅助手术系统研发、临床应用及产业化"成果，荣获国家科技进步奖二等奖，这是山东省外科领域取得的第一项国家科技进步奖。获奖项目是2013年他和海信集团董事长周厚健的一场交流后启动的，堪称医学和科技的完美联姻，由青大附院联合海信医疗设备有限公司，运用计算机技术把人的肝脏信息数字化，研发出国际首创的基于小儿的肝、胆、胰的海信计算机辅助手术系统和海信外科智能显示系统，构建了三维可视化精准治疗体系，解决了小儿肝、胆、胰肿瘤外科手术无法精准手术规划、导航及实施的难题，实现从"传统"到"精准"手术治疗的根本转变，有力促进了数字医疗产业的转型进步，极大提升了山东省医疗技术水平。该成果在清华长庚医院等全国120余家三甲医院推广并应用于临床，辅助完成复杂肝胆胰脾手术近万例。他打造的"董式肝脏分段体系"，引起了世界顶级专家关注，被称为"改变经典医学教科书的发现"。因为在工作中善于蹚新路、谋新篇，创新成果具有一定的经济和社会价值，1月23日，中共山东省委、山东省人民政府决定授予董蒨"勇于创新奖"先进个人光荣称号。

"运用计算机技术，搭建隔离病房远程会诊系统！"1月23日凌晨5时，思考成熟的董蒨通过微信群发布指令。青大附院医护人员会同海信医疗的工程师立即开始筹备，8个小时后，远程会诊系统安装调试完毕，当天下午3时，正式投入使用。

远程会诊系统既可以对接隔离病房，又可以有效对接远程会诊中心和专家

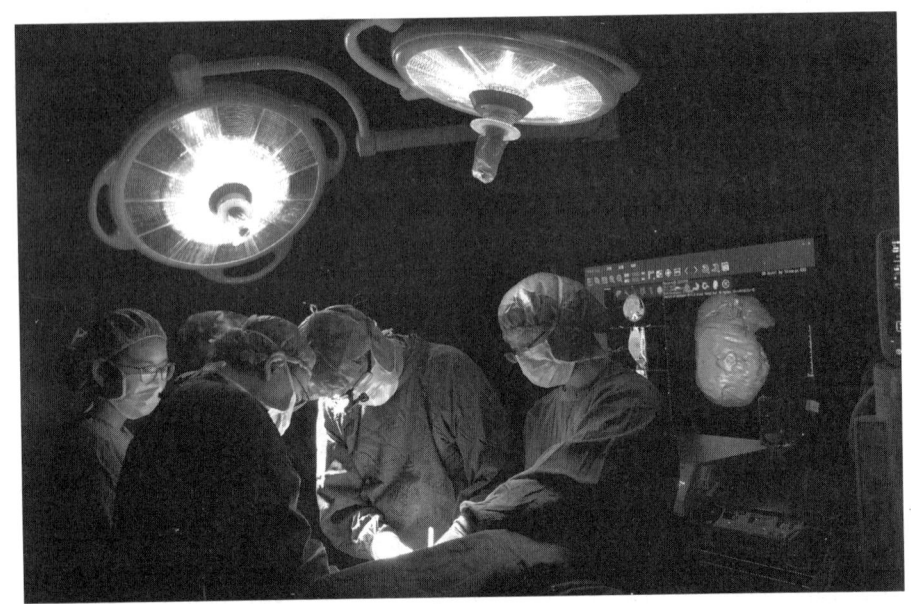

董蒨（右二）在CAS（海信计算机辅助手术系统）和SID（海信外科智能显示系统）辅助下摘除患者肝脏巨大肿瘤。

办公室，同时可与上下级医院沟通，方便专家组及时了解病人情况，调整治疗方案，精准救治新冠肺炎患者，最大程度减少肺炎疫情带来的交叉感染。

1月26日，该院通过会诊系统向山东省省长龚正汇报诊疗患者的基本情况和青大附院疫情防控情况。1月27日，中共山东省委常委、青岛市委书记王清宪通过该会诊系统慰问隔离病房内的医护人员和患者。针对救治新型冠状病毒感染肺炎的新型远程会诊系统得到省市领导一致认可，形成了可推广、可复制的"青岛经验、青岛智慧"。1月29日，山东省首例新型冠状病毒感染肺炎危重患者在该院康复出院，截止到3月底，青大附院已治愈20例新冠肺炎患者，在诊治期间无医护人员感染。

在疫情期间，他率领医疗团队在武汉前方和青岛后方两条战线同时作战。他不仅关心和爱护着青医附院的医护人员，也时刻牵挂医院派遣赴鄂的三批143名医护人员。他第一时间亲自沟通联系，打通赴鄂医护团队后勤保障绿色通道，确保前线医护员工物资供应，鼓励医护人员英勇战疫，全力守护人民群众生命健康。正如九三学社社员、第三批援鄂医疗队副队长孔心涓所说："苦和累已经淡忘了，但太多感动铭记在心，青大附院大后方温暖的支持、来自家乡的浓浓关爱……在这场没有硝烟的战场上，每一个人都是并肩前行的战士，团结就是希望，团结就是力量，团结就是生命。"青医附院援鄂医疗队累计救治新冠肺炎患者97人，其中重症80人、危重症17人。

当武汉前方和青岛后方抗疫捷报频传的时候，董蒨科研团队在研发过程中的延伸科研成果——青英董氏祛毒猪肝已拥有中国、日本、德国、英国、法国、意大利、荷兰、奥地利等12国发明专利，摆上了寻常百姓的餐桌。

"将科学研究做在促进人民健康的征程中！"董蒨，这位创造了一个又一个奇迹，给无数患者带来新生的医者，始终走在创新的路上……

• 湖北省 •

程真顺：坚守疫情防线　为生命保驾护航

陈毅斐　吴长蓉　王　凤[*]

程真顺

九三学社社员，武汉大学中南医院呼吸与危重症医学科主任，"全国卫生健康系统新冠肺炎疫情防控工作先进个人"称号获得者。

己亥末，庚子初，新冠肺炎肆虐荆楚。在这场抗疫攻坚战中，武汉大学中南医院白衣天使和各方保障团队不畏艰险、勇挑重担，放弃休息、坚守岗位。特别是抗疫一线的医护人员，他们告别年老的父母，告别幼小的儿女，披星戴月驰援。在发热门诊、急救中心、感染科病房、重症ICU病房、金银潭医院、方舱医院、雷神山医院……哪里需要，哪里就有他们的身影。

护目镜遮住了他们的眼，口罩遮住了他们的脸，厚厚的防护服把他们的身躯裹得严严实实，看不清他们的面庞，但能读懂他们一颗颗滚烫的心。没有谁生而英勇，他们选择无畏，因为他们始终将医者的责任扛在肩上。

2020年3月初，九三学社社员、武汉大学中南医院呼吸与危重症医学科主任程真顺教授荣获"全国卫生健康系统新冠肺炎疫情防控工作先进个人"称号。

---

[*]　作者均系武汉大学中南医院宣传部干部。

院内第一时间上报

2019年初冬,武汉天气异常暖和,当人们享受着冬日阳光的美好时,谁也不会预料到一场疫情风暴即将席卷江城。

12月下旬,气温骤降,各大医院呼吸内科、发热门诊、急救中心的就诊患者骤然增多。这些患者中,不少都以发热为主要表现,同时合并干咳、乏力、胸闷、腹泻等症状。虽然临床症状有所差异,但这些患者的影像学表现却惊人相似……

12月30日,武汉市卫健委首次向公众发布江汉区华南海鲜批发市场陆续出现不明原因肺炎的通告。与此同时,各发热门诊告急,具有相似特征的肺炎患者越来越多。

程真顺第一时间向医院汇报了有关情况,院领导高度重视并召开紧急会议。由程真顺等院内专家牵头制定了不明原因肺炎(现证实为新型冠状病毒肺炎)疑似病例院内报告及诊治流程,并立即在医院成立防治工作领导小组和相关工作组,程真顺担任医疗救治组专家组成员。

程真顺根据临床经验明确提出,隔离是最有效的防护措施。他建议医院相关科室或部门规范相应诊疗流程,对疑似的发热患者进行"早发现,早隔离,早治疗"。同时,他制作了《新型冠状病毒感染的肺炎诊疗方案(试行)》培训课件,通过医院办公系统分发给所有医务人员加强学习,呼吁全院进行全员培训。

在动员呼吸与危重症医学科全科医务人员共同抗击新型冠状病毒肺炎疫情时,程真顺对大家说:"作为医务人员,当国家和人民需要我们的时候,我们应当站在抗疫最前线,这是我们的职责与使命。当然,大家也不用因此有太大的心理负担,国家、省、市以及医院党委和各部门都高度重视,正在制定并计划实施更严格的防控措施。我们科作为高危感染性科室,大家在治病救人时一定要做好防护工作,对自身负责就是对患者负责。"事实证明,在程真顺的正确领导下,呼吸与危重症医学科至今保持着零感染纪录,在科内成功实现"三无",即无一例新型冠状病毒感染患者死亡,无一位医护人员感染新型冠状病毒,无一例新型冠状病毒交叉感染。

随着发热患者越来越多,疑似和确诊新型冠状病毒肺炎的病例也逐日增加。当疫情不断扩展时，武汉告急，湖北告急！为了加强和规范省内各级医疗机构对新型冠状病毒肺炎的诊疗能力，程真顺多次受邀参加全省视频培训会议，为各地区积极有序地防控疫情提出对策和建议。封城、封区、封车，政府部门接连发布一项项疫情防控公告，不少武汉市民开始出现焦虑，部分群众甚至产生了恐慌情绪。关键时刻，程真顺受邀参加湖北省新型冠状病毒肺炎疫情防控工作新闻发布会，在会上通报疫情防控工作进展，解答疫情防控工作的重点和难点；提醒广大群众，隔离是控制当前疫情扩散最有效的方法，建议不出门或尽量少出门，注意做好个人防护措施，戴口罩、勤洗手、多通风，不必过度焦虑与恐慌。

始终坚守抗疫一线

为应对日趋严峻的肺炎疫情，武汉市先后公布三批次定点医疗机构指定收治新型冠状病毒肺炎患者，其中武汉市第七医院成为程真顺所在医院对口支援医院，由他负责指导该院临床诊疗工作。

身穿防护服，戴 N95 口罩、防护帽、防护眼镜，这是程真顺每天查房的必需装备。为了减少防护用品过多消耗，程真顺提倡并带头节约使用，坚持一套班只用一套装备，把节省下来的防护用品留给更需要的医务人员。他多次亲

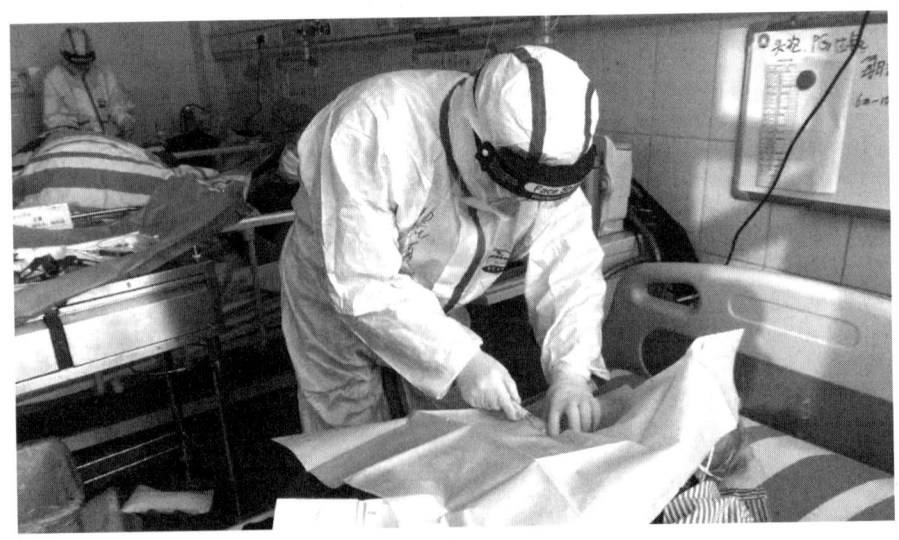

程真顺为高龄新冠肺炎患者进行 CVC 穿刺。

临一线，亲自为高龄新型冠状病毒肺炎患者进行中心静脉置管术，为进行无创呼吸支持的危重症患者调试呼吸机参数。

医疗环境差，医务人员紧缺，医疗物资缺乏，在这样艰难的条件下，程真顺勇于吃苦，敢于攻坚，在抗疫一线整整驻扎了1个多月。他与广大医务人员共同克服困难，积极救治危重症患者，与死神做奋勇搏斗。2月3日，中国工程院副院长、呼吸与危重症医学专家王辰院士在巡查抗疫工作时对武汉市第七医院取得的成果表示认可。

"医护人员们加班加点，为抗击疫情舍小家为大家，这是我们对社会最好的回报。"程真顺与一线医务人员共同坚守疫情防线，为众多受病毒感染的生命保驾护航。这场没有硝烟的战斗让武汉万众一心，厚厚的口罩无法阻挡祝福的飞翔，隔离的病区无法拦截希望的坚定，凶猛的病毒终究击不垮团结、坚强的武汉人。

九三学社荆州市委员会：打赢疫情防控战 贡献九三正能量

张 伟[*]

九三学社荆州市委社会服务部联合荆州烛光志愿队筹集、运送抗疫物资。

齐心协力筑防线，同心同德战疫情。防控新冠肺炎的人民战争打响以来，九三学社荆州市委员会积极引导社员切实把行动统一到习近平总书记重要指示精神上来，积极投身疫情防控工作，涌现了一批立足一线与病毒搏击的先进典型。他们，或奋战在疫情防控斗争一线，或坚守本职岗位助力防控工作，或主动筹措防疫物资，或搬运分发救援物资，或开展疫情防控宣传，或进行心理援助关怀……传承了九三学社的优良传统，彰显了九三学社社员的担当精神。

---

* 作者系九三学社荆州市委员会宣传部副部长，湖北交投荆州投资开发股份有限公司法务专员。

投身抗疫战场　医卫界社员奋勇当前

疫情就是命令，防控就是责任。医疗卫生战线的九三学社荆州市委社员以实际行动贯彻落实党和政府的部署，自觉投身防控疫情最前线，担当起党和人民赋予的重任，全力确保人民群众生命安全和身体健康，共有近20位社员奋战在抗击疫情的一线、二线。

他们中，有守护在发热门诊的"老哨兵"、荆州市第二人民医院呼吸内科主任、荆州市第二人民医院新冠肺炎防治专家组组长胡章良；有舍小家为大家，主动请缨奋战在抗疫一线并积极投身志愿活动的荆州市中心医院泌尿外科护士长周芳芳；有在重症监护病区从事穿刺、插管等高风险性工作，利用一

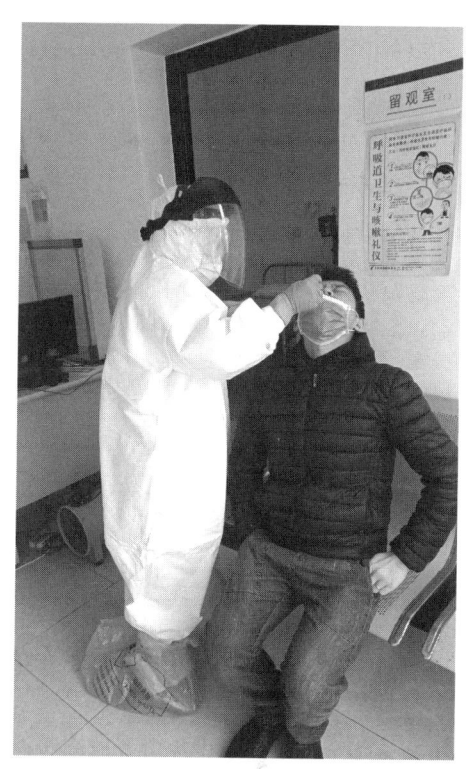

2020年3月初，社员在发热门诊值守期间为患者进行核酸标本采集。

切休息时间筹集运送防疫物资的荆州市第一人民医院麻醉科副主任医师、荆州烛光志愿队队长徐伟；有坚守在检验科，仅用不到一周时间将实验室升级，并且启动核酸检测的荆州市中医医院检验科主任杨涛；有感同身受、倾情倾力治疗病患的荆州市中医医院呼吸内科医师姜良恩；有守护在保护人民的第一道关卡——发热门诊预检分诊处的荆州市中医医院门诊部主任刘焱风……还有一些社员，虽然没有上一线战场，却不忘医者本色，主动作为，在后方奉献自己的医术仁心。荆州市中心医院皮肤科主治医师易秀群，借助好大夫在线APP和微脉APP，在非常时期为400余名不方便到医院就诊的各地病患进行义诊。荆州市第一人民医院风湿免疫科主任吴斌，千里逆行，带着年迈的独亲，从广东一路返回荆州，重返医疗战线。荆州市第三人民医院妇产科医生颜昭君疫情期

间承担着120接诊孕产妇的任务，为围生期的孕产妇及胎儿安全保驾护航……他们用临危不惧、救死扶伤，诠释了医者仁心、大爱无疆。

"7×24"坚守岗位　倾力后勤保障

在协调运输医疗物资、做好后勤保障的战线上，各相关企业也都争分夺秒，24小时不间断地奔走着。社员杜杜任总经理的人福医药荆州有限公司，从春节前开始一直保持正常运转，无一天停业休息，全力保证疫情药品和其他防疫物资供应和配送工作，配送服务半径覆盖了荆州各县市区。在疫情蔓延形势严峻之际，组织20多名干部员工坚守岗位，成立应急小组时刻备战，派员工风雪兼程、奔波1600公里远赴河南托运医疗物资，在大年初二返回并连夜分配物资，同时提供设备装机和调试培训服务，有力保障了荆州各大医院急需物资的供应。此外，根据统一安排，公司还向疫情严重的武汉市和黄冈市分别驰援急需医疗物资3批次和1批次，支援了全省疫情防控工作。吴书文任总经理的湖北创新世纪信息工程有限公司，担负着荆州市相关职能部门的无线通信服务工作，在疫情暴发后，她及时组织员工全天候轮班待命，全力保障疫情时期无线通信畅通无阻。同时，积极响应省市教育部门的号召，利用"互联网+"方式，为全市中小学生免费开放同步课程学习平台，保障了他们不因疫情耽误学习。交通管控下，各个公路管控点按照"内防扩散，外防输出"要求严防死守，但相关信息采集过程中工作人员手工填写、人工登记，每天市、县两级交通保障专班线下办理1万张左右的通行证，都会造成车辆流动、人员聚集的风险。社员周泉任总经理的湖北宇方科技公司无偿提供小程序基础研发，并捐赠给市新冠肺炎防控指挥部交通保障专班使用，著作权、源代码归市交通运输局所有。她紧急调配含项目经理、架构师、高级工程师等开发人员12名，通过远程调度、远程沟通，2天3夜在线上一起不眠不休，迅速完成了可交付的项目"荆易行"网上审批小程序1.0版本。"荆易行"上线后，"纸路条"变成了"电子路条"，极大地减少了外出办证造成的人员流动和聚集，出行信息由人口统计变成了大数据分析。他们用立足本职、坚守岗位，彰显了社会担当、大爱无疆。

投入志愿服务　携手传递爱心

直面疫情，全体九三学社荆州市委社员，深入学习贯彻习近平总书记对防控疫情工作的重要指示精神，凝心聚力，众志成城，全力配合党委政府工作，坚定战胜疫情必胜信心，全力以赴投入物资供应、交通运输、捐款捐物、志愿服务等工作。截止到3月17日，社市委及社员共捐赠现金33.638万元、口罩1.905万个、医用手套1500双，并与九三学社湖南省委员会、九三王选关怀基金会专项基金等积极对接，争取到12万元现金、2000套防护服、4000双医用隔离鞋套、250个耳温枪等捐赠给荆州市红十字会和荆州市第一人民医院。社员们积极参加志愿活动，疫情发生以来，共有24名社员参加志愿活动或下沉到社区，张伟、徐伟、严华参加共青团荆州市委发起的"12355青春守护公益心理援助行动"，开展心理咨询志愿活动，徐伟、熊燕妮等人参加了九三学社荆州市委社会服务部、荆州烛光志愿队筹集运送物资的志愿活动。

据统计，九三学社荆州市委社会服务部、荆州烛光志愿队多次往返于荆州城区、武汉市物资调拨点及周边地区，接送医务人员返岗、运送防疫物资，累计运送了各类药品435箱、防护服3万件、口罩1万个、呼吸机19台、酒精5吨，总里程超过2000公里。

荆州市中心医院疼痛科主任王年云，因居住楼栋有发热病人而被强制居家隔离，隔离解除的第一天就向社区报到，加入了小区值守大军。荆州市开发区税务局干部钟黎，每天下午3点到晚上11点在阳光青年城值守。阳光青年城是有着1000多户的大型小区，每天都有200多人来来往往，登记居民采购信息、生活困难、体温监测等的工作量非常大，她的女儿每天等她下班回家等到晚上近12点。社员张卫峰在社区报到后，负责卡点值班、区域宣传巡逻、搬运物资、分发物资、拉设横幅及临时架设路障等工作，其间还帮助一对父母找到在疫情期间失踪1个多月的小孩……他们用无私奉献、善良厚朴，书写了同舟共济、大爱无疆的时代之歌。

九三学社襄阳市委员会：
病毒无情　九三有爱
同舟共济　共克时艰

高长敏[*]

九三学社襄阳市委为襄阳市中医医院送抗疫物资。

2020年新年伊始，一场突如其来的疫情席卷全国，新冠肺炎让这个春节非比寻常。

疫情发生后，党中央、国务院高度重视，习近平总书记多次做出重要指示，要求把人民群众生命安全和身体健康放在第一位，制定周密方案、组织各

---

[*] 作者系九三学社襄阳市委员会办公室主任。

方力量开展防控，采取切实有效措施，坚决遏制疫情蔓延势头。

在这场全国抗疫的战斗中，九三学社作为拥有众多科技界、医卫界高、中级知识分子的民主党派，采取了一系列积极行动，万众一心，抗击病魔。九三学社襄阳市委会在主委罗琼玖的带领下，全体社员团结一心，众志成城，坚守初心使命，为抗疫贡献自己的一份力量。他们或是积极建言献良策，或是坚守岗位显担当，或是爱心助力汇暖流，或是志愿服务添助力，或是响应号召不添乱……大家以实际行动践行中国特色社会主义参政党的使命担当，诠释着民主党派是同中国共产党风雨同舟、共克时艰的好参谋、好帮手、好同事，共同推动疫情防控工作取得实效。

临危不惧　冲锋一线显担当

社市委上下团结一心，面对疫情冲锋在前。

九三学社社员、襄阳市中医医院肺病科副主任左明晏主动承担市疫情防控专家组主要专家及医院临床救治组组长等重任，负责市区各家医院及6个县市定点医院的疑难重症24小时会诊、诊治方案制定、中医辨证论治等指导救治任务。作为院临床救治组组长，他积极组织医院职工及救治专家学习更新新冠肺炎诊治知识，制定并修正了院中西医诊治方案。2个月间，他行程数千公里，走遍襄阳市区及3县3市，诊治病人500余人，直接接触新冠确诊及疑似患者300余人，有众多患者在他手中奇迹治愈。

九三学社社员、襄阳市中心医院康复医学科副主任、东津院区2号楼发热病房副主任詹燕，自武汉学习归来主动自我隔离。隔离期间，她时刻关注疫情发展，针对小区进出人员使用后的口罩随意丢弃极易造成交叉污染，撰写了《关于在各生活小区门口设置口罩专用收集垃圾桶的建议》，并多次主动向医院提交申请书请缨到一线，成为第一批进驻东津院区2号楼发热病房的医护人员，并担任副主任。每天除了接诊患者、制定治疗方案外，她还负责快速理顺科室工作流程、制定规范，合理安排人员、跟医务处对接，做好隔离区内在联系、医护防护等工作。

九三学社社员、襄阳市中心医院感控办副主任刘华，从腊月二十九开始，在医院加班加点开展工作，没有一天休息，也没来得及在过年的时候与家人吃饭。每天早出晚归，早上7点多出门，晚上9点左右回家，奋战在抗击疫情的第一线，深入各个区域开展医院感染的防控工作，对院内院外医疗队进行培训10余次，培训人数2000余人，培训内容包括院内感染防控和个人防护，并到全市各定点收治医院进行现场指导。

九三学社襄阳市委副主委、老河口市政协副主席袁永红，放弃休假，于1月26日返回老河口市，先后到老河口市孟楼、洪山嘴等镇督导基层群防群治抗疫防控情况，每天坚持检查各村疫情防控措施落实情况、对各村的防控提出具体意见建议，督促各村做好每家每户室内室外、房前屋后卫生，要求村组之间也要严防死守。

九三学社襄阳市委社会服务部部长、襄州区政协副主席高峰，协调企业通过社市委向市第一人民医院捐赠了总价值2.5万余元的酸辣粉500箱、面包122箱；并根据区委、区政府分工安排，坚持每天深入龙王镇、肖湾街道等地督导疫情防控工作。他在超市了解物资供应和物价稳控情况，在药店了解药品供应情况，在街道调研居民外出及口罩佩戴情况，与镇领导和村委领导就落实市委紧急通知进行安排部署，在卫生室检查返乡人员的基本信息和体温测量情况，对个别不按要求的聚会活动进行制止和教育。

刘佩军、库保庆、付红军、邱张旻、王剑、顾晓敏……在这场硬仗中，社襄阳市委共有23位医护人员坚守在战疫一线、29位医护人员奋战在战疫二线，其他社员也坚守在工作一线，为新冠肺炎疫情防控保驾护航。

爱心汇聚 精准捐赠有情怀

疫情初期，社市委及时发布《病毒无情，九三有爱，同舟共济，共克时艰——社襄阳市委致全市九三学社社员的慰问信》，开展专项捐款活动。各基层组织和全体社员迅速行动，积极响应，短短48个小时，143名社员共捐款56 166.66元。

同时，社市委通过向市红十字会了解定向捐赠手续程序，委派社员与市内各大医院捐赠处对接联系，了解需求，做到发挥特色、精准捐赠。根据每个医院当前最需物品，针对性联系商家购买防护服、成人纸尿裤、自加热米饭等物资，定向捐赠医院一线。积极向社中央争取北京九三王选关怀基金会捐赠的总

2020年3月18日，九三学社襄阳市委主委罗琼玖（右）看望援襄宁夏社员田炜宁。

价值466 500元共计2000件医用隔离衣、4000双鞋套、250把额温枪的爱心物资，及时捐赠至医院及社区。

主委罗琼玖心系援襄辽宁、宁夏医疗系统的九三学社社员，疫情期间经常电话嘘寒问暖并亲自慰问。

凝聚智慧　建言献策展作为

社市委组织广大社员积极投身抗击新冠肺炎疫情阻击战，并充分发挥人才荟萃、智力密集、联系广泛的优势，鼓励社员结合本职工作，发挥专业特长，围绕疫情防控积极建言献策。

据不完全统计，疫情暴发以来，社市委直接向社省委、市委统战部报送意见建议52篇，有2篇被中央统战部和《团结报》采用、3篇被社中央采用、2篇被省政协采用、24篇被社省委采用。这些问题精准、措施合理的建议为打赢疫情防控阻击战贡献了力量。

从 1 月 28 日凌晨编发《病毒无情，九三有爱，同舟共济，共克时艰——致全体九三学社社员的慰问信》开始，我们每天编发社市委和社员抗击疫情的稿件，推出了襄阳九三人在行动、外地援襄社员风采两个系列报道。共编发推送疫情专刊 34 篇，引导激励全体社员通过不同形式积极投入疫情防控阻击战。

习春光："我的城 我来守"

江发权*

习春光

九三学社湖北省委员会企业家工作委员会委员，天使翼（武汉）科技创业发展有限公司董事、总经理。

2020年的春节注定与往年不同。面对来势汹汹的新冠肺炎疫情，本计划回老家与母亲团聚的习春光，了解到武汉疫情的急剧暴发，推掉回家的行程，毅然投入这场没有硝烟的战争中。

他说："身为九三人，受着九三学社精神的熏陶，应当有些社会责任感和担当。"

在这次新冠肺炎疫情阻击战中，他先后发起、组织捐赠200多万元的医疗物资，援助武汉协和、武汉同济、武大人民医院、武汉市中心医院、十堰太和等30多家医院，随后又投入小区防疫志愿工作中去。他认真落实省市区指挥部部署的要求，协助社区共同开展防控工作，用实际行动践行了一名九三人的社会责任和担当。

---

* 作者系九三学社湖北省委员会青年工作委员会副主任，中央广电总台国际在线湖北频道地方事业部主任。

第一阶段：封城不封心　奋力援一线

在武汉疫情暴发封城初期，医院出现物资急剧紧缺，医护人员防护措施不到位，感染率高的困难。习春光发动社会力量，号召爱心人士组织募捐工作。快速发起组建民间志愿者团队，一边积极组织捐款，购买医疗防护物资准备捐赠，一边和一线的医院医护人员及时进行需求对接，力争把最紧缺的物资尽快捐赠到位。

1.组建团队：第一时间建立民间志愿者团队，高效开展捐赠志愿工作。成立了志愿者工作小组，有财务工作组、风险控制组、采购组、信息收集统计组、物资对接分配组，还邀请了监督人员。

2.程序合规化：及时联系慈善组织咨询流程，准备备案程序，落实捐赠流程等，随后与具体落实需求的医院联系，取得医院方的官方委托书，快速展开捐赠志愿工作，同时及时向社省委进行报备。

3.主要工作：对接，收集，整理武汉市、湖北省内一线医护需求，同时联系医疗物资渠道、物流渠道，发起募捐。组织爱心人士现金捐赠（现金募捐 147 556.52 元），第一时间用于采购医疗防护物资，及时送到一线医护手上。同时在社员亓宏刚帮忙下，对接莲竹书院、捷克中欧联盟的书画家们，组织爱心捐款，定向对武汉市中心医院进行医疗物资捐赠。

随着疫情的变化，习春光一面深入了解定点医院的物资需求，一面在全国范围联系防护服、N95口罩、护目镜等一线急缺的医疗物资供应渠道，还要随时掌握物流状态、交通管制情况。最终，经过协调多方面资源，习春光及其团队采购、捐赠了多批物资送往武汉大学人民医院，武汉协和医院，武汉第一、二、三医院等第一批、第二批定点医院数十家。

第二阶段：疫情再高发　援助不停歇

随着疫情持续暴发，医院防护物资匮乏的问题越发凸显，时间短暂，周边社会资源有限，已经很难及时买到。为此，习春光及其团队努力拓展更多渠道资源，寻找更多符合医院防护需求的物资，多方对接外地爱心人士对武汉及湖北其他疫情城市医院的捐赠。

习春光在发言中。

与此同时,他们也积极对接生活物资捐赠医院及其他一线抗疫情单位。发动身边资源,在保障质量后,不问价格高低,紧急采购捐赠给医院。调整和增加捐赠物资类型,从医疗防护物资到生活物资,都在考虑范围,团队分工更加细化,工作量也随之增加。

江西省乐平市袁长娇联系到习春光团队,希望爱心援助自家的蔬菜。经过与武汉市、乐平市两地指挥部协调沟通,快速办理通行手续,调动两地志愿者联动对接、转运,袁女士援助的 24 吨蔬菜顺利到达武汉。联合其他志愿者团队,通过数小时的转运分流,于 2 月 1 日顺利交由武汉市东西湖应急管理局,请他们代送一线医护人员后勤保障部门。

与此同时,习春光及时联系青岛的网友们,发动他们一起加入志愿者工作中来。通过青岛的志愿者朋友们,拓展了更精准的医疗物资采购渠道。在对接一线医院物资需求后,经过几天紧张的募捐,顺利从青岛募集到价值近 20 万元的消毒水、医用酒精、医用手术帽、医用手套等十多吨物资。于 2 月 3 日凌晨顺利进入武汉,并在 2 月 3 日紧急送往武汉协和、武汉大学人民医院东院、新洲区中医院等 8 家医院。

第三阶段:疫情平稳期 爱心持续来

在国家的统一部署下,武汉的疫情终于进入平稳期,但仍然有很多人奋斗在一线。习春光了解到在防护物资上仍然有很大需求时，想办法通过更多渠道再次组织医疗物资捐赠。最终经过三国五城的联动，历经20多天的周折，集结大洋彼岸的物资，成功抵达武汉。这是习春光及其团队与纽约领事馆、美国纽约的志愿者、加拿大多伦多的志愿者、青岛的志愿者、武汉理工大校友会共同努力的成果，过程繁杂、惊心，结果让人欣慰。最终，价值28.665万元的1950件雷克兰防护服顺利驰援武汉理工大学医院、武汉市中心医院、黄州区中西医结合医院、荆门市第一人民医院！

随后又陆续组织小批量物资捐赠。如医用无菌手套1200双、护目镜51个，捐赠给保康县人民医院；护目镜30个，捐赠给大冶市中医医院。

在企业开工准备期，鼓励公司参股的公司苏州君康对武汉大学中南医院进行价值20万元的血液净化透析器的捐赠，全部用于新冠肺炎康复治疗用。

第四阶段：一身兼多职　坚守家园边

随着武汉市的疫情得到有效控制，社区防疫的重要性凸显出来。习春光及时与身边社区——江夏区文苑社区进行沟通，得知社区人手不够，下沉干部压力巨大，小区物业人手流失和匮乏的情况，他主动分担起小区的部分防疫工作。同时，他再次发起一共16人的志愿者团队，主动承担起防疫志愿者工作，协助社区共同开展疫情防控工作。

分担社区及物业工作压力后，和其他志愿者一起承担起小区的整个消毒工作，坚持每日每户每人的健康排查，数据及时上报，情况如实反馈，承担小区500多户业主的日常生活等物资的团购，积极配合社区共建无疫情小区，分担社区的防疫压力。

在坚守基层防疫志愿者工作期间，做到小区内除一线医护工作者1人感染外，无其他任何人员感染，保障了500多户近2000居民有序的生活，积极完成（江夏区文苑社区欣馨家园）相对较早获得无疫情小区的评定。

作为九三人，习春光始终不忘自己的责任和担当；作为新武汉人，他一直为打赢这场疫情防控阻击战默默奉献着，从未停歇。

爱在，希望就在

马卿莲

马卿莲

九三学社社员，湖北省武汉市红十字会医院妇产科副主任医师。

病毒肆虐，武汉成了重灾区。我作为第一批发热定点医院——武汉市红十字会医院的医生，简单培训后火速由一名妇产科医生变成了发热病区的一线战士。

除夕夜本是合家欢聚看春晚守岁的日子，对我却是进入发热病区的第一个夜班。爱人早早准备了丰盛午餐，因为他知道之后很长一段时间我可能将不在他们身边，也许还会有生命危险。在我拉着行李箱出门的那一刻，还没有意识到疫情严重性的两个孩子跟到门口，轻描淡写地说了声："妈妈，明天下班早点回来带我们去看电影噢……"就这样，除夕之后的我就再也没有回过家，网络成为联系家人的主要方式。"妈妈，您已经有1个多月没有回家了，您什么时候回来啊，您看到我网上辅导课的成绩表了吗？全是100分……我和妹妹想您了！"听着电话那头10岁多的达哥如数家珍的学习汇报，内心满是欣慰，工作的疲惫和压力也顿减。为母更多的还是担心和牵挂，记得有一次视频，2岁多的玥妹一边拿着手机一边抱着苹果，哭着拉着达哥的手要去给妈妈送苹果，那一刻我心如刀绞热泪盈眶……疫情期间，作为一名母亲，我是忧伤和焦虑的。

作为一名一线抗疫医生，面对急需救治的患者，我又是专注且救人护"心"的。上班的第一个小时，我们收治了病区第一例危重患者。面对他不到70%的血氧饱和度、上气不接下气的急促呼吸及渴望生命的眼神，来不及惊诧病毒感染之威力，迅速协同呼吸内科医生和科内护士，给患者进行了一系列的紧急救治，血氧饱和度逐渐上升并维持在90%左右。随后就是第二例、第三例……我也像穿梭于病房和医生办公室之间的小陀螺，问病历、写病历、向患者告知病情……虽然厚重的防护服使每一次病情交代后的我气喘吁吁，但离开病房之前还是会给他们一个温暖的微笑和加油的手势，深信不放弃就会有希望。

这次新型冠状病毒感染给患者带来的不仅仅是身体的损害，还有精神的恐惧。1月24日的除夕之夜是我第一个夜班，巡视完病房后开始整理在案病历，值班护士紧急呼叫："70多岁的王婆婆突然浑身颤抖不止……"飞速赶到病房，对她做了全面评估，她的体温、血压、血氧饱和度及心律等基本正常，但神志极为紧张，不停地念着："医生救救我、救救我……"调整患者体位为半卧位后，我握住她的手，温柔地安慰她，告诉她："现在你的各项指标正常。随着我的声音做，呼、吸、呼……"慢慢地慢慢地，她安静了下来，颤抖也停了下来。忙完后回到医生办公室已是零点，望着窗外昏黄的路灯，脑海中浮现出特鲁多的名言——To cure sometimes, to relieve often, to comfort always。的确如此，在这次疫情中，医护所能做的更多的是帮助和安慰，然后就是传递出的武汉必胜之信念。针对这种现象，我请教了神经内科医生后即刻联合小组医生展开了讨论，随后，对在院患者进行精神状态初步评估后给予了心理疏导及适当镇静治疗，明显提升了患者后期的治疗效果。

"马医生，我脱氧了，今天可以在病房内自由活动几圈了，谢谢你们……""马医生，我今天要出院了，谢谢你们……""医生，前几天病得厉害吃不下，今天胃口格外地好，可以申请吃两份早餐不……"每次查房时听到他们像孩子一样述说身体好转的消息，看着他们眼里饱含的欣喜和感谢之情，我心里比吃了蜜还甜，都会为自己是一名普普通通的医生而自豪，为自己能为武汉战疫付出微薄之力而骄傲。

残酷的现实冲击了日夜奋战在一线医护人员的身心健康。为了缓解医护人员的疲惫和焦虑,一方面,我建立了微信群,将同科室同酒店姐妹拉入群,利用休息时间给大家做心理疏导。另一方面,为了保障大家的休息时间及上下夜班的安全,及时联系唐家墩街道办事处和医院周边酒店,很快与距离医院步行仅10分钟的花语酒店达成合作。医院职工开心地说:"距离医院这么近,再也不怕夜班和下雨天了";而花语酒店三个90后的创业青年也感激地说:"我们初次创业,遇到疫情后经济压力很大,预付房东租金都很难,感谢马医生和唐家墩街道办事处为我们搭建桥梁,帮我们渡过难关。"

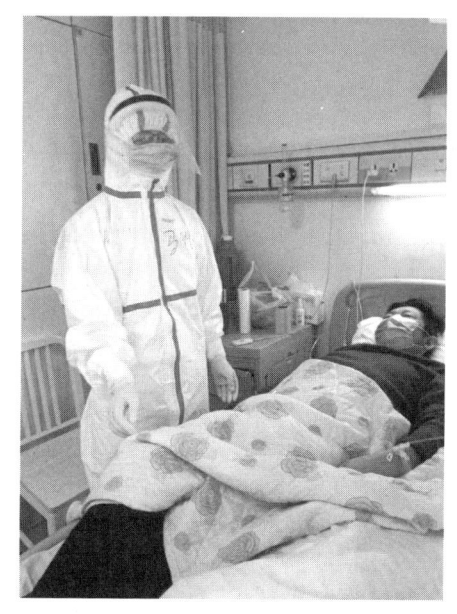

2020年2月25日,马卿莲在武汉市红十字会医院发热二病区病房查房。

"石对雨的爱,正如我对武汉的爱。护患者于心,爱在希望就在。期待春暖花开,我们摘下口罩给彼此一个温暖的拥抱。"——这就是抗疫一线中我最殷切的心声。

孔福生：甘当疫情防控的"勤务兵"

张 浩*

孔福生

九三学社宜昌市委员会主委，湖北省宜昌市人大常委会副主任。

疫情就是命令，防控就是责任。自新冠肺炎疫情发生以来，孔福生率先垂范，无私奉献，始终奋战在抗疫一线，用实际行动生动诠释了一名九三人的责任与担当。

身先士卒　争做基层一线的"守护者"

疫情发生后，孔福生坚持居家隔离，积极配合防疫工作。2020年2月7日，主动到居住地清江润城所在的夷陵区东城试验区润城社区报到，以普通干部身份就地下沉参与社区防疫工作。根据社区统一分配，主要负责清江润城40栋楼住户的疫情防控政策与防护知识宣传、居住信息摸底与核实、疫情排查等工作。

为提高居民的防范意识，孔福生当起了楼栋疫情防控的义务宣传员，及时为群众讲解疫情防控有关知识，传达最新的疫情防控工作动态，引导居民正确理解、积极配合、科学防控。得知社区居家老人买不到口罩，他马上将

---

* 作者系九三学社宜昌市委员会办公室副主任（兼职），宜昌市猇亭区委组织部人才科科长。

家里的口罩送到老人家门口,并帮助联系购买渠道。针对小区住户多、排查难度大等问题,他与社区干部商讨建立居民微信群和排查汇总表,通过电话、微信询问、入户排查等多种方式全面开展排查,做到摸排范围全覆盖,信息精准全,为早发现、早隔离、早治疗打下坚实基础。通过与社区干部、广大志愿者共同努力,所参与的小区没有出现新冠肺炎确诊病例和疑似病例,居民情绪稳定,基本生活正常有序。

服务大局　甘当福建援宜医疗队的"勤务兵"

2月10日,接到福建首批对口支援医疗队于11日即将抵达宜昌的通知,根据中共市委和市防疫指挥部安排,孔福生负责协助分管副指挥长做好福建援宜医疗队的后勤服务保障工作。接到任务后,他第一时间召开协调会,并立即组建食宿保障、通勤保障、防疫检测、安全保卫、物资保供和综合信息六个小组,明确各自职责、及时精准对接,全天候为福建医疗队开展住宿、饮食、通勤、安全、医疗健康服务。

为方便开展工作,从福建援宜医疗队入住酒店的当天起,他就随医疗队

宜昌市人大常委会副主任、九三学社宜昌市委主委孔福生(左二),
对福建医疗队在宜支援期间的吃、住、行等问题进行全方位保障。

员一起吃住在酒店，统筹调度，一线指挥。孔福生表示："我们将竭尽全力，把安全和安心作为工作目标，为医疗队提供全天候'店小二'式服务，全力解决医疗队员们的后顾之忧，确保福建医疗队在宜期间能够全身心投入打赢疫情防控阻击战中。"

为了给医疗队员营造一个温馨的"家"，他始终坚持用心用情，开展贴心服务。他积极协调宜昌富力皇冠假日酒店腾出了最舒适的楼层和房间，在医疗队抵达之前，已经对入住房间进行了全面消毒、开窗通风，并将酒店区域进行合理分区和改造。因疫情防控，酒店中央空调不能使用，为了应对突然的降温，孔福生又安排专门在医疗队员的房间配备了备用被子、电热毯及热水袋等保暖物品，同时提高出水温度，安排专人负责锅炉运行，为福建医疗队营造出高质量的休息环境。2月11日下午，福建援宜医疗队抵达酒店时，他组织工作人员将600多件行李准确送到每位医护人员的房间。为了确保医疗队人员出行顺畅，他积极对接宜昌交运集团，根据福建医疗队人员排班和出行需求，安排专车保障服务。

为保障医疗队员的饮食质量与安全，他协调多个部门积极组织货源，保证充足供应生活物资，安排市食品安全监管部门每天对医疗队饮食的原材料和饭菜进行严格把关和安全检测。每天用餐做到合理搭配、营养均衡。根据医疗队员饮食习惯，合理调整餐品供应，保证医疗队在战疫期间的生活不受影响，以良好的身体状况和饱满的精神状态抗击疫情。根据每个医护人员的工作与休息时间，提供24小时专车接送，采取分餐、个性化配送，保证医疗队下班回来随时能吃上热饭菜。同时，他积极组织兑现一线医务人员补贴，确保及时准确发放到位；医疗队员过生日时，精心为他们准备生日礼物，送上生日祝福。

孔福生坚持每日工作碰头制度，并保持与福建前方指挥部的经常性沟通，及时分析解决服务工作中的问题与不足，在规范服务的基础上，创新服务内容，提供个性化服务，保证了医疗队需求第一时间得到满足。全方位、细致、贴心的后勤保障服务得到了福建援宜医疗队的高度评价，也让他们深深感受到了宜昌人民的温暖，缔结了宜昌和福建人民在战疫过程中的"袍泽之情"。

风雨兼程"行"最美

左明宴

左明晏

九三学社襄阳市委员会樊城基层委员会第三支社副主委，湖北省襄阳市中医医院肺病科副主任。

　　逆行，是相比顺行而言，意为逆流而行。新冠肺炎肆虐期间，我就是这样一位迎"险"而行的白衣使者：2个月间，我行程数千公里，走遍襄阳市区及3县3市，诊治病人500余人，直接接触新冠确诊及疑似患者300余人，有众多患者在我手中奇迹治愈……

不畏险　冲在前　"有危险我先上"

　　2020年元月，面对突如其来的疫情，面对新冠肺炎传染性、诊断及治疗近乎一无所知、毫无经验可谈的现状，我主动请缨，以"非我莫属""舍我其谁"的信念第一批次向院领导表明了"有危险我先上"的心迹。作为一名"呼吸专业人"，我毫不犹豫地扛起了沉甸甸的责任。

　　按照上级安排，从疫情初期我即承担起襄阳市疫情防控专家组主要专家及医院救治组组长的重任，担负疑难重症24小时会诊、诊治方案制定、中医辨证论治等任务。每天，我不是奔波在市区各家医院及县市定点医院，就是穿梭于发热病区及感染病区直面每一名患者。至今仍一直带头冲锋，率先垂范，始终站在防控工作第一线，获得了同事和患者的一致认可。仅2月份1个月，我就出诊接诊患者达200余人次。2020年2月5日，我被中共湖北省委组织部作为疫情防控优秀医务工作者通报表彰。2020年2月17日，又被中共襄阳市委组织部作为在全市疫情防控中敬业奉献、担当作为先进典型通报表扬。

无怨悔　不退缩　愿做风雨"逆行者"

疫情期间，随着疫情进展，病人越来越多，我出诊会诊频次逐渐加大，很多次都只能在值班室休息而回不了家，或者刚进家门，就又被一个电话召回一线。这种连轴转的生活在疫情期间已经成为我生活的常态。

2020年1月21日晚上，在完成一天的抗疫工作及科室日常诊疗业务后，我拖着疲惫的身体回到家，此时已近凌晨。刚进门便接到上级部门电话：枣阳疫情新发，急需诊治救助。想着狰狞的新冠肺炎疫情给人民带去的痛苦和危害，我深感责任重大，不敢懈怠，立即又返回医院和另外一名专家即刻奔赴枣阳及时完成诊疗任务。将要返回时大雾漫天，枣阳同行反复劝说待一晚上，但我想着还有工作要做，仍坚持返回，到襄阳时已是早上6点。稍作休息，7点半又准时赶到科室上班，继续第二天的抗疫工作……

有朋友好心提醒我："你这样拼命干不怕吗？当心点儿！"我说："我生于农村，长在农村，吃苦是本性使然，耐劳是工作要求。抗疫虽然没有硝烟，但和战场一样，我只能进，不能退。"我用自己的实际行动诠释了何为医者的信仰，何为风雨无阻的"逆行者"，守护了医者仁心的初心、荣誉。

1月24日除夕夜，在完成本院发热门诊及分院患者的诊疗后，我又马不停蹄来到市区的其他医院会诊。步入家门已是凌晨2点多，农历新年的钟声早已敲过，家人也已经入睡，此时我深深体会到什么是"屋内为家，屋外为国"的深意。

殚精虑　求古训　挖掘验方救众生

我现任中国研究型医院学会中西医结合呼吸专业委员会常委、湖北省中医药学会肺系病专业委员会常委。平时对专业的钻研让我对治疗新冠肺炎的临床工作逐步加深了认识，也使临床工作如鱼得水。

进入2月，疫情日益严重，病人数量快速增长，诊治也显得复杂、困难。如何减少死亡率，如何加快重症转轻症，中医药如何深度介入，新冠肺炎大数据库如何尽快建设……我一边应对繁忙的临床工作，一边进行了深入的思考和探索。搜集古今名医名方，纵观此次疫情，千年难遇。与过去历史记录瘟疫的"温热之邪"大不相同，新冠肺炎临床上多具"湿毒"的发病特点。我从个案到普遍对"湿毒"的黏滞、弥漫、持久等特

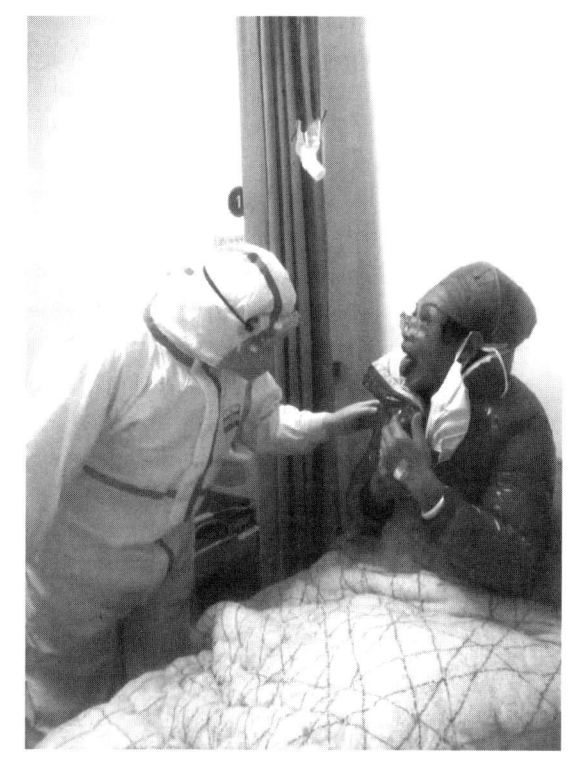

2020年2月13日，襄阳市中医医院新冠肺炎医疗救治组组长左明晏(左)在惠民院区为一位中老年女性新冠患者会诊。

性与新冠肺炎患者呼吸困难、少痰、多脏器受损等相关性进行了系统探究。最终得出结论：湿气是新冠病毒的温床之一，化湿应是遏制病毒的有效手段之一。同时，结合所积累的患者治疗情况资料，我制定了中西医防治新冠方案，做到未病先防，既病防变，提出"阶段论"论治方法，以化湿为轴线，祛邪与扶正适时结合，有力地推进了中医药深度参与治疗，很好地解决了减少死亡率、轻症转重症等问题。

作为市中医医院新冠救治组组长，我积极组织院内培训，积极总结探索新冠诊治经验，制定中西医诊治方案，让中医药深度融入。与医院其他专家一起，诊治新冠肺炎确诊及疑似患者367人，仅2人因合并有严重基础病而去世。此外，我负责作为密切接触者而被隔离的302人的治疗管理、心理治疗及膳食调理，确保该类患者顺利、安全回归社会和家庭；同时，和院内其他专家一起完成了发热门诊及急诊患者近3000人次的筛查。

守初心 转战场 最美逆行再出发

作为肺病科主任，在我的带领下，最令人欣慰的是科室从疫情开始之初就集体出征。大家并没有被新冠病毒吓倒，50后、60后、70后、80后、90后的肺病科医护人员都纷纷请愿出征，奋战在发热门诊、急诊、隔离区、住院部等重要关口。大家连续战疫数月，至今还坚守在工作岗位，毫无懈怠之心，全力抗击疫情，成为中医医院抗击新冠队伍中的一支重要力量。

目前，襄阳乃至湖北全省疫情明显得到有效控制，但是抗疫战斗还未结束，复阳患者、恢复期患者如何得到更好治疗成为呼吸专业的又一新战场。我带领同事们着手科室复诊工作，在门诊成立了肺病康复科，为出院的疑似和确诊新冠肺炎患者提供复诊康复指导，带领科室医护人员继续坚守中转病区岗位，以保障非新冠肺炎患者早日得到规范合理诊治。

"医生与患者的双重身份,为我积累了宝贵的临床治疗经验"

冯 俊

冯俊

九三学社社员,华中科技大学同济医学院附属同济医院急诊内科、重症医学科副主任医师。

从 2019 年底武汉多个地区陆续发现新冠肺炎病例,到 1 月初武汉疫情的突然暴发和加剧,其速度让所有人措手不及;作为常驻华中科技大学附属同济医院中法新城院区重症医学科的主要医生之一,我经历了发热门诊到住院病房新冠患者救治的所有历程。谁也不会想到武汉会经历这样一次灾难,也没有谁愿意面对这样的灾难。作为一名医务工作者,面对新冠肺炎疫情,我只是承担了一名医生应该承担的工作,并没有特别值得宣扬和赞美的地方,但却得到了过多的赞誉,这让我心里一直不安。

对接触的第一例患者我至今记忆犹新:那是 2019 年 12 月 31 日上午,也是 2019 年最后一天,一切似乎和往常一样。在即将结束自己主院区上午的专家门诊时,一位外院咳嗽、发热治疗无效的患者挂号就诊。随着对其病史的追问,一颗悬着的心越来越沉重,最终结合检查,患者被考虑为新冠肺炎。我非常不愿意面对这样的结果。由于当时尚无处理该类患者的具体流程,我立刻上报医院,建议启动特殊具体流程,并参与整个治疗方案的制定。当忙完这一切,已经是下午 2 点。所幸的是,当天下午,患者即被转至金银潭医院就诊,争取到了宝贵的治疗时间。

连我自己都没想到会成为疫情中最先倒下的一批医务人员。最初由于缺乏对新冠病毒的了解，医护人员的防护措施并不严密，加之就诊患者数量众多，身体每天都超负荷运转。1月初，我经历了发烧、咽痛、极度乏力和眩晕，退烧之后半夜依旧咳嗽不断……由于当时尚无全国性的诊治指导方案，只能根据经验，在自己身上摸索治疗方法：按照病毒性肺炎的治疗打针吃药，并与院内专家共同商讨病情。被隔离后，相比身体上的痛苦，内心的自责与焦躁更为煎熬：疫情尚未明朗，患者越来越多，同事们还在连夜奋战，自己却心有余而力不足。

"医生与患者的双重身份，为我积累了宝贵的临床治疗经验。"痊愈后在要求重返抗疫一线时，这是我对华中科技大学附属同济医院中法新城院区重症病房新冠肺炎救治工作负责人提出的重返战场的理由。在我一再的要求下，我如愿解除隔离重返工作岗位。

而当时正值疫情暴发高峰期，每天面对的都是数量庞大的发热病人。许多病人只能在医院狭小的过道里输液，有的甚至连座位都没有。我不想当英雄，

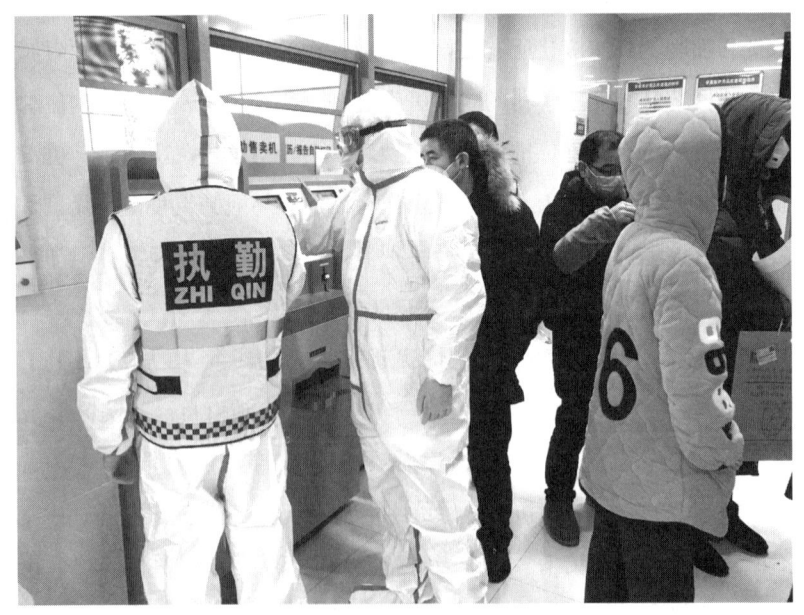

华中科技大学附属同济医院中法新城院区发热门诊开诊第一天，
冯俊（左二）对患者进行筛查及协助患者挂号。

只想少一些人遭受病痛折磨，这是我作为医生的使命，也是作为九三学社社员的担当。

1月底，我所在的武汉华中科技大学附属同济医院中法新城院区被指定为新冠肺炎危重症救治定点医院。2月5日，中法新城院区新冠肺炎ICU病区正式开始收治新冠肺炎危重症患者，我所在的ICU病区床位一夜之间全部收满。

这意味着更大的责任，更繁重的工作，也意味着更高的风险。医护人员不仅要克服防护物资紧缺的困难，还要承受巨大的心理压力，作息时间也被完全打乱。一些曾与我奋战在抗疫前线的同事也被感染，使得本就超负荷工作的医护人员更显捉襟见肘。自己体内已经产生抗体，理应多承担些救治任务。反倒是身边许多年轻的护理人员，冒着更大的感染风险战斗在一线。每每看到他们耐心地为病人吸痰、做口腔护理、鼻饲、换药、输液、测血糖等，都更坚定了自己奋战到底的决心。

在积极投身本院危重新冠病人救治的同时，我还有幸应邀参与恩施州新冠病人的远程会诊救治工作。看着满病房的危重患者，我只是想争取一切能争取的救治机会，让患者多一点希望，让自己少一点遗憾。在和各地专家商讨病情时我发现，传统中医药已经广泛用于各地新冠患者的临床治疗，特别在得知中医药在方舱医院轻症患者的治疗中取得了非常好的效果后，通过多方联系，我有幸和全国各大中医院知名专家商讨和实施临床危重新冠肺炎的中西医联合治疗方案。在缺医少药的情况下，我们通过社会组织筹集了大量珍贵中药材，并在多位中医知名专家帮助下制成中药颗粒剂免费提供给临床患者使用，取得了显著的效果。

随着全国疫情形势总体好转，新冠肺炎患者们多已康复出院，而对境外输入患者及无症状患者的预防和救治，仍将是接下来需要面临的考验。整个疫情期间，我已经3个多月未曾回家，每次只能将供给用品放在小区外，远远地看着自己的家人取走，心情总是很忐忑，感觉很对不起自己的家人，特别是对不起自己身染重病多年，经过骨髓移植后处于恢复期的儿子。但目前也只能等到医院完全返岗复工后再多留一些时间陪伴他们，那个时候才是安全的，对所有人都好。

"医生与患者的双重身份，为我积累了宝贵的临床治疗经验"

全雨峰：逆行向前 天使仁心

周平林 彭娇妍[*]

全雨峰

九三学社荆门市委员会石化支社副主委，湖北省荆门中医医院重症医学科主任。

在此次新冠肺炎疫情防治过程中，全雨峰不怕困难、不畏艰险、不顾个人安危，积极投身医疗救助事业，用高超的医疗技术、深厚的医德医风，谱写了抗疫战场白衣天使最美的壮歌。

一

2020年1月，荆门市新型冠状病毒感染的肺炎疫情防控指挥部发出第5号令，要求全市公职人员不得离开辖区，随时待命。此后，沙洋县人民医院医护人员及医疗物资相继告急，需要增援。得知消息后，作为荆门市中医医院（荆门市石化医院）心脑血管和重症医学方面的专家，全雨峰积极响应组织号召，前往沙洋县人民医院支援医疗建设。

此时，全雨峰因前往基层屈家岭医院工作途中遭遇车祸导致肋骨骨折，还在家休养。家里人听说他要到前线去救治新冠病人，并且所去的沙洋县情况紧

---

[*] 作者周平林系九三学社荆门市委员会专职副主委；彭娇妍系九三学社荆门市委员会石化支社副主委，中国石化荆门分公司员工。

急时，都非常替他担心，纷纷劝他在家休养，但全雨峰却说："不要紧，我选择了这个职业，就是选择与危险打交道。"

由于基层医院医疗水平欠缺，医护人员的专业技术水平需进一步提高，初到救治地点，全雨峰不顾还在恢复之中的伤势，积极帮助院方搭建发热门诊，建立病例档案，向当地医护人员讲解新冠病人治疗方法、医护人员的个人防护措施等。厚厚的防护服穿在身上了就不能脱下来，全雨峰只能少喝或不喝水，以减少上厕所的次数。

在协助沙洋县人民医院建立发热门诊过程中，全雨峰发现该县医护人员在救治病人时基本没有什么实际经验，特别是给病人脸上的口罩佩戴不规范，他就耐心地给当地医护人员讲解口罩的正确佩戴方法，帮助病人纠正没有戴好的口罩，给他们示范正确的洗手步骤。

二

随着疫情的加重，沙洋县除了当地患者，沙洋监狱也出现了疫情感染患者。并且，监狱因人员集中，扩散的风险更大，并且这里的人群是一个特殊群体，仅第三监狱就有病人40人之多，再加上疑似病例，人数达50余人之多。因此，沙洋的疫情相比其他地方显得更加紧急。市疫情防控指挥部不仅把国家对口援助荆门的内蒙古医疗队部分队员调去援助，国家司法部也紧急调集川黔

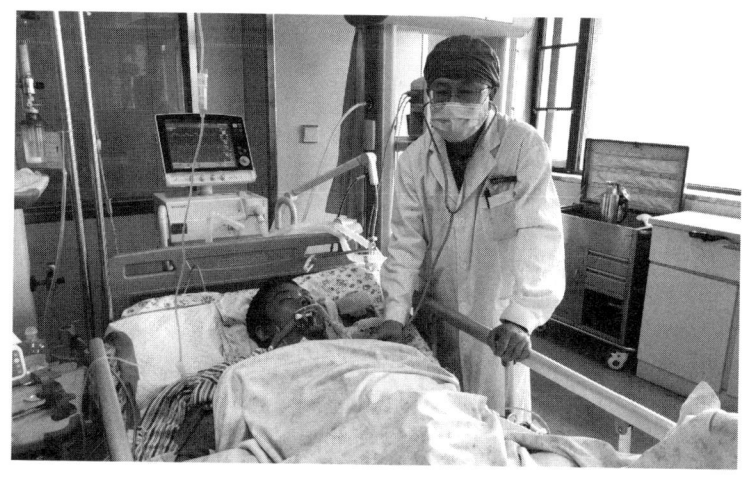

2020年2月20日，全雨峰在ICU病房检查病人。

救援团队前去援助。为了杜绝一切可能出现的传染源，全雨峰便主动申请去救治监狱病人的病区。

一次，全雨峰已经下中午班，准备回宾馆吃午饭。返回途中，突然接到值班护士电话称，有一个病人出现昏迷，血压在急剧下降，情况紧急。全雨峰立即返回医院去察看病人情况。

赶到医院后，全雨峰仔细察看了病人的生命体征，发现该病人呼吸正常，血压稳定，并没有值班护士所说的那么严重。担心判断有误，全雨峰便再次给该病人量了血压，又给病人开了CT检查。经检查，果然如他所料，这个沙洋监狱犯人的病情是装的，他想通过伪装病情加重，伺机逃跑。

检查结果出来后，全雨峰并没有拆穿这个病人，而是如往常一样给他问诊、检查他的病理指标变化，并利用每天查房的机会给该病人讲疫情传播的危害性，病毒感染者传播病毒要负什么样的法律责任，非但不减刑，还要加刑。同时还鼓励他说，治好了自己就是在爱护他人，就是在给国家做贡献，从而打消了该病人想借装病从医院逃跑的念头。

自参加治疗沙洋监狱患者以来，除疑似病例外，他已成功救治病人60余人。

三

疫情期间，由于不断上涨的确诊人数，和长时间居家隔离的生活，使人们的精神压力也一天大似一天。同时，在他所在的石化支社，还有很多在停不得的企业荆门石化一线坚守岗位的九三学社社员。为了能使他们安心工作，搞好安全生产，全雨峰充分发挥自身专业优势以及多年临床经验，利用微信群、朋友圈等传播渠道，给社员们讲解疫情防护、个人健康、医疗卫生、养生保健相关知识，确保了一线社员的心理健康。

从3月1日至今，他已在"九三学社荆门市委会微信群""九三学社荆门石化支社微信群"和大家分享疫情防控知识、国内外疫情防治最新动态知识300余条，义务为社员解答心理健康、个人防护及健康养生知识100余次。

刘金亮：不忘初心担重担　牢记使命抗疫情

周平林[*]

刘金亮

九三学社社员，湖北省荆门市中医医院感染二科主任。

　　刘金亮从事内科临床工作近20年，在多家国内学术杂志发表论文多篇，担任本市神经内科委员会、精神心理分会等多个学术团体委员。在疫情防治过程中，他秉持"大医精诚"的原则，坚守一线，不顾个人安危，急患者之所急，想患者之所想，保障了人民生命安全，用自己的实际行动谱写了白衣天使的生命赞歌。

刚中有柔亲表率

　　2020年春节将至，湖北疫情突然暴发。刘金亮临危受命，被指派担当起临时组建的感染二科主任重任。他与妻子做了简单交代，将两个孩子和妻子送回了随州老家，毅然踏上了回荆抗疫的征程。

　　经过紧张的转移、转运与旧病区改造，刘金亮与新组建科室的7名医生、8名护士于当晚便迎来了2名新冠疑似病患。不久，他所在的住院部41张病床

---

[*] 作者系九三学社荆门市委员会专职副主委。

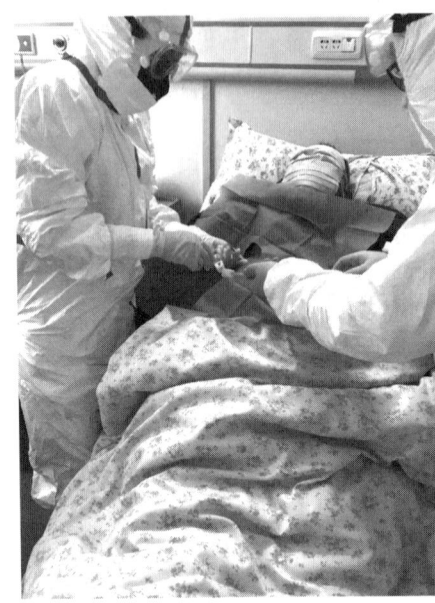 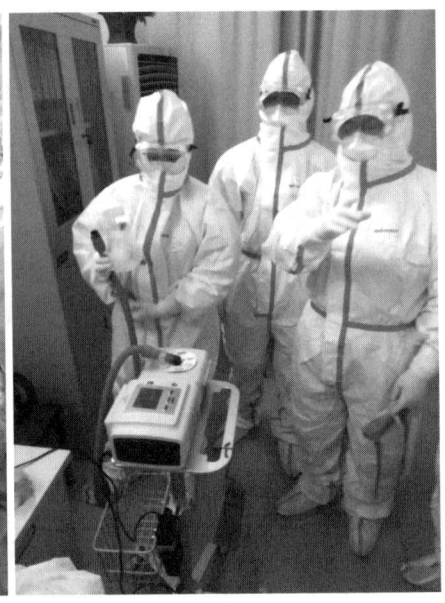

刘金亮（左一）在为患者做胸穿抽气。　　刘金亮（右一）在科室讲解无创呼吸机的操作。

即满员，入住的病患根据病情不断转进转出。作为抗疫期间的一线科室，诊疗工作变得比一般临床科室尤为紧张和忙碌，被感染的风险陡然增大。

新组建的科室共有医护人员20余人，平均年龄不到30岁，他们大多又是第一次遭遇这么严重的疫情，接触这么高危的传染病人，大家心里都非常紧张。作为科主任和"老大哥"的刘金亮看在眼里，立即召开科室工作会，要求大家以一名专业医务工作者的严谨态度，规范着装，严格防护，科学处置，积极应对，以坚定的信念与全国广大医护同行一道打赢这场没有硝烟的抗疫攻坚战。

在刘金亮的带领下，全科医护人员身穿防护服、头戴护目镜、脚蹬数层一次性长鞋套，全副武装，开始在科室进行交接班、查房、会诊、指导用药、对病人家属进行电话沟通、对患者进行心理安慰、统计上报疫情数据，包括协调患者转诊，工作井然有序。

医者有情巧治心

在一线的这些日子里，刘金亮寝食难安，总是想方设法琢磨着如何用中西医结合治疗法更有效地为每一名患者治疗，希望他们早些康复出院。他不但负责治病，还负责"治心"。作为内科专业出身的刘金亮常跟身边的医护人员说："其实，患者生病有两种形态。一是病在生理上，二就是病在心理上。特别是在这种重大疫情发生的重要关头，这就要求我们医护人员平时除了积极救治他们生理上的病痛外，还要在思想上多多关心和开导他们。"

一次，科室里接收了一名72岁高龄因头痛、伴左肢体偏瘫22小时入院的陈姓老人。老人曾患过高血压、脑梗死、胃出血等多项内科疾病，同时还伴有右侧丘脑出血破入脑室症状及合并肺部感染，属生活不能自理的失能患者。刚入院时，老人情绪激动，思想消极，认为自己已经这样了，治疗不但"没有意义，还容易受到感染"。加之被隔离，见不到亲人，老人不太配合治疗。

有着多年丰富临床经验的刘金亮对老人的病历资料仔细地进行了综合分析后判断，认为老人恢复生活自理能力的可能性极大，但需要患者配合治疗。

刘金亮与倔强的老人拉开了家常，不时疏导、开开玩笑成了他沟通规劝的"武器"。同时，他还指定专人护理，让医护人员多关心老人的生活起居，通过控制血压、调整颅内压、防止激发性血栓、抗感染等一系列针对性治疗来帮助老人康复。一周后，老人心情逐渐舒畅，病情得到了控制，终于转到了普通病房，顺利进入了康复治疗阶段。老人的亲属得知消息后，对刘金亮及其所率的传染二科全体医护人员感激不已。

危难之中勇逆行

感染二科成立不到20天时间，刘金亮所率的科室团队很快就配合默契，并经历了数次紧急抢救的紧张时刻。

2月23日中午，正当食堂工作人员刚刚将盒饭通过非感染区送达科室时，一名处于休克状态的85岁老人被紧急抬到了科室门口。"快，准备抢救！"正准备坐下吃饭的医护人员在刘金亮的招呼下，纷纷起身前去帮忙。

经过检查，他们才知道老人曾有过脑梗，平时在服用抗血小板药物治疗。这次不但呕血近1000毫升，导致休克，而且血红蛋白由72克每升，直降到了50克每升，肝肾功能、心脏功能障碍，多次检查均不凝血。由于肺部感染，可以判定患者为新冠肺炎的疑似病患。面对这名很可能具有高危传染性的疑似患者，刘金亮不顾个人安危，立即对老人实施止血、输血、抗休克、抗感染等救治措施，此后不断调整用药方案。抢救的 24 小时里，刘金亮始终坚守在抢救的岗位上，直到老人肝肾功能、凝血功能、心脏等各项指标基本恢复正常，才回休息室休整。

  在感染二科坚守的这些天里，刘金亮办公室的灯经常彻夜不熄。在大疫来临、祖国人民最需要的时候，他自豪于自己是一名医生，可以用自己所掌握的一技之长治病救人。也许，这就是医生这个职业吸引着他奋勇前行的魅力所在。

疫情中的成长

刘晓帆

刘晓帆

九三学社社员，湖北省武汉市中心医院呼吸内科主治医师。

2020年1月，武汉市中心医院紧急开放了发热门诊。作为呼吸科医生，我参与了第一天发热门诊的工作。看了5个病人，有着相同的疾病症状，有华南海鲜背景，肺部CT有着同样的磨玻璃渗出影。出于职业的敏感度，我不禁倒吸一口凉气，凛冬将至。

冬季的呼吸科，永远都是满负荷运转。接下来的日子，病人接踵而至，逐渐远远超出负荷。小小的诊室外面，永远是排着长队等候就诊的病人。病人不知道还要等多久，我也不知道自己几点钟能吃上饭，几点钟能下班。医疗资源挤兑马上出现，改造的隔离病房已经全部满额，病人只能在门诊就诊。看着类似的病人越来越多，他们忍受疾病，又没有那么多的病房，作为医生，自己能做的很有限，每天特别难过。有时候晚上下班回家，会独自默默哭泣。也担心自己被感染，想把银行卡密码、债务等情况告诉家人，同时又怕家人担心。

有些病人因为疾病折磨非常难受，有些病人还要看着自己的家人也被感染，他们真的很困难。我会一直去安慰他们，一切会好起来，一切都会过去的。我对他们更多了些耐心，多给他们些希望和鼓励，教他们一些防护常识，教他们如何尽量保护自己的家人。有位丈夫，每日近距离照顾生病的妻子，妻子状态逐渐好转，但某天丈夫开始发烧了。他告诉我："医生，您别难过，我爱我的老婆，我必须在她生病的时候一直在她身边。她已经好多了，我相信自己也一定会好起来的。"有位刚从美国回武汉探亲的女病人，和我母亲年龄相仿，她说根本不敢告诉在美国的女儿，自己生病了，怕女儿担忧。听到这里，我眼泪一下子要落下来，赶紧安慰她："阿姨，会好起来的，您看这么多病人，不都慢慢在好转吗。"阿姨特别冷静、乐观："我相信您，一定可以医治好我的。"因为病人需要排队等候住院的时间太长，我开始在自己的工作笔记上记录相对重症病人的大致情况，给他们发免费的复诊号。我把病程和生命体征、治疗方案详细写在他们的病例上，希望重病人能及时反馈病情变化。在有床位空出时，就紧急安排危重患者住院治疗。有位婆婆，每天早上7点多就在诊室门口等我复诊。渐渐地，她的症状缓解了，肺部影像学改变明显。在告诉她快要康复的时候，她惊喜得站起来，紧紧握住我的双手。虽然有些害怕病人直接触碰我，可是那份欣喜迅速传递到我身上，是无与伦比的幸福。

看着诊治的大部分病人慢慢好转，自己也没被感染，我慢慢不再恐惧这个疾病。随着武汉市封城，暂停门诊后，我进入隔离病房及重症监护室工作。网络上逐渐各种新闻链接、朋友圈、微博对疫情发展的关注越来越多，里面的部分内容及情绪会让自己跟着一起非常沮丧。我深深爱着武汉，爱着我在这个城市所经历的青春，爱着我在这个城市里的成长。我得为武汉而战，要保护好我们的家园和家人。因此，我开始要求自己不再去看网络信息，也不在非专业医生群里聊天。每天只平静、忙碌地工作，休息时就吃营养均衡的食物，早些睡觉。只有自己心态平和下来，才能保持镇静去治疗和安慰病人，去精力充沛地高效工作。

随着雷神山、火神山医院的飞速竣工，全国医护人员的火速支援，我的工作强度明显降了下来；全球的口罩和防护服都被爱心海外华人买来了；医护工作者每天中餐、晚餐都被武汉各餐饮企业免费包了，餐餐有肉有蛋；医院陆续收到好多好多全国各地的捐赠：昨天还在地里的青菜、新鲜出炉的面包、牛奶、咖啡、巧克力、小火锅、暖宝宝、秋衣秋裤……应有尽有。真的好感动，特别庆幸自己能够出生在祖国和平、经济繁荣的时代。每天上班路上，各个小区出口都有社区志愿者执勤，量体温，登记参与防疫工作人员出入时间、地点及缘由；街道上，环卫工作者依然在打扫卫生；每个路口都能看到警察在岗；顺丰快递、EMS紧急从国内外转运着医疗物资。下班回家，小区居民井然有序地自觉间隔2米，戴着口罩领取团购的菜品；小区物业每天都在消毒……所有的一切都安安静静、有条不紊。看到有这么多人跟着医务人员一起战斗，瞬间感到自己不再孤独，充满力量。

自己亲眼看到了中国人民有多团结、多善良，亲身体验到了全国都把"最硬的鳞"给了武汉，武汉还有什么理由沉溺于悲伤？擦干泪水，往前走就是了，春天终究会到来。3月底，武汉的疫情基本得到控制。这场战役，是由很多很多平凡又伟大的医务工作者、社区工作者、防疫志愿者、全国组织捐赠的爱心人士，还包括放弃自由足不出户的市民……大家竭尽全力，患难与共，才取得了胜利。

经过这场洗礼，我自己又成熟了一分。我深深地知道，作为中国人，在危难时刻，党、国家和全国人民都会保护和支持我们。身为中国人，我们也需要继续进取，让自己变成更好的人，才能为祖国建设和发展贡献出更多的力量。我爱我的祖国，希望祖国繁荣富强，希望中国人民幸福安康。

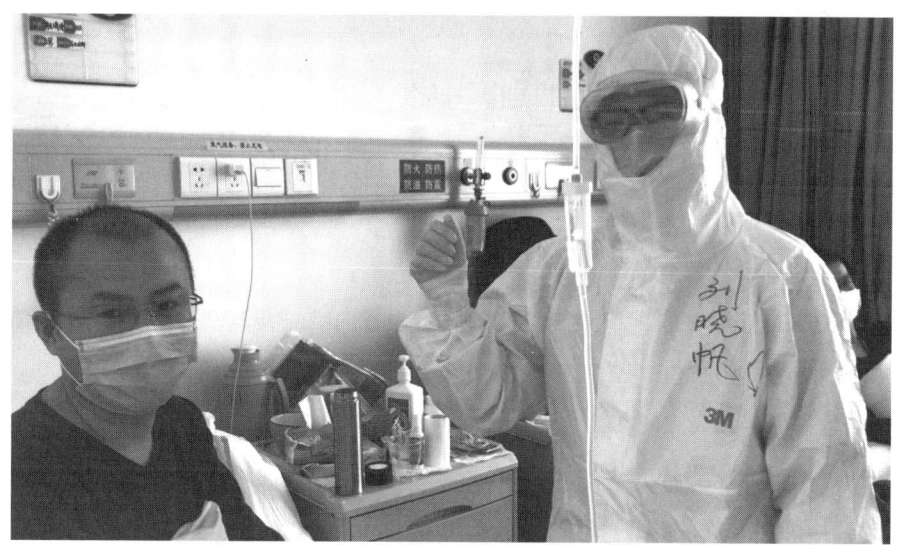

刘晓帆在病房查房时与病人合影。

"前方再危险,我也要迎难而上"

闫学强

闫学强

九三学社武汉市江岸区工作委员会第三支社委员,湖北省武汉儿童医院儿外科副主任医师。

"乖乖,爸爸妈妈回来了!"3月20日,刚刚结束了为时2个月抗疫,终于回家和三个宝宝团聚了。8个月大的龙凤胎望着"陌生"的爸爸妈妈有些蒙,我心中一酸。但回首过去的2个月抗疫生活,求诊的孩子们一个个康复出院,就是对我最大的慰藉!

夫妻携手 泪别家中稚子勇上"前线"

我2010年毕业于华中科技大学同济医学院,师从中科院院士陈孝平教授。今年刚好是我在武汉儿童医院工作的第10个年头;我也是武汉儿童医院最年轻的80后临床科室负责人。

2020年1月底,武汉儿童医院被确定为省内唯一儿童新冠肺炎收治定点医院。为了集中抗疫,医院多个病区进行改造,普外科两个病区也合二为一。疫情就是命令,我和同在儿童医院影像科工作的妻子,都义无反顾地投入了这场没有硝烟的战役中。

上战场前,我和爱人内心其实是很忐忑的,主要是担心孩子:老大3岁半,正是好动调皮的时候;一对龙凤胎不到6个月,还在吃奶。龙凤胎出生时身体较弱，妻子心疼孩子，原打算多喂孩子一段时间母乳，但眼下也只得忍痛放弃，强行给孩子断了奶。

"我的老师陈孝平院士经常教导我们说，做医生要做到'三不计较'：不能计较时间，医生的时间是属于医院和病人的；不能计较金钱，学医之人贪图金钱就会出大事；还有就是不能计较一时的得失。"老师的教导我一直铭记在心，和妻子互相宽慰、鼓劲。在这特殊的日子，我们成了疫情时期的战友，将孩子们托付给了四位老人。

接下来的2个月，我和妻子都没有回过一次家。大宝经常在视频里问："爸爸，你和妈妈什么时候回来呀？我现在很乖，我每天都照顾弟弟妹妹。"每每听到这些懂事的声音，我心中就充满了愧疚，只能一次次地夸孩子："大宝真棒！爸爸把病毒打败了，一定马上回来。"

迎难而上　为新冠患儿做急诊手术

10个月的妍妍是一名确诊的新冠患儿，因突发肠套叠住院治疗，传统方式治疗效果不佳，急需外科手术，否则孩子很可能因为肠梗阻、感染而有生命危险。

如何在充分保护自身安全的前提下，为确诊新冠的患儿做外科手术？此时没有任何先例和经验可以借鉴。但是，我作为科室负责人，应该也必须义无反顾冲在最前面。经过周密的部署，我决定当晚为孩子做急诊手术。

有人好心劝我："现在是疫情最重的时候，为新冠患儿做手术风险很高，防护也不一定百分之百安全，万一感染怎么办，你不怕吗？"坦白讲，没有小孩之前，我什么都不怕，有了孩子以后，我特别怕自己出什么意外。但是穿上白大褂，我就是一名医生，我不能眼睁睁看着孩子在等待中失去手术机会。我们连夜为妍妍做了手术。做完手术，脱下防护服，全身已被汗水浸湿。抬头看看时间，已是凌晨1点。

12岁女孩苗苗被查出胰腺头部肿瘤，需要做手术切除。但是，苗苗的父母带着苗苗到多家医院求诊，因为疫情均被婉拒。最终，苗苗父母慕名来到武汉儿童医院求诊。我想，只要有机会，我不能放弃任何一个孩子。

穿着防护服，戴着护目镜，本身就行动笨拙，视野变差了，平时简单的操作也变得困难。但肿瘤切除容不得半点马虎，稍有差池就可能引发严重后果。手术持续了 10 个小时，凭借娴熟的技巧和丰富的经验，这场手术非常成功。脱下防护服，我累得几乎站不起来了，但心里特别高兴。如今，女孩恢复良好，即将出院。

这样的外科限期手术，早一天做，孩子生的希望就多一分。每个孩子身后，都寄托着一个家庭的希望。整个疫情期间，科室内的限期外科手术，一直在正常开展，为多个家庭带去了生命的希望。

科研抗疫　发表论文与世界共享中国经验

武汉儿童医院作为省内唯一儿童新冠肺炎收治定点医院，在救治患儿过程中，积累了一定的经验。为把有限的经验分享给同道，在紧张的工作之余，我们团队在 48 小时内完成了论文《儿童新型冠状病毒感染合并急性阑尾炎一例》，发表在国内小儿外科顶尖杂志——《中华小儿外科杂志》上。

新生儿胆道闭锁一般需要在 3 个月以内手术，否则引发肝硬化后，即使手术也预后不佳，实在"等不得"。为疫情期间顺利、安全地开展限期手术，我

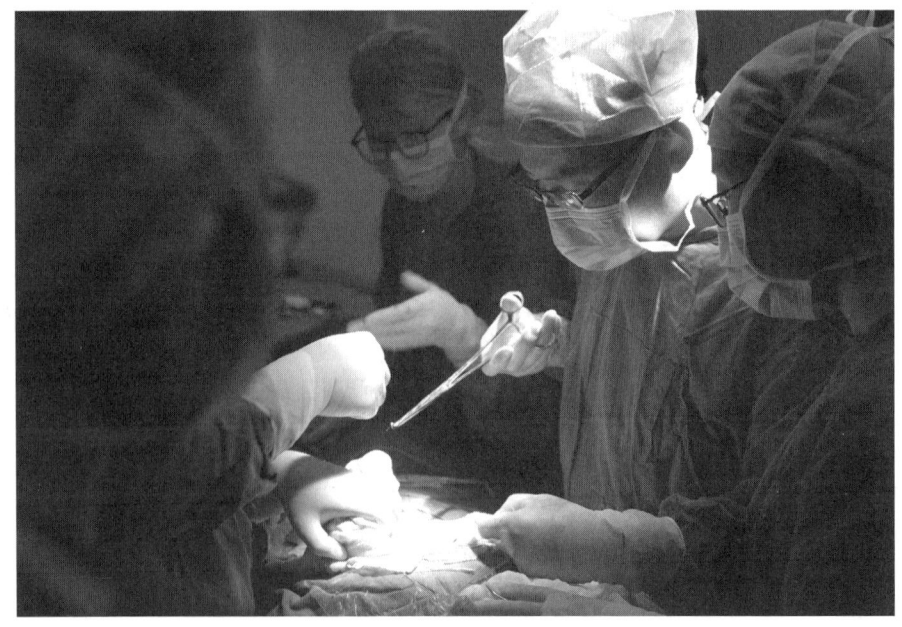

闫学强（右二）在主刀手术中。

们团队撰写了《新冠肺炎下如何更好地开展胆道闭锁的诊治工作》，并通过绿色通道快速发表，为同道提供了及时的参考。

世卫组织统计数据显示，截至北京时间4月6日0时，全球确诊新冠肺炎患者超过113万例，抗疫急需中国经验。我们团队主动加入了新冠防控指南英文版撰稿组，参与新冠防控英文指南的撰写，向全世界传播儿医智慧，助力同行抗击疫情。

新冠肺炎疫情，是全人类需要共同面对的问题。病毒无国界，是人类共同的敌人，与国际同行分享抗疫经验，是中国医生的责任和担当。

李晖：精心运筹　案牍建功

蔡文怡[*]

李晖

九三学社湖北省委员会研究室主任。

　　乙亥岁末，各种关于新型冠状病毒肺炎的消息在武汉的街头巷尾、朋友圈、微博飞速传播。有的人半信半疑，有的人无动于衷，有的人添油加醋，而有的人则开始处处留心、收集信息，以备不时之需。其中，就有这样一位有心人，他就是九三学社湖北省委研究室主任李晖。

　　李晖带领本部门同事积极收集新冠病毒相关信息，高度关注事态发展。当得知新冠病毒可以"人传人"后，他第一时间向九三学社湖北省委领导反映了相关情况和自己的预判，并建议社省委早动员、早行动。对此，社省委迅速做出反应，动员社内骨干积极、主动履职，充分发挥九三学社科技界和医卫界社员的优势，有效发挥作用，全力配合党和政府做好防控工作。

　　同时，李晖作为研究室负责人，敏锐地察觉到此时正是社情民意信息发挥作用的良机。他开始着手组织社内专家及时就疫情防控过程中的问题提出意见和建议，为科学研判形势、精准把握疫情建言献策。

　　在全力抗击疫情期间，全省社员的参政议政热情前所未有，各路社情民意

---

[*] 作者系九三学社湖北省委员会宣传部干部。

信息像雪片一样飞来。不足2个月的时间内，社省委收到各类信息稿件近300篇。如何利用好社员们的参政议政热情，发挥他们的专业知识，从各个领域发挥作用，使他们的思考转化成文字，把他们的信息及时向上报送，让他们的建议得以适时提交到有关部门，李晖带领部门同事和信息工作骨干们不分昼夜开展工作。

他主动与20多位社内信息工作骨干逐一联系，讨论选题、明确重点，围绕此次疫情的危中之机展开研讨。稿件内容从最初关注疫情本身，如疫情应对措施、隔离安置、分级诊疗、医护人员后勤保障、防护用品供应、医疗垃圾处理、疫情舆情引导、志愿者服务、心理关怀等方面，逐步发展到关注与疫情相关的更深层次的问题，比如居民生活物资采买的民生问题、交通管控带来的生产资料与产品的供应和销售问题、中小企业生存问题、农民工就业问题、教育问题、生物安全问题、优化我国传染病预警系统问题等内容。

根据稿件内容，李晖带领部门同事精心修改打磨，分别向九三学社中央、省政协和省委统战部报送了80篇、124篇和99篇信息。其中《开展疫情防控对口支援，更好防控湖北地区疫情发展》被中央统战部采用，《国内媒体对国外疫情报道应重现状轻评论》等20篇信息被社中央采用，《关于加快医院实验室检测新冠病毒速度的建议》等12篇信息被省政协采用并报全国政协，《关于疫情期

李晖在发言中。

间优先保障我省小微经济运行发展的三点建议》等5篇信息被省政协采用并转报有关部门。在李晖和他的信息工作骨干队伍的努力下，九三学社湖北省委的信息稿件数量和建言献策的质量在全省8个民主党派中稳居前列。

能取得这样的成绩，首先源于李晖平日的留心。他时刻关注疫情新闻、各地报送的信息，抓住各种机会利用身处疫情中心的便利主动收集信息。在收集信息的基础上，李晖勤于思考，常常与信息工作骨干社员沟通，善于启发引导。社员们每每在与其交流后思路大开、文如泉涌。那篇被中央统战部采用信息的作者甚至笑称，自己写信息的思路和灵感都来自和李晖的交流。李晖还通过自己的琢磨，反复推敲提交信息的时间点。有社员在疫情初期反映疫情期间有的宣传标语十分不妥，李晖经过思考觉得此时是疫情防控最紧张的时候，政府部门的工作重点可能放在一线抗疫具体事宜上，此类信息难以引起重视，故将这条信息压后再报，果然得到了采用。

这样的成绩更离不开一支高效的信息工作队伍。李晖深知，信息工作光靠单打独斗、闭门造车是不行的，相互启发、集思广益才是信息工作提高效率和质量的有效途径，并一直在着力培育一支强悍的信息工作队伍。他很早就建立了一个信息工作骨干群，这个群从寥寥数人已经发展到20余人的规模，有高校的学者、研究人员、地方的政务工作者……各行各业精英荟萃。疫情期间，李晖充分利用热点问题相对集中，稿件内容相似度高的特点，在同类稿件的作者中充分交流思想，互相学习提高，并邀请感兴趣的社员共同参与讨论，形成定稿后再反馈给参与者，以此来激发更多社员参与信息工作。通过这种一对一、一对多、多对一的沟通交流，信息工作骨干群变成了信息工作培训的网络课堂，参与其中的每位社员都有了不同程度的收获。在这次疫情中，这个信息骨干群发挥了十分重要的作用。李晖还在疫情中不断地以战代练，培训培养更多社员成为新的信息员，不断壮大信息员队伍。

疫情期间，在做好信息工作的同时，李晖还主动请缨，成为社区志愿者，统计楼栋信息。他不计烦琐，每天统计楼栋几十户人家的人员变动情况和每位居民的健康、体温状况，并及时向社区反映。

从1月23日武汉封城以来，李晖把疫情视作命令，把防控当作责任，全情投入抗疫工作中，在工作上模糊了三个界限：春节假期和平常生活的界限，双休日和工作日的界限，白天和黑夜的界限。由于时间紧、任务重，长时间工作，李晖在此期间突犯腰疾，然而当时正在进行《发挥党派优势，完善重大疫情社情民意信息报送机制》调研报告的撰写，他硬是躺在床上用手机一字一句高质量完成了这篇几千字的报告。这篇卧床完成的报告被省委统战部列为疫情期间重要调研成果。

而今，疫情消退，人们以最高礼仪欢送援鄂医疗队员回家，街头巷尾逐渐恢复了往日的喧嚣。逐渐轻松起来的李晖终于可以端一碗浓油赤酱的热干面，笑看窗外车行如龙，静听巷陌人声不息。

李雪锋：情系大山深处　谱写大医精诚

闻　雅[*]

李雪锋

九三学社十堰市委员会副主委，湖北省十堰市太和医院内分泌科主任兼神农架林区人民医院院长。

神农架林区人民医院（太和医院神农架林区医院）坐落于神农架林区松柏镇，位置偏僻，交通闭塞，距最近的城市——十堰市204公里，是偏远林区8万人民唯一的生命健康守护神。

准确研判　超前布防

时值2019年岁末，新冠肺炎已开始悄悄在武汉肆虐，并呈向外扩散之势。神农架林区人民医院（太和医院神农架林区医院）院长李雪锋凭借着敏锐的洞察力和多年的工作经验，从当时有限的信息中马上意识到：这可能是一种感染烈度较强的新型传染病。基于这样一个判断，在未得到任何更多信息的情况下，李院长立即开始谋划布局林区人民医院疫情防控的相关工作：迅速结束在外地的出差行程并立即返岗，第一时间向林区党委、政府主管部门汇报，迅速召开疫情研判部署工作会；当即叫停曾决定马上拆除的旧住院病区，立即改造

---

[*] 作者系九三学社十堰市委员会办公室主任。

成为发热门诊和隔离病区的预备场所；安排药品、设备等相关科室开始进行消杀物资、个人防护物资及相关药品的准备工作；将医院从春节休假模式及时调整为正常上班模式，要求所有休假人员立即返岗待命。

随着疫情的不断变化，李雪锋在第一时间成立了医院疫情防控工作领导小组，下设六个专业小组，明确了各组的工作职责；随时跟进研判疫情形势发展，及时制定疫情防控应急处置方案并根据疫情发展随时修订，从人员防控、各部位消毒、应急值守等各层面全面做好准备；及时组织全院职工开展相关知识学习和专业技能培训，并亲自带队深入临床科室督导检查；亲自梳理核对相关治疗药品、防护用品（口罩、防护服、消毒用品等）的库存情况，对紧缺物资立即申购、配送；严格疫情相关物资的使用和管控，紧缺物资即时实行一把手直接管控。

身先士卒　靠前指挥

疫情暴发时，正临近春节假期。疫情就是命令，防控就是责任。危急时刻，李雪锋没有丝毫犹豫，更无暇顾及远在十堰的妻儿，直接冲入防控一线。

作为医疗专家，他特别注重疫情防控工作的质量和效果。在有效降低感

林区领导深入医院调研，李雪锋（前排左一）等陪同。

染病人的致残致死率的同时，把医务人员的零感染作为最高追求目标。他事无巨细妥善安排：安排中药房为大家免费提供新冠预防中药煎剂；按照不同岗位防护等级要求发放口罩、防护衣、防护镜等防护用品；开展院内疫情"相互监督"模式，每天安排专人对上班的职工开展体温监测，每日两次对公共区域、重点区域进行例行消毒，敏感区域随时污染随时消毒；严格门卫管理，要求全院职工做好家属的自身防疫和宣传教育工作。

作为医院院长，他既担负着医院救治的责任，同时也担负着配合林区党委、政府做好全林区疫情防控的重任。自疫情防控工作开始，他也就此开始了昼夜不分的日子：电话全天候开机、密集的会议、重点工作的安排部署、现场督导检查、全区全院防控的统筹协调等等。员工们经常看见的是，已经过了饭点，他还在查阅相关资料，听取防控工作汇报，有时趁着空当时间，匆匆扒几口凉饭冷菜，实在太累了，趴办公桌上休息一会儿，每天很晚才能拖着疲惫的身子回到住处，还得继续接听发热门诊、隔离病区医护人员的咨询电话，及时安排落实上级下达的任务。

创新举措　精准施策

新冠肺炎疫情暴发后，各种途径的信息相继披露，使群众不知所以，一度引起心理恐慌。对此，李雪锋立即安排部署：开通24小时免费热线电话3部，在医院微信公众号开通在线问诊，及时为群众解惑答疑，稳定了群众情绪；确保隔离观察患者的生活得到保障，同时安抚他们的情绪，使之能积极配合治疗；安排专职心理医师对所有"红区"内医务人员和确诊患者进行心理疏导；迅速成立人民医院疫情防控健康服务工作队，对奋战在抗疫一线的警察、社区工作者、志愿者等开展免费健康体检并指导他们如何做好自身防护。

严阵以待　巩固成果

基于科学预判、果断决策、周密部署，林区人民医院配合林区党委、政府防控得力到位，整个林区无新增确诊病例和疑似病例，已确诊病例（11例）全部治愈出院，全院医护人员零感染。虽然疫情防控形势积极向好的态势持续拓展，但是形势依然严峻复杂，还具有很大的不确定性，仍然面临着反弹的巨大压力。李雪锋迅速利用暂时无新冠肺炎患者的空当期，积极进行防控部署，继续维持和做实做细现行的防控措施：强化预检分诊、发热门诊值班值守纪律；分批组织院内感染防控培训并督导学习成效；加快药品和紧缺物资储备；进行思想警示性教育，要求全体医护人员要严阵以待、严防死守，宁可十防九空，宁可备而不用，不能盲目乐观，防控工作丝毫不能放松，确保将防控触角延伸到医院每一个角落、每一个环节，为打赢这场没有硝烟的战争打牢基础。

　　国难当头，匹夫有责。在这场突如其来的灾难面前，虽然没有惊天动地、可歌可泣的英雄故事，但李雪锋用他的担当和智慧、坚毅和果敢，在平凡的岗位上做出了不平凡的努力和贡献。他情系大山深处，用他的实际行动谱写了一曲大医精诚之歌！

杨红英：她坐着"专列"逆行回武汉

徐　扬*

杨红英

九三学社湖北省监督委员会委员、湖北省直支社主委，湖北省疾控中心健康教育所（湖北省健康教育所）办公室主任、主任医师。

还有 2 天就是大年三十了，等待了一年的回老家过年的行程就要启程了，想到这些，杨红英的心情既激动又有点不安。80 多岁年迈的父母从 1 个多月前就开始倒计时数着她回家的日子了，而让她内疚的是，自 2019 年年末以来，因不明原因的肺炎在武汉暴发，20 多天来忙得不可开交，连给家人准备的礼物都还没有时间去购置齐全。更让她感到不安的是，马上就要过年了，因国人回家过年的传统习俗而特有的全民大迁徙，会对疫情的发展带来什么样的影响，她心中一直惴惴不安……

然而就在她一家三口刚踏进家门，才放下行李，电话就到了，是单位领导紧急召她回武汉工作的电话。一边是疫情严重，急需疾控人员在疫情防控工作中发挥重要作用，一边是一年未见的年迈父母，虽然她心中已有答案并在准备回家前就有思想准备，但真的要提前结束假期返回，她还是不忍心向父母开口。可这一切都瞒不过父母，深明大义的父母已从电话声中猜到了大概，故作

---

*　作者系保利（武汉）房地产开发有限公司员工。

轻松地说:"你们安心回去吧,我们会自己照顾好自己的,不用担心。你们回去后要注意安全,保护好自己!"寥寥数语,没有挽留和埋怨,只有理解和支持,这是父母对子女最朴素也最深情的叮嘱。

她毫不犹豫,默默地再次收拾好行李,强忍着泪水,不敢回头看一眼因车祸而身体尚未完全康复的母亲,义无反顾地踏上了回武汉的路途。当她再次匆匆赶到火车站时,车站工作人员带着疑惑的目光看着他们一家三口,并非常负责任地和她反复确认,武汉有疫情,马上就要"封城"了,你们真的要去武汉吗?她用坚毅的目光,认真地告诉车站工作人员:"我是从武汉来的医务工作者,'国有难,召必回',为战胜不明原因的肺炎疫情,我们必须赶回武汉,尽自己绵薄之力。"

在车站工作人员崇敬的目光中,他们一家三口检票进入空空如也的高铁站台。整列火车上,除了乘务人员外,就是他们一家三口及寥寥几个乘客,特别是火车进入湖北境内后,就只剩下他们一家三口了。为了让亲戚朋友们理解和放心,并表达今年不能登门当面拜年的愧疚之情,他们以乐观的语调发了一个朋友圈,说我们正享受"专列"的待遇回武汉。

一下火车,她立刻感受到了异样,偌大的武汉站,昨日还人潮涌动,如今寂静无声。武汉仿佛被按下了暂停键,城市封闭,交通停摆,所有人都停下来与这场疫情战斗。而她毅然从江西老家逆行返回武汉,投入抗疫战斗的最前线。

逆行回武汉后,她连续工作70多天无休息。撰写、推送新冠肺炎防控科普义章,主动请缨去最危险的方舱医院,协调全省发放新冠肺炎防控资料,为提高全省人民的疫情防控技能发挥了积极作用。

繁忙的工作之余,针对工作中发现的多种现象(如医疗资源被严重挤兑,出现了疑似感染新冠病毒的病人一床难求的窘境;病人已有明显CT改变及典型临床症状,因为受核酸检测能力的限制而无法确诊;因疑似感染者四处求医,可疑传染源四处随意流动扩散等),她心急如焚,就如何实现早发现、早报告、早隔离和早治疗,快速准确诊断等问题,作为一个医疗战线上的九三人,她连续几个晚上加班加点提交了3篇提案。2020年2月2日,《武汉市新型防控指挥部通告(第10号)》等陆续发布,"肺炎发热病人将集中隔离,拒绝配合强制执行!"武汉市传染源的控制受到了高度重视,新冠肺炎诊疗方案修订，增加了肺部 CT 作为病例确诊依据，提高了对病人的诊断速度。紧接着，她又就方舱医院建设过程中需要注意的几个问题提交了 2 篇提案，为控制武汉疫情的发展，贡献了一个九三人、疾控人的一份力量。

作为九三学社省监督委员会委员和省直支社的主委，她努力发挥基层组织带头人作用，关心社员，及时了解社员情况。2 月初，在得知孝感的疫情也呈现暴发增长时，考虑到孝感有几位社员是医务人员，他们奋战在抗疫一线，她及时向孝感战斗在抗疫一线的社员发出了慰问信，传达了组织的关心。在社员们遇到就医困难、物资短缺等问题时，她积极与有关单位和部门协调沟通，力所能及地解决社员们的困难。

工作之余，她还积极协助援汉志愿者返乡。有 6 位四川省援汉志愿者，2 月初带着 300 多吨蔬菜、水果从四川援助武汉，1 个多月里为武汉分发防疫物资 3000 多吨。随着武汉疫情的好转，他们也急需返乡复工复产。她主动与省防控指挥部联系，积极协助他们快速离汉并顺利返乡。4 月初，当她得知 6 位援汉志愿者家乡的特产精品——丑橘滞销，她又积极替他们宣传、推广，协助爱心助农。这让援汉爱心志愿者同样感受到武汉人民浓浓的温暖与情意！

近 4 个月过去了，身处"震"中的武汉，既目睹了病毒的无情，也见证了世间的温情，同时还收获了战胜疫情的满满力量，迎来了满血复活的又一个春天。

杨红英在登记和下发新冠肺炎防控资料。

我是抗疫战场上的侦察兵

杨 明

杨明

九三学社社员,湖北省孝感市中心医院CT室副主任。

"杨主任,患者咳嗽,有武汉接触史,请您帮忙会诊。""杨主任,患者无发热,心功能不好,拟收入院,请您排除新冠肺炎。""该患者考虑肺泡性肺水肿,排除新冠肺炎;张姓患者双侧胸腔、腹腔少量积液,排除新冠肺炎;这患者CT有问题,不能排除新冠肺炎,双肺边缘磨玻璃影,要警惕!……"疫情发生之初,在核酸检测没有广泛开展之前,CT是主要的检查手段。在医院急诊发热工作群、孝感市新冠肺炎治疗群、市呼吸专家会诊群里,我每天要会诊100多张片子,经常忙得顾不上吃饭……

发挥专业优势 培养抗疫后备力量

新型冠状病毒引起的主要病变部位是肺脏,而冬季本来就是流感、肺炎、呼吸道疾病高发的季节,很多患者都需要CT检查来明确病情。那时疫情尚不明,大家对新冠病毒肺炎的认识还非常有限。2020年1月中下旬,我像往常一样在诊断室看片子,一张患者肺部CT片子引起了我的警觉。片子上的肺部看起来是絮状的,几年前我会诊禽流感病人时见过,但这个病和禽流感又不同,它进展缓慢,无积液,其他病毒导致的肺部感染都没有这个特征。电脑前,我逐帧逐帧看了很久,后来符合这些症状的患者接二连三地出现。因为是未知的东西,我和在外地的同学取得联系,和他们一起探讨。没想到这个病毒传染性这么强,在会诊中,我们遇到的基本上都是一个家庭一个家庭地感染的。我告诫科室同事要警惕起来,并开始采取相关防控措施。

1月21日,随着疫情明朗化,所有发热病人都被要求进行CT诊断。

CT室开始进入最忙碌的状态,5名专家每天要看300多人的片子。每个人的片子我们要在电脑上像切黄瓜片一样,切成300—400帧来细看,相当于一天就要看大约10 000帧片子。在疫情面前,专业是胜利的筹码,而此时的效率更是意味着从病魔手中能抢赢更多生命。于是,我发挥自己作为中国抗癌协会消融专家委员、中国医药教育协会介入微创专业委员会全国委员和在北京301医院进修学习积累的经验,积极开展新冠肺炎影像培训工作,使科室全员掌握了新冠肺炎的影像学知识,为医院新冠肺炎的防控队伍培养了一支"鹰眼侦察兵"队伍。截至目前,中心医院新冠肺炎影像诊断与临床符合率100%,得到了孝感市防控指挥部的高度认可。

积极建言献策　智力抗疫精准施策

随着疫情暴发,孝感市新冠肺炎患者的确诊数量当时在全国排第二,一度让全市的医疗系统面临严重压力。中心医院作为全市最大的一家定点医院,相继整合改造了感染楼、内科综合楼、医技楼等10余个病区作为隔离病房,但仍面临床位不足。病人如果收不进来、收得慢,就会继续传染,病人病情就会加重,怎么办?我想到了可以借鉴"非典"时期北京小汤山医院的经验,把当地的民营医院利用起来作为定点医院。但是怎样把建议传递上去?我是一名九三学社社员,要发挥民主党派积极参政议政作用,贡献智慧良策。没有时间做太多考虑,我果断地向孝感市防控指挥部提出:征用民营东南医院作为孝感市疑似病例与普通型病例隔离定点单位,征用隔离酒店作为发热隔离点。我的意见均被指挥部采纳,1月30日,孝感东南医院经过改造后变成孝感的"小汤山"迅速投入使用,这种抗疫救治模式也得到了国务院副总理孙春兰和省委书记应勇的高度肯定。后来,由于孝感市的重症患者都集中在中心医院救治,为了避免普通患者与新冠患者共用CT设备造成交叉感染,我又向防控指挥部提出调拨方舱移动CT。经过湖北省、孝感市两级指挥部协调，3月15日，孝感市第一台方舱CT正式落户到了中心医院。我克服重重困难，和工程技术人员奋战48小时，调试安装并成功投入使用，极大程度缓解了全市新冠肺炎患者复查CT的困难。

认真坚守岗位　当好抗疫一线"侦察兵"

我所在的CT室属于高危区，所有病人都要做CT排查，每天要接触大约300位病人。穿上沉闷的防护服，戴上护目镜，几个小时下来，已是汗水湿透衣服，满脸是压痕。为了节约防护服，我尽量少喝水少上厕所，在CT室经常一工作就是七八个小时，每天上百幅甚至上千幅的图像只要有细微的变化我都不敢有丝毫懈怠。我提醒自己不能出错，出错就是犯罪。作为科室副主任，在我的影响和带动下，科室同事们团结一心、共同抗疫，无论多么疲惫，他们每个人都没有退缩，克服咽部、眼睛、泌尿系统等不适，全力做好抗疫一线医生的"眼睛"，为临床提供准确的诊断治疗依据。

除了院内会诊，我和CT室的专家们还承担着全市网上会诊的工作任务。我们24小时专家在线，12小时一倒班，从早到晚盯着三个微信群：除医院内

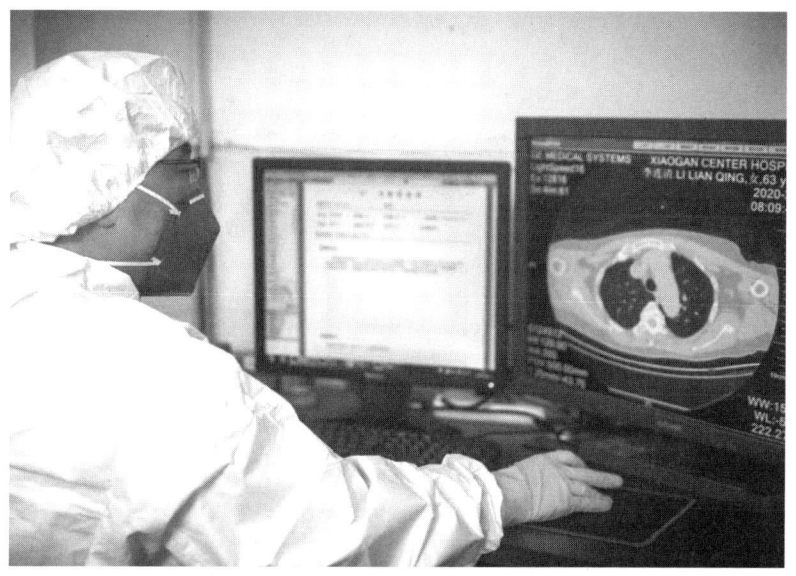

2020年3月2日，湖北省孝感市中心医院CT室杨明在办公室进行新冠肺炎影像会诊。

部的普通发热门诊群和急诊发热门诊群，还有一个孝感市新冠肺炎专家诊断群。自抗疫至今，我每天网上会诊新冠肺炎逾百例，总会诊病例上万份，没有一例误诊。我的工作也得到了一线专家、同行和领导的认可，《孝感日报》、学习强国、今日头条等媒体先后对我的敬业精神和专业能力给予了报道，同时也为我打赢这场抗疫攻坚战注入了信心和力量。

进入了3月底，大批患者相继康复出院。其中有位78岁的高龄重症患者经过20多天的治疗，恢复得很好，来复查CT时都是自己走来的，出乎我的意料。我相信，在党中央的领导下，好消息会越来越多。战斗在继续，作为一名九三学社社员，我将继续坚守好自己的岗位，在抗疫一线当好"侦察兵"。

余丹：让志愿精神在"疫"线闪耀发光

孔 辉[*]

余 丹

九三学社湖北省委员会经济专门委员会副主任，武汉光合无线科技股份有限公司董事长。

武汉于腊月二十九日封城，交通已中断。年三十，一位医护人员在微信群求助，被余丹看到，于是大年初一早上7点，他就守候在湖北省中医院的停车场，等待接送连续工作了3天的一位医护人员下班。在路上，余丹了解到湖北省中医院还有很多的医护人员也面临这样的情况，于是他联系了自己的一位好友，共同搭建起了湖北省中医院应急车队的微信群，一面联系医护人员，一面招募志愿司机，为医护人员护航，从此开始了助力肺炎疫情防控的志愿服务历程。

为做好防护工作，避免发生疫情传播，余丹结合工作性质制作了服务流程，从医护人员进车前消毒、乘坐位置、佩戴口罩、下车消毒等环节一一规范，并为志愿司机筹集了酒精和口罩等必要的防护物资。因为医护人员多为女性，为了保护她们的隐私信息，他将医护人员的信息单独建立了一个群，与志愿司机群进行分离，确保电话等个人信息不会外泄，只在匹配成功以后再单独告知。车队服务近百名医护人员，接送600余次，没有发生一起感染，也没有一起投诉。

---

[*] 作者系九三学社武汉市武昌区工作委员会副主委，湖北健龙房地产开发有限公司总经理。

余丹在本次疫情中的志愿工作主要有三个特点：一是工作时间长，从2020年1月一直到4月初，横跨3个月；二是工作范围广，从志愿者到舆情引导，从捐款捐物到下沉社区，在本次疫情中广泛地参与了各项工作；三是工作危险系数大、强度高，他多次去过医院疫区，多次连续工作15个小时以上，多次搬运数吨的物资，多次凌晨3点开始工作。

首先是发挥专业优势，积极建言献策，引导舆情。余丹在疫情期间先后撰写了《发挥网络界人士在疫情中舆情引导作用的建议》《结合疫情谈我国防治谣言的建议》《关于建立民间志愿者与官方救援机构之间联动机制的建议》等30余篇社情民意信息，其中2篇被全国政协采用；撰写了《爱在疫情蔓延的日子》《我没有见过你的脸，但我记得你的眼》等多篇弘扬疫情时期正能量的文章，被多家自媒体转载。与中央统战部新阶层联谊会网络界人士共同发起"万众抗疫，网络人士在行动"活动，传播网络正能量累计传播量2亿次，个人传播量排名第四。与特步公司在微博上合作"抗击疫情，武汉一定赢，客厅万步行"活动，累计传播量60余万次。撰写的《我想约你在昙华林》被选为外省援助武昌医疗队纪念邮册中的感谢信，撰写的《战疫赋》被九三学社之声微信公众号采用，撰写的《武汉战疫祭文》被九三学社湖北省委和武汉市委微信号选用。

其次是组织救援物资，缓解一线压力。余丹以捐款、募集的形式，先后筹集近50万元的医疗生活物资，包括5200件医用防护服、6万个医用口罩、10吨高浓缩消毒剂、600壶酒精，并身兼搬运工和司机的职责，送到三医院、五医院、七医院、武展方舱医院、武汉全民健身方舱医院等医疗单位及30多个社区一线。他还克服交通管制的困难，多次从外地协调回来紧急物资，在最关键的时候雪中送炭到医院、社区。

再次是参加志愿者工作。除了从大年初一开始为本地医护人员提供接送保障服务外，余丹组建了70人的防疫志愿者团队，承担了武昌区防疫指挥部接待协调组负责的来自四川、湖南、贵州、广东、浙江等15个省份2936名医护人员的接机接站志愿服务工作。他带领团队快速制作了《志愿服务手册》，实现了标准化、人性化的志愿服务。组织15名物资搬运志愿者，搬运30余吨水果，并连夜分发到40个外省医护人员入住的武昌区酒店。连续工作半个月，为15个省30个医疗队3869名医护人员提供了欢送服务。余丹还组织国内10

余丹参与中国蓝天救援队物资搬运。

位顶级设计师,为医护人员制作了40套不同类型的纪念邮册。团队多次被中央电视台、人民网、新华社和省市媒体报道。

余丹还参加了中国蓝天救援队组织的搬运组,多次搬运物资;参与公共场所防疫消毒活动,个人累计防疫消毒5000平方米以上。

同时,余丹负责武昌区在武汉软件职业技术学院隔离点的志愿服务,组建武昌区新媒体协会线上志愿者团队,策划丰富的适合隔离点开展的"隔离点14天万步行""我的隔离日记""隔离期读书笔记"等活动,为出院后进入隔离点的患者提供志愿服务。

作为区政协委员,余丹按区政协要求下沉到武昌区杨园街道二桥社区。进入社区后,他服从社区安排,先后参与了上门排查四类人群、团购物资分发、慰问孤寡老人低保人群、门岗值守、调解外地滞汉人员纠纷等具体工作。并通过社会力量,向24位孤寡老人及低保户等困难人群赠送了鸡肉、牛奶、水果、蔬菜等生活物资包,分两次组织了3500斤蔬菜和200份面条免费捐赠给小区居民,向社区养老院捐赠了300斤蔬菜和5箱牛奶。

在本次抗疫中,余丹参与了舆情引导、建言献策、筹集物资、捐款捐物、搬运转运、指挥调度、分发物资、线上服务等几乎所有的志愿者服务岗位。问及对此次参与武汉抗疫的感受,余丹说:"疫情像黑夜一样蔓延,闪亮的始终是人性!而志愿者挺身而出、奋不顾身、不计得失、勇于担当,他们就是黑暗中最闪亮的星星,一起谱写出激情燃烧的岁月。"

张子云：爱之所至　万里无阻

娄雪娇[*]

张子云

九三学社社员，华中科技大学同济医学院附属同济医院风湿免疫内科专科护士长。

2020年初，新型冠状病毒肺炎疫情暴发。武汉市作为疫情"震中"，防控形势极为严峻。九三学社社员、华中科技大学附属同济医院张子云护士长，一名从事临床护理工作近20年、轮转过多个学科、有呼吸ICU工作经验的护士长，第一时间主动请缨，义无反顾地投入到了这场守卫武汉的抗疫阻击战中。

在最危急的时刻挺身而出

2020年1月25日，大年初一，因疫情需要，同济医院中法新城院区紧急启动，成为新冠肺炎重症及危重症患者收治定点医院。得知消息后，张子云第一时间向医院提出申请，前往中法新城院区抗疫一线，参与发热病房筹建工作。

疫情紧急，为尽早收治病人，她连续多日不眠不休地工作，只为加快完成发热病房的筹建工作。她明白，这是在与死神赛跑，多争取一分钟，就能为患

---

[*] 作者系华中科技大学同济医学院附属同济医院风湿免疫科病区护士长。

者多带来一分希望。

在最艰难的时刻勇往直前

很快，中法新城院区正式收治重症患者。初期的工作，烦琐而艰难，ICU 病房收治的全部是插管上呼吸机的患者，人员紧张，护理工作量巨大。穿着厚厚防护服的她，举步维艰，呼吸困难，身上的衣服已湿透，护目镜里一片模糊，只能通过汗水滑落的缝隙才能看得清楚，无差错地实施打针、采血等护理操作。

有过亲身体验的她，没有叫苦喊累，没有犹豫退缩，带领团队与小小的护目镜"做斗争"，研究解决办法。刚开始发现用碘伏涂擦镜片，护目镜 4 小时左右不模糊，后来发现用洗手液涂擦可以 6 小时左右不模糊，所以大家进去之前统一用洗手液擦薄薄的一层。可进入病区之后又容易汗湿眼睛，给核对药物增加了大麻烦，大家只能用力甩头，将汗水甩开。她又想办法，在戴护目镜前使用一次性纱布，用护目镜压住纱布，这样汗水不会流到眼睛里。

面对全新的病房、接踵而来的问题，她没有焦躁、指责、埋怨，只有更加细致、更加专注。她的手机 24 小时开机，无数个深夜，她和同事们随时在线沟通，指导处理问题，协调工作。她知道，在这场没有硝烟的战场上，医生、护士、患者，只有同心协力、携手共进，才能共克时艰！

在最需要的时刻为爱守护

2 月 9 日，同济医院光谷院区同时启动 17 个病房收治新冠肺炎重症及危重症患者。完成中法新城院区抗疫任务的她，来不及休整，火速转战光谷院区，成为 E3-3 重症病区负责人。此后的 3 个月，她一直坚守一线，用心守护每一位患者，用爱守护生命。

陈爷爷是一位新冠肺炎重症患者，却一直吵着要出院。病情严重，是什么原因让他无心治疗？经过耐心沟通，张子云得知陈爷爷的老伴患有老年痴呆，独自在家，无法自理，他揪心老伴，无心治疗。将心比心，感同身受，张子云急忙多方求助，辗转联系到陈爷爷所在社区，请社区安排志愿者帮忙照顾陈爷爷的老伴，并每天录制生活视频传给他看，老人悬着的心才逐渐安静下来，安心配合治疗。不料几天后老奶奶也确诊感染,老爷爷又开始焦虑暴躁起来。她再次联系社区,向不在老爷爷所属片区的同济医院光谷院区申请,上报老爷爷的家庭特殊情况,经过努力,将两位老人安置在同一病房进行救治。一个半月后,这对老夫妻双双治愈,一起出院。临出院时,老人握着她的手说:"谢谢你们,你们一定要保护好自己,我最大的愿望就是你们可以平安回家。"

在最彷徨的时刻传递温暖

新冠肺炎主要累及患者的肺部,影响呼吸功能。由于缺氧,患者说话非常吃力,而医护人员穿戴着厚重的防护服和头罩,两者之间的沟通,基本全靠嘶喊和猜测。可大声说话又会产生大量的飞沫和气溶胶,增加交叉感染的概率,怎么做才能既不影响医患沟通,又能节省体力、减少交叉感染呢?通过与一线的护士们一起讨论,她将医患常用的沟通用语用图片的形式做成可移动的"沟通板",包括饮水、进餐、如厕、翻身、抬高床头、疼痛等,患者只需指一下沟通板上相应的图片,护士们就能明白患者的需求。小小的沟通板,看似简单,效果却很显著,再看不到患者和医护声嘶力竭地对话,病房安静了许多,许多病人的睡眠情况也得到了改善。

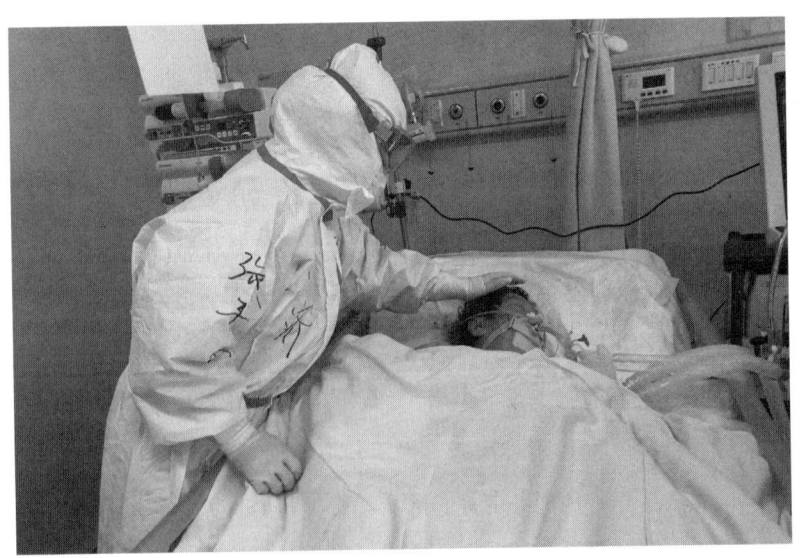

2020年3月20日,张子云为处于镇静无意识状态的危重症患者介绍新的环境,告诉她一切平安顺利。

病房中有老人睡眠不好,她联系中医,采用按摩和贴耳穴的方式帮助他们改善睡眠;对于处于康复期的患者,她耐心地教他们进行呼吸功能锻炼;她记下每个病人的生日,在隔离病房为患者过生日,给饱受身心煎熬的患者带去一丝温暖;新冠肺炎易发生家庭聚集性传播,她给他们当传声筒,及时帮助他们把自己关心、关注的问题传给对方。

一对结婚42年的老夫妻,因为住院导致最长时间不能相见。为此,她当起了摄影师,为老两口拍摄了一张结婚照,阿姨还穿起了红棉袄,脸上带着羞涩的表情,老人说将永远珍藏。在三八国际妇女节,她给患者们送去节日贺卡和礼物,告诉他们,你们不孤单,我们和你们在一起……患者出院后邮寄来的一面面锦旗和一封封感谢信,就是对张子云和她的团队最大的认可和安慰。

"深夜的走廊静悄悄,不知道谁留了一盏灯,指引我穿越黑暗。"她用一个个爱的举动,和所有人携手并肩,向光而行。没有一个冬天不会结束,也没有一个春天不会降临,爱之所至,万里无阻,在这场与病毒的鏖战中,她白衣执甲,逆风前行。

张劲农：守望相助　跨洋分享武汉防御经验

赵晓丽[*]

张劲农

九三学社武汉市委员会委员，湖北省武汉市武昌区政协委员，湖北省武汉协和医院急诊科主任。

"现在已经进入战疫下半场，我们响应习总书记'构建人类命运共同体'号召，向国际主义战士白求恩学习，致力于协助全球华人所在的国家抗击疫情，交流分享经验，同舟共济、共渡难关。"2020年4月2日，武汉协和医院急诊科主任、九三学社武汉市委委员张劲农平静的语气中透露着坚定与希望。

张劲农对3月底的那场全英文直播讲座记忆犹新。当天，他通过"全球抗击新冠疫情一线医生交流群"这个2000余人的微信群，面向海外抗疫一线医务人员做题为《战胜COVID-19的希望在于建立特异性免疫》的直播。他以流利的英文就如何建立特异性免疫患者抗体、核酸的检测方法及要点、医护工作者如何防治新冠肺炎进行了详细的指导。

直播反响热烈。群友们就自己关心的细节提问，如祛痰药物的使用，如何治疗轻症病人防止成为重症等。直播结束后，大家纷纷致以谢意。"谢谢张教授，非常专业！""Well done, very good experience!"……

---

[*] 作者系九三学社武汉市委员会宣传部干部。

错过直播时间的海外医生纷纷在群里索要课件PPT和直播回放链接，一些海外医生还希望视频和课件内容能被翻译成法语、德语、意大利语等其他语言，紧跟着有"志愿者"就自告奋勇接下了翻译工作。

"我是新冠肺炎治疗实验的'小白鼠'，1月份在一线感染后在家隔离痊愈了，不到一周就继续上班，目前身体健康，抗体很高。"张劲农语气轻松地说，"感染了新冠肺炎一定不要丧失希望，就把它看作普通的感冒一样。我治疗过的新冠肺炎患者邵胜强，原本病情严重，由于他没有丧失希望，积极配合治疗，最终转危为安。"

张劲农作为患者的治疗心得和经验，为全球新冠肺炎的治疗提供了巨大的帮助；他编写的武汉协和医院发热门诊新冠肺炎诊疗方案，是全国首个新冠肺炎诊疗方案，实践证明这个方案成功救治了许多患者，并最先提出阿比多尔治疗新冠肺炎有效，后来被写入国家方案中；受科技部委托，他编写了方舱医院轻症新冠肺炎的诊疗方案，极大缓解了轻症转重症的压力；他制定的方案应要求分享给了湖南、广东等省的专家。

后期在与国外同行进行交流的时候，张劲农也收获了非常好的经验做法。"美国的专家说，把感染过有抗体的医务人员放到一线，美国方舱医院收治非COVID-19的病人，而且方舱医院隔离出单间，我觉得这些经验都很好。"他认为，抗击新冠肺炎是全球面临的共同难题，需要全球的医生一起研究有效办法，维护患者的生命安全。

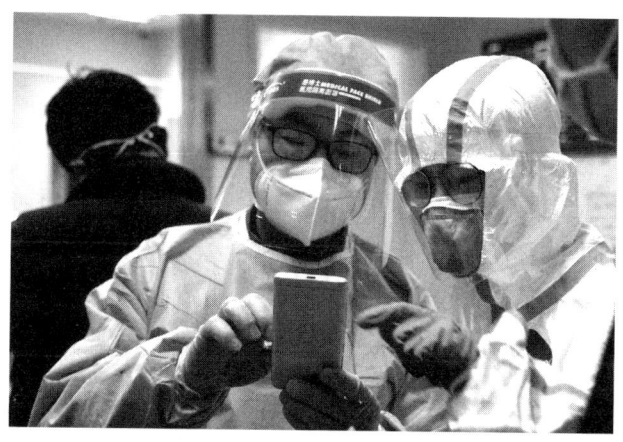

张劲农（中）在日常工作中。

除了通过微信群与海外医生分享经验，张劲农还受腾讯和阿里巴巴健康委托，录制全英文视频，讲解新冠肺炎的防治，分享给世界其他国家。并受西班牙MDS委托，分别录制了2个视频分享给公众和医生。他也常与伊朗的同行、在南非的学生以及过去留学瑞士苏黎世大学的导师，用电子邮件的形式交流疫情的防治经验。同时，他还经常参加协和医院组织的大型视频会议，同美国布朗大学、纽约上州医科大学、德国埃森大学、非洲、斯里兰卡和东南亚等连线分享抗疫经验。中央电视台新闻联播报道了他们的事迹。《华尔街日报》在介绍武汉及全球疫情情况时也特别引用了张劲农的说法和经验。

张劲农备受国外同行赞誉的防治经验，来源于武汉疫情防控艰苦卓绝的战斗。目前，以武汉为主战场的全国本土疫情传播基本阻断。他认为，这得益于我国政府具有强大的动员能力和执行力，民众配合度高等特质。后期，只要做好防止境外输入以及无症状感染者集中观察，武汉就很安全，"总体上很乐观"。

在武汉市疫情防控取得阶段性重要成效的情况下，总结经验是后续工作中的重要一环。"要防止次生灾害，计算疫情期间的超额死亡率……"在全市组织的一个专业会议上，张劲农娓娓道来"协和经验"，为后期防治提供参考。张劲农表示，他每天在阅读大量文献、研究SARS防治过程中的做法、总结前期一线救治工作经验，作为临床专家，多次参加了武汉市卫健委有关新冠肺炎政府策略制定的咨询会，为武汉市科学防治支招，履行一名医生以及九三学社社员的职责和使命。

全市疫情防控取得巨大胜利，复工复产复学也正在稳步推进，张劲农这样具有丰富经验的医生成了香饽饽。前段时间，华中科技大学就开学如何防疫邀请张劲农进行科学指导。除了经常洗手等常规的防疫措施外，张劲农重点提醒要做好厕所的管理和消毒。"粪便里的病毒存在的时间很长，比在物体表面存在的时间要长很多。"他解释。他由衷地希望，大家能通过科学防护，保护好自己与他人，防止疫情的聚集性发生，巩固好武汉艰苦抗疫的成果。

阳光正好，春暖花开，武汉到处散发着春的气息。望着这座逐步复苏的城市，看着急诊大厅里秩序井然的就诊患者，张劲农感受到满满的希望。疫情终将过去，春天终会到来，作为一名医生，他将永远怀着医者的救世情怀和使命担当，同大家一起守护这座城市，守护百姓生命健康。

张祥明：他是奋勇冲锋的抗疫"战将"

吴杰峰*

张祥明

九三学社武汉市武昌区工作委员会副主委，湖北省武汉市第三医院医务部主任。

张祥明荣获国家卫生健康委、人力资源和社会保障部、国家中医药管理局授予的"全国卫生健康系统新冠肺炎疫情防控工作先进个人"称号和表彰。他与广大抗疫英雄一样，是一名当之无愧、奋勇冲锋的抗疫"战将"。

临危受命　领军挂帅

2020年1月24日，武汉疫情蔓延，已经"封城"，发热的疑似患者们焦虑不安，所有医院"一床难求"。武汉市第三医院接到市防疫指挥部通知，将医院光谷院区作为武汉市第二批新冠肺炎定点收治医院。战斗命令下达，时间就是生命。张祥明临危受命，冲锋陷阵，带领大家经过3天紧锣密鼓的病区改造，于1月27日就开始了收治患者。紧接着，2月14日，首义院区也确定为定点医院。两个院区同时承担起收治新冠肺炎患者的重任，开放床位数共计1200张，及时缓解了武汉市抗疫医疗救治资源紧缺的局面。

---

* 作者系九三学社武汉市委武昌区工作委员会干部。

武汉市第三医院突然接到参与新冠肺炎感染、风险高危的患者救治工作命令，全院400多名医生如何组织团队、制定分诊标准、上岗排班及轮休计划、患者就诊流程、上百名患者的收治和转出衔接工作、组织专家对危重症患者会诊等，都急需他负责一一落实。医院上下所有人都心疼地说："不论白天晚上，随叫随到处理，他几乎没有休息。"他也回忆说："在光谷院区开放的第一周，大量患者从各个社区卫生服务中心转过来，我们要负责患者的收治，那个时候每天就只能睡2—3个小时。"

战前培训　指挥若定

治疗新冠肺炎需要呼吸内科和重症医学科专业的医生。"当时专业医务人员严重不足。"张祥明说，"我们全院这两个科的医生加起来不到30人，两个院区收治的患者有900多人，其中重症患者200多人，危重患者60余人。"面对这种情况，"只有临时培训眼科、口腔科及外科医生在第一线服务"。因此，战前培训尤其重要。"我们先是对科主任培训，然后以班组为单位对各个科室进行培训，包括医疗、院感、公卫等相关理论和操作。"他凭着在海外留学的博士经历、医学知识较为全面扎实的功底，及时组织开展战前培训共6次之多。

面对人手不足，他一方面积极调动神经内科、心内科、消化内科等内科医生

2020年2月26日，张祥明组织新冠肺炎诊疗方案培训。

参与患者救治；同时又把首义院区一部分内科医生调来支援光谷院区，"让一部分特别累的医生得到休息"；还将呼吸内科的医生组成会诊专家组，定期组织召开协调沟通会，组织开展专家远程会诊、普通专科会诊；并10余次参与援鄂医疗队和院内专家团队进行的多学科会诊，探讨患者病情，完善救治方案。通过定期对危重症患者进行会诊，提高了救治效率，促进了患者的康复，挽救了生命。

经过张祥明亲临指挥，多次协调，团队通力合作，两院区共收治新冠肺炎患者批量住院10余次。截至3月5日，光谷院区、首义院区累计收治患者1600余人，其中危重症患者近600人，治愈出院1100人，部分患者转至其他医疗机构继续治疗。

统筹物资　保障战需

战斗一打响，战需物资保障是每一位在前线战斗的医护人员和所有治疗患者保护生命的必备条件。

张祥明坚定地说："作为医务部主任，我的职责就是合理地应用资源、安排资源，确保整个医疗救治工作顺利运行和疫情的防控。这次也是让我在协调组织能力和医疗管理能力方面经受了一次实战考验。"

疫情暴发之初，医院的防护用品严重不足。张祥明沉思良久后做出决定："为了节约防护用品，适当延长医护人员的工作时间，原本是4个小时一班，我们延长到6个小时一班。"同时，他还积极想办法寻求外援，迅速成立了专门对外联系捐赠的"物资小组"，将来自国内外捐助的医用物资协调、收取、统计。前后收到相关慈善机构为医院捐赠的1000多套标准的医用防护服、RT-PCR检测试剂1000套，在疫情防控最困难的时期，保障了前线的供应。当看到前线对于传染病的检测能力不够，他又第一时间协调武钢、区疾控中心、华大基因检测等单位，妥善解决了核酸检测难题。当时，危重症患者有近200人需要吸氧，但是医院氧气不够，于是他又积极参与到氧气补给、氧站建设等协调工作中，及时缓解了用氧问题，使一批患者的生命得以挽救。随着山东、上海等援鄂医疗队的进驻，他有了更多精力去关心感染了新冠肺炎的医务人员。从妥善安排住院、会诊、抢救到转院、后期康复、工作和生活等具体事务，他都身体力行，一一落实。全院近70人次发生感染，都得到了及时救治，无一例病亡。

牢记职责　建言献策

作为一名九三学社社员、武昌区政协委员，张祥明积极履行参政议政职责，实事求是及时反映抗疫中出现的问题。针对武汉市现有血液透析患者4719人，平均年龄60岁以上，都有严重的基础疾病，而且也是新冠肺炎的高危易感人群，他与九三学社武汉市第三医院支社副主委罗丹于1月26日联名向市委、市政府紧急提交了《关于建立疑似患者定点透析医院的建议》。因为以前武汉市第三医院是血透患者的定点透析医院，但是由于疫情发生，又没有指定的对疑似病人同时进行专门透析的地方，许多疑似病例滞留在综合医院血透室，很有可能造成不必要的感染，极度不利于疫情的控制。为此，他呼吁充分利用发热定点医院的血透室，接收发热疑似的透析患者，同步考虑医护人员防护和通道隔离，可以达到两者兼顾的效果，尽快治愈同时患有慢性肾脏疾病和新冠肺炎的患者。建议上报后的第三天，武汉市疫情防控指挥部就专门下发了文件。张祥明深有感触地说道："这是我作为九三学社武汉市第三医院支社主委和一名政协委员应该履行的职责，也为提出的建言献策能在关键时候发挥作用而感到欣慰和自豪。"

当得知自己被光荣地评选为"全国卫生健康系统新冠肺炎疫情防控工作先进个人"时，张祥明说："这些都得益于我们整个团队。这次抗疫体现了我们医务人员确实是很高尚的，没有一个叫苦叫累。我做的都是很琐碎、很细致、很平淡的小事。"

林爱珍：巾帼英雄抗新冠 身先士卒战疫情

陈笑吟 *

林爱珍

九三学社湖北省中医院委员会组织委员，湖北省中医院肛肠科主任、主任医师。

2020 年初，突如其来的新冠肺炎打破了新年的喧嚣和美好，让武汉这个英雄的城市按下了"暂停键"，却让无数医护人员按下了"快进键"，严峻的疫情像催征的战鼓。作为一名九三学社社员，作为一名科主任，林爱珍没有丝毫退缩，而是勇往直前，积极投入战疫一线，率领着整个团队奋勇抗疫，用自己的实际行动践行了医务工作者的使命和九三学社社员在这场"阻击战"面前所应有的社会担当。

她勇敢无畏，身先士卒

"林主任，听说您要亲自带队上一线，着实为您的行为感动。但我想说的是您也年过半百，平时身体也不好，不要太拼了，就让年轻人去吧"。"谢谢您的关心，我是不倒翁。"这是至今为止仍保存在林爱珍手机里的一段对话，时间显示在 2020 年 2 月 4 日 14 点 05 分。

---

* 作者系湖北省中医院肛肠科副主任医师。

当时武汉市新冠肺炎疫情正处于至暗时期,定点救治医院床位不足,大量的病人得不到及时救治。形势非常严峻,省中医院根据上级指示,于2月4日当天成立3个医疗队支援社区医院。林爱珍得知此消息,毫不犹豫地在第一时间报名,主动承担起社区第2医疗队队长的重任,并在科内做动员工作。她想到那么多患者的生命危在旦夕,自己又有2003年抗击"非典"的经历,恐年轻医生缺乏实战经验,自己责任重大,这个时候必须站出来给年轻人做个表率。大家看到有这样一位勇敢无畏的领头羊,便纷纷坚定地加入战疫队伍。

她乐观坚毅,迎难而上

当晚7时,林爱珍接到电话,火速赶往医院,在医院动员、部署、培训会议后,于当晚10时带领第2医疗队的10名队员奔赴社区医院,11时到达目的地。这是医院接管的第一批隔离点——社区医院。没有传染病的分区;没有通道的设置;没有中心供氧,仅靠5个氧气瓶维持;40多张床的病区仅一台心电监护仪……一边是医疗环境的极不安全,一边是医院门外焦急等待的患者,林爱珍看在眼里,急在心里,但时间就是生命,救治患者分秒必争,容不得半点犹豫。于是她穿上防护服,带领几名队员率先进入病区,在极其简陋的条件下,分工协作,科学调度,克服困难,迅速将病房做了整改,为当晚收治新冠肺炎患者迈开了第一步。

5日凌晨1时,医院大门刚打开,几十名患者蜂拥而入。有被挤着倒地的,有呼吸困难要给氧的,有病重要打针输液的……林爱珍带领5名医生、5名护士有条不紊地展开接诊救治工作,通宵奋战,直

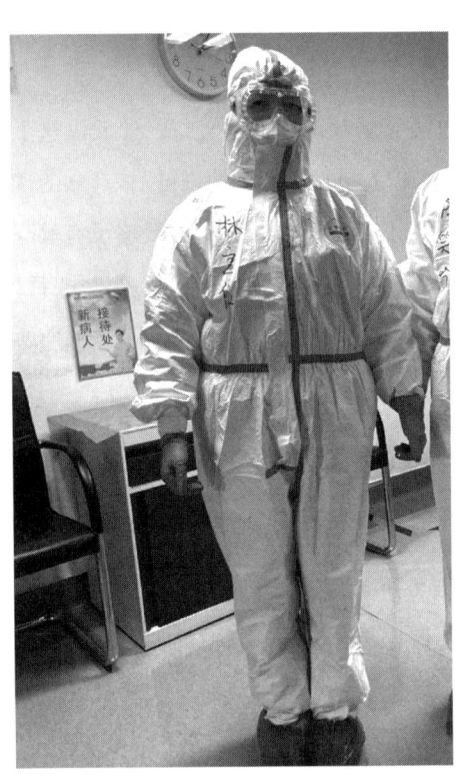

林爱珍在定点医院进行医疗支援。

到早晨6点半，共收治新冠肺炎患者40人，其中危重症患者5人，抢救1人，圆满完成区卫计委下达的任务。

上午8时许，彻夜未眠的她，在完成患者的病情交接后，才脱下早已汗湿的防护服和早已起雾的护目镜。可她依然没有停下来，顾不上喝一口水，又忙着排班，落实值班人员；忙着清理防护物资，沟通协调后续物资的补充；忙着督导医疗环境的消杀……直到上午10时才拖着疲惫的身躯离开医院。

看到林爱珍干劲十足，年轻人都深受感动，大家都无暇顾及自己的安危。有人问她，置身于这么差的医疗环境，感染风险随时存在，难道不害怕吗？她回答说："每当我走进病区，看着患者求生的目光，觉得我们肩上的责任重大，所以我们不能害怕，反而要坚强乐观，要给病人信心。虽然辛苦，但我们义不容辞。"

她至诚至善，心系患者，关爱战友

因疫情形势严峻，很多住院患者都是孤身一人，没有家属陪伴照顾，生活有诸多不便。林爱珍急病人之所急，想病人之所想，她深知这些病人心理上的孤单落寞、恐惧无助，意识到此时他们更需要医护的关怀和帮助。她查房时不仅关注患者的病情变化，还非常注重对患者的心理疏导，同时尽可能满足患者提出的生活需求。

有的患者生活用品不足，林爱珍知道后，第一时间为他们购买好物资并送到患者床边；有的患者合并有基础疾病，常服药未带在身边，林爱珍开车去医院购得药物后发给患者；有的患者恐惧、焦虑，林爱珍亲自去床边用温暖、阳光的语言开导他们，驱散他们内心的焦躁不安；同时，林爱珍十分关爱队友的身心健康，为身体不适的队员第一时间安排检查和休息，在自己身体出现不适的情况下，还总是给队友们鼓劲打气，用语言活跃气氛，用行动践行她对队友的承诺："请大家放心，跟着我出来，我一定会让你们平安地回去。"

她发扬中医，辨证施治

林爱珍是全国第三批中医优秀临床人才，平日里擅用中医药治疗各种疾病，疗效颇好。有着近三十年中医临床经验的她，深信祖国医学在疫情治疗中必能发挥重要作用。她查阅大量古文献，并结合自身的认知，认为新冠肺炎的病因属于疫疠之气，引起的瘟疫以湿瘟为多。根据"脾为生痰之源，肺为贮痰之器"的中医理论，她开出的"清瘟败毒方"芳香化湿，补肺益气，健脾化痰，高热的患者服用2服汤药后1—2日体温即正常，呼吸困难的情况好转。同时，她还极其注重情志因素致病的影响，针对新冠肺炎病人或疑似病人，情绪焦虑者，辅以疏肝解郁之剂，在调节患者不良情绪、疾病促愈方面疗效显著。

为了充分发挥中医特色优势，利用中医药的防疫治病康复作用，她创造有利条件，将太极、八段锦等带入病房，每日患者做完治疗后便开始教他们练习，不仅活跃了医患气氛，还极大增强了患者战胜疾病的信念和决心，为促进患者后期身体机能的恢复打下了良好的基础。

她巾帼标兵，实至名归

自2020年2月4日至2020年3月25日，50多天的抗疫时间里，林爱珍带领团队先后辗转两家定点医院支援。她冲在一线，守在一线，把医务工作者的初心写在了战疫一线！她所带领的团队共收治新冠肺炎患者176人，进行核酸检测130余次，经治患者中医药全程参与，治疗率100%，零加重，零死亡，所有患者病情最终均稳定向愈，医务人员实现零感染。正因如此，她在第110个国际三八妇女节来临之际实至名归地获得"湖北省中医院新冠肺炎疫情防控工作巾帼标兵"称号。

50多天的战疫经历，她没有好好休息过一天，内心紧绷的弦一刻也没有放松过，可她担心的从来不是自己，而是深受病魔折磨的患者和队友的安危。在这场没有硝烟的战争里，就是这样一位年过半百的"不倒翁"，用自己的身躯筑起了一道最安全的防线，怀揣着"黄沙百战穿金甲，不破楼兰终不还"的信念交出了一份无愧于心的答卷，用仁心和精湛的医术做出了九三人应有的贡献！

胜利，定在意料之中

邹国虎

邹国虎

九三学社社员，武汉科技大学附属天佑医院神经外科主治医师。

2020年1月23日，科室通知我被抽调到发热门诊。听到这个消息，我既兴奋又紧张，兴奋在于终于可以在一线从事病人的救治工作，紧张在于突如其来的通知，担心自己工作会做不好。不过回头一想，我本身是从事神经重症专业，在临床上对各种危重患者的救治已经积累了丰富的经验。当时我就暗暗告诉自己，这是一件光荣而艰巨的任务，一定要圆满完成。

2003年"非典"结束正赶上高考，那一群可爱的白衣天使逆行前进，深深地感染了我。当年填报高考志愿，清一色的医学院校。而当自己站在疫情的最前线时，我并没有觉得自己有多伟大，而只是在做我们该做的工作。因为入校时的医学生誓言就告诉我们：医生要竭尽全力除人类之病痛，助健康之完美，维护医术的圣洁和荣誉，救死扶伤，不辞艰辛，执着追求，为祖国医药卫生事业的发展和人类身心健康奋斗终生。何况作为一个读书人，有三件事不能避：为民请命不能避，为国赴难不能避，临危受命不能避。

在发热门诊工作这些日子，并不轻松。刚开始病人数量多，他们那种无助和焦虑让我非常难受。我只能做到尽量去安抚，尽量多看一些病人，尽量让那些较重的患者赶紧住院治疗。

有这样一对夫妻，30多岁，两个人都感染了。肺部感染看起来还比较乐观，我先告诉他们目前可以先回家隔离吃药治疗，症状不好过几天再过来复查。看着这对年轻夫妇离去的背影，我还是有些不放心，赶紧跑着追过去让他们记下我的电话，有事随时联系。不过幸运的是，后来他们都去了方舱医院，而如今已经完全康复。

还有一件事情，依然让我记忆犹新。当时我正在发热门诊出诊，急救室电话响了，通过电话才得知，原来急救室有一对老夫妻双双发生感染，由于家人不在身边，被社区送到我们医院急救室进一步观察治疗。打电话过来的正是患者的女儿，而患者女儿一家三口远在哈尔滨，由于当时所有交通已经封锁，回武汉根本是不可能的。听得出她电话那头的焦急与焦虑。我安抚道："你不要太着急，你父母有需要，我会随时提供帮助，我们每个医生都会尽力的。"因为没有家人的陪伴，加上病情有些许严重，他们下地走路都很困难。又由于当时人手紧张，我只能自己去药房为这对夫妻挂号取药，然后嘱咐他们按时吃药、加强营养。不过也很幸运，他们如今都已康复出院。

的确，医生能够做的也十分有限，就如同特鲁多医生的墓志铭描述的那样，作为医生，能够做的可能也就是："有时，去治愈；常常，去帮助；总是，去安慰。"所以我们更多的时候，是给予那些患者更多的鼓励和信心，让他们重塑战胜疾病的勇气。

当时和我奋战在抗疫一线的还有千千万万的战友。我们都有一个共同的目标：只要疫情不止，我们就会一直在路上，义无反顾，勇往直前，完成一个医者的使命。

再后来，我又被抽调到隔离十一病区参与新冠肺炎病人的救治工作。随着疫情得到有力控制，我又分别在综合内科担任主任助理及综合外科病区担任主任一职，进一步参与其他非新冠肺炎病人的救治工作。而如今，医疗秩序已经逐步回归正常，我继续回归到神经外科开展正常诊疗工作。每当回忆起这来之不易的战疫成果，我都非常感谢九三学社各级组织对社员的关心和鼓励，也非常幸运我们的背后有这样一个强大的祖国。

在疫情期间，我积极协助医院和科室进行医疗物资募集，共凑集防护服400件，口罩400个，鞋套200个。在发热门诊及隔离病区工作期间，我还被抽调到医院疫情防控宣传组,宣传抗疫期间涌现的先进事迹、先进人物及万众一心的抗疫精神,累计配合完成疫情期间宣传稿件 12 篇。同时我还积极投身并负责九三学社武汉科技大学支社公众号运行及社员抗击疫情的宣传工作,获得九三学社湖北省委的高度认可和好评。当接到九三学社湖北省委向全省各级社组织发出《关于组织开展抗击疫情捐款活动的通知》后,我第一时间慷慨解囊。在接到此通知之前,我已通过其他途径捐款,累计捐款 1000 元。除此之外,我还积极参与留学生带教试讲及本科生网络课程,受到评委及学生一致好评。

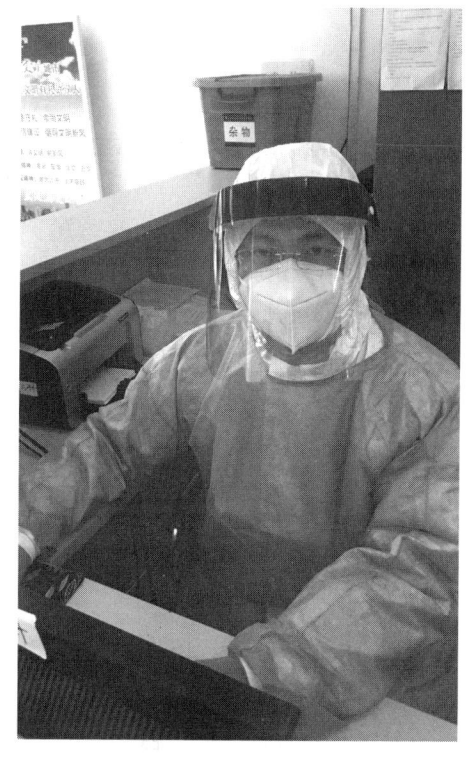

2020 年 2 月 10 日,邰国虎在发热门诊。

就如同一首诗歌描述的那样:"既然选择了远方 / 便只顾风雨兼程 //……我不去想身后会不会袭来寒风冷雨 / 既然目标是地平线 / 留给世界的只能是背影 // 我不去想未来是平坦还是泥泞 / 只要热爱生命 // 一切,都在意料之中"。只要我们保持对生命的热爱,力争用我所学,牢记医者誓言,实行革命的人道主义精神,胜利一定就在眼前。因为胜利,也定在意料之中。

赵红：战疫路上的一抹暖阳

童芳芳[*]

赵红

九三学社潜江市委员会秘书长，湖北省潜江市政协委员，湖北省潜江市特殊教育学校校长。

她的形象永远是那样朝气蓬勃，她永远像个小太阳，走到哪里，哪里就阳光一片，灿烂如春。可这次新型冠状病毒肺炎疫情蔓延，让她再也没有了往日的笑容，她整天愁眉不展，总是思索着应对的策略，总是思索着自己该做点什么。

她说，每天早上看到不断上涨的数据她就揪心，读到医务人员彻夜不眠、艰苦抗疫的文章她就痛心，听到那些失去亲人者的倾诉她就忧心……她一直在暗暗责备自己面对疫情实在太无能……其实，我们却看到一个一直在战疫路上默默付出的她。

积极倡议，多方筹措，她尽全力解战疫一线之所急。疫情初期，在翻阅朋友圈时，看到潜江市中心医院一名感染科医生调侃新春佳节快餐难以充饥时，她立刻就意识到抗疫一线的白衣战士生活需要关心。想到前线的医务人员身体苦，精神苦，不能再让他们生活苦了，于是她想到做到，说干就干。她第一时间响应九三学社潜江市委会倡议，率先捐赠2000元。在她的带动下，短短几个小时就筹集到善款23 700余元，而且这些善款在第一时间全部用于了援助抗

---

[*] 作者系九三学社社员，湖北省潜江市中心医院检验科副主任。

击疫情的第一线。

2020年1月30日一大早,她征求感染科医生们的意见,联系商家,和2名九三学社社员,前往采购点装货,硬是紧赶慢赶,赶在中心城区机动车限行前的2个小时,将所有物资运送到了大家唯恐避之不及的中心医院感染科。感染科一线医务人员感动地说:送物资慰问的同志们,你们就是淮海战役时的"小推车"呀,你们是冒着生命危险在行动啊!九三学社真是让人暖心的组织!虽然,隔着防护服,送物资的人看不到医务人员激动的容颜。事后,医疗组彭组长发来了微信:"我们这个区域,常人经过都怕,可你们却勇敢逆行,是你们给了我们巨大的鼓舞,感谢你们,铭记你们!"

接着,她又马不停蹄地按照九三学社潜江市委抗击疫情工作的要求,积极寻找医疗防护物资货源,先后几次筹措到合格的防护服、隔离服、护目镜等,第一时间联系江汉油田总医院和市中心医院,把这些急需的医用物资快速送到了医院。负责接收的同志连连躬身致礼,赵红却说:"应该的,应该的,医务工作者在前线救死扶伤,忘我工作,我们尽一份力,心里就踏实一些!"

积极思考,认真履职,她为战疫前线建良言献良策。作为潜江市政协委员和九三学社界政协联络人,赵红认真履职,为抗击疫情积极建言献策,先后撰写了8篇社情民意信息,包括《让抗击疫情的教育内容走进课堂》《疫情期间居家隔离谨防火灾隐患》《鼓励"留乡务工",积极应对新冠肺炎疫情对全国经济的影响》《"外出务工"和"回乡务工"两手抓 坚决打赢疫情影响下的脱贫攻坚战》等,其中有2篇被九三学社湖北省委采用,有1篇被推送到社中央。作为市政协九三学社界别组组长,她还鼓励九三界别政协委员和全体九三社员积极撰写信息。在她的带领下,九三学社潜江市委掀起了撰写信息的高潮。到目前为止,九三学社潜江市委员会已向市政协递交了将近50篇信息,其中有多篇被省政协和九三学社中央采纳。

主动请缨,志愿服务,她为战疫后方站好岗。抗疫战役打响后,社区实行了"双到岗双服务"工作,赵红第一个报名,作为第一批志愿者,她参与了小区的服务工作。她上门为小区居民做宣传,排查武汉返潜人员,宣讲居家隔离要求,测体温,出入检查登记,小区巡逻,为特需人员进行代购,样样工作

2020年3月9日,赵红(中)在潜江市泰丰路教师新村社区值守。

她都认真负责。小区管理人员说,她值守,我们特别放心。其中一位谭大姐,只要她一回来,每次都和她隔窗打招呼,还在小区群里说:"只要赵红还在我们小区服务,我们的心里就踏实!"

她还积极号召并带领九三学社社员和潜江特校的老师们参加抗疫志愿服务。市域内交通解封后,她带领特校志愿者奔赴全市13个乡镇对特校学生进行家访,为贫困残疾家庭送去米、油、口罩表示慰问。家长们都十分感动,好多都含着泪一个劲儿地拱手说着"谢谢!谢谢!"

周密部署,紧急行动,她定要护特校家人个个周全。作为潜江市特殊教育学校校长,赵红在疫情流行的初期就周密部署,做好了特校疫情防控工作。1月22日(腊月二十八)市教育局疫情防控会议一结束,她立刻就意识到疫情的严峻,于是第一时间组织召开了"全校疫情防控工作会议",迅速组建了防控工作专班,制定防控工作方案,成立四个防控小组,采取"1241"措施——1位领导对接2名教师,1名教师负责4名学生,每名学生必须有1位家长每天向老师报告体温情况,报平安。由于潜江市特殊教育学校及时对疫情进行了宣传教育,坚决遏制了春节期间师生们的一切侥幸心理,严密防控,全部居家隔离,一律不允许外出,这一区域疫情控制得特别好。同时,她迅速调动一切力量,为学校师生储备防疫物资——口罩、消毒液、体温计等。一一准备齐全、充足之后,她方才放心。她对学校仅有的四户住户也十分关心,制定了每日消毒方案及记载表格,安排专人保证每天消杀,并组织住校的3名教职工当好志愿者,嘱咐保护好所有住户的周全。她说,她是家长,特校的师生都是她的家人，她必须尽一切努力护特校所有人的周全，这是她的职责所在。

"疫情无情，人间有爱。"这是她挂在嘴边的一句话。在疫情来临之际，她，一直冲锋在前，总是迎难而上，积极主动担当，顽强执着坚守……她不愧是模范的九三人，抗疫的排头兵。

疫情防治已持续向好发展，她依然在阵地，她和她的团队依然在坚守。我们相信：既然春天已经来临，胜利还会远吗！

"我在抗疫前线的第一道关卡作战"

胡圣阳　口述　周寒飞*　整理

胡圣阳

九三学社社员，国药葛洲坝中心医院神经内科副主任医师。

2020年1月18日，一场围绕抗击新冠肺炎的阻击战在国药葛洲坝中心医院打响。也是在那一天，我第一时间写下了"不回家"申请书，报名参加了发热门诊工作，值守了医院的第一个发热门诊夜班。

一种精神，让我执着坚守

发热门诊，是新冠肺炎疫情防控的第一道哨卡，承担着排查疑似患者的重任。尤其是国药葛洲坝中心医院的发热门诊，地处宜昌最早封闭、疫情最严重的葛洲坝区域，更是使命特殊，面临的风险挑战和工作难度都很大。

在抗击疫情阻击战中，总有一种精神，叫坚守。与街道上的冷清相比，医院发热门诊很忙碌，日门诊量是平日的10倍，筛查患者最多时一天有60多人，值班人员24小时轮班在岗，每天各种情况不断。

抗疫初期，口罩、手套、防护服、消杀器材等防护物资严重不足，一线医护人员为了节省一套防护服，常常连续10小时坚守在隔离病区，不吃饭、不

---

* 整理者系《三峡日报》记者。

喝水、不上厕所，被汗水湿透的防护服干了湿、湿了又干……

在严峻的形势面前，国药葛洲坝中心医院的医务人员没有一个人退缩，他们纷纷主动请缨，要求前往抗疫一线，着实令人感动。有的取消了订婚宴，有的放弃了探亲，有的剪去了长发，还有10余名医务人员提交了入党申请书。正是有了同事们的付出和坚持，发热门诊才会顺利运转。

同时，为了让患者得到更早、更好的治疗，医院还将发热预检分诊台关口前移，要求发热门诊值守的医务人员详细询问症状、病史、接触史等，做好相关登记工作，及时转诊至相关科室。

工作要求高、工作量与日俱增，我和同事们常常连续作战，累了就在走廊上找把椅子，靠着窗户小憩一会儿。虽然很累，但是大家都很有干劲，医生救死扶伤的本能让大家义无反顾，也坚定了我用生命护佑生命的决心。为了群众的安康，我必须坚守，把好第一道关卡。

一股力量，激励我负重前行

对新冠肺炎确诊，必须通过咽拭子标本。采集过程中，病人的鼻腔直接面对医护人员，一个张嘴哈气的动作，将产生大量携带病毒的气溶胶，这是每一

胡圣阳在发热门诊前。

个从事采集的医护人员必须面对的风险。

"我们需要马上到酒店,去完成一百多例的核酸采集任务。"接到同事的电话,我迅速来到发热门诊,穿上防护服,前往指定酒店开始核酸采集任务。

"患者一咳嗽,医生抖三抖。"每采集一份标本,我们就要承担一次被感染的风险。因此,每次取样时,我都会屏住呼吸,动作轻柔,尽量减少对被检测对象的刺激。

记得那天,有些密切接触者不愿意接受排查,一看到我们穿着防护服就特别排斥。还有些小朋友哭闹、不配合,一直往后躲。我和同事一直耐心解释,被检测对象安心了,大家才能安心。

为了尽可能做好自我防护,我们的防护服常常一穿就是七八个小时。全副武装之下,憋闷、缺氧最为常见,护目镜很快就会产生水雾,挡住视线,加上护目镜的压力,我的脸上被压出了水泡。

无论是白天休息时间还是夜间睡觉时间,只要听到"呼唤",我都能及时到岗并圆满完成任务。有一天清晨3点左右,宜昌市防控指挥部要求将一位70多岁的有多重并发症的病人从市第三人民医院接回国药葛洲坝中心医院。接到电话后,我二话不说,马上穿起防护服乘车前往。由于病人患有慢性肺部疾病,心功能有障碍,只要一动就气喘吁吁,我就一手架着病人,一手为病人提行李,三步一停、两步一站,最后在楼梯口把病人背上了楼。经过2个小时的努力,我终于完成了转运任务,把病人安全接了回来。

面对疾病,没有人不害怕,但是作为医务人员,我必须冲在最前面。因为生命很重,疫情很急,所以我要鼓起勇气负重前行。

一些感动,让我热泪盈眶

其实,医务人员也是普通人,也会生病,也会害怕,但是有些事必须有人做,只是刚好是我们而已。

除夕之夜,由于抗疫初期人手不足,我放弃了与家人团圆,也没有去看望长期住院的母亲,而是选择坚持值守发热门诊。大年初一,我又轮值了24小时,紧张的工作让我很疲惫,但我依然觉得,那是我人生中度过的最有意义的一个春节。

有一天傍晚，一名患者前来发热门诊就诊。交谈中，他无意中说到肚子很饿，一天没有吃东西了，街上的店面都没有开门，买不到吃的。我将自己的盒饭递到了患者手里，患者顿时热泪盈眶。他那种感激的表情，我至今都难以忘记。

守望相助，感动常在。发热门诊工作量大、感染风险高，却经常带给我感动。医院领导考虑到我年龄最大且在一线工作时间最久，准备将我从发热门诊调离，隔离休息一段时间后再换岗。但是，考虑到发热门诊人手不足，我又熟悉各项工作流程，我选择了继续留下来。

除了完成常规的分诊采样和转运病人外，我还常常给予患者心理上的疏导，做好解释安抚工作等。带着一种精神、一股力量和一些感动，直到今天，我依然坚守在医院发热门诊这个重地，守卫着抗疫前线的第一道关卡。

人人都有一本疫中日记，我的这本名为"方舱"

段 飞

段飞

九三学社社员，联创新锐设计顾问（武汉）有限公司董事、总经理。

"灾难是无法比较的，对每个受苦的人，他的灾难都是最大的。"

这是多年以前我在学者齐邦媛自传《巨流河》中读到的一句警句。当目击新冠肺炎疫情重创无数家庭时，我更加感受到这句话的分量，同时也让我对自己的无力抗争感到扼腕。我期待用自己的专业特长贡献更多能量，阻止疫情肆虐我们的家园，而不仅仅是捐赠几台呼吸机。

深夜来电　任务紧急

2020年2月14日凌晨，电话响起，电话那一端传来长江新城建设投资集团雷鸣董事长急迫的声音："段飞啊，接到长江新城管委会的指示，要在长江新城里建一座方舱，最少容纳床位500张，明天清早你就带上设计团队选址，时间紧迫还望尽快开展设计工作。"在接到这通电话时，我的心情既激动又紧张，激动是因为愿望终于有机会成真，紧张是预感到未知的困难已经在向我挑战。武汉当时的状况是"人等床""尽收尽治"，方舱对于那些需要救治的患者而言，不仅是他们自己的生存之舱，也是对他们家庭的救赎，多一张床位就是在挽救一个家庭。

当天清晨，天空飘着小雨，我和长江新城建设投资集团公司董事、副总经理张巍，一起开赴长江新城冒雨踏勘。我们在长江新城起步区内选定了五个地址，然后根据现场条件逐一排除和择优，最终确定了朱家河村红桥工业园。这里地理位置处于近郊，交通方便，占地面积大，绿化率高，建筑主体与基础水电网络保有率比较完好。

当天下午4点，我们将踏勘结论形成可行性意见提报上去，核心思路是"将整个工业园区改造成长江新城方舱医院，占地面积近3万平方米，共计20个舱位，3000张床位，因地制宜打造生态型'绿舱'"。作为一名设计师，我希望在完成建造任务的基础上，尽量能通过人性化的空间设计改善入住者的舒适度，帮助患者尽快康复。没曾想1个小时后，张文彤副市长亲自到现场敲定了我们提出的选址方案。

晚上9点，长江新城方舱医院建设指挥部风风火火地成立了，设计、建设、信息、消防、宣传、医疗六大板块主负责团队悉数到场接受调度。此时，我满怀荣誉与激动！因为国难当头，作为身在其中的一分子，能用自己的专业贡献一份力量，哪怕再危险也义不容辞！另外，作为总设计师见证武汉最大规模方舱医院的诞生，可能是此生都不会再有的经历。虽然我对接下去的困难有一定的心理准备，但是没曾想超出预期太多。

五日值守　栉风沐雨

我父亲曾是一名从军18年的老兵。记得小时候，他给我讲得最多的就是岳飞尽忠报国的故事。我父亲给我取名单字"飞"，也是寄希望我能成为岳飞一样的人。因此，"公忠坚毅，天下己任"，成为植根于我内心的精神体系。在这次方舱医院抢建的过程中，我很欣喜地看到团队里也凝聚着这种精神。

总结方舱医院建设难点，首先摆在我面前的问题就是人手召集。我们联创新锐设计公司有近600位设计师，如果是在平常，即使是时间再仓促的改造项目，对于我而言也不过是一声令下。但现在的难点在于，受封城影响，很多设计师在武汉市外并且不具备办公条件。我自己列了一下名单，希望尽量动员"人在武汉、有车、年纪轻、家里没有后顾之忧"的设计师，但形势并不乐观。

在我与设计师的电话沟通中，有些员工表示身体不舒服，还有员工解释说长辈不让出门，这些状况一度让我感觉到有些颓唐。最终有近40位设计师主动参与到这个项目中，我觉得他们都是英雄，都是勇士！彼时屋外疫情汹涌、人人自危，对于放弃舒适区到户外执行工作任务这件事情，首先要闯过自己的心理关隘，然后还要得到亲人的支持，而这一切是没有任何酬劳的，只是出于爱与责任。

在人员到位后，便是连续5天不眠不休的鏖战。

2月14日晚上，设计团队通宵出图；我在2月15日上午8点拿着完整的设计方案向方舱医院建设指挥部做了详细汇报；9点时各路施工队便顶风冒雪开始入场施工。一时间，整个园区涌入成百上千的施工人员，五颜六色的安全帽满屏跃动，机器轰鸣声不绝于耳，武汉速度瞬时飙起。

2月15日对于我率领的设计团队而言是一个重要节点，因为这一天是设计方案从纸上谈兵进入落地实施的关键时间点，各方意见多、图纸修改多、细节调整多、设计师睡眠少。我把团队一分为二，现场经验丰富的总监们都跟我驻守现场，随时解决问题，年轻一些的设计师在公司电脑上画图，所有在岗人员交替休息。那些太困太乏、眼皮快撑不开了的设计师，其实也没处睡觉，只能去车上打个盹。

2月15日这一天也是整个施工期里最为艰难的一天，中午天降大雪，气温陡然降到了零下，设计师们一个个冻得手脸通红，裹上再多的衣物也挡不住户外作业时的严寒。偶尔听到团队成员的亲人给他们打来问候电话，他们也是报喜不报忧，言必"不冷""烤着火呢""刚刚才补了一觉"云云。作为团队的领导者，我内心感激但无须多言，因为我们都明白这一天不是历史对我们的选择，而是我们选择了历史，"荣誉的桂冠从来都是用荆棘编织而成"。

既在风华　需有担当

3700张床位，21个舱位，我和我的团队用5天时间设计并建成了武汉最大的方舱医院，我以此为荣，引以为傲。全世界都没有类似方舱这种大型临时性传染病医院建造经验，为了确保交付使用，我们只能在设计出图时同步跟医疗团队、建设团队、消防团队多头沟通，将应用与设计无缝对接。在这个过程

2020年2月20日下午3点,段飞(右一)与上海医疗专家在长江新城方舱医院现场。

中,我们既是设计指导,也是施工协调,同时还是现场监理。相比别的方舱,长江新城方舱医院要从载物功能改造成载人功能,设计上的难度系数更高。验收时,这里的电容量增加了9倍,水容量增加了10倍,别的方舱只需要在旧的污水系统上加装消杀功能,这里却是新建一个附带消杀功能的污水系统。舱内缺少桌椅,我们去学校搬;医护人员没有换洗的柜子,我们就到体育中心去借。这些在往常看似简单的事情,一旦城市停止运转都会变得难上加难。一直到项目验收时,我也无法统计一共出过多少设计图纸,这是一个我从未经历过的、时时变化完全动态的设计项目。

长江新城方舱医院在验收后作为康复驿站投入使用,来自西安国际医学中心医院的医疗队从第八医院转战至此,成为这里的第一批医护人员,继续为康复人员进行治疗和心理疏导。这座驿站总共运行了42天,接收观察1419名新冠肺炎治愈者,先后有6个医疗队的268名医护人员在此工作。人们称赞这里有永远不需要等待的洗漱台,有24小时循环供应的热水淋浴,还有男女有别干净卫生的洗手间,开心时与大家一起跳舞打球,想安静时可以独自去舱外的草地上晒晒太阳,人文关怀无处不在。即将回家的康复人员周家胜在驿站最后

一晚时写下一首名为《生命之光》的短诗,其中有几句我记忆犹新:

> 如果说以前认为,
> "人是第一位的"这句话,
> 只是口号,
> 现在却深切地感觉,
> 它是那么伟大的光芒,
> 将我们心里的阴霾,
> 一扫而空。

我想,这正好也解释了《巨流河》中那句对整个民族的终极提问:"我们为什么需要知识分子?"

徐伟：与病毒搏击　让死神却步

张　伟[*]

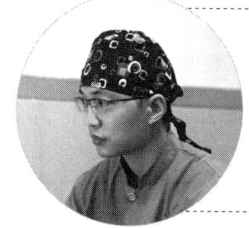

徐伟

九三学社荆州市委社会服务部副部长，湖北省荆州市第一人民医院麻醉科教学主任、副主任医师。

防控新冠肺炎的人民战争打响以来，九三学社荆州市委员会积极引导社员切实把行动统一到习近平总书记重要指示精神上来，积极投身疫情防控工作，涌现了一批立足一线与病毒搏击的先进典型。徐伟既当战斗员，又当指挥员，同广东援鄂医疗队队员并肩作战，在重症监护病区从事穿刺、插管等高风险性工作，并组织荆州烛光志愿队队员各尽其能，投入智与力，贡献光与热，合奏了齐心协力战疫曲。

零距离精准医疗　铭刻生死医患缘

新冠肺炎蔓延伊始，荆州市第一人民医院（以下简称荆州一医）一发出抗击新冠肺炎疫情的倡议便收到近200名干部职工的报名表，大家众志成城，积极投身疫情防控阻击战。在新冠肺炎疫情肆虐阶段，医院要求麻醉科迅速派出骨干力量支援感染病房重症监护病区，徐伟挺身而出主动请缨。他动情地对科室领导说，共克时艰，共战疫情，同样也是民主党派人士的责任和义务。麻

---

[*] 作者系九三学社荆州市委员会宣传部副部长，湖北交投荆州投资开发股份有限公司法务专员。

醉科青年医生中，我的操作技术和防护流程都最娴熟，我去不仅有利于治疗患者，也有利于降低医护人员感染风险。"

  徐伟这样说了，也这样做了。作为全院第一位进入重症监护病区的麻醉科医生，他不仅出色地完成了为重症患者实施抢救和生命支持的任务，而且积极开展临床科研，在实践基础上摸索、总结经验，针对工作中发现的问题提出合理化建议，使其他战友能更高效和安全地开展工作。截至目前，徐伟已经先后管理了18名新冠肺炎重症患者，累计战斗在重症监护病区16天，并即将再次进入重症监护病区开始第二轮战斗。一方面，他要密切观察重症患者的病情变化，制定个体化治疗方案，精细调控患者氧供需平衡，精准保护患者各脏器功能；另一方面，他还要为患者实施桡动脉和颈内静脉穿刺置管、气管插管等高风险操作。

  荆州一医感染病房的重症监护病区也是荆州市新冠肺炎危重症患者救治中心，收治的病人病情重、并发症多、病情变化快。2月10日凌晨，一名老年危重患者氧合下降，徐伟正在为患者进行无创呼吸机治疗时，患者突然因缺氧出现躁动，两手乱抓，扯掉面罩，紧接着剧烈咳嗽。徐伟立即用双手为患者扣紧面罩给氧，同时请护士加大镇静剂剂量。等患者氧合恢复、情绪稳定、转危为安后，徐伟才注意到自己的防护面屏上沾满了患者咳嗽喷出的飞沫，最外层的隔离衣袖也被患者扯破了。

  为危重症患者进行气管插管是一项极度危险的工作，因为当麻醉医师在患者口鼻附近近距离操作时，患者呼吸道会喷射出大量含病毒的气溶胶，操作者的感染风险可想而知。但是患者需要气管插管就说明病情已经十分凶险了，"我不上，患者怎么办？"这就是徐伟与患者生死面对面时想得最多的。

  作为麻醉科医生，徐伟比谁都清楚，为重症患者实施零距离精准医疗对自己意味着什么，同样，胡家梅，徐伟的妻子，坚守在荆州三医发热门诊的产科护士长，也清楚这意味着什么；但他和她都更清楚，患者更需要的是什么，家属更期待的是什么，党和群众更希望的是什么！

100%的穿刺成功率　　见证粤荆战友情

  随着广东省对口支援荆州医疗队的千里驰援，以及粤荆共建的广东省医疗队荆州一医新冠肺炎重症救治中心的正式启用，荆州一医抢救重症患者的能力进一步优化。重症救治的难点在于如何实现患者呼吸功能的逆转，但由于很多患者年龄大，伴有糖尿病、高血压等基础性疾病，给治愈造成了极大的困难。提高重症患者救治成功率，降低死亡率，团队协作是关键。

粤荆两地的医生们来自不同地域、不同医院、不同专业，有各自的工作习惯和流程，这就需要大家在最短的时间里，就工作模式和治疗流程达成共识。广东省惠州市第三人民医院呼吸科陈维生主任进入重症监护病区的第一天，徐伟便主动当起了"向导"，带着陈主任熟悉病区环境，了解每位患者的病情特点，共同讨论工作流程，优化治疗方案。

与此同时，由于担心广东省援鄂医疗队队员们初来乍到，不适应病区新环境，徐伟结合前期治疗的实践和思考，编写了3000余字的前期工作总结，与新战友们共同分享。这些经验总结涵盖了患者治疗和自身防护的点点滴滴，为广东省援鄂医疗队更安全、舒适、高效地开展工作和休息，提供了有力的帮助。比如，可用洗手液涂抹护目镜临时替代护目镜防雾剂的建议，就能解决护目镜起雾的麻烦。广东队友开玩笑地称赞说，徐伟医生的"土办法"既方便又实用。

在广州市红十字会医院护士郑莉斯撰写的《抗疫日记》里，记录了她与徐伟密切配合进行动静脉穿刺的经过。2月17日，一名已上呼吸机的危重症患者需要进行动静脉穿刺。

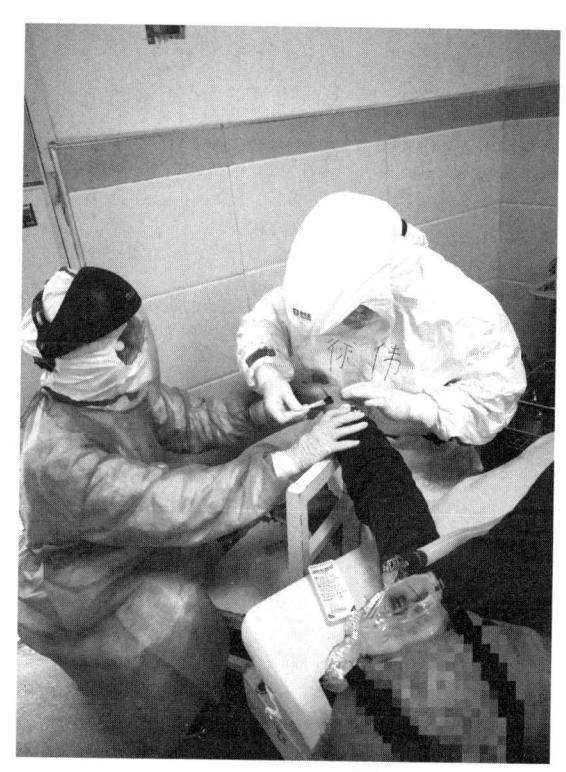

2020年2月17日，徐伟与援荆护士郑莉斯共同为一名危重症患者进行动静脉穿刺。

由于患者移动困难，病房里又没有合适的操作台，郑莉斯只好蹲在地上用双手将患者的手腕固定在椅背上，再由徐伟小心翼翼地进行穿刺操作。由于两人密切配合，当日为该患者实施的桡动脉和颈内静脉穿刺全部一次性成功，既减少了患者的身心痛苦，又降低了医护的暴露危险。

作为两个孩子的父亲，徐伟已经有1个多月没有和孩子们亲密接触了。和朝夕相处、并肩作战的广东队友们在一起，他更能觉察到大家对家人的牵挂之情，也更加感恩广东队友的千里驰援。粤荆同心战疫，诠释了中华民族和合共生的家国情怀，"一心装满国，一手撑起家"，风雨压不垮，患难见真情。

87名志愿队员的正能量　烛光点点耀荆楚

作为九三学社荆州市委社会服务部副部长，徐伟还组建了荆州烛光志愿队。志愿队现有87名队员，以具有高、中级职称的医务人员为主，还有法律、教育、管理、技术等行业的爱心人士。志愿队组建一年来，购置了近万元的救援设备教具，自主设计制作系列课件，先后在全市范围内面向学校、社区、企事业单位举办《公众心肺复苏》《溺水防范与救援》等公益讲座42场，获得社会各界一致好评。规范有序的队伍管理和科学严谨的公益宣讲，磨炼了烛光人，储备了正能量。

徐伟一直战斗在战疫最前线，为荆州烛光志愿队队员们起到了很好的示范带动效应，大家各尽所能，为战胜疫情贡献力量。在医疗资源最紧张的时刻，志愿队员们自发购买护目镜230个捐赠给一线医务人员，还积极联系爱心人士和公益组织，为一线医务人员筹集到乳胶手套48箱、防护服775件、隔离衣500件、医用口罩1000个、护目镜262个、防护面罩360个。

在交通运输最艰难的时刻，荆州烛光志愿队队员郭小康、田薇、王晋鹏等人多次往返于荆州城区、武汉市物资调拨点及周边地区，接送医务人员返岗、运送防疫物资，累计运送了各类药品435箱、防护服30 000件、口罩10 000个、呼吸机19台、酒精5吨，总里程超过2000公里。

具有医学心理学专业知识的徐伟，还积极参与心理援助工作，主动为重症患者进行心理疏导。有位患者一度因住院时间长，病情迟迟不见好转而逐渐丧失信心，不积极配合治疗，徐伟在病房里与患者面对面沟通，终于使这位患者重建信心，接受治疗，病情也逐渐好转。这位患者每次看到徐伟来查房就对他竖起大拇指。徐伟还和荆州市社会心理学会的几位心理咨询师一起编著了《新冠肺炎疫时疫后心理援助手册》，帮助更多人疏解新冠肺炎疫情相关的心理问题。队员张伟、严华、刘明娜也积极参与市民心理疏导服务工作。得知血库告急，荆州烛光志愿队又组织队员义务献血，队员熊燕妮、郭小康、杨振、徐敏等积极参加了义务献血。

徐伟和志愿队队员们，就在我们身边，和万千个荆州市民一样，质朴善良、互帮互助、风雨同舟、齐心抗疫，坚守这座城，温暖你我他，共同点亮荆州这座历史璀璨、潜力无限的英雄城。

高峰：是坚强的后盾，更是英勇的前锋

杨 萍 郑 华[*]

高峰

九三学社社员，华中科技大学同济医学院附属同济医院麻醉科主任医师。

气管插管是抗击新冠肺炎疫情一线工作中的高危操作之一，当麻醉医生在病人口鼻附近进行近距离操作时，病人呼吸道会喷射出含有大量病毒的气溶胶，其风险可想而知。在武汉抗疫一线，却有一支连续奋战50余天的混编"插管敢死队"，日夜与死神赛跑。这支队伍的队长是九三学社社员、华中科技大学同济医学院附属同济医院麻醉科主任医师高峰。

精心编队

2020年2月8日，华中科技大学附属同济医院光谷院区被确定为新冠肺炎定点救治医院，开设16个病区和1个ICU，开始收治重症和危重症病人。随着来自全国各地的国家医疗队陆续抵达武汉，医院的828张病床在2天左右的时间基本收满。高峰作为光谷院区麻醉科的负责人，感受到即将面临的巨大压力。同济医院麻醉科在此次疫情暴发之初，已有40名医生因接触新冠

---

[*] 作者杨萍系华中科技大学同济医学院附属同济医院麻醉科医师；郑华系华中科技大学同济医学院附属同济医院麻醉科副主任医师。

肺炎病人处于隔离观察期。在这样的情况下，麻醉科仍派出 30 余名医生支援发热门诊和病房，而留在光谷院区值班的医生锐减到 6 名。鉴于此，院领导将支援光谷院区的国家医疗队中的 12 名麻醉医生与同济医院的医生进行混编，组成了一支由高峰率领、包含 18 名麻醉医生和 2 名麻醉护士的插管小队，负责全院区的气管插管工作。为了确保工作的顺利开展，同时保障病人与医护人员的安全，高峰结合实际情况精心编排了每日的值班人员，采用 12 小时轮班与 24 小时值班相结合的工作模式，制定了统一的标准化插管流程，并完善了所有的操作环节。经过几天的运行，医院领导和各个病区都非常满意麻醉科的工作。疫情期间，插管小队共完成气管插管操作 71 人次，成功率 100%。

爱兵如子

2 月 14 日是高峰和另一名医生值班，下午 5 点多，他接到 ICU 的电话，得知有病人需要实施气管插管。以往一名医生足以完成插管操作，但是新冠肺炎病人插管，危险系数极高，而且穿上防护服行动受限，如遇到困难气道将会非常危急。高峰对这名医生说，我和你一起去，说着便穿着外勤衣一起出发了。在 ICU 清洁区，高峰详细了解需要插管的病人信息，并且通过监控

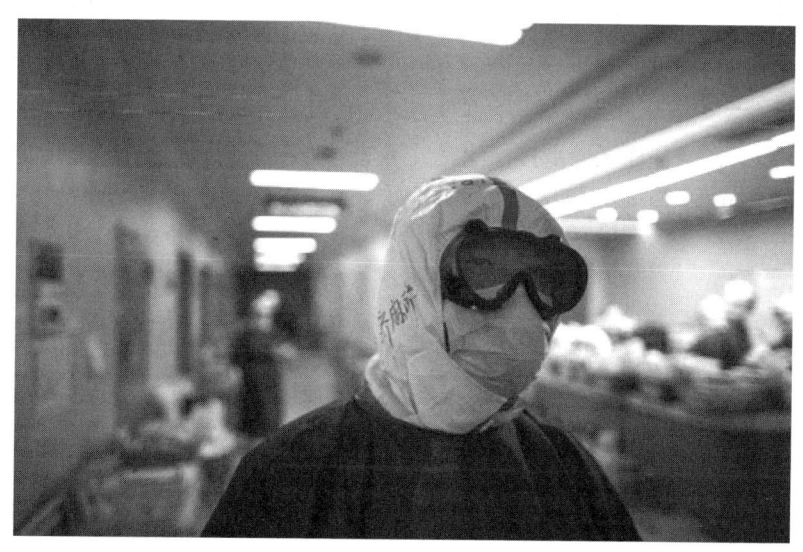

高峰在工作中。

大屏观察病人实时情况。他发现需要插管的 2 名病人中,有一名肥胖病人,颈粗短,插管操作可能存在一定的难度。在等待呼吸机和氧气调试期间,高峰和这名医生交流了病人病情,制定了诱导方案,如果两个人都进入污染区,就没有人接值班电话,万一其他病区有病人需要插管呢?因此,最终由一名麻醉医生进入污染区,高峰在清洁区等待。穿好防护服是保护自身安全的首要条件,他亲自为这名医生穿防护服,检查口罩、帽子、护目镜的密闭性,还亲自为这名医生穿鞋套。最后高峰叮嘱并查看所带物品,目送这名医生进入污染区。这名医生回忆说:"高峰教授像一位长辈,为自己即将走向战场的孩子,准备好行囊,穿戴好战袍,并随时准备一起去战斗!"

亲力亲为

2 月 20 日,高峰接到电话,ICU 预计有 4 名病人需要插管,考虑到在三级防护下进行操作体力消耗比较大,他带了 2 名医生去执行任务。高峰临床经验丰富,仔细评估了病人的病情,第一例病人插管顺利。第二例病人声门较高,牙齿前突,可能属于困难气道,一名麻醉医生在进行气管插管操作时发现导管置入困难。为减少医生暴露时间,也是为了保障病人的生命安全,高峰接过喉镜调整视野后顺利将导管置入气管内。由于 ICU 内配合越来越默契,其余 2 名病人也顺利完成了气管插管。晚上 7 点左右,几乎同时接到 2 个病区有病人需要进行气管插管的通知,他带领一位下夜班的医生去 E3 病区,另外一位医生先去 E1 病区进行准备。高峰完成 E3 区的工作后,迅速赶往 E1 病区,就这样无缝衔接,他完成第 7 例插管操作后已是 22:30 了。脱下防护服,里面的衣服已经湿透。

有求必应

2 月下旬正是新冠肺炎重症和危重症病人救治工作最为繁重的时候。国家医疗队支援光谷院区的 12 名麻醉医生分别来自 4 家医院,临床用药习惯各异,高峰征求所有人的意见,竭尽全力备齐所需耗材及药品,满足各位医生的要求,也确保了病人的安全及正常的医疗秩序。高峰十分关心插管小队麻醉医生的安全,反复强调如果身体不适,要及时向他反映,务必重视自身健康和安全。此外，他还邀请医疗队的麻醉医生来麻醉科参观，并为大家提供一些基本生活用品。

总结经验

3月初，同济医院光谷院区的新冠肺炎病人整体情况趋于稳定。大量病人需要气管插管的状态有所缓解，这也意味着危重病人数量增幅减弱，但是高峰丝毫没有放松警惕，3天一个24小时值班，经常可以看到夜深了他办公室的灯还亮着，甚至过了零点还能听到他和同事商讨研究细节。高峰是麻醉科的科研标兵，他希望能总结麻醉医生在新冠病人救治工作中的经验，为提高危重症病人的生存率出力，也为降低麻醉医生插管的风险尽责。

任重道远

4月，武汉疫情得到全面控制，驰援武汉的国家医疗队陆续返回，同济医院光谷院区开始了紧张的消杀工作，以尽快恢复正常的医疗秩序。高峰对值守的6名麻醉医生说："我们的任务更重了，在今后相当长的一段时间，我们将面临手术数量激增带来的压力，也将面临为新冠确诊或疑似病人实施麻醉的风险，这对我们的心理和身体都是巨大挑战。"4月20日光谷院区复工以来，急诊手术比同期增加许多，择期手术也逐渐增加，高峰除了每周两次疼痛门诊以外，其余时间都在科室，工作在临床麻醉第一线。他是一名教授，也是和我们并肩作战的一线麻醉医生，更是一名优秀的九三学社社员。

尘埃中的微光点亮希望

高 凌

高凌

九三学社武汉大学委员会常委，武汉大学人民医院东院区内分泌科主任。

2019年底至2020年初的这场大疫让武汉世界闻名，也让我体会到了人间百态，既看到了人性的脆弱和阴暗，也感受到了爱与温暖。本没有提笔的冲动，但是在社省委的鼓励下，终于提笔写下这个记录，为自己留下这个时代特殊的记忆。

2019年底，已经听说SARS类病毒在武汉流行的消息，我虽然没有经历过SARS（当时在国外留学），但职业的关系我还是有所警觉，查房的时候会特意交代护士长要给患者分发口罩。因当时疫情没有暴发，又因华南海鲜市场关闭，慢慢地放松起来。2020年1月18日的院内教职工代表大会，医院正式通知要防备新冠流行危机，于是立即通知护士长赶快申领物资，第二天普通门诊就二级防护了。

当时那种情形下，我非常担心我的父母，特别是我母亲，她今年74岁，退休返聘在医院慢病重症门诊上班。我一直提醒她上门诊要全防护，她不怎么听，理由是她是慢病门诊，没有发热患者，不需要防护。随后事态变严重，特别是发现新冠肺炎患者可以不发热，有些只有消化道症状，而且消化内科收入院的新冠肺炎患者因为首发消化道症状就是她在门诊接待的，她这才紧张起来，找门诊办公室要了隔离衣，一直上班到大年二十九。后来身边有同事中招，她愈发紧张，大年三十眼睛突然有点感染，喉咙不适，即一再要求我们不要回家过年三十，最终熬不过2岁半的孙女吵闹，于是大年三十晚戴了一夜的口罩和小孙女团聚。初二扛不住心理压力悄悄去拍了CT，没请呼吸科看，自己看片认为中招了，紧张着要去住院，也急急地向我交代后事。我赶快请呼吸科同事看了CT，结果都认为还好，不是肺炎，这才安心。后来一直没事，没想到年后初六她就上门诊了。我一直劝她申请停诊，医院大部分门诊都停诊了。她说："没人代替，你让那些老头老太太哪里去拿药啊……"其实，那个时候也没有多少人来医院拿药了。后来听说有人申请停诊，她说："我是不同意的，在这个关键的时候，不太合适……"我们医院的慢病门诊在疫情期间除了春节7天假期之外一直没有停诊。

那个时期，我认为瑞德西韦可能是新冠治疗最有希望的药物，所以非常积极地联系该项目总负责人——中日友好医院的曹彬院长和王辰院士，并主

高凌（左一）和同事们欢送"余晖老人"王欣痊愈出院。

动请缨参加该药的临床研究。作为分中心负责人，我也一直积极地配合CRA/CRC筛选患者，希望尽快完成以验证瑞德西韦的有效性，然而才开始就差点戛然而止。我所在的武汉大学人民医院东院区被指定为新冠肺炎重症患者定点救治医院，我是25病区的负责人，我们科开科第一天就收治了12位患者，之后患者流动比较快，好转的患者要转出至火神山医院以腾出床位给新的重症患者。我们病区患者相对稳定，其他病区每天都有患者去世，许多医护当时出现了心理崩溃。那时外省的驰援非常及时，2周后许多本地医护得到了轮休。我们科一开始没有换防，后来外科的一名护士在清洁区支援我们科11天后，没有症状的情况下偶然去照CT发现肺炎，最后确诊新冠。由于大家在一起吃饭，导致全科被隔离。因此，瑞德西韦的临床研究在刚刚入组2例的情况下，分中心面临解散的风险。当时，CRA/CRC全部换人，科室其他所有医护全部隔离。在关键时刻，我紧急联系新的团队和CRA/CRC，并在换防团队的帮助下最后顺利入组20人。瑞德西韦的每一例入组都要经过非常严格的筛查，一般早晨筛查出入组患者，当天就要进入污染区与患者签署知情同意，我再开车从人民医院东院去金银潭医院按照随机原则入组和取药，路途往返至少2个多小时（共10多次），争取当天患者就要完成治疗和咽拭子标本采集。最终的研究结果已于4月底发表在 *Lancet* 上，为国家对该药的使用策略提供了有力的证据。

  作为内分泌科主任和感染科25病区负责人，我很荣幸能够战斗在抗击新冠肺炎疫情的最前线，这90多天里负责着25病区患者的救治，也担任着全院患者的内分泌会诊，24小时on call（在线），坚守到最后。回首这段经历，如影片回放历历在目：病区的改造，新冠患者的收治，重症患者的救治以及最后的清零收尾。"余晖老人"王欣是从我们病区最后一批痊愈出院的（新华社等媒体有报道）。疫情期间我自己一直与家人隔离，独居的年迈父母，独自带着2岁半幼女的妻子，都无法或者无力进出社区采买和收取生活物资，两边我也无法兼顾，只有偶尔回家送物资时在各家门口递进去即匆匆离开。家人对我的理解与支持，我无言感激。

  我虽然是一位医者，也是一个普通人。我们每一个普通人的付出，如同尘埃中的微光，点亮了希望，最终带来了武汉新冠战疫的胜利。有感于李文亮师弟逝世刷屏的夜晚，难忘在临床试验艰难时刻同事们的无私奉献，也记得一位小女生志愿者记录为了帮助他人奔波而自己不幸染病的日日夜夜。写下这段文字，希望我的回忆成为时代记忆的一部分，被留存、怀念和反思。

进退皆力战　不变是衷肠

高越男

高越男

九三学社中央文化工作委员会委员、湖北省直四支社主委，湖北经视《经视直播》栏目高级主播。

新冠肺炎疫情发生后，作为湖北经视《经视直播》栏目高级主播，我立即投入媒体抗疫的战斗。由于记者每天都去医院采访，电视台也成为战疫一线。为避免将感染风险带给家人，我把女儿送到父母家，独自居住，没有后顾之忧地投身抗疫工作。

2020年1月20日，钟南山院士发出警告："新冠病毒确定人传人，希望武汉市民加强防范。"可是，当时不少武汉市民并不了解新型病毒之凶险，不仅缺乏戴口罩、少聚集的防范意识，有些甚至刻意显示出大大咧咧、满不在乎的"汉派豪迈"，很让人揪心。为了扭转市民这种不设防的轻敌态度，1月22日，与《经视直播》制片组商量之后，在当天的直播节目最后，我特地戴上口罩进行示范，呼吁广大市民做好防护，这在全国电视直播中可谓首开先例。观众从未见过主持人戴口罩直播，因而备感新奇，反响强烈。第二天，新浪微博话题"湖北主持人戴口罩播报"登上热搜榜首，获得数十万网友点赞支持，为湖北武汉乃至全国范围内广大民众增强防护意识起到了积极的示范作用。

正当我为自己的直播节目发挥抗疫作用而信心倍增、准备乘胜出发之际，一个意想不到的情况，完全改变了我的抗疫轨迹。

1月26日是我的生日。那天上午,同事给我打来电话,我准备欣然接受生日祝福时,传来的却是要求我隔离观察的消息。原来,上班时密切接触的一位同事的家人被确诊新冠肺炎。那一刻,我整个人都蒙了!我焦虑地反复自问:"我会不会也感染了新冠肺炎?如果真的生病了,工作谁来做?孩子怎么办,父母怎么办?"冷静下来,我又有点诧异地发现,我刚才的焦虑竟然不是来自新冠病毒致人痛苦、夺人性命的可怕杀伤力,而是来自它对工作和家庭的影响。

那天晚上,我有生以来第一次独自为自己庆祝生日。病毒阴影下,更应珍惜生命,我为自己煮了一碗长寿面,祈愿安康。然而,没有生日蛋糕,没有亲朋相伴,形影相吊,不免悲从中来。就在这时,我突然收到一份意外惊喜,爸妈和女儿专门发来生日祝福歌的视频。歌声响起的时候,我百感交集,泪流满面。我不能倒下,因为家人需要我,观众需要我,我还要回到主播台上,继续报道武汉战疫的真实故事,为抗击疫情贡献力量!疫情阴影下独自度过的生日,让我对生命意义有了新的思考。大家祝我"生日快乐",可什么才真正让我感到快乐?那就是为了生命、健康和爱,多做一份奉献。于是,我决定通过湖北省青少年基金会,为抗击疫情捐款1000元,作为送给自己的特殊生日礼物。

对于切盼深入一线的我而言,14天的隔离很是漫长。朋友调侃地安慰我说:"待在家里不出门,啥也不干,就是为抗击疫情做贡献。"此话虽有道理,但我并不满足于此,总觉得还能更有作为。作为媒体人,我平日社会接触面较广,完全可以利用多方社会资源和各种通信设备,积极参与这场战役,一刻不离战场。

于是,我开启了"居家抗疫"的新模式。

在疫情最严重、医院床位紧缺的时候,多位朋友求助,说有亲友患病无法住进医院,我便四处帮他们联系医院,让病人尽早得到救治。看到朋友圈和微信群里有人转发各种谣言帖,我便借助自身影响力,在网上不厌其烦地辟谣纠错,传递正能量。另外,我还为栏目组积极提供各种新闻线索,帮助记者及时报道战疫一线的真实情况。

发现一线记者缺少医用口罩之后,我四处寻找资源,在医用物资最紧张时,筹集到医用口罩3000多个。考虑到不少记者深入医疗救援前线,需要更高级别的防护措施,我又想尽办法募集到200个N95口罩和230个8000型口罩（防护效果等同于N95）。当得知武汉有部分贫困学生没有电脑，无法上网课学习的情况后，我又和大学同学一起筹款购买52台平板电脑，分三批送到这些学生手中。同时，我还替海外华人搭建与医院对接的捐赠渠道，为武汉市内医院募集到津巴布韦和加拿大捐赠的呼吸机、消毒液、N95口罩、医用手套等多种物资。此外，作为九三学社省直四支社的主委，我积极响应社省委的号召，了解、统计支社社员的健康状况，组织大家通过社省委捐款捐物，并为社员提交的建议贡献智慧，为抗击疫情出谋划策。

2月8日，恰逢正月十五元宵节，我解除隔离，重返工作岗位。为了让前期值班的主持人好好休息，我主动承担了湖北广播电视台每天《众志成城抗疫情》特别节目10:00—11:00的直播、湖北经视17:30—18:00的《经视直播》以及《直播微视评》的录制，工作量远超平时。每天早上8:00到岗，晚上7:00下班回家，然后在家准备次日演播稿，时常忙碌到深夜。我不仅高效完成了所有直播任务，而且赢得空前反响。在《为什么武汉人哭了》《这些硬核跨界，我们粉了》等评论视频中，我声情并茂的讲述感动了无数观众，网络点击量超过千万，被大量点赞和转发。疫情形势好转后，我又与央视频合作，走进中建三局主持"春暖花开·国聘行动"，为企业与求职者之间牵线搭桥，助力复工复产，广受好评。

4月8日，经过艰苦鏖战，武汉终于迎来了解封的日子。抗疫初战告捷，而经济恢复依然任重道远。湖北经视与全国十家电视台联合推出《重启大武汉　助鄂大联播》节目，我承担了8:00—15:00的四档直播，向全国观众展示武汉人民战胜疫情的信心和重启之后恢复经济的决心！其实，对于患有中度神经衰弱和慢性疾病的我来说，这样的工作强度确实是超负荷的，但当我感到身心疲惫时，就会告诫自己："跟医护人员和一线记者的辛苦与风险比起来，这根本不算什么，我只是在做自己力所能及的事。"于是，我便会重振精神，再度出发。

工作忙碌之余，我最想念的还是女儿，我已经3个月没有见过她了。女儿一直很黏我，现在又处在小升初的关键时期。平日我每天督促和辅导她的功课，但在抗击疫情的3个月里，别说辅导，想抱抱她都做不到。好在孩子乖巧懂事，不仅每天自觉学习，还经常来电话询问我的工作和身体。因为疫情，以

高越男在工作中。

前母女每天的亲密互动,变成了电话两头的温暖问候和娓娓交谈。每天我都会给女儿讲讲新闻里的故事,让她明白疫情并不可怕,有无数白衣天使在守护我们的健康,有无数基层工作者在保障我们的生活,有无数志愿者在为大家悉心服务,我们要有信心,国家一定会带领我们战胜疫情。孩子变得更关心社会,更关心他人,更热爱生命,也更加成熟。抗击疫情,改变了我们母女交流的方式,也为子女教育开辟了一个新维度。

这几个月里,作为湖北经视《经视直播》的主播,我在主播台上,讲述着武汉人、湖北人、中国人抗击疫情的故事,记录着大家团结一心战疫的过程,为观众传递信心和勇气。英勇无畏的武汉人民、崇高伟大的白衣天使、辛勤奔忙的社区干部、无私奉献的志愿者,他们共同汇聚成了战胜新冠病毒的力量,让我们能够赢得这场防控阻击战的胜利,而我也为自己是这场战役的亲历者、参与者、记录者而感到自豪!

如今,武汉疫情已经好转,城市已经解封,生活正在恢复正常,在生机盎然的春日里,那个活力四射的大江大湖大武汉正在强劲回归!

以笔为"枪" 同心战疫

崔瑞波

崔瑞波

九三学社襄阳市委员会学习宣传信息工作部部长、九三学社襄州区支社副主委,湖北省襄阳市襄州区医保局办公室副主任。

"疫"不容辞 坚守社区防控一线

疫情初期,我在单位所在的襄阳市襄州区张湾街道红星社区原劳动局家属院开展志愿服务活动,对出入小区人员进行登记、测体温和劝返工作。2020年2月20日,区委、区政府发出非党员干部到社区"双报到"的通知后,我第一时间到肖湾街道洪山头社区报到,被安排在碧桂园小区峰景苑区值守。

作为区医保局干部,我发挥优势为群众解答医保政策,帮忙联系购买药品,开展疫情防控知识宣传、体温测量、服务保障、打扫小区卫生等工作。3月16日单位通知上班后,得知小区值班的人手不够,我主动提出周六、周日参与值班。

"我家小孩的眼镜框不小心摔坏了,天天要上网课,又不能出去配,也不知道眼镜店开门了没有,这该怎么办……"3月2日,正在洪山头社区防控点值守的我接到居民求助后,迅速与熟悉的眼镜店联系。由于眼镜店老板所住小区有新冠肺炎确诊病例,管控很严,经过多方沟通对接,社区同意老板出小区帮忙配眼镜框,解决了居民难题。

3月7日，有位大妈要闯卡出去给80多岁独居在张湾农技站的母亲买菜买粮，我耐心劝导大妈，提出帮她解决难题。通过多方联系，我找到张湾社区居委会负责人，安排居民组长上门服务，大妈才放下心来。

在社区值守期间，我先后帮助居民购买物资和药品、代收快递100多人次，上门入户宣传和测体温8次，解决居民配眼镜等难题3件。

建言献策　撰写社情民意信息

作为政协委员和九三学社社员，参政议政、建言献策是履职尽责的重要工作。疫情期间，我密切关注新冠肺炎疫情报道，积极撰写社情民意信息，为疫情防控建言献策。截至3月底，我撰写的9篇社情民意信息均被九三学社湖北省委采用，中央统战部采用1篇，《团结报》采用1篇，九三学社中央采用3篇，省政协采用2篇。

2月2日，黄冈市新冠肺炎确诊病例达到1246例，孝感、荆州、黄石、鄂州的确诊病例都超过300例，咸宁接近300例。这些城市普遍存在救治能力不足的问题，疫情防控形势严峻。而湖北省外大量严阵以待的医疗资源还有闲置的现状，我连夜赶写了《关于把湖北省内部分患者转移到邻近省份救治的紧

崔瑞波在襄州区肖湾街道办事处洪山头社区碧桂园小区值守。

急建议》，被九三学社湖北省委紧急报送给省政协、省委统战部和九三学社中央，九三学社中央立即转报给中央统战部和全国政协。目前，得到的反馈是这篇信息被九三学社中央和中央统战部采用。

针对基层在这次疫情防控中使用的"问题标语"问题，我撰写了《新型肺炎防控宣传暴露的"问题标语"现象不容忽视》，并提出公开征集标语、清理问题标语、减少标语动员考核等建议。

针对随州、鄂州、黄石、黄冈、孝感等地医护人员紧张问题，我撰写了《建议征召民营医院和个体门诊等医护人员等参加一线防控》；针对这次疫情暴露的医疗防护用品储备问题，我撰写了《建立全国统一的医疗防护用品储备制度迫在眉睫》；疫情得到控制后，湖北人外出返岗难凸显，尤其是贫困劳动力，如何确保今年如期脱贫？我撰写了《针对贫困户开发公益性岗位和爱心脱贫岗位　确保2020年脱贫目标如期完成》；为奖励援鄂医疗队队员，我撰写了《关于为援助湖北的医护人员颁发纪念证书和记功的建议》。

大疫大战热潮中，更需要冷思考。疫情进入持续向好状态后，省委统战部组织力量围绕疫情防控开展课题研究，致力为科学防治、精准施策提供有益参考，我参加了九三学社湖北省委负责的《发挥党派优势，完善重大疫情社情民意信息报送机制》调研和撰写工作，提出的建议被吸纳采用。

新闻宣传　为疫情防控助力

"瑞波，今天财务科给区医院和区二医院拨款120万元用于新冠肺炎防治，你赶紧写稿宣传出去……"1月21日上午，我接到区医疗保障局局长刘忠的安排后，迅速了解有关情况，撰写新闻稿件并发给新闻单位。至此，我开始担负起区医保局抗疫新闻宣传和材料撰写、"襄州医保局"微信公众号稿件终审工作。

疫情期间，交通管制，出行不易，我采取参加局会议、电话或微信等形式采访，然后在家写稿发给新闻单位，大力宣传区医疗保障局保障疫情防控的政策、经验和做法以及抗击疫情先进典型，采写的多篇新闻先后被荆楚网、襄阳日报客户端、云上襄阳、襄阳人大网、襄阳统战网、襄阳医保网、襄州电视台采用。

作为社市委学习宣传信息工作部部长，我还负责"襄阳九三"微信公众号稿件的采写、编发工作，组织策划了襄阳九三抗疫系列报道和援襄社员系列报道，多篇新闻被襄阳日报客户端、中共襄阳市委统战部、中共湖北省委统战部、社湖北省委、社中央、中央统战部采用。据不完全统计，截至3月底，我撰写、编发的医保和九三抗疫信息被国家、省、市、区采用90多篇（次）。

我们做一切事情的目的是让患者好起来

程艳香

程艳香

九三学社社员，武汉大学人民医院东院妇科主任。

2020年2月23日中午时分，在武汉大学人民医院东院区，全院医护人员都在进行新冠肺炎危重症患者的救治工作！

"叮叮叮……"武汉大学人民医院东院余开焕院长给我来电："程艳香主任，请你做好准备工作，一名新冠肺炎患者，急诊宫外孕，输卵管壶腹部妊娠，可见胚芽及心管搏动，腹腔内积血很多。患者虽然神智清晰，但是休克血压，情况非常紧急！"

"收到，马上准备！院长请放心！"过去我是妇科医生、妇科主任，抗疫期间临时被任命为武汉大学人民医院东院新冠肺炎重症3病区负责人。接到任务，我马上回复，并开始着手部署工作，一一落实病人入院前的准备工作、急诊抢救准备措施，通知手术科室、检验科室特事特办。在全院救治新冠肺炎患者时期手术不多，很多临床路径流程必须及时构建，以防一点纰漏影响救治工作。新冠病毒肆虐，让医务工作者心理压力很大，很多细节需要仔细沟通、验证，既不可与抗疫工作相冲突，更不能忽视新冠病毒感染者合并的其他急危重症。

"主任，已整理安排好病床，落实急救药品，并做好输液准备以及其他术前准备工作。"护士长张洁回复。

"收到，已安排好两位麻醉医师、器械护士以及巡回护士，还有特别时期的院感质控员。人员到位等候，随时手术！"手术室孟庆涛主任和张诗护士长回复。

"已做好急诊处理的各项准备！"妇科刘华教授和詹丽丽主治医师回复。妇科手术团队穿好防护服进入病人隔离区，等待救护车。

救护车送病人入院，马上开始了紧凑有序的接待和病情评估。

"主任，已充分了解病人情况，新冠肺炎患者，合并左侧输卵管壶腹部妊娠破裂。根据超声图像和患者体征，患者处于失血性休克状态，需要急诊手术。但是其爱人因新冠肺炎住院，谈话及授权没有家属到位怎么办？"在充分了解并评估病情后，詹丽丽主治医师忧心忡忡地汇报。

"疫情状态，特殊时期，来我们医院，就是我们的家人！没有家属签字，我来签好了！"压根来不及思考，我果断地命令。所有检验急查，建立输液通道，人员分术前记录准备和术前谈话团队，同时进行，不影响患者救治时间一分一秒。

好在患者非常配合，我又在电话中向患者家属解释了患者当前的情况，取得了其家属的理解和同意。患者表示，以前做过几次手术，非常了解手术前需要哪些准备工作，而且手术麻醉清醒后会因为疼痛很难受，现在没有家属好痛苦，这次又需要手术感到很害怕！从病房到手术室的路上，患者躺在专用推车上，有点颠簸，但她紧紧地攥住我的手，告诉我她很紧张与害怕。我身上的防护服都被抓破了，她有点不好意思，哭着说："主任，我还没有自己的孩子，一直也幻想有个小孩。现在孩子没有怀上，得了新冠还得了宫外孕，我会不会没有命了？就算能活下来，以后怀不了孕可怎么办啊？！"

意识到该患者在突发疾病影响下身体虚弱、心态脆弱，我抱着她安慰道："现在新冠是可怕，不过我们联合起来，可以战胜病毒！请你相信我，你绝对会好起来！我们现在整个院区都是新冠病人，全部没有家属，我们整个院区医护患者就是一家人！现在欢迎你加盟我们大家庭，来，咱们抱抱，像家人一样拥抱，我就是你的家人啊！只要有我在，你就不会有危险！"

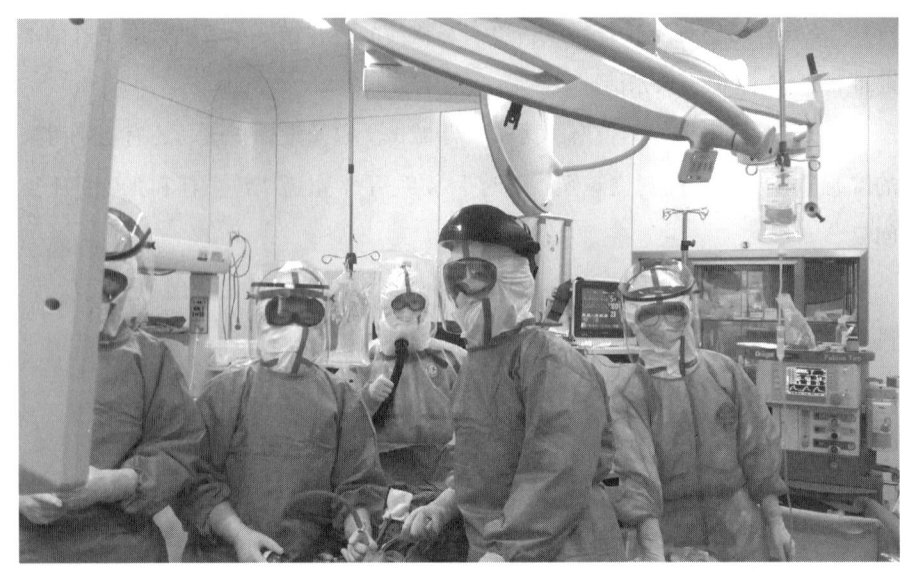

2020年2月23日，程艳香（右二）为病人进行宫外孕腹腔镜手术。

一个拥抱确定亲人关系后，患者不再焦虑。她说："我不怕了，这次由我的亲人来给我做手术。咱们不要犹豫了，一切听您的安排，快点手术，我不怕！"

"主任，现在一时半会儿没有血源没法备血怎么办？"詹丽丽非常着急。

"没有办法输血就不输血，抓紧时间赶紧手术，减少出血量！现在患者体内活动性出血，争取血源的时间就是我们抢救止血的时间，拖延下去患者会丢命。"我也很担心，担心自己一点后路都没有留，万一不顺怎么办？如果救治大出血的话……时间就是生命。没有时间去到处申请血源了，再说，这疫情闹得人心惶惶的，很少有人献血，不但没有时间申请血，估计武汉市血库血源也告急。在没有备血、患者已进入失血性休克的状态下，只能马上手术。因为只有手术才能止血，才能争取到活命的机会。

"可是该患者既往有多次盆腔手术史，反复盆腔炎发作，估计盆腔粘连比较重，预后差的风险大，现在又没有家属，又没有血源，安全谨慎起见，还是向医疗监管部门汇报吧！"科室里医护都有点担心，因为这完全不合乎医疗程序，万一预后不好，谁又能理解我们全力以赴的苦心呢？

"没有时间说那么多了，有问题我负责，马上手术！别忘了咱们年前关于新冠肺炎动员科会上立下的军令状！"我急了，哪有时间瞻前顾后？生命重于泰山，我斩钉截铁命令。"咱们守在这个病区所有的目的就一个——让她好起来！"

"明白！面对病毒，绝不退缩！该上就上，舍我其谁！"詹丽丽脱口就念出来了年前科会上的口号！这是得知疫情暴发时，我们东院妇科科会上大家一致通过的迎战新冠肺炎的口号。虽然我们不是呼吸科医生，不是重症医生，但我们是白衣天使，曾经宣誓过捍卫生命！我们妇科医生临危受命，抗击疫情的唯一目标是"让TA好起来"！

那么是开腹手术还是腹腔镜手术呢？新冠病毒可通过气溶胶传播，腹腔镜手术需要人工气腹，气溶胶传播风险大，医护工作者手术被感染的概率高。但是考虑到该患者还没有孩子，连续多次手术，盆腔环境也很差，腹腔镜对该患者而言，手术创伤小，恢复更快，对新冠肺炎的病情也没有太大影响；且可以分离盆腔慢性炎性粘连，恢复盆腔解剖，为下次受孕创造条件。综合考虑，腹腔镜手术更加适合该患者。这种情况下，没有理由因为担心传染新冠病毒选择开腹手术。从患者角度出发，我们考虑选择腹腔镜手术。

一进手术室，手术室成员早已各就各位，麻醉医师刘瑾在大家还没有注意到时就已插管麻醉好，催促消毒手术。一场手术从进手术室到结束不到半小时，这节奏远远快于以前。麻醉医师团队、手术科室护士、手术医师，没有一个畏惧，没有一个退缩，大家同心协力，快速又平稳地完成了手术，让患者转危为安。近十双眼睛，一个目的，抢救生命，"让她好起来"！

患者麻醉苏醒后第一句话说："好奇怪，这次手术怎么没有难受的感觉呀，真的是亲人做的啊！感谢你们，我的亲人们！"

很快，患者经过几天抗病毒治疗后，连续两次核酸抗体检测阴性，恢复出院。她非常激动地说，感谢祖国，感谢医护人员为她所做的努力！虽然不幸感染了新冠病毒，但这次住院所有的花费全部免费，再次宫外孕虽然体内出血差点丢了命，但最后身体并没有特殊不适，她完全好起来了！出院前她再次抱着我哭了："程主任，感谢您让我好起来，不但保住了我的生命，还让我以后有孕育生命的能力！"

童芳芳：战疫一线铁娘子

赵 红[*]

童芳芳

九三学社社员，湖北省潜江市中心医院检验科副主任。

从事临床医学检验工作十多年来，童芳芳以严谨务实、积极进取的工作态度和扎实过硬的技术能力获得了领导和同事们的一致好评。

2020年1月以来，新型冠状病毒在湖北蔓延，面对异常严峻的疫情形势，童芳芳自觉以身作则、勇挑重担，用自己的实际行动诠释了作为一名医护人员的无私奉献精神和责任担当。

无畏无惧的"逆行者"

自疫情发生以来，童芳芳主动请缨到抗疫一线工作。潜江市中心医院作为潜江市新型冠状病毒感染的肺炎定点救治医院之一，发热、疑似、确诊及密切接触者的排查和确诊，都需要检验科提供感染者咽拭子、痰液、血液、体液、分泌物等的实验室数据，这些都是传染风险高的样本，童芳芳无疑是离病毒最近的人。同时，检验科的工作烦琐、精细也很枯燥，收样、检测、复检……还必须要求精准报告。面对感染风险，与可能存在病毒的样本做伴，精力需要高

---

[*] 作者系九三学社潜江市委员会秘书长，湖北省潜江市政协委员，湖北省潜江市特殊教育学校校长。

度集中,从接收标本到检验完毕彻底消毒,童芳芳沉着冷静地按照流程处置每一次检验工作,为一批又一批在一线奋战的前行者提供了坚实的检测数据。

认真细致的"把关员"

1月28日,童芳芳因为专业能力过硬,被潜江市防控指挥部抽调到市疾控中心,专门从事新型冠状病毒核酸检测工作。

作为新冠肺炎筛查确诊的重要依据,核酸检测工作的关键性毋庸置疑。在进行核酸检测之前,童芳芳首先要做好自身防护,戴好N95口罩、头套、护目镜、乳胶手套后,穿上鞋套、防护服,完成全副武装后,才能进入实验室开始工作。核酸检测的工作量非常大,检测工作无比繁杂,配置试剂、提取核酸、核酸扩增、核酸检测、报告分析……往往一批标本按检测程序顺利完成需要近6个小时,如果进行复核,则需要10个小时左右。每次从操作间出来,童芳芳总是满身大汗,凝聚在护目镜上的水珠,让同事们都看不清童芳芳的面庞。

离病人很远,但离病毒很近,核酸检测工作更辛苦,危险性也更高。在整个检测工作中,童芳芳承担着与病毒近距离接触的风险,在面对病例样本采集、核酸提取这两个最为关键的环节,一旦出错,病毒可能会通过气溶胶溢出,极易对检验人员产生感染。童芳芳没有丝毫退缩,她深知作为专业技术人

童芳芳在实验室准备开展核酸检测工作。

员，必须在关键时刻发挥才智战胜病毒。在整个检测过程中，童芳芳必须精神高度集中地投入检测工作，还要克服生理极限，在密封的实验室里，流再多汗、再口渴，都必须坚持做完检测，忍到脱下防护服的那一刻，才能喝口水。童芳芳总是说："早点做完核酸检测，就能早点对标本做出判断，早点确诊，有利于疫情防控。我做的工作就是发现潜藏的病毒，为患者早隔离、早治疗赢得时间。"

锐意进取的"领头雁"

穿着"武装到牙齿"的防护服，进入实验室与存在病毒的样本做伴，童芳芳每天这样工作12小时以上，任劳任怨，至今已检测数千例，为疫情防控提供了有力的数据保障和救治依据。在高风险和辛苦的工作之余，童芳芳充分利用手头检验数据撰写了《新型冠状病毒核酸检测要素管理》，为其他奋战在一线的核酸检测工作者提供了宝贵经验，同时也鼓舞着一批又一批奋战在一线的白衣战士们。

不求名利的"奉献者"

在国家发布关于一线医务人员补助政策时，童芳芳主动联系领导，要求把自己的一线补助捐予医院，给在一线奋战的其他同事购买防护用品。此外，童芳芳还通过潜江市红十字会进行了捐款。在评选此次抗疫先进个人时，童芳芳多次推让说："谢谢组织和领导的肯定，我只是做了自己该做的事情，这是我的责任和义务，把这个荣誉留给一线的其他医生和护士吧！他们更值得。"不图声名、不求回报、默默奉献，是童芳芳最真实的写照。

对于家人，童芳芳总是内疚的。因为每天都在与新冠肺炎确诊患者和疑似患者的标本打交道，进行病例样本采集、核酸提取等操作，气溶胶可能随着空气从口鼻感染上，所以只能每天进行自我隔离，远离家人。但是，在志愿者联系童芳芳，询问家里有什么困难时，她总说自己没困难，把机会留给其他同事。

在这次疫情阻击战中，童芳芳是无畏的战士、勇敢前行的英雄。作为一名医务人员，童芳芳用实际行动践行了新时期"爱国奋斗"的伟大精神，诠释了白衣战士救死扶伤的神圣使命。

• 湖南省 •

张朋飞：白衣披甲　战疫乡梓

解　美[*]

张朋飞

九三学社社员，湖南省邵阳学院附属第二医院呼吸内科副主任医师，湖南省第二批援鄂医疗队队员。

面对疯狂肆虐的新冠肺炎疫情，有这样一群白衣战士，他们义无反顾，舍家纾难，扛鼎逆行，冲锋陷阵在抗击疫情的最前线。

其中，就有一位来自邵阳学院附属第二医院的战疫勇士，他，就是该院呼吸内科副主任医师张朋飞。

张朋飞作为湖南省第二批援鄂医疗队队员，在黄冈战疫55天。他带着责任而去，不负使命而归，点燃希望的星火，点亮生命的光芒。

回乡战疫　瞒着同在湖北的父母

他是湖北孝感人，在武汉读的大学。新冠肺炎疫情发生后，从新闻中得知家乡湖北严峻的疫情形势，从大学同学微信群了解到在武汉一些医院工作的同学正在一线战疫，作为一个湖北人，作为一名呼吸科医生，他迫切希望能和同学们一样发挥自己所长，去家乡一线抗击疫情，做一些力所能及的事情。

---

[*] 作者系九三学社邵阳市委员会秘书长。

当大年初三医院发出支援湖北征集令时,他毫不犹豫地递交了申请,成为邵阳学院附属第二医院援鄂医疗队12名队员中的一员。

而在2019年12月底,他母亲正好带着他的小儿子回湖北孝感探亲,疫情发生后滞留在老家,所以他与妻子约好,瞒着同在湖北的父母和其他亲友,免得他们担心。实际上当队员们在长沙集结时,湖南的亲友还是从新闻中辨认出了他戴着口罩的面容,他一一叮嘱他们对此保密。

1月28日(大年初四)23:30左右,队员们抵达黄冈。夜色中的黄冈街巷空寂、万家灯灭,凛冽的寒风吹过来儿时的记忆。他张开双臂,迎风而立,只想好好拥抱这座故乡的城,只希望自己能够早一点为家乡出一份力。

虽难虽累 但心中一直充满温暖

他工作在黄冈大别山区域医疗中心,第一次到隔离病房开展工作时很紧

2020年3月17日清晨,张朋飞(右一)在最后一个夜班查房后向病人解释病情,安排出院事宜。

张。虽然经过多次反复练习，但挑战还是不少。穿隔离衣、防护服，戴护目镜，确定全身包裹其中、没有问题后，才能进入隔离病房。由于隔离服、防护服不透气，不到一会儿，他就觉得呼吸困难，衣服湿透了，护目镜起雾了，视野变小了，听力也明显下降了。

询问患者病史的时候，需要很大声；而且一些患者说的是黄冈方言，不容易听懂，他只能反复询问。走路不能太快，怕防护服扯动使面部皮肤裸露在外。记录患者病情时，戴着手套也远不如平时灵活……工作效率不到平时的五分之一。

出隔离病房要按严格程序脱隔离衣等装备和洗手消毒，一整套流程下来约半小时，有时工作了近8小时后，饿得头晕眼花。

他第一天上班，8:30进入隔离病房，从病房出来时已经是15:30，等处理完病例已经到了16时，超过下班时间2小时。在这7个多小时里，在听不清、看不见、全身湿透的情况下询问病史、查房，将新病人的信息写好，贴在隔离病房的玻璃上；不断回复病人关于自身病情的询问；甚至在没有铃的情况下，替病人叫护士换药；甚至于后来，当护士们累得走不动了，帮她们换药……整整7个小时，他戴着N95口罩，穿着防护服，没有吃喝没有上厕所。在脱下防护服走出污染区的那一刻，他有种恍然入世的感觉。

由于反复使用酒精等消毒液洗手，加上戴手套，没有一个人的手不是开裂的。每天回到宾馆，洗完澡后都是涂护手霜。直到后来病人少了，工作量减少了，能安排休息了，手才逐渐恢复。

工作期间的吃和睡，是他们面临的最大困难。中餐和晚餐在工作地点吃，这时是唯一需要取下口罩的时候。虽说是在清洁区，但是取下口罩意味着可能存在感染风险。值夜班的时候，疲惫时只能坐着休息一下或靠着椅子打会儿盹。穿着防护服、戴着口罩，呼吸困难、腰酸背痛是常有的事情，而且夜里特别冷，让人觉得特别漫长。

但他的心却一直充满温暖，有为家乡湖北战斗的情怀，也有黄冈医护人员和患者给予的感动。刚到黄冈时，防护物资还比较缺乏，当地医护人员省出隔离衣给他们用；当护士戴着双层手套打针不方便时，患者会轻轻地说，别急，慢慢来……

待患如亲　与黄冈人民心手相牵

在大别山区域医疗中心，有一位9岁的男孩小小（化名）。小小的爸爸是一名警察，一直坚守在一线；妈妈是一名护士，奋战在抗疫前线。小小和他的爷爷、奶奶都确诊为新冠肺炎，爷爷发热、咳嗽症状明显，一度病情危急。小小病情较轻，很懂事，住在陌生的病房里从不吵闹。张朋飞加了小小爸爸的微信，不管多晚多累，每天都坚持把他家人的情况发给他。经过张朋飞团队的精细诊疗和用心照顾，小小的爷爷、奶奶病情逐渐稳定，在小小出院后不久就都康复出院了。

有另外一位老人，基础疾病较多，觉得自己扛不过去了，拒绝吃东西、输液，并写好了遗嘱藏在床头柜里。张朋飞看在眼里，急在心里，从病房外给他带了新鲜水果、营养品，与同事轮流劝他吃饭，并联系老人的家属每天给他打电话，鼓励他好好配合治疗、好好活下去。渐渐地，老人同意吃饭了，并积极配合治疗，病情也逐渐好转。

后来，老人快要出院时，拿出遗嘱给医生看了后撕掉了，转而写了封感谢信。张朋飞把感谢信贴在走廊的墙上，告诉住院患者这封信背后的故事，鼓励他们树立信心、战胜病魔。再后来，墙上的感谢信逐渐多了起来，都是感谢和祝福的话语。

3月17日，张朋飞所在的病区患者即将清零。那晚，他值了在黄冈的最后一个夜班，一份一份整理好病例，就像在完成庄严的仪式。

第二天早上，他和另外一名医生来到病房里一一询问患者的情况，并叮嘱注意事项，向他们告别。当最后和护士整理了病房，望着整洁的、没有了病人的病房，他感慨道："从刚来时紧张不安，到取得阶段性的胜利，所有努力都值得。"

在黄冈的55天里，他没有一天睡过好觉，没有一天不是在紧张、忙碌中度过。固定的、狭小的活动范围，出了房门就必须戴口罩，到处贴的消毒的警示，所有的一切都提示必须小心谨慎。

55个日日夜夜，不管多危、多险、多苦、多累，他始终坚守在第一线，经受住了血与火的淬炼、生与死的考验,用实际行动践行了一名医务工作者的承诺和誓言。

"人这一生,总有些事情必须要去做,总有一些人值得你去做。"他发自内心地说道。

我的抗疫小故事

梁彦超

梁彦超

九三学社社员，湖南省株洲市中心医院呼吸内一科副主任，湖南省援鄂医疗队队员。

疫情肆虐，武汉封城。各地启动一级响应，冲锋的号角已然吹响。2020年的春节，注定不同寻常。

一往无前　尽锐出战

"团聚"在我们家显得特别的珍贵。丈夫常年出差国外，去年春节也未曾归家。今年，他好不容易安排好国外的工作，于腊月二十八那天回到家，我也提前排好了班，早早计划与亲人们团圆。

但期盼的喜悦，在医院打来电话的那一刻戛然而止。

"医院组织医务人员驰援湖北，愿意吗？"

我沉默了几秒，说："给我五分钟，我告知一下家人。"

挂掉电话后，我望着丈夫，平静地说："医院要派人去湖北救援，我去吗？"

他看着我，说："我支持你的选择。我只有一个要求：你要保护好自己。"

相识这么多年，我们之间已有一种超越亲情的默契。

腊月二十九日，我和丈夫驱车将老人和两个小孩送回100多公里外的老家，老人留我们住一晚，在大年三十早上吃过团圆饭再回株洲。我想，我得做好随时出发的准备，就算留在这儿，也不可能睡得安稳。辞别年迈的双亲，我们连夜回到株洲。

1月25日（正月初一）晚7时，出征！出发地长沙火车南站，目的地湖北黄冈。这是一支临时集结的队伍，也是最早进驻黄冈的医护力量。

一心一意　尽己所能

黄冈的疫情比我预想的更为严峻。不少医院的发热门诊前排起了长龙，救护车不时拉来一些病人，其中还有不少是重症病例。

我们所在的南湖病区是当地的疑似病例隔离点，此前是一个福利院，有三栋楼，每栋有三层，每层12位病人，在我来之前只有2名医生、3名护士，我来后也仅仅多了1名医生。

我清楚地记得，在值班查房时，看到一个大约三四岁的小男孩单独待在房间里，他甚至都不能爬上马桶大小便。我急切地问道："小朋友，你叫什么名字？爸爸妈妈去哪里了？"小男孩回答道："妈妈被医院'关'起来了，我睡了一觉后爸爸和弟弟也不见了。"

原来孩子的妈妈因为感染新冠肺炎已经住院了，前天上午10点多爸爸带着他和弟弟来到我们隔离点，晚上爸爸和弟弟也被相继确诊，转至其他医院。而他第一次核酸检测为阴性，于是留在这个隔离点，此时无依无靠。

由于人员紧缺，人手不够，我们无法安排专人照顾这个小男孩，就给他准备了垃圾桶当临时马桶，给他准备好食物，交代他自己照顾自己。

有一次，我忙完手头工作后去看他，发现孩子光着屁股在房间里跑来跑去。看到此景，作为两个孩子的妈妈，我瞬间落泪。我赶紧上前帮着这个可爱的小男孩擦屁股、穿裤子，当起了临时"妈妈"。

刚下病房的头几天，面对复杂的疫情，加之工作劳累，我有时竟然彻夜难眠。实在扛不住，就吃颗安眠药强迫自己睡一会儿，因为我知道，明天还有更多病人在等着我。

一鼓作气　全力以赴

1月29日，我们转战大别山区域医疗中心，这也是我停留时间最长的地方。这是一家紧急启用的医院,满地还是建筑垃圾,三区两通道都是临时改造而成。我和我的战友们一起组建起一个拥有60张床位的病房,从无到有梳理各项医疗流程和安全防护流程,为后面陆续到来的队员们安全高效投入工作打下了基础。

开科那天晚上,从晚8时至次日凌晨2时,短短几个小时就接收了近40位病人,其中有不少气管插管及气管切开的病例。一天的时间,所有床位全部收满。

我们株洲市中心医院6名医生组成的医疗小组负责南一栋西五楼的11位患者,包括几位重症患者。最年轻的患者21岁,年龄最大的患者60多岁,中老年患者的病情更为严重。

一天中午1点左右,我所在病房的一名女患者病情突然加重,在使用高流量呼吸湿化治疗仪吸氧的情况下,指脉氧只有90%。我判断她病情危重,需要立即转去重症病房,而重症病房在南二栋东六楼。为确保精准和安全,我先沿着病人通道实地走了一遍,计算出将病人送达大概需要8—10分钟。病人可能在这个过程中难以维持氧合,将有生命危险,我建议患者先气管插管再转科,但患者及家属均不同意插管。时间就是生命!当时,我们仅能给患者氧气袋吸氧,必须以最快的速度送到。因此,我和当班护士两人穿着厚厚的防护服、隔离服,戴着2层口罩、2层帽子、2层鞋套,一路狂奔,向终点冲刺。平常缓慢走路都觉得呼吸困难,

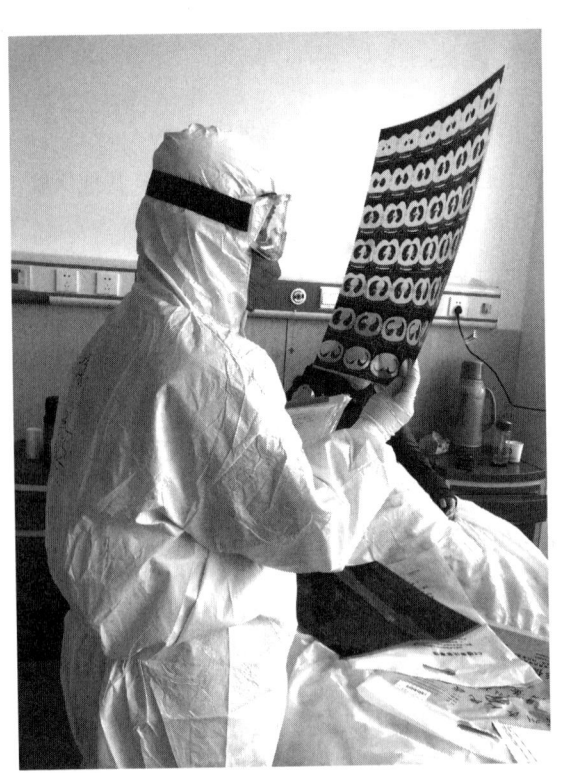

梁彦超在病房查看患者影像资料。

在这时还得推着床，穿过几栋楼和几个楼层，我感觉到憋气、汗流浃背，似乎要虚脱了。整个过程仅用了5分钟，就把病人送到了重症病房。但是很可惜，4个小时后，这位患者还是因病情危重抢救无效去世。我已倾尽全力，却未能挽救她，心里特别难受。

还有一位病人，给我的印象特别深刻。第一次在南湖院区隔离点看到他时，他人高马大，大步流星，症状仅有发热，但患有糖尿病。此前他查看了大量的疫情报道，非常紧张，一直追问我他是不是新冠肺炎。我分析他已有的CT和抽血检查，告知他大概就是这个病，但还有待确诊，也告诉他不用过度紧张。可第二天，我就在大别山确诊病房见到了他，当时他显得很憔悴。我们按照当时的指南给予救治，可他还是一天一天地虚弱下去，开始是上厕所或活动后气促，到后来坐在床上休息且使用着高流量吸氧都乏力气促，甚至讲话都不能成句。再后来出现低氧血症，血检等各项指标一步一步恶化，他的过度恐惧，导致了严重失眠、焦虑。我和我的同事们每天研究讨论，根据不断更新的学习内容及时调整治疗方案，常常在病房安慰他，进行心理辅导，增强他的信心。在大家的共同努力下，20余天后他逐渐好起来了，低氧血症逐渐纠正，各项血检指标开始恢复，慢慢地也能吃东西了，说话不那么喘了，甚至可以自己走着去上厕所了。他出院前到处找我，说："梁医生，我一定要和你合个影，感谢你救了我。"此时此刻，一种职业荣誉感带来的满满的幸福感涌上心头。

在此次湖北抗疫一线，还有很多的后勤人员和我们站在一起，包括酒店的工作人员、接送我们的司机等等。他们都是来自各行各业的志愿者，他们中有教师、自由职业者、工人。无论我们什么时候出发，什么时候回酒店，风里雨里，他们都在等着我们。

58天的黄冈之行，让我终生难忘。这一切，也让我们感觉到整个国家和社会是一个强大的团结的整体，有着战无不胜的力量。让我们感觉到中国共产党的伟大，中华民族的伟大，中国人民的伟大！

戴新贵：妙手回春新草木　铁心抗疫贵精神

刘艳红[*]

戴新贵

九三学社郴州市第一人民医院支社副主委，湖南省郴州市第一人民医院重症医学科副主任、副主任医师，郴州市支援湖北黄冈医疗队队员。

新冠突袭空万城，白衣渡江视死归。2020年2月11日下午，郴州市39名医务人员紧急集结，驰援湖北黄冈开展医疗救治工作。80后的九三学社郴州市第一人民医院支社副主委，湖南省郴州市第一人民医院重症医学科副主任、副主任医师、硕士研究生导师戴新贵，就是这出征队伍中的一员。

大爱无疆　小爱搁浅

来不及告知父母，来不及叮嘱孩子，戴新贵只匆匆道别妻子，就随医疗队踏上了进发黄冈的列车。父母从电视上得知儿子已经在黄冈的消息后，他们担心儿子的安危，但更多的是为儿子甘于奉献、不怕牺牲的勇敢而自豪。孩子只说了声："爸爸，我想你，希望你早点回来！"妻子邓文琳在收拾行李、准备物品之余，更多的是担心，但她明白：在即将开始的一段日子，她就是这个家的脊梁了，她得照顾好年迈的父母与两个年龄尚小的孩子，用行动支持丈夫，让

---

[*] 作者系九三学社郴州市委员会专职副主委兼秘书长。

他没有后顾之忧。

妻子曾在日记中写道："作为 ICU 的医生，每逢过年，就是你们最忙碌的时候。我也曾多有抱怨：为什么你过年从不陪我一起回家？为什么每年孩子过生日你都不在家？为什么你一次次食言，没有时间陪我和孩子出去游玩……因为你的心中有大爱，你是属于国家的，属于人民的，你明白自己的责任与使命。而我要做的，就是保你后方安宁，父母安康，孩子幸福，给你一个温暖的休憩港湾。"

写下战书　无畏逆行

生命重于泰山，面对突如其来的疫情，面对省委省政府组建援鄂医疗队的号召，戴新贵没有丝毫犹豫，第一个写下请战书。他的请战书这样写道："医疗前线是战场，疫情面前我们是战士，在这个危难时刻，在祖国最需要医护人员之时，我想尽自己一份绵薄之力！"他用最简短的语言、最朴实的行动诠释了救死扶伤的白求恩精神和无私奉献的职业道德，他是这场战疫的最美逆行者。

在出征的宣言中，他写道："奔赴前线，不负青春，做最美逆行者！认真操练，人人过关，确保零感染，全胜而归！"

冲锋在前　勇于担当

来到黄冈第二天，戴新贵就担任了上岗前的培训老师，用他过硬的技术和经验，指导大家救治重症患者的注意事项。时间飞逝，转眼到黄冈已有 10 多天。自湖南医疗队接管黄冈大别山区域医疗中心重病医学科以来，戴新贵不畏危险，冲锋在前，遇到难事、危险的事他都勇于担当。

2 月 21 日，郴州援助黄冈医疗队成功使用世界先进技术 ECMO(体外膜肺氧合)抢救了一名严重呼吸窘迫综合征合并右侧气胸的新冠肺炎患者，不仅创造了黄冈首例 ECMO 治疗呼吸循环衰竭的纪录，而且把高精尖技术带给黄冈，戴新贵就是这一 ECMO 团队的核心成员。在手术过程中，"人工肺"需要在患者两处股静脉建立血液通道，将引流和回血管道置入下腔静脉。但厚重的防护服、汗水模糊的护目镜、不可调高的普通病床，以及病人偏胖的体型和位置过

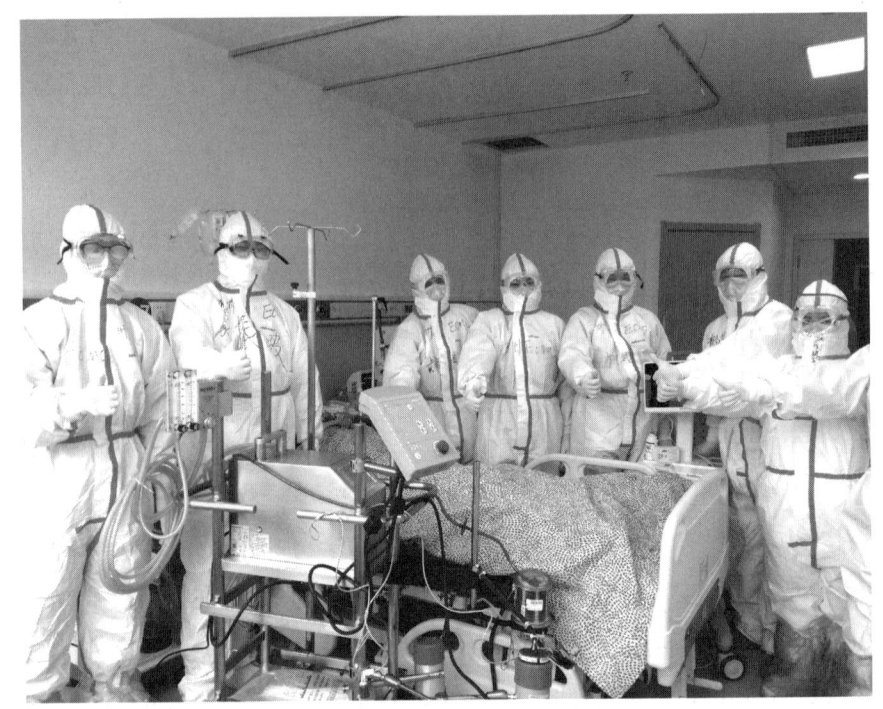

2020年2月21日，戴新贵（左四）与同事成功使用世界先进技术ECMO（体外膜肺氧合）抢救了一名严重呼吸窘迫综合征合并右侧气胸的新冠肺炎患者。

深的股动、静脉，让解剖血管变得异常困难。戴新贵弯腰俯身，在其团队医护人员共同配合下，经过40分钟紧张的手术操作，成功为这名危急患者搭建好ECMO血管通路。

第二天，在为这位病人做CT时，面对需要氧气袋，需要有人持续在病人身旁挤球囊和观察，且做CT时的X线辐射可能对身体造成不良影响等困境，戴新贵毫不迟疑地说："我来吧，这点辐射我不怕！"然而，做完检查回去，他才发现自己全身的衣服早已湿透。趁休息的间隙，他给妻子发了信息，说从来没有感觉过身体如此疲惫，但看到重症患者被成功救治，喜悦和兴奋把身心的疲惫冲刷得干干净净，感觉自己又充满了力量！

技术过硬　成绩斐然

2月28日，他们再次通过CRRT（连续肾脏替代疗法）血液净化治疗，成功抢救了一名新冠肺炎重症患者的生命，这也是黄冈市首例通过人工肺加连续肾脏替代疗法联合治疗的患者。

接管10多天来，以他为主的医疗团队已收治重症病人36人，转出16人，出院2人。开展了气管插管10人次，有创通气13人次，无创通气4人次，高流量氧疗17人次，俯卧位通气2人次，血液净化1人次，超声引导下空肠管置入5人次，超声评估20余人次，深静脉置管12人次，使用ECMO 1例，使用CRRT 1例。

勇于创新　开拓进取

狭路相逢勇者胜。面对传染性极强的新型冠状病毒，戴新贵毫不畏惧，凭借过硬的传染病防治本领，与病毒展开厮杀。每天他都穿上厚重的防护服，将自己"全副武装"起来，与队友一起进入收治新冠肺炎患者的隔离病房。他详细询问病情，详细制定治疗方案，有效对症施救，昼夜奋战，经常上班的时候在重症隔离病房抢救病人，汗湿一身，下班还在房间里为学生修改论文，并不断钻研业务，像个陀螺转个不停。

据悉，戴新贵除了从事重症医学的工作之外，还积极投身脓毒症的基础和临床研究，于2006—2007年在解放军总医院第一附属医院烧伤研究所从事基础研究的学习，2008年因脓毒症的基础和临床研究获湖南省科学技术进步奖三等奖和湖南省医学科技奖三等奖，2016年获国家自然科学基金赞助，2017年获中华医学会重症医学青年研究奖。他已在国内外发表文章30余篇，其中SCI论文15篇，中华系列论文7篇，承担各级课题5项（国际自然科学基金1项、省卫计委课题1项、市科技局课题1项、院优秀青年项目1项、院一般项目1项），科研经费100余万元，参与国家自然科学基金和全国多中心临床研究3项。同时，担任郴州市重症医学专业委员会副主任委员、中国研究型医院协会休克与脓毒症专业委员会青年委员、中国救援学会重症医学分会理事、湖南预防医学会微生态专业委员会委员、湖南肿瘤学会重症医学分会专业委员会青年委员、湖南重症超声专业委员会委员、南华大学和南方医科大学硕士研究生导师。他还担任了九三学社郴州市第一人民医院支社副主委，在繁重的工作之余，参与调研、撰写信息、参加义诊等，时时突显出一名优秀社员的九三情怀。

妙手回春新草木，铁心抗疫贵精神。戴新贵每天奋战在与病魔斗争的临床一线，做着最为平凡的本职工作，而正是这平凡工作中的仁心仁术、恪尽职守、无惧无畏和斗志昂扬，滴水成河汇聚成滔滔江海。他正用实际行动为打赢抗击疫情防控阻击战挥洒汗水、贡献青春力量，彰显着新时代九三好青年的责任与担当！

· 广东省 ·

潘红星：援非英雄再战疫

冯晓丹 *

潘红星

九三学社社员，汕头大学医学院第一附属医院重症医学科副主任医师，广东省援鄂医疗队队员。

木棉花，因其花色红艳、枝干挺拔，犹如战士般铁骨铮铮，也被称为英雄花。今年鮀城的英雄花挂满枝头、格外鲜艳，似乎在列队欢迎驰援武汉医疗队的英雄们凯旋。我们的英雄回来了！九三学社社员、汕头大学医学院第一附属医院重症医学科副主任医师潘红星，回来了！

时间轴且拨回大年正月初二（2020年1月26日）——"我多次奔赴危急最前线，经验丰富！"曾经参加过中国援助赤道几内亚医疗队，多次跟传染疾病打交道的潘红星接到通知，所在单位汕头大学医学院第一附属医院要组建援鄂医疗队时，他立刻电话报名。彼时他刚回到湖南老家，正在看望生病住院的老父亲。爱人得知后却忧心忡忡。原来，潘红星在赤道几内亚执行任务时，颈椎受到严重的损伤，造成后遗症——不能长时间保持站位、坐位，否则会压迫神经造成右半身剧烈疼痛，稍不注意，就会有高位截瘫的风险；而且2019年12月，他还发生过肾绞痛的病症，痛得在值班室的床上打滚。去武汉，必须

---

* 作者系九三学社汕头市委员会办公室干部。

穿防护服进行高强度工作，对他来说是意志和身体的双重考验。"你又不是不知道我能吃苦的，我不去谁去！"潘红星哄着爱人哄了一晚上，生怕爱人反悔，急忙连夜订票赶回汕头集合，隔天出发武汉，连最重要的医用颈托都忘记一并带上。

初到武汉　身先士卒做表率

1月28日的武汉，全城一片静肃。新闻跳动的数字显示，武汉确诊1905人，死亡104人。视频里钟南山为驰援的医疗队打气："要保护好自己，才能医治别人。"汕头队驰援的是武汉汉口医院，是疫情"重灾区"。虽然大家已经做好了长期抗战的准备，但谁心里都没底。潘红星上的是第二个班，场景记忆犹新："一下子来了3位重症病人，其中一位，CT显示肺全白了（指患者肺部间质组织呈现大片状的白色状病变的表现，多发生在重症肺炎，炎症没有得到有效的控制，蔓延导致肺部受到严重的感染）。"零距离接触这个未知的敌人，大家都有些惶恐。潘红星曾在援非时染上疟疾，回国后曾两次复发，在生死边缘挣扎过的他对传染病有更深的体会："我经历过疟疾，蚊子随时可能咬你一口，但对冠状病毒，我们在汕头、武汉都进行了专题培训，工作时穿脱防护服有专人监督，可防可治。我身经百战，要给年轻人做出表率。"在病房，他以"老江湖"姿态主动密切接触病人，询问病情，协助护士，淡定的态度和丰富的工作经验，抚平了其他医生护士的焦虑不安。他说："忙着做事，就把全部不舒服忽略了。原来在医院是什么职称、什么职务都不管，跟年轻人编在一起，一起轮班。"

困难重重　争分夺秒赢得时间

但是，考验才刚刚开始。武汉的医疗系统、流程和广东不同，加之时间紧、人手缺，医护人员要在极短时间内上手，困难可想而知。医生接诊病人必须通过电脑录入系统，武汉的电子病历系统也和广东不同，不懂操作加上设备不足——临时隔离病区内仅有2台电脑，结果"那边是等着床位的患者，这边是忙飞了的医生护士"。潘红星急中生智，隔着厚厚的两层手套，透过雾蒙蒙的护目镜，把主要的病历都先记在纸上，过后再请教同事把病历输入电脑中。

虽然增加了工作量，但比起能够及时收治患者，赢得宝贵的抢救时间，他甘之如饴。除了克服电子病历系统难关，还有护目镜起雾的问题。"刚来那天，护士着急让我签字，我忙得防护服下全身是汗，烘得护目镜都起雾了，一个字也看不清楚。我一急就拿下护目镜，也暴露了一下，才看清。"潘红星回忆起来还有点后怕，"事急从权嘛，幸好也没事。"后来探索出用洗洁精涂两遍护目镜的办法，这才解决了起雾问题。

应对突发　从病毒手里夺回患者生命

在潘红星的病区，有许多重症患者，一进病区，他就时刻待在病房里，观察患者动态，随时进行相应调整。"有很多病人当初没什么希望的，我们都把他们救回来了。"潘红星说，"我印象中有一位49岁的女病人，当时血小板已经降到很低了。我们就跟医务科联系想方设法拿到血小板，病人当时还是可以自主进食，但是她把氧气罩取下来就马上缺氧很严重，嘴唇发乌，我们就还是给她上胃管。"还有一次，一位患者接上氧气瓶后，血氧饱和度一直没上来。在大家精神高度紧张和压抑的氛围下，经验丰富的潘红星经过判断和排查，发现问题在氧流瓶上。由于戴着手套，没办法感知出氧。他用棉签捻出棉絮，再放到出气孔检查。原来，因设备不同，驰援的医护人员采用常规操作方法无法出氧。潘红星立刻把氧流瓶设备调试好，患者血氧饱和度"蹭蹭蹭"上去了。细心的他又把解决办法发上了工作群，提醒同事们如何正确操作氧流瓶。诸如此类的突发情况不胜枚举，但潘红星凭借丰富的临床经验一一化解。

医疗队从1月28日离汕投入"疫"线工作，到3月18日下午5时完成汉口医院工作病区患者清空任务，交接完手续返回驻地休整，共奋战了51天，潘红星则是坚守到3月18日最后一班患者清空才离开。回忆起这段经历，潘红星觉得虽然辛苦，但这是本职工作。"我们国家很快把疫情控制好，这得益于我们各行各业的团结一致，努力。都说我们一线的是英雄，其实还有各行各业的幕后英雄，并不是只有我们在战斗。"潘红星说到这里有些哽咽，"这次驰援，让我对国家、对我们人民、对我的工作有了全新的认识，我为我是中国人感到骄傲！"说到对武汉的印象，他说："这次来去匆匆，都没来得及看看武汉这座城市。上班的时候一忙起来就忘记疼痛了，一回到酒店，右手、右肩就特别疼，只能通过俯卧来缓解疼痛，缓一缓，明天继续上战场。"后来，爱人寄了颈托给他，疼痛才有所缓解。"有机会，我想再去武汉看一看，这次要看樱花，吃热干面。"

正是有中国共产党领导的硬核力量和中国特色社会主义体制的巨大优势，也正是有无数个"我只是做了我该做的"的"潘红星"们的无私驰援，才有这场无声硝烟的伟大胜利。

山河无恙，英雄凯旋，这是最好的答卷！

• 广西壮族自治区 •

韦中盛：年逾半百勇逆行

庞建辉*

韦中盛

九三学社百色市基层委委员，广西壮族自治区右江民族医学院附属医院感染管理科科长，广西壮族自治区援鄂医疗队队员。

"老同志有觉悟，共产党员带头冲锋，你（九三学社社员）也主动请缨。""风雨过后见晴天，只待您平安凯旋。"2020年1月27日，广西壮族自治区首批驰援武汉的九三学社社员、右江民族医学院附属医院感染管理科科长、呼吸内科专家韦中盛教授来不及和家人道别，便奔赴武汉开展新冠肺炎救治任务。3月18日，他与广西医疗队的战友结束援助返桂。逆行武汉市第二中医医院（武汉市黄陂区中医医院）抗击疫情，50多个日夜苦战病魔，50多天医护齐心奋战，50多日救助凝结的医患深情，成为年逾半百的他一生隽永的记忆。正如他在武汉战疫所书："舍我白衣当战袍，逆行勇士斗魔妖。晨昏鏖战终不悔，大地春回木兰笑。"

"见与不见，都祝你安好！"九三学社广西区委主委李彬等领导，非常关注这位广西唯一战斗在武汉抗疫前线的社员勇士，多次叮嘱机关要关心、关注韦中盛的工作与生活。韦中盛结束救援任务回到南宁，当晚，九三学社广西区委宣传部专门电话采访他参加驰援抗疫工作和平安归来的感受。

---

* 作者系九三学社广西壮族自治区委员会宣传部部长。

白衣披甲　家国情怀

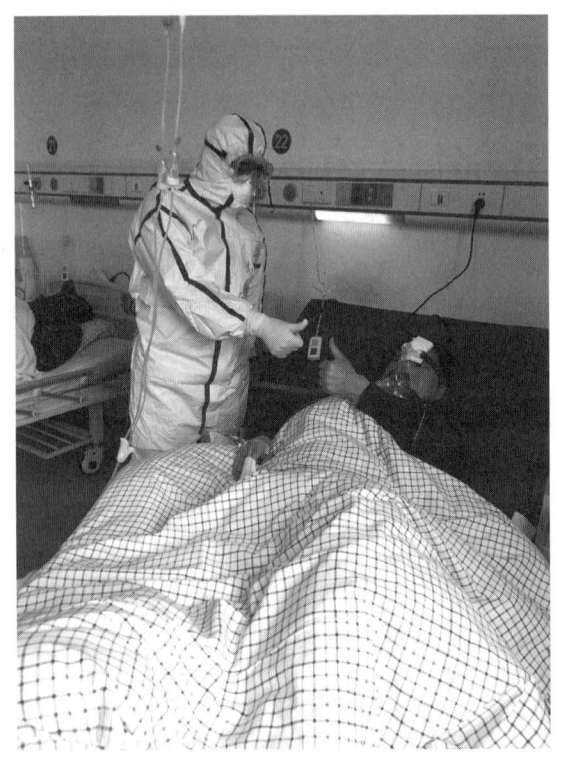

2020年2月8日，韦中盛在武汉市第二中医医院新冠肺炎病房中与病人交流。

韦中盛说，对暴发此次疫情的新型病毒，初期人们依然充满未知，前路风险不可预测，谁也没有把握能够全身而退，武汉之行的感受三言两语很难说清。感触最深的是国家、政府应对疫情的防控统筹能力真的非常强大。新型冠状病毒甚为诡异，传染性强，传播范围广，未知病毒来源，也缺乏特效药。面对疫情肆虐，全国抗疫一盘棋，齐心协力联防联控，"硬核"稳局面，强效控疫情，许多措施成效令世界瞩目。

"谁言男儿有泪不轻弹，只因未临生死攸关处。50多天的并肩战斗，患难与共，有很多感人的画面催我掉泪。我所在的医院隔离病区，都是临时改造的，感染防控基础设施不完善。收治的病人很多，危重症患者占比高，工作日益繁重，每天要进行倒班。只要一进隔离病房，根本没法按时就餐如厕。大家知道，进入隔离病房最麻烦的是穿脱防护装备。防护用品包括隔离衣、防护服、护目镜、口罩、头套、手套、鞋套等物品，进出病房都要按照严格的步骤穿脱防护装备，防止接触传播、飞沫传播和气溶胶传播感染，每次穿脱耗时达20分钟。特别是脱卸防护服，从出病区脱去第一层手套，到最后摘换口罩进入清洁区，没有哪一个环节是可以省心的。我在这里的主要工作之一，是梳理、优化黄陂区中医院感染防控流程，现场指导和培训医务人员防护，以及病区和物品的消毒。除了对隔离病房里工作人员的全程督导，每到医护人员交接班就是我最繁忙的时间，对进出隔离病房的工作人员，我们都从细节着手，全副武装在旁进行感控督导，严格按程序要求去细心指导防护用品的穿脱。每次从病区出来，大家都是汗水湿透衣背。因为一旦稍有疏忽，就有可能带来被感染的风险。不夸张地说，我们成了生命的守护神。特别是医院保洁外包，疫情严重，很多保洁员因畏惧纷纷辞职。广西医疗队的医护人员除了竭力救治病人，在隔离病房里还干起了拖地、擦床头柜、清运垃圾、清洁消毒……样样亲力亲为，竭力保证患者在救治期间隔离病房的舒适与感控安全。我们的行动，感动了受援医院的领导层，医院党委书记亲自带着没有医学背景的行政部门管理人员，跟我们一起搞卫生保洁，成了兼职保洁员，大家相互鼓劲加油。"

"坚定的信心是抗疫的法宝。我印象最深的是一位绝望的重症患者，得到我们医疗队的精心照护治疗后，他非常感动地说：'广西医疗队的到来，让我们看到了希望，我有信心战胜疾病。'20天后他康复出院，专门制作了一面锦旗送给我们以表达谢意。做分内事被人铭记感恩，真的让人感动和深受鼓舞。还有，我们的武汉同行更是艰辛，他们比我们更早投入战场，自疫情暴发以来就没有休息过一天，非常不容易。他们把爱心和温暖都给了病人。很多医护同行与家人咫尺天涯不能相见，有些同为医护人员的夫妻，他们在不同的隔离病区上班，下了班就各自回定点旅馆隔离，连见面的机会都没有。只争朝夕不负韶华，在这里工作的每一天，我都感动着、坚守着、战斗着，我们的共同信念是尽快战胜疫情，武汉加油！中国必胜！"

生命卫士担负使命，负重前行哪能没风险。韦中盛对自己在武汉的救治工作只是淡描："我们不是英雄，只是人疫袭来时勇敢站出来的人民健康守护者。为使命出征，是换个地方工作罢了，我兑现了入职医疗行业许下的除人类病痛的誓言。这次新冠肺炎疫情远超'非典'，是百年不遇的急性呼吸道传染病，作为呼吸专业人士又是感控专家，病人在哪儿医生就在哪儿，哪怕面临感染，医者也都得去救治。我是医生，是九三学社社员，老一辈著名医学家吴阶平院士的大医风范是我们的榜样，我得往前冲。"朴实的话语折射出浓浓的敬业操守。为医者，健康所系，生命所托，救死扶伤，无怨无悔。

赤子爱，勇敢心，报国情，自古忠孝难两全。谈及义无反顾出征，家人的理解与支持，韦中盛坦露出深深的爱和感激。"当初瞒着90多岁体弱多病的老父亲出发。鲐背之年的老人猜到儿子出征武汉后，打电话给我：'你去了武汉都不说一声，是不对的。国家需要你，职责所在，我都几十年党龄近百岁的人了，这个道理还不懂吗，我们支持你！听说当地有的医护人员被感染了，你可要小心防护啊。记得不忙的时候，也来个电话报报平安。'"让人敬畏的老父亲，平日里话语不多，领略到老父亲的关切和温情，他泪目了。韦中盛说："疫情结束后，我要回去多陪陪老爸，好好孝顺他老人家。"3月17日，返程前夜他给妻子发了一则短信："老伴，对不起，这些日子让你牵挂了！告诉你好消息，武汉这边疫情已控制，医疗队任务完成，明天就可以回家了。""平安归来，等你！"爱无言，只是彼此都把深情埋心底。

韦中盛作为九三学社百色市基层委委员，支援武汉的繁忙工作之余，仍记挂着社员的发展工作。他说："回去后，我会尽快在医院里物色素质高、乐于奉献、有热情的优秀发展对象，充实支社后备力量。"他解除医学隔离后，九三学社广西区委领导第一时间前往看望慰问。感受着组织的关爱，韦中盛说："感谢娘家人，谢谢领导关心，隔离期满我就立刻返回岗位工作。"

武汉烂漫的樱花为你饯行，家乡火红的木棉繁花任你拥抱。致敬！最美逆行者韦中盛。

• 海南省 •

危难时刻，用生命守护生命

陈 兰

陈兰

九三学社社员，海南省海口市第三人民医院护士长，本院支援湖北抗疫医疗队队长。

"回到家之后才知道什么是黑夜和白天。"作为海口市第三人民医院首批支援湖北抗疫医疗队队长，自2020年2月4日出发驰援湖北，于3月17日平安归来，到海口后，我忍不住对队友们说了这句话。

主动请缨　站好方舱医院第一班岗

"我来！我要去帮他们！"2月4日早上8点，当得知医院要选派人员支援湖北时，我立刻报了名。9点半，得知自己入选支援湖北的医疗队并担任队长后，我马上召集其余支援队员，在院领导的大力支持下，于当天中午12点半，带着内心的忐忑，正式踏上了驰援湖北的征程。

4日晚上11时许，我和其他9名队员到达湖北后，被安排到武汉江汉方舱医院。该院是武汉最早建成并投入使用的定点接收新冠肺炎患者的方舱医院。我亲眼看着仅用几个小时，把空荡荡的国际会展中心改造成一个拥有床位数1600张、符合收治新冠肺炎轻症患者要求的定点医院。

5日晚上10点半，江汉方舱医院开舱，当天共收治600余名新冠肺炎患者。作为第一批进驻医院的医疗队，我深知站好第一班岗的重要性。面对大批患者涌入，我忙而不乱，将10名医疗队员分成5组，并编写各自岗位职责表。由于病情迅猛、医护人手紧张，为了做好队员的防护，我在6日早上下班后立即组织队员再次进行培训，做到人人过关。武汉1℃的气温难不倒我们的队员，不管环境怎样变化，大家只有一个信念——一起打败病毒。

隔离病毒不隔离爱

真正到战场的那一刻，心里还是忍不住紧张。习惯了病房里快节奏的工作，在这里遇到的第一个挑战就是快不起来，因为身上穿着厚重严密的防护服，雾气让护目镜的镜片也变得模糊，三层手套使自己工作变得慢了下来。同时，让病人"慢"下来也异常重要，因为对于新冠肺炎患者来说，情绪激动、过度活动会增加氧耗，对病人病情恢复产生不利影响。所以当病人烦躁、焦虑时，我们首先要做的就是安抚病人，教会他们慢慢调整呼吸，学会平稳情绪。

工作不总是挑战与艰辛，收获更多的是感动与温暖！一位阿姨对我说："我皮肤过敏，家人给送药过来了，但是我不知道去哪儿拿家人送过来的药。"我要求阿姨给我看看过敏的肌肤，阿姨说："不行的，这样会增加你感染的机会。"在我强烈要求下，阿姨掀开衣服，我看到了抓烂的皮肤已经渗液，就找来消毒液，一点点地帮阿姨清洗并帮她拿到家人送过来的药。阿姨说："你一点都不嫌弃我，你从海南来，对武汉的一切都不适应，还对我们这么好。等我好了，我想拥抱你。"听到她这么说，我内心暖暖的，毫不犹豫走上前去拥抱阿姨。

给患者们发放物资时，她们都自发过来帮忙。在舱内听到最多的就是："谢谢，谢谢你们，你们都是好人。"在武汉，我们在帮助患者的同时，患者在关心我们并点燃我们的热情。凌晨1点，一位患者发来信息问我明天是否上班。因为她要出院了，为我写了表扬信，谢谢我精心的治疗及护理，不但治好了她身体的病，还抚平了心灵的伤痕，树立了战胜疾病的信心，现在她马上要出舱了，真心对医护人员表示感谢。虽然身体很累，可是心里却很暖。每一天都收获满满，感动满满。面对疫情，我们众志成城，毫不畏惧。

2020年2月17日上午10点，陈兰（中）和部分队友欢送第一位痊愈患者出院。

抗疫前线　把危险留给自己

咽拭子采集是一项危险的工作，棉签带来的不适感让患者干呕、咳嗽，肉眼难见的飞沫裹挟着病毒扑面而来……在江汉方舱医院，这样的操作，我主动承担了下来。说实话，说不怕是假的，我本身就患有喘息性气管炎。但突如其来的疫情正威胁到每一个人，如果不能得到控制，下一个受害者就可能是我们身边的任何一个人。为了守护他们，我必须挺身而出，没有一丝犹豫。咽拭子采样、病人检查、生活物资搬运、整理录入病例资料等，作为小组的领队，在一个特殊的环境中，我要时时检查、处处落实，让患者放心。

防护服、N95口罩、护目镜、手套、鞋套，这就是我们与新冠病毒"战斗"的装备。最难处理的就是护目镜上的雾气，偶然的机会，我发现把卫生垫贴在N95口罩里面可有效吸收雾气，就在医疗队内普及，得到大家的认可。有一次，队友因为护目镜看不清楚，抽血看不到病人血管。我就贴着卫生垫，深吸一口气屏住呼吸，迅速低头消毒、插针、抽血一气呵成，赢得了病人连声称赞。很多事情，只有经历过，才知道自己内心有多强大。在武汉，我们救治患者，患者也在保护着我们。在抗击疫情的日子里，我和患者也成为亲人。救治患者是职责所在，再苦再累也值得。

3月9日，经过所有医护人员30多天不分昼夜、全力以赴的奋战，江汉方舱医院休舱。3月17日，我们揣着病人一封封真情实意的感谢信返琼，武汉人民以最高的礼仪送别。

平安归来 "原来妈妈也是英雄"

虽然自己在工作上心无旁骛，但家人始终担忧和牵挂着。在武汉，白班夜班经常倒的我少有机会和家人好好聊上几句。2月8日，我上的是晚上8点到凌晨2点的班，下午6点我们出发上班，凌晨4点才下班回到住处。家里的微信群都在关心着我是否平安下班，女儿说："妈妈，你到底回到宿舍了没有呀，快点给我们报平安。"在泪目的同时，家人的每一份牵挂都是自己抗击新冠肺炎的动力。3月31日，14天医学隔离期观察结束。女儿陆晖看到归家的妈妈，激动地喊道："原来妈妈也是英雄。"

在驰援武汉、决战方舱的1个多月里，我充分发挥自己的专业知识和技术专长，以实际行动秉承医者"救死扶伤"的初心与使命，在抗疫期间交出了一份满意的答卷。现在回到医院工作的我将带着支援武汉的抗疫精神，继续投身到本职岗位上，为病人提供更好的服务。

• 重庆市 •

践行誓言　战疫攻坚

王　忠

王忠

九三学社社员，重庆市第五人民医院消化内科副主任医师，重庆市第十四批援鄂医疗队队员。

2020年的这个冬天注定与往常不同，一场以湖北为主战场，以武汉为攻坚点，抗击新冠病毒的战役在神州大地轰轰烈烈展开。适逢春节假期临近，当地医疗作战物资缺乏，虽然全国各地鼎力相助，但短时间内仍显捉襟见肘。加之当地医务人员连续疲劳作战，并且存在伤亡以及精神压抑等战力消耗，湖北当地的战友一个个拼尽全力。"成人尿不湿、长时间佩戴N95后脸上的压伤……"后方的医务工作者们纷纷请战自愿加入前线的战斗。在国家和人民的需要及号召下，众多战友飞赴荆楚大地，进行医疗支援任务。

"只解沙场为国死，何须马革裹尸还。"从除夕夜的军队医疗系统医护人员飞赴武汉开始，全国上下数万医护人员陆续抵达湖北各个战场。这其中以在武汉参战的人员最多，战斗也尤为激烈。这个攻坚点占据了全国80%的病例，而且重症、并发症尤其多。

"要去就去最艰辛、最危险的地方"，看着众多战友分批驰援，虽然目前从事消化及内镜专业，但作为一名具有扎实内科基础，熟悉呼吸机、气管插管以及中心静脉置管等诊疗技术的高年资医师，在医院发布志愿报名支援湖北的消息后，我第一时间主动报名请缨参加援鄂任务，2天后收到准备出发的通知。然而当时并不清楚到底是去重庆对口支援的孝感市还是战疫攻坚点的武汉市,直到出发的前一天下午,才知道是作为重症医疗组去武汉市进行医疗支援工作。

休息在家的父母及儿女并不清楚此行湖北的风险,为了不给父母及儿女增加思想上的压力,我仅仅给父母说了一声需要出去一段时间执行支援任务,对儿女说了一句爸爸要离开一段时间出去"打病毒"了。同为医学专业毕业的妻子深深明白"打病毒"的风险,虽然说着不反对而且会全力支持,但眼神中仍不时隐约闪出一抹担忧。因为对湖北前方具体情况不明,虽然医院在临行前给配备了一行李箱的成人尿不湿、纸内裤、榨菜、罐头以及洗漱用品等生活物资,但志忑的家人还是准备了一背包的基础生活物资。之后,我作为重庆市第 14 批援鄂医疗队员搭乘包机飞赴武汉。在去程的包机上,湖北籍乘务员哽咽着感谢医疗队员们的支援,让大家深受感动,而抵达武汉天河机场后志愿者的夹道欢迎更是让我们深深感到此行责任的重大。抵达武汉后去驻地的大巴车上,开大巴车的志愿者司机在得知我们将进入武汉市中心医院进行医疗支援工作后,调侃式地称该院为"毒窝"。武汉市中心医院后湖院区,这个距离华南海鲜市场步行不超过 1500 米的医院,从这场战役的最初就接收了最早和最多的新冠病患,同时院内自身也损伤惨重。

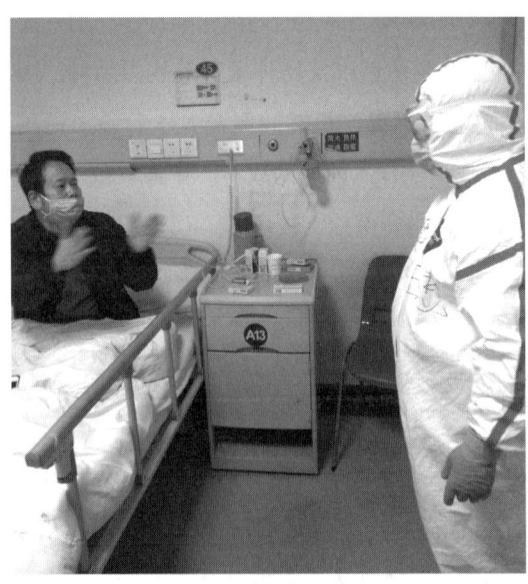

2020 年 3 月 5 日,王忠在武汉市中心医院病区隔离区查房。

抵达驻地后,经过短暂的防护培训,全体队员完成合作分工,义无反顾地投入医疗支援工作中,一边熟悉电子医疗系统的处理,一边积极开展医疗救治工作。由于本支医疗队的医护人员配备力量强大,我们承担了武汉市中心医院专门新开辟的 1 个重症病区,并接管了该院的 ICU 病房,承担了危重症的救治,同时将其他院区具有并发症的新冠患者转入本病区。这些危重病例当中包括多例的肾衰、急性胰腺炎、消化道出血、胸腔积液、心功能衰竭等严重并发症。作为病区的医疗组长，除了完成常规的安全区诊疗工作外，我还身先士卒地完成隔离区工作，主动承担隔离区查房或带领年轻医生进入隔离区查房，完成病患查体、病史采集以及病患的心理疏导，夜班值班时也做到和衣而眠，以便能够随时起身处理各种突发事件。

远离家人，来到陌生的环境，面对新型的病毒，支援期间的心路历程对于很多人确实有些煎熬，特别是队内部分来自基层医疗单位的年轻医护人员，没有经历过如此重大的特殊事件，心理落差很大；而作为一名经历过 2003 年的 SARS，也参与了 2008 年汶川地震伤员救治的高年资医生，在面对新冠病毒战疫未知因素较多的情况下，在进行常规医疗工作的同时，我主动与隔离区的年轻医护人员谈心，在工作和生活上给予一定的帮助，同时对他们进行心理疏导，让他们从最初工作时的忐忑不安到逐渐适应，一直到最后轻松上阵。我同时还担任驻地医疗队的保健专家，给予队员们消化疾病方面的预防建议和简单诊治。

作为医疗队内唯一的九三学社社员，在坚持队内工作共产党领导的同时，我也积极协助党员同志开展队内的思想教育工作，做到以国家利益至上，人民群众生命安全为主，统一思想，步调一致，同心协力完成在汉期间各项工作。

在中国共产党的坚强领导下，全国人民同心抗疫，通过全国一盘棋的努力、同舟共济的支援，武汉和湖北的疫情终于平缓下来，各大方舱和医院的病例逐渐清零；各省区市及兵团的医疗队逐步撤离，队员们安全回家。

回首短短 1 个多月的援汉经历，虽直面了新冠病毒疫情救治过程中的艰险，也收获了丰富的人生体验，但其实最想表达的是，作为一名医者，参加医疗救治工作是本职工作，同时也践行了当初选择医学道路的誓言：

健康所系，性命相托，志愿献身医学，热爱祖国，忠于人民，恪守医德，尊师守纪，刻苦钻研，孜孜不倦，精益求精，全面发展，竭尽全力除人类之病痛，助健康之完美，维护医术的圣洁和荣誉，救死扶伤，不辞艰辛，执着追求，为祖国医药卫生事业的发展和人类身心健康奋斗终生。

人生无悔！

战疫日记:"简单"方舱"精细"管理

郭进军

郭进军

九三学社重庆市急救医疗中心支社副主委,重庆市急救医疗中心/重庆大学附属中心医院副院长,重庆市第九批援鄂医疗队领队。

经过 1 个月左右的连续作战,重庆的疫情已逐渐被控制住了,而我依然特别渴望到一线去战斗。我的科研、我的专业知识、我对医疗和防控体系的认识,应该对抗击疫情很有用的啊,所以我反复对领导说:"让我去一线吧!"

2020 年 2 月 15 日,终于在上午 10 点接到电话,让我领队出征。当时我非常振奋,想了很久的事情了,终于成了!作为领队,中午收到发来的队员名单,重庆市第九批援湖北医疗队共 102 人,男队员 19 名,女队员 83 名,由 12 家医院和单位组成。队伍抽组完成,当天立即奔赴湖北。

我们医疗队现在战斗的地方,是武汉开发区(汉南区)沌口方舱医院,这就是当地区政府所说的"二舱"。"一舱"是指武汉体育中心的沌口开发区体育中心方舱医院,所以沌口有两个方舱医院。

即将战斗在方舱医院

15 日深夜到的武汉,忙到半夜,睡了 3 个多小时,16 日很早起来工作,首先就是前往沌口方舱医院指挥部领受任务。国家卫健委两位督导组成员、武汉经开区领导、武汉亚心医院几位院长，还有我和新到武汉的几个省市医疗队领队、由东西湖方舱医院抽调过来的重庆国家紧急医学救援队领队等相关人员，一起开了第一次沌口方舱医院成立会议，给我们重庆市第九批援湖北医疗队分配了救治工作。

会议决定由武汉经开区政府负主体责任，武汉亚心医院作为主要管理方，5个省（市）医疗队、加上重庆国家紧急医学救援队，共539人作为方舱医院医务人员，共管理990张床位，准备尽快收治患者，开始抗疫战斗。

会议结束后，我们几位来自各省市的医疗队领队和相关人员，在武汉亚心医院领导带领下一起进入方舱，熟悉方舱情况和工作流程。我们所在的方舱医院，由一个大仓库改建而成，设置非常类似野战医院。清一色的上下床作为病床，整齐排列，很像当年大学时的宿舍，下面睡人上面放东西。全部使用A、B、C、D……分区编号，分了男女巷道。在病区的横端，排列了一个个集装箱作为医护办公室，里面放置电脑等用品。靠近医护办公室的位置放了几个单独床位，作为年老和基础疾病较多病人的床位，以便发生意外或病情发生变化时医护人员迅速到位。在方舱外面的两个宽阔巷道内，一边排列了移动厕所，一边排列了盥洗室。

方舱医院类似于野战医院的工作模式，五脏俱全但条件有限；为了抢时间，为了救治更多的患者，麻雀虽小但也能飞，那就克服困难，让我们迎难而上吧。

郭进军带领的102名医务人员圆满完成救治任务，实现医务人员零感染的目标。

我们带来的都是战士

医疗队队员们16日凌晨才到达武汉的酒店，16日中午时被告知第二天就要入舱收治患者，时间异常紧迫。作为领队，我感到压力山大，但也有好消息。先期抵达武汉的重庆国家紧急医学救援队，他们已有10余天的方舱工作经验，他们的领队和几名队员答应尽快给我们后来的战士们紧急培训。

17日上午8:30，医疗队准时开始进行院感及防护培训，队员们积极认真。我现场了解情况后长出一口气，幸亏都是做好一定基础培训和心理建设来打仗的战士啊。绝大部分队员们基本上都有一定的防护服穿脱培训经历，很快就能上手，看来就算很快开始收患者住院应该也没问题。

17日上午11点，明确了我们重庆市第九批援湖北医疗队管理第三病区（G、H、I三个单元），共213张床位，是5个病区中最大的一个。队员们一直培训到下午4点，然后我召集所有队员到方舱医院实地参观，了解方舱内部结构、外部设施、医护通道、更衣流程等等。队员们求战欲望很高，我心里面很感动，事情就是靠大家这样一起干出来的！和大家在方舱内拍照合影，收治患者后就不能随意进入和拍照了，留下点纪念图片吧。

加油！走上战场的勇士们

17日下午5:30，所有队员由方舱回到驻地，晚饭过后即接到通知，晚上9点开始收治第一批病人，第一批入舱值班队员8点必须到方舱！战斗打响了！

我立即带领医疗、护理、院感三位组长和第一批入舱的11名队员赶赴方舱医院。这些队员大部分都是80后和90后独生子女，他们都是第一次在方舱医院工作，也是第一次穿防护服面对确诊患者，难免有一点紧张，但他们都非常勇敢，没有一个人退缩。

我心里面很为他们骄傲，我能做的，就是仔细为每位队员检查口罩、帽子、防护服和护目镜，尽量细致再细致地保证"零感染"。我还在每一位队员的防护服上写上"重庆""医生""护士"和他们的姓名，并写上了个性化的鼓励词"武汉加油""渝汉一家亲""早日康复"等，为每一位队员拍了穿着防护服的"处女照"……

晚上9点过，队员们准时进舱。望着他们的背影消失在方舱入口，我心中默念道：勇士们，加油！

为了一个目标而战斗

几天来，从入舱收治患者到现在，我们医疗队齐心协力地战斗着，就为了一个目标——有效救治患者，医务人员零感染！

我每天接送队员入舱，给队员强调院感注意事项，帮助他们穿隔离服，及时掌握方舱里信息和队员们的情绪、心理变化，遇到紧急情况及时处置，让队员们充分感受到温暖和关怀，也让大家像石榴籽一样紧紧抱团在一起。我们说得最多的一句话就是：大家一定要相互依托、相互信任，更要"相依为命"，共同战疫。

我们不停总结经验、优化流程、做出应变，不断提升救治水平。如有队员发生身体不适，不能有效工作，我们就马上安排出舱；有个别队员有较大的压力，一方面医疗队请心理医师视频聊天，一方面在生活上大家一起鼓励、帮助，让其情绪尽快稳定、恢复。经过几天的战斗，医疗队已经逐渐适应了方舱医院的救治节奏和需注意细节，相信随着各项保障工作的持续进步，我们医疗队有信心救治更多患者，并确保医护人员零感染。

一线抗疫小记

陶 文

陶文

九三学社社员,重庆市重钢总医院重症医学科副主任,国家(重庆)紧急医学救援队队员。

　　一场突然来袭的大流行疾病——新冠肺炎,以迅雷不及掩耳之势迅速席卷全国,扰乱了2020年春节的祥和与喜庆,让全中国人民生命健康受到严重威胁,国家和人民面临严峻生死考验。医生的天职告诉我:必须站出来,竭尽全力挽救生命!我来不及回家与亲人团圆过春节,便迅速投入紧张的抗疫一线中。从1月25日以隔离病房副主任身份进驻重钢总医院隔离病房参与一线救治,到2月4日带队出征湖北抗疫一线至今,50来天与时间赛跑,与死神较量,争分夺秒救治患者的经历,注定成为我人生中一段珍贵而难忘的记忆。

　　战争从来不会以你想象的方式开始。我于1月15日到区卫健委参加国家、市、区三级卫健委视频电话会议,会上,国家卫健委领导一句"要做好过一个革命性春节的准备",让我隐约感觉到战争状态的来临。就在视频会议后第四天,1月19日,重钢总医院接诊了后来确诊的大渡口区第一例新冠肺炎确诊病例,并在随后的流行病学调查中又相继确诊其密切接触家属5名。由于及早重视与收治隔离,阻断了病源传播,大渡口区新冠肺炎疫情得到有效控制,抗疫工作成效显著。

故乡武汉成为疫情重灾区，我再也坐不住了。家里两个小孩一个3岁一个还在哺乳期，院领导考虑到我家里的具体困难，本没考虑让我参与驰援武汉行动，但故乡严峻的疫情形势让我着实揪心，我主动请缨，终成为国家（重庆）紧急医学救援队的一员，并于2月5日飞抵武汉。此举得到身为护士长的妻子王芳男的理解与支持，她主动扛起了照顾老人和小孩的重任，让我放心回到故乡参与一线抗疫。家，成为我坚强的后盾，给予我战疫的信心和勇气。

2月7日，我们进驻东西湖方舱医院。虽然前期接管隔离病房工作，对新冠病毒的传染性有了一定认识，且对可能面对的战斗场景有了一定心理准备，但真正的阻击战场画面仍大大出乎我的意料。方舱医院内1600张床位，一眼望不到头。本着"应收尽收、应治尽治"原则，抗疫初期，我们平均每个人每班次要收治几十甚至上百号病人，几乎是平时工作量的五到六倍。短短5天，东西湖方舱医院便已满员。我们每天高负荷运转，早期由于防护物资不足，为节约使用，我们绝大多数医护人员每天近10小时不能喝水，因为上一趟厕所便意味着又要浪费一套防护服。长时间的防护服、N95及外科口罩防护下，我们几乎每个班都会面临胸闷气促、头痛欲裂等缺氧表现，但我们从未退缩，也不敢退缩，患者那一双双期盼的眼神，以及"竭尽全力除人类之病痛"的医者誓言，让我们坚持着，坚守着。疫情传播往往是家庭聚集式的，它带给一个个家庭以生死的冲击。有个家庭，父母病重入住定点医院，奶奶轻症被收到方舱医院，孙女没有确诊，但年幼面临无人照顾，奶奶无奈，只得冒着孙女被感染的风险要求带着孙女进方舱医院，为的是不给别人、不给社区添麻烦。此疫让英雄的武汉人民付出了巨大的牺牲。好在全国各地的国家紧急医学救援队相继赶到，由党中央习近平总书记亲自指挥、4万余医护工作者主战场参与、全国人民全方位配合的一场抗击疫情人民战争、总体战和阻击战正式打响了！

我根据前期收治新冠肺炎患者的管理经验以及在方舱一线工作中遇到的实际问题，结合不断更新的国家指南，不断提出问题、给出建议并反映给上级指挥中心，最终形成了不断更新的方舱医院运行中的各种规章制度和流程，并最终印制成册。实践证明，规范化、流程化地执行这些规章制度和流程大大提高了集团军的作战效率，东西湖方舱医院运行很快进入正轨，最高峰时收治病人达1900人。

陶文（左一）在方舱医院与队友合影。

2月16日，我们队又带着方舱医院的管理经验转战至武汉汉南经济开发区，全程参与到沌口方舱医院的规划设计建设中，并示范收治了开舱第一批病患。截至两所方舱医院休舱，我所管理的病人无一例出院后再入院，无一例死亡，所带队员及本人零感染。作为一名重症医学医生，从来时的仓促应战到从容应对并最终看到方舱休舱的这一天，我们的坚守没有白费。

纵观此次抗疫战役，这是一场在党中央的坚强领导下的人民战争、总体战和阻击战。党中央的英明指挥，国家联防联控机制的高效运作，人民群众的自我牺牲，白衣天使的逆行驰援等，都是我们战胜病魔的有力支撑。你能想象居家隔离几十天，物资紧缺的武汉人民连发黄的蔬菜都舍不得扔，却给我们呈上一日三餐顿顿都有肉有菜的伙食吗？你能想象到当地医生口罩不够用却总是要保障我们出征的队员吗？还有那冒着被感染的风险，却执意为我们集体理发；那大雪纷飞的深夜在驻地等候几个小时，只为接送我们上下班的志愿者？防护服不够？捐！没带冬衣？捐！护目镜起雾？马上改良！N95不够？继续生产！还不够，那造飞机的能不能先造点口罩？当我吃上来自重庆的方便火锅那一刻，真有一种泪目的感觉。这还是仅属于白衣战士的战争吗？这分明就是一场人民的战争，而我，只是主战场的一员。

此次抗疫战役让我收获殊荣无数，我先后被评为武汉东西湖方舱医院"新型冠状病毒肺炎防控阻击战先进标兵"、武汉经济开发区（汉南区）沌口方舱医院"新型冠状病毒肺炎防控阻击战先进标兵"称号，但我想此刻最应该获奖的，是在这场疫情背后默默付出的无数的无名英雄们。全中国人民，才是这场抗疫战争取得胜利的决胜"法宝"。

这场援鄂抗疫战役注定会在我此生留下浓墨重彩的一笔，它赋予我勇气，给予我信心，锤炼我意志，增强我仁心，让我更加坚定了必胜的信念。今后我将继续保持高昂的斗志，以更加旺盛的精力投入本职工作，投入卫生健康事业发展的浪潮中，尽应有之力，再谱人生华章！

简玉华：疫情就是命令　救人即为天职

夏　惠[*]

简玉华

九三学社社员，重庆市沙坪坝区人民医院消化内科副主任医师，重庆市第十三批援鄂医疗队队员。

出征

2020年2月19日，简玉华突然接到医院电话，让她做好准备，第二天一早跟随大部队驰援武汉。尽管在疫情刚刚暴发时，简玉华就第一时间递交了请战书，但当出征的电话真的打来时，还是会令人觉得有些突然。沉默了一秒，简玉华坚定干脆地回答道："没问题，明天去。"

这一句"没问题"，看似轻描淡写，实则是毫不犹豫地把个人的问题忽略不计了。作为一名在沙坪坝区人民医院消化科工作了十几年的骨干医生，简玉华对医生的天职再清楚不过了。特殊时期，疫情就是命令，服从命令就是最好的履职。

下班回到家，简玉华把自己的决定告诉了先生。先生先是沉默不语，良久，定定地看着她，故作轻松地说："只要你想好了，我支持你，只是你一定一定要做好防护，一定一定要小心。一会儿我就去帮你收拾东西。把头发剪

---

[*] 作者系九三学社重庆市沙坪坝区委员会专职副主委。

了，明早我送你。"儿子则在一旁有些兴奋地说："妈妈，你这个年纪去武汉，真是让人刮目相看，你就是我心目中的英雄。妈妈，你可一定要注意自身安全啊！"家人的支持和肯定，无疑给简玉华吃了一颗定心丸。明早，她可以轻装出发了。

备战

2月20日傍晚，重庆市第十三批援鄂医疗队抵达武汉。整个武汉城仿佛睡着了一般，路上空空荡荡，没有行人，一片寂寥，只有路灯的灯光，静静地守护着一片光亮。简玉华和队友们一起坐上了前来迎接的大巴车，车身上贴着红色纸条——"同舟共济驰援武汉，坚定信心共克时艰"。

到达武汉的第一项任务是紧张、细致的岗前培训。培训内容十分繁多：驻地的卫生防护，病房的感染控制，诊疗标准方案，标本采集流程，等等。这些内容必须一项一项学习、一样一样理顺，不能有一丝一毫的放松。因为所有人都明白，一点点疏忽大意，就可能引发整个团队的安全风险。专业的培训加之认真刻苦的钻研，让简玉华越来越有信心，此前"担心防护不到位""害怕感染"的忐忑也基本消除了；岗前培训考核全部通过的好成绩更激发起她奋发向上、要去努力一搏的冲劲。虽然年龄是医疗队里最大的，但简玉华暗暗憋着一股劲儿，绝不服输，一定要利用好自己丰富的经验，施展出自己的能力和水平，尽最大努力，和新冠病毒抗争，履行好治病救人的天职。

上阵

时间：2月26日

地点：湖北孝感第一人民医院。

简玉华全副武装跟随当地医生第一次走进病房。在当天的日记中，她写道："且不说查房、采咽拭子，单是那完全不透气的防护服和厚厚的口罩，送样本回来，就让人开始气喘吁吁。等一天忙碌完，脱下防护服、口罩那一刻，终于感觉自己重回人间，不由得连做了好几个深呼吸。这种级别的防护第一次体验，真是一言难尽。接下来的工作将是一个巨大的挑战。"

第一关挑战，就是尽快适应里三层外三层的防护装备。穿脱一次至少30

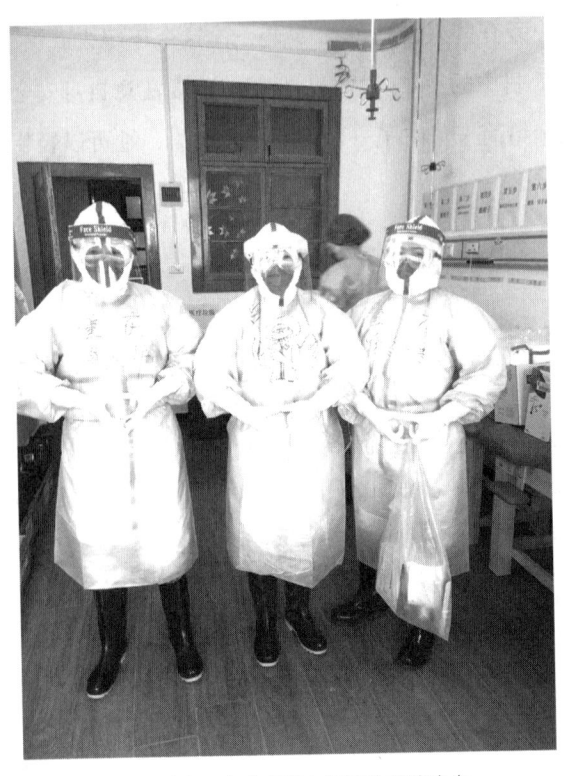

简玉华（左一）准备进入隔离仓救治患者。

分钟，每次刚一穿好就已经全身湿透，又冷又闷。密不透风的防护服和口罩，让人憋闷，短短一米的行走距离就如同一次远征。10 分钟、20 分钟、30 分钟、1 个小时地咬牙坚持，克服呼吸困难、头晕眼花甚至恶心呕吐的困扰，不断挑战自己的极限。就这样坚持着走遍全病区去查房，就这样坚持着采集完整个病区病人的核酸，就这样坚持着和同事讨论治疗方案……每天都如同跑了一场马拉松。当满身疲惫地从病房出来，还需要进行标准的消杀全流程，一件一件慢慢脱掉手套、面屏、护目镜、口罩、防护服、帽子、隔离服、鞋套，从病房到清洁区，足足需要进行 30 余次的手卫生。从医院回到驻地，还需要再做一轮驻地防护流程，消毒、洗澡、洗衣服、打扫卫生，不论多累都得把这套流程一丝不苟地进行完才能坐下来休息。其中的艰辛，也只有亲身经历才能体会了。

第二关挑战，是努力打破专业局限，尽快吸纳新知识。刚开始，面对来自呼吸科、重症医学科的医疗队队友，简玉华有些担心自己不能很好地完成工作任务。白天忙碌完，不管多么疲惫，晚上回到宿舍都要抓紧时间学习，掌握最新的新冠肺炎的诊疗方案。从第四版到第七版，每更新一次，她都要花很多时间和精力去掌握，尤其是里面的诊断、治疗、出院标准等知识点，用在病人身上，是一点差错都不能出现的，必须学深学透。治疗新冠肺炎患者，是一个全新的课题，而通过学习不断累积起来的新知识，为简玉华增添了战胜病毒的底气和信心。

第三关挑战，是如何尽快提高治愈率，抢救更多生命。为了在缺氧条件下更有效率地救治病人，简玉华和同事们不断探索改进工作方式，通过整理病例问诊要点、诊治要点，并把相关要点绘制成表格提示重点等措施，极大地方便了医生交接班，帮助接班医生及时掌握病人病情进展。进入院专家组后，简玉华负责药物质量控制、终末病历质控、三级医生查房，并参与负责科室医疗规章制度的制定和监督执行、质控科室医疗安全及病历文书等。通过对医疗质量进行质控管理，保证了医疗质量安全，促进了病患的康复，对避免轻症病人转重症、提高重症转轻症、提高疾病的治愈率起到了积极的促进作用。

终于，所有努力和付出都没有白费。患者一天天地好起来，达到出院标准的越来越多。最多的一天，同时有8位病人痊愈出院。简玉华说，那一天，我第一次感觉到，我们来这里以后做的每一件实实在在、点点滴滴的工作，终于有了一个好的结果，很有成就感。

伴随成就感而来的，是一连串的荣誉：简玉华所在的医疗组荣获了"孝感市三八红旗集体""孝感市工人先锋号"等荣誉称号，简玉华个人荣获"孝感市新冠肺炎疫情防控工作先进工作者""孝感市三八红旗手"等称号。

在孝感第一人民医院的33天，说短不短，说长不长，每一天都忙忙碌碌，每一天都紧紧张张，每一天都充满了危险和挑战。在简玉华的手机里，保存了一张与病人的合影。那是一位经她治疗已经痊愈的病人，临出院前特意向她表达谢意，并请求合影留念。病人微笑着，做出了一个胜利的手势。照片中的简玉华被护目镜、口罩紧紧包裹着，看不出她的表情，但那一刻，她的内心一定是欣慰的。因为，她在危难时刻，挺身而出，以自己的实际行动践行了治病救人的天职。

她是一位平凡的医生，她也是一位普通的妻子和母亲，她更是家人心中，也是我们所有人心中的真正的英雄。

• 四川省 •

九三学社川北医学院基层委员会：
艰难困苦　玉汝于成

蒋　莉*

九三学社川北医学院基层委员会社员合影

"打胜仗，零感染，我们做到了！"九三学社南充市委副主委、川北医学院临床医学系副主任周仲辉教授在队员们心中是"定海神针"一样的人物。在带领川北医学院第一批援鄂医疗队20名队员凯旋时，这个高大的硬汉也忍不住红了眼眶。

熟悉他的人都知道，周仲辉的座右铭是"艰难困苦，玉汝于成"。参加工作40年来，他历经SARS、甲流、高致病性禽流感的防控，还带队参加过汶川大地震的紧急救援工作，足迹遍布北川、绵阳、遂宁、广安……这位久经沙场的白衣战士，在危机面前总是冲在一线，以身为范，以行言志。在新冠肺炎疫情发生后，作为四川公共卫生应急救援专家组成员，今年57岁的周仲辉再次带队出征！

早在2020年1月中旬，周仲辉就主动取消了海外旅行，推迟了与家人难得的团聚。作为感染性疾病的专家，他早早察觉到了这次疫情的不同寻常，也深知武汉此行的风险很大，但他更多考虑的不是自己，而是团队。在抓好医务

---

* 作者系川北医学院附属医院呼吸与危重症科副主任。

人员应急培训、收治南充市第一例疑似患者的同时，他坚决要求去武汉前线。同为医生的妻子知道他面临的巨大压力和深深担忧：病毒无孔不入，疫情发展迅猛，非常时期，支援武汉的工作强度一定非常大，队员们能不能扛住？同时，妻子也了解他的决心——一定要千方百计地把队员们平安带回家！

千里奔袭，星夜疾驰。大年初一当晚，四川省第一批援鄂医疗队抵达武汉，周仲辉给队员们下的第一个命令是"今晚睡个好觉"。第二天，在完成严格的个人防护培训后，川北医学院第一批援鄂医疗队马不停蹄地踏上战场。

武汉市红十字会医院是一家二甲医院，也是距离华南海鲜市场最近的医院，第一例新型冠状病毒肺炎就是在这里确诊的。当时，几乎整个武汉的医院都处于床位供不应求、医护人员超负荷运转的状态。四川医疗队的到来，对武汉市红十字会医院的医患双方来说，无疑都是一剂"强心针"！

事态紧急，周仲辉带领团队立刻接管了该院 6 楼发热二病区和发热十二病区共 90 张床位的工作。在与医院领导、病区主任和护士长见面时，他的表态掷地有声："我们团队一定会全力以赴，不等不靠，打赢这场没有硝烟的战争！"

为发挥最大救助效能，周仲辉团队重新对病区进行了建制规划，将当地医护团队纳入管理协作，确定了 5 个医疗组分组管理，重型、危重型患者集中管

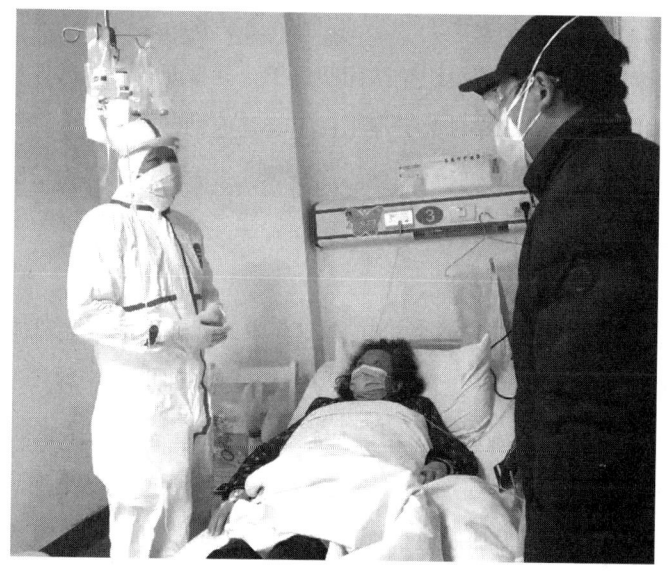

周仲辉（左）在武汉市红十字会医院发热病房里和患者沟通。

理，疑似、确诊病人分区管理的模式。针对收治病种单一的特殊情况，为达到诊疗同质化，他组织团队学习讨论国家卫健委颁布的新型冠状病毒肺炎诊治指南，将之落实落细，结合实际情况制定工作规范。在武汉支援的每一天，周仲辉都通过例会和工作群与队员们进行沟通、总结，根据防控指南的更新、收治病人的具体情况等再次梳理、修订操作流程。同时，他还与四川省卫健委派出的工作领队、医院医务部和其他楼层病区积极沟通，优化了患者收治、会诊和转诊流程。在艰苦拼搏中，团队工作开展越来越顺畅，队员们紧张的心情也慢慢得以缓解。

有一天，医院收治了一位怀孕已28周的准妈妈，疑似患上了新冠肺炎。母子俩能平安度过这个危机吗？她的丈夫抓着医生们的手连连恳求。经过细致的检查，周仲辉认为，虽然从感染科救治甲流患者积累的经验看，孕产妇确实有发展为重症肺炎的高危因素，但这位患者的情况相对稳定，病区也有妇产科医生可以联合进行诊治。所以，为了母体和胎儿的安全，周仲辉率团队特别制定了治疗方案，保证氧合，加强营养支持，注重免疫功能修复。医生们和患者及家属进行了深入细致的沟通，叮嘱家人增强信心，鼓励患者以积极的心态进行治疗，共同加油战胜病魔！焦虑的家属听了连连点头，感激的热泪夺眶而出……经过川鄂医生的通力合作，这位患者已顺利出院。

"放心吧，我们在武汉挺好的，过节还有蛋糕和巧克力呢……"忙碌的日子转瞬已是半个月，周仲辉组织全队团圆过节，共度元宵，和远方的家人连线送祝福。他担心队员们离家日久，在工作上又是连轴转、高压力，在心理上会产生不适，经常抽出时间为队员们做心理疏导，多方沟通，尽力帮助大家解决工作和生活上的困难。他的温暖和细心感动着每一位队员，他的专业担当和人格风范也为大家做出了榜样。

在川北医学院附属医院日常的工作配合中，呼吸与危重症科副主任蒋莉就对九三人团队颇为钦佩，更视周仲辉为学习和追赶的目标；在武汉战疫的日子里，蒋莉担任医疗队副队长，与周仲辉密切配合，对九三人的精神追求有了更为深刻的认识。"我志愿加入九三学社，今后我会对自己更加高标准严要求，在人生的道路上用力加速成长！"担任介绍人的周仲辉对此颇感欣慰："蒋莉担任了发热第二病区的第一主任，工作积极主动、细致负责，做出了重大贡献！"特事特办，经慎重考察，社组织特批蒋莉火线入社，圆梦武汉！

从 1 月 27 日到 3 月 18 日，周仲辉团队在武汉连续奋战 57 个昼夜，共收治 288 名病人，其中重症 76 人，危重症 30 人，治愈出院 246 人。蒋莉还抽空写下了战疫日记，被《光明日报》、学习强国四川学习平台、《南充日报》等刊发，让更多人了解到援鄂医务人员的工作情况，展示出川北医疗队勇于担当的精神面貌。

与此同时，川北医学院附属医院新冠肺炎危重症患者救治组组长、重症医学科主任陈丽教授，感染科副主任刘凤君教授，感控办胥碧芬副教授等直接参与南充新冠肺炎患者的诊治，当地 13 名患者均治愈出院！社川北医学院基层委员会主委、风湿免疫研究所实验中心副主任杨明辉，检验科社员黄义山、刘素兰等累计检测核酸标本近千份，为"早发现、早诊断、早隔离、早治疗"提供了有力支撑。基层委员会副主委、产前诊断中心蔡燕副教授，内分泌科护士长崔素芬，风湿免疫科护士长杨艳等 40 余名在职社员坚守战疫一线，守护市民健康，用实际行动践行了九三学社爱国、民主、科学的宗旨，谱写了医者仁心的大爱赞歌。

"逢艰险不避，遇名利不争，扛使命不悔，行大道不移"，这是知识分子应有的情怀和气节，也是九三人齐心战疫、不负荣光的真实写照。

九三学社四川省直工委川开电气集团支社：紧急增援雷神山 24 小时

鲜坤成[*]

九三学社四川省直工委川开电气集团支社

2020 年新年伊始，一场突如其来的新型冠状病毒肺炎以迅雷不及掩耳之势迅速席卷全国。疫情就是命令，保供电就是责任！川开电气有限公司作为全国输变电行业排名前 10 名的公司，紧急承接了武汉雷神山医院的配电设备紧急支援任务。九三学社四川省直工委川开支社主委、川开电气有限公司董事长李军率领突击队，不眠不休，抢工突击，保质保量完成了雷神山医院配电设备

---

[*] 作者系川开电气有限公司董事长助理。

的设计、生产、运输、安装，创造了如此规模医院的全套配电设备设计生产、安装调试、投入使用的速度奇迹！

1月30日晚，李军接到中建三局的紧急支援请求：其承建的武汉雷神山医院交付在即，急需输变电及院内配电设备安装，2月2日前必须完成！因为时间太紧，已经有好几家企业婉拒了这个订单，中建三局希望川开电气有限公司（以下简称川开电气）能够承接这项紧急支援任务。

李军飞快地在心里默算了一下：成都到武汉1430公里，扣除16小时的物流运输时间，全套医院配电设备的设计、生产、调试、检验、装箱，只有短短1天时间！换作平时，这类项目可是要足足1个月才能完工！

没有犹豫，没有退缩，李军马上表态：无条件接受这个光荣而又艰巨的任务，一定保质保量完成！

川开电气立刻组建雷神山项目领导小组，李军担任组长，公司副总经理、支社委员杨杰任副组长。制订项目方案、分解任务、部署实施，一切都以非常速度进行着。

"为了支援武汉，全体立即返岗！"紧急集结令通过网络、电话，到达每一位突击队员手中。不管是电气技术、生产、供应链、设备，还是质检、售后、后勤，各个领域的突击队员立即告别家人，戴好口罩赶赴公司，上演了一部现实版的《极速24小时》！

1月31日 12:00

6名九三学社川开支社社员在内的雷神山项目突击队集结完毕。

李军发出战斗动员："面对国家的召唤，我们川开电气有这个技术实力，就要勇担重任，招之则来，来之能战，战之能胜！川开九三人要起好模范带头作用，发挥科技优势，为战疫做出贡献！一定要在规定时间内完成雷神山医院的输配电设备制造与安装！"

军令状已下，全体社员群情激昂，立即投入这场没有硝烟的战斗！突击队分成7个战斗小组，分工合作，迅速推进。

技术突击小组——与中建三局现场施工单位反复沟通，获取数据，优化并确认设计方案，确认现场各项细节要求。调用PLM图库，快速转化并发布生

在紧急运送配电设备前往雷神山医院之际，李军（前排中）率川开电气公司员工为武汉加油。

产图纸。

设备突击小组——检查生产设备设施，确保能源供给和生产设备正常运行。

供应链突击小组——核实库存元件，全力调配物资，快速寻找物流资源，确保生产完工后第一时间装车发运。

生产突击小组——分工序，按流程，照图纸，配材料，有条不紊、紧张有序、保质保量进行配电设备的通宵生产。

保障突击小组——快速采买食品如牛奶、矿泉水等物资，运至现场，并做现场防护物资和措施准备。

质检突击小组——通宵作战，一丝不苟，严格按照标准、规范及图纸，完工一台测试一台，逐项调试记录，确保所有产品合格出厂。

时值正月，天气还十分寒冷。李军带头坚守现场，川开九三人和公司其他员工一道，千方百计地抢进度、赶工期，大家互相鼓劲，紧密配合，干得热火朝天！

2月1日 12:00

集结令发出后的第24个小时，经过严格的出厂检验，所有设备生产完成，有序装车，稳妥防护，在突击队员的护送下，顺利出发！

售后突击小组——逆行出征，于1日16:00即提前抵达武汉雷神山现场。在设备运抵医院前，售后突击小组在中建三局的协作下，提前进入现场了解整体施工进度，反复设计确定安装方案、调试方案，为配电设备安装和调试的一次性成功做好万全准备，确保全套供电设备安全、稳定、可靠运行。

疫情无情，众志成城！雷神山医院顺利投入使用，为武汉打赢疫情阻击战、总体战提供了又一坚强保障，让全国人民万分振奋、无比安心。以李军为代表的九三川开人，为保障雷神山医院配电设备按时到位，与时间赛跑，为生命奋战，以实际行动践行了九三人的初心使命，折射出九三企业家社员实业报国的使命担当！

心若向阳　无畏无惧

刘若阳

刘若阳

九三学社社员，四川省第二中医医院呼吸科微创介入组组长，四川省第一批援鄂医疗队队员。

新冠肺炎疫情的暴发打破了春节的温馨安宁，全国人民众志成城，投入疫情阻击战中。当我看到钟南山院士在明确新冠病毒"人传人"后，不顾84岁高龄星夜坐动车驰援武汉，心情久久不能平静。作为一名有七年临床经验的呼吸科主治医生，作为一名年轻的九三人，在祖国母亲最需要我们的时候，我有责任到一线去！2020年1月23日，四川省卫健委发出第一批支援武汉的号令，我义无反顾地向医院递交了到武汉前线战疫的请战书："无论前路艰难险阻，就算失去生命，都无怨无悔！"

大半年没有回家的我，赶着回了趟家陪伴父母。除夕团圆夜，我接到了第二天出征武汉的命令。面对这个完全未知的新疾病，我和父母临别时紧紧拥抱。在路上，我读到父亲写给我的一封信："也许，十多年前，选择学医，你就选择了今天的出战。只是一定要专业地做好防范（防护），拯救他人，保护自己，因为未来还需要你不断地征战！"他们对我出征的理解和尊重，让我感到充满了力量！

大年初一，在省第二中医医院出征仪式上，我被任命为医院第一批援鄂医疗队队长。虽然我从未在重大公共突发事件中担任过团队负责人，但是此刻重任在肩，我必须全力以赴，在确保队员安全的同时，想方设法打赢这场硬仗！

傍晚，飞机降落在已封城的武汉。整个城市像被按下了暂停键，到处都空空荡荡的，我们心里也十分忐忑。夜里11点，武汉市红十字会医院一名副院长，声音嘶哑地来给我们介绍情况。我们将要支援的这家医院是武汉第一批定点医院，距离华南海鲜市场只有1.4公里，病人排队都排到马路上去了；医务人员的非战斗性减员严重，大概有五分之一的医务人员出现了不同程度的症状，所有的后勤人员也都上了一线，哪里需要就顶到哪里。我们听到这种情况，感受到当地工作人员感激的眼神，一定要尽力帮助他们的信念就更坚定了。

1月26日，国家疫情防控指挥部派了两位专家来为我们讲解防护知识。培训结束后，我们对照视频反复练习穿脱防护装备，确保人人过关。

下午，我们来到武汉市红十字会医院衔接沟通工作。我们和华西医院、四川省第四人民医院一同接管13楼的发热8病区。我们的到来对当地医务人员和病人来说都是及时雨。作为战疫一线的"守护人"，我深知责任不可卸，使命不可轻。当时防护物资特别紧缺；一般提前两小时我们就不喝水也不吃含水量高的食物了，每次还需要花费半小时慎重穿戴好防护装备，仔细排除每一个

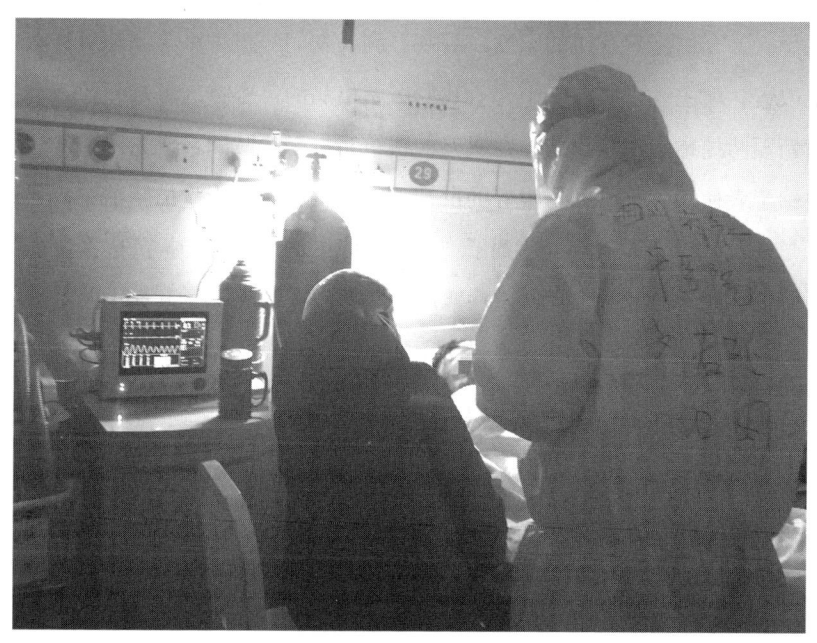

刘若阳在工作中。

暴露点，就像一个个"大白"从动画中来到了现实。

面对每天高强度的工作，我们互相鼓励，在防护服上写上姓名和加油的话语。患者们看到我们，知道我们是国家派来帮助他们的，忍不住流下了热泪。他们有的在这次疾病中失去了亲人，有的因为这次疾病一夜白头，有的整宿无法入睡，盯着血氧饱和度的数字看。我们特别关注他们的情绪，争取和每一个人交朋友，在治疗身体疾病的同时，尽可能去帮助他们走出心理阴霾。他们也都很配合治疗，常常给我们竖起大拇指。有位患者还用四川话跟我们打趣："成都的火锅巴适得板，它娃怕火，你们来了，相信很快就能制服它！"引得大家哈哈大笑。每一句玩笑都让我感到病毒在我们的坚韧乐观下节节败退，也给我疲惫的身体注入了阳光。

国家在这次疫情开始时就提出了中医药要全面参与抗疫。作为病区唯一的中医师，我在支援武汉市红十字会医院期间，在华西等医院和川药厂家的支持、协调下，在同事们的帮助配合下，积极开展了中医药治疗，还帮患者做穴位按摩，教他们练八段锦、做呼吸操，帮助他们做肺功能锻炼。为了给予他们最好的治疗，我每天认真记录整理病例，及时将患者的CT片、视频、病情记录发送回省第二中医医院，经各大名中医会诊讨论，拟定处方后，再发回来。有些患者一开始抱着观望的态度，后来看到病友们经过中医药调理后症状得到明显改善，就主动来要求吃中药。我们医院出品的芪香益气解毒颗粒入选了四川省新冠防控指南治疗用药，在武汉前线给多批医疗队队员作为预防使用，同时也给患者使用，都得到了很好的反馈。在此次新冠肺炎疫情防治中，通过中医药早期及全程介入治疗，达到了"一提三降"的效果，即提高中医中药治疗率，降低轻症转重症率，降低重症转危重症率，降低危重症患者死亡率。

这次疫情让我看到英雄不是从天而降的，英雄就是普通人的挺身而出。我有幸被央视新闻选为全国120余名"我的同乡英雄"抗疫女医护人员的代表之一，宣传海报上对我的评价是"心若向阳，无畏无惧"，我常以此自勉。

当我们最终离开战斗了69天的武汉，离开当地并肩作战的战友，相互道别留念、预约今后的相聚时，疫情已经取得了阶段性胜利。回到四川，我们受到了家乡人民的热烈欢迎。其实，我更想把鲜花和掌声送给每一个人，因为只有团结一致的坚守，才换来了我们今天重归灿烂阳光下的生活。各行各业的工作者，包括待在家里"闷死"病毒的每一个人，都是幕后英雄，默默地温暖着整个国家。

随着社会秩序的逐步恢复，我们依然不可放松对狡猾病毒的警惕。我参与了科室主编的《中小学生新冠肺炎防护科普读本》，发表了论文《关于呼吸道新型冠状病毒疾病名称及临床诊断的思考》；开展了"云战疫"，应邀为阿联酋、捷克、新加坡的近百名华人同胞送去一场"拒新冠、提免疫、调心态"的科普讲座；还走进成都市树德实验中学、石室锦城外国语学校、石室联合中学等，为师生们讲述战疫故事和战疫知识，助力学校复课。

4月30日下午，我怀着激动的心情参加了四川省"五四"主题团日活动，接过了第23届"四川青年五四奖章"。回顾武汉战疫历程，我很开心我践行了九三人的光荣传统，这份初心、勇气和荣誉将伴随我今后继续迎着朝阳，奔跑不息！

杨莹：疫情下的追光者

汤文靖　陈秋豪[*]

杨莹

九三学社社员，四川省自贡市第一人民医院呼吸与危重症医学科副主任。

"某一刻，你的光照亮了我……"点开手机，杨莹看到了女儿的弹唱，这一刻对她来说无比珍贵。疫情期间，杨莹往返于医院和集中食宿点不能回家，她嘱咐女儿在家多练练琴，不要把学习落下。懂事的女儿为了向母亲致敬，自学了这首《追光者》。相信在疫情中，女儿心中的母亲也正是这样熠熠生辉，令人倾心追随……

杨莹所在的自贡市第一人民医院是全市唯一一所新冠肺炎定点医院。专家组里，这位80后呼吸科医生外表温柔文静，骨子里却很"热血"。2015年加入九三学社，她圆了自己的一个梦想，更坚定了追随先辈的脚步；患者第一，是她另一个刻入骨髓的信念。

春节是杨莹一年中最忙的时候。"年味对其他人来说，是热闹，是团聚；对我，是职责，是坚守。"10年坚守，杨莹一直亏欠丈夫一个在老家过年的团聚。今年，杨莹早下了决心，买好了回湖北恩施的动车票。正当一家人为回家

---

[*] 作者汤文靖系九三学社自贡市委员会办公室副主任；陈秋豪系自贡市第一人民医院行政办公室职员。

的行程而开心准备时,疫情猝不及防地到来!铺天盖地的新闻报道、层层传达的会议精神、形势严峻的医疗任务,让杨莹不得不又一次食言了……忙于疫情的她,还不知怎样跟丈夫和孩子说抱歉,却突然收到了丈夫的一封家书:"我体会到你这身白衣责任的坚守,亲爱的放心,家里有我!"

和疫情斗"细"

"咳嗽咳痰一周,有武汉旅居史……"自贡市第一名患者小田的到来,打破了这个城市的宁静。作为小田的主治医师,更作为疫情定点医院的呼吸科副主任,她要救治的不仅仅是一个患者,她要守护的也不仅仅是一个医院。

面对"患者零漏诊、患者零死亡、医务人员零感染"这三个目标,杨莹仿佛回到了学生时代的备考经历,时刻紧绷着一根弦儿。她深知,医生的每一个治疗决定,都影响着患者的生命。"通宵熬夜我不怕,我只怕两点,一个是漏诊,一个是错治。"白天查房、会诊、写病历,晚上还要熬夜总结、做培训。在治疗的同时,她反复研习诊断指南,时常与四川大学华西医院等专家远程视频连线,交流患者情况、探讨疫情防控,积极参与制定自贡市《新型冠状病毒感染的肺炎防治应急预案》,及时优化诊疗方案。

小田入院一周后,白细胞突然升高。这引起了杨莹的警觉:"用了抗生素体温反而升高,这恐怕不是细菌感染。"在细心检查治疗方案和反复讨论后,她做出决断——这是由抗菌药物导致的"药物热",需要果断停药!果然,2天后,小田的体温恢复了正常。"我的心情也像坐过山车,患者病灶的吸收、氧合指数的恢复、体温的正常,就是我的降压灵药……"她笑着调侃自己。

有一名57岁的患者患有脊髓空洞症基础疾病,入院后持续发热10余天,胸部影像反映病程进展快,累及范围广,淋巴细胞计数连续下降,氧合低,一度接近重症标准。按照相关指南,可以短期内使用糖皮质激素治疗。"能不用激素就不用激素!"综合考量患者情况,杨莹认为,病毒载量高、免疫力低是出现危重病情的主要原因。她坚持调整综合治疗方案:"我们不仅要考虑治好,还要考虑预后的生活质量。"

"患者都是特殊的个体,治疗需要精准,因人而异。"杨莹认为疫情虽然来势汹汹,但把准患者的情况,治疗方案做"细",才能有效战胜病症。她的

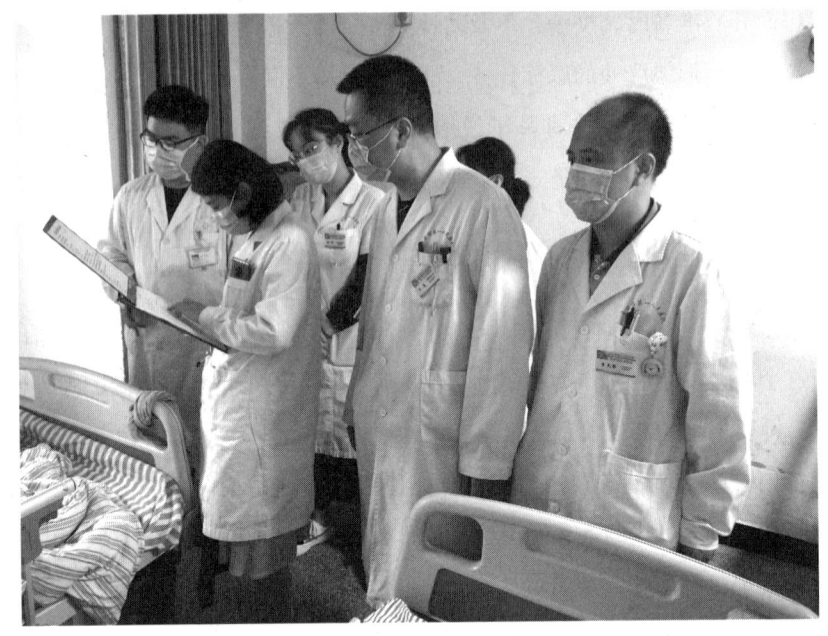

杨莹（左二）率团队在自贡市第一人民医院呼吸科查房。

《诊疗体会》上密密麻麻写满了9名患者的治疗情况，每一个细节都熟稔于心。此外，她还积极为病患做好心理辅导。"病毒载量过高？那就考虑双抗病毒治疗方案。药品不耐受有不良反应？那就考虑其他药品。没有药品？紧急采购！出现无症状感染者？那就严控出院标准，核酸检测至少要达到三到四次阴性，才可考虑出院！"

春天的结束迎来了胜利的曙光。自贡市的新冠肺炎患者一个个治愈出院。坚持"战备"状态35天，实现全市清零，隔离病区的医生们在战疫中建立起战友般的友谊。自贡市实现了"三个零"的目标，没有二代传染病例，这是包括杨莹在内的白衣天使们共同努力的成果！

与初心共舞

2020年3月13日，九三学社自贡市委为杨莹组织了一场特殊的"见面会"——妇女节视频分享会。什么是新冠病毒？有哪些防护措施？公共卫生领域有哪些是可以改进的？杨莹成了社员们的"疫情百科全书"。但社员们问得最多的还是："你不怕吗？"

怎么可能不怕？疫情中，有那么多人不幸去世，有那么多人失去了亲人。在病毒面前，没有人有"免死金牌"。

但杨莹义无反顾地上了一线，除了她对自己专业优势的笃定和对自己免疫力的信心，她更想到了在国家危难之际勇挑重担的九三先辈，他们像磁石一样召唤着她；还有家人，他们的理解和支持，让她的坚守、她的奋斗、她的担当有了不一样的意义。

"疫情让我收获最多的，是成长。"疫情期间，杨莹度过了一个特殊的生日，也对生命有了更为深刻的认识。她认为，对年轻人，压力是动力，不要把自己放在舒适圈里，要敢于拼搏，勇于承担更大的责任。她是这样说的，也是这样做的。她的行动，不仅鼓舞了身边的同事们、社员们，也让孩子感受到了成长的力量，埋下了追梦的种子。

"我可以跟在你身后，像影子追着光梦游。我可以等在这路口，不管你会不会经过……"2月14日，杨莹的丈夫带着想念妈妈的女儿，来到她疫情期间住的酒店门口。

忙碌了一整天的杨莹回到酒店，戴着口罩的女儿没有拥抱她，却含着热泪为她献上了一束鲜花。

"我不是英雄，我只是做好自己该做的。"她笑着说道。

她对光的向往，只因那份初心。

范红:"国有所需 我必前行"

文彰屹*

范红

九三学社社员,四川大学华西医院教授、博导、呼吸与危重症医学科副主任,四川省新冠肺炎医疗救治专家组成员,首批中国援非抗疫高级别医疗专家组成员。

在九三学社四川大学委员会华西支社这个硬核集体中,范红是一朵光彩夺目的铿锵玫瑰。她是一级专家、教授、博导,担任四川大学华西医院呼吸与危重症医学科副主任、科研主任,还是四川省学术技术带头人,中国成人肺部感染 CAP、HAP/VAP 指南修订核心专家……历经 SARS、重症甲流、禽流感等数次疫情考验。在此次新冠肺炎疫情中,她一直战斗在一线,还作为国家首批医疗专家组成员赴非洲支援疫情防控工作,用医者仁心和精湛医术书写了人间大爱。

坚守家园

华西医院呼吸与危重症科,是国家卫健委在中国西部地区部署的国家级危急重症诊疗中心。当四川省启动新冠肺炎一级响应警报时,范红取消休假,成为华西医院最早一批恢复门诊的一级专家。她报名请战出征武汉,却被第一时间纳入四川省新冠肺炎医疗救治专家组,多次参与紧急会议,建言四川省卫健委的疫情防控、复阳病人管理、输入病例筛查和管控等,用实力守护一方平安。

---

* 作者系九三学社成都市委员会宣传处副处长。

她不惧感染风险，在医院隔离病区里参与新冠肺炎病人多学科诊断讨论，到发热门诊排查疑难病人；通过5G远程会诊技术，为四川和武汉两地的华西医疗队提供医疗支持。她专业精深，胆大心细，不断总结急症、危重症救治经验，完善救治方案；不断优化对不典型新冠病人的鉴别方法，提高排查效率。

她参与了四川省首例新冠肺炎患者的确诊与上报，指导治愈了四川首例高于国家标准出院的新冠肺炎患者。在外派后科室人手不够的情况下，仍然维持着呼吸科在这个疑难重症频发季节的正常医疗秩序，保障患者安全，并组织开展疫情防控工作。

2个多月中，范红昼夜坚守岗位，门诊、会诊、急诊、抢救……没日没夜地连轴转，生性沉静的她从未言累。

远赴埃塞俄比亚

国内疫情形势渐渐稳定，国际抗疫形势却日趋严峻。埃塞俄比亚政府向中国提出请求，希望派出专家赴埃指导防控新冠肺炎疫情。在新冠病毒蔓延的同时，非洲还有着多种烈性传染病，范红却毫无惧色："时有所需，必有所为；国有所需，我必前行！"

2020年4月16日，范红等12名专家组成的首批中国援非抗疫医疗组，从成都出发，为国出征！历经10多个小时的长途飞行，到达高温、高湿、高海拔的非洲枢纽埃塞俄比亚。范红顾不得休息，立即开始工作。她结合当地实际需求做授课准备，直至凌晨1:30。"我把抗疫经验和最新研究成果带到非洲，希望对当地抗疫有一些帮助。"

冒着酷暑，专家组马不停蹄，工作日程密密麻麻：

4月17日，召开新冠肺炎防护科普教育视频会议，为近100位在埃中资企业员工、援外专家、华人华侨解疑答惑。

4月18—19日，前往亚的斯亚贝巴定点医院等调研指导。

4月20日，前往非盟总部与非洲CDC负责人交流中非抗疫经验。

4月21日，赴埃塞俄比亚卫生部与相关负责人交流；对埃塞俄比亚卫生部、公共卫生研究所、地方各州共170余家医疗机构进行在线培训，培训覆盖350余人。

4月22日，赴埃塞俄比亚卫生研究所交流，受EPHI相关专家请求，为埃方拟定了18条宏观策略改进建议。

4月23日，前往亚的斯亚贝巴千禧广场考察方舱医院建设；走访亚的斯亚贝巴隔离中心。

提露内丝-北京医院是中国援建的中埃友谊医院，这里常年驻守着一支中国医疗队，在疫情防控中发挥了积极作用。4月24日下午，专家组来到提露内丝-北京医院，受到了热烈的欢迎。在整整2个小时的培训座谈中，范红等专家为当地医护人员讲解了新冠肺炎的流行病学特点和临床表现，指导诊断与治疗，开展院内感染防控和医护人员个人防护知识培训，并捐赠了当地最紧缺的医用防护设备。中国医疗专家组的到来，是中埃友谊的又一见证；深入的交流培训，是抗疫救援的一剂强心针。

戴着口罩也看得出脸上的疲惫，范红却欣慰地说："埃塞俄比亚的防控措施其实比我们最初想象的好，核酸检测能力也正在快速提升，但由于当地民众防护意识不足、卫生医疗条件限制等原因，政府的一些防疫措施没有得到充分执行，政策与落实之间仍然存在差距。因此，我们在工作过程中，更加注重防疫细节和可操作性。"

4月30日，中国抗疫医疗专家组结束了为期两周的密集工作。正要归国之际，吉布提政府对中国政府提出支援请求。范红所在的专家组毅然推迟回国行程，再次为国出征！

转战吉布提

吉布提，一个位于非洲亚丁湾旁边的迷你小国，白天气温常常在40℃，地表温度接近60℃。截至4月30日，吉布提确诊病例达1089例，百万人口感染率位列非洲国家之首。中国专家组的到来，对于贫穷落后、在疫情中举步维艰的吉布提来说，无疑是雪中送炭。专家组与总统卫生顾问、卫生部部长、社保局总局长等密集会面，介绍中国抗疫经验，开展合作。当地医院纷纷挂出五星红旗，由衷地表示欢迎和感谢。

援非抗疫时间紧、任务重，每一个环节都是未知数；不同的环境，不同的节奏，不同的挑战，却是相同的目标——战胜疫情！从范红寥寥数语的记录中，我们可以看到这些了不起的战士在吉布提的工作景象：大多数时间，专家

范红（右二）所在的中国援非专家组在吉普提中国援建的阿尔塔医院门前合影。

组需要前往位于偏远地区的定点医院开展医疗指导，一个来回常常要驱车4到5小时之久。在基层医院，专家们一一查看防治流程，现场给出整改建议，同时探望确诊的患者同胞。由于正值伊斯兰教斋月，专家组入乡随俗，中午不进食。在烈日、暴雨和沙尘暴等极端天气的侵袭下，他们穿着汗水湿透的衣服、忍着饥渴和身体不适，坚持开展工作……

为表彰专家组为该国抗击疫情所做出的贡献，5月10日，吉布提总理卡米勒向中国政府抗疫医疗专家组12名成员颁授了"'6·27'独立日"国家勋章。该勋章自1978年设立以来，单次授勋一般不超过3人。此次同时为12人授勋，从勋章数量和礼仪规模上在历史上均属首次。这既是对中国赴吉布提抗疫医疗专家组的最高礼遇，更是对中国在疫情期间开展国际援助的诚挚感谢。

在这段艰辛而又温暖的战疫经历中，范红以向险而行的勇气和九三人的专业硬核，绽放在抗击疫情的国际战场上。她说："新冠肺炎疫情是人类共同的敌人，战胜病毒是我们共同的责任。全世界人民是不同肤色的一家人，我们会竭尽全力，共渡难关。"

• 贵州省 •

张红：以病弱之躯扛起千钧之责

陇 华 杨大平*

张红

九三学社社员，贵州省威宁县人民医院医务科科长。

庚子鼠年初春，一场突如其来的新冠肺炎疫情，席卷华夏大地，全国人民众志成城抗击疫情，医务工作者挺身而出，逆行而上，站在第一线。在众多白衣战士的身影中，九三学社社员、威宁县人民医院张红忙碌的身影格外引人注目。

从1月19日进入战备状态，作为医院医疗质量核心管理科室医务科的负责人，张红深感肩上担子的分量之重。在第一时间，根据院领导的安排，她带领感染科和康复科的医生，在8小时内疏散两个科的普通住院病人39名，协调转科治疗2名，清理出隔离病房25间，为威宁自治县组建新冠肺炎患者隔离病房奠定了坚实基础，让威宁自治县在最短的时间内达到了随时能接收发热留观病人的要求。

在完成上述任务后，张红又带领医务科工作人员在第一时间组织对全院医生就新冠肺炎防控知识进行培训，并随着国家卫健委先后发布的新冠肺炎诊疗

---

* 作者陇华系中共威宁自治县委党校副校长；杨大平系九三学社威宁自治县工作委员会专职副主委。

方案（第一版至第七版），全面开展远程培训学习，组织线上考试，感染科和发热门诊医护人员全部考核过关；组织全院30名内科医生参加毕节市卫健局组织的呼吸科医师转岗培训，为威宁自治县新冠肺炎防控工作做好了人才和技术储备。

在做好防控新冠肺炎人才和技术储备的同时，看到越来越多的发热病人涌向医院，为使所有发热病人能尽快得到诊治，张红从各临床科室协调抽调技术过硬的骨干医师分批充实到感染科和发热门诊，并且积极参与规范发热门诊病人就诊流程，参与指导和完善感染科工作流程。在人员充足的情况下，发热门诊实现了24小时连轴运转，发热病人随到随诊，就诊完毕马上按规定分流，减少了院内交叉感染的风险。为分流本地普通发热病人，在她的协调下，呼吸内科门诊改为普通发热门诊，抽调医生参加轮班，上班时间由每天6小时改为10小时，既缓解了发热门诊的压力，也降低了院内交叉感染的风险。在她及同事们的共同努力下，威宁自治县人民医院感染科和发热门诊取得了至今未出现任何差错的好成绩。

与此同时，她还根据院领导的指示，结合实际，从政治高度、业务精度和责任心的强度三个方面，严把申请援鄂医务人员的选派质量关，从众多请战援鄂人员中，筛选出3名医生供医院和自治县审定。目前，援鄂医生已经圆满完成支援任务，胜利且平安归来。同时，精选出4名骨干医生支援威宁县金钟镇新冠肺炎临时救治点，这4名医生成为金钟镇新冠肺炎救治点的核心力量；选拔出12名骨干医师分批支援本院感染科和发热门诊。县人民医院是威宁县城内唯一一所综合性医院，承担着全县150多万人民群众的医疗保健任务，年门诊量达40多万，医务人员本就不足，要从承担着大量医疗工作的临床科室抽调医生，而且是抽调骨干医生，不是一件下个通知就能做到的事情。这需要耐心的协调，周全的考虑，不能因为人员抽出后影响科室的医疗工作，科室出现任何状况均要第一时间想办法解决，张红为抽调医生一事也是操碎了心。

疫情防控无小事，在整个疫情防控期间，张红始终急别人之所急，想别人之所想，为了让威宁县一线医护人员能安心抗疫、防疫，她亲自与隔离酒店的人员沟通，妥善周到地安排好隔离医护人员的工作和上下班接送、就餐等事宜；对轮换出岗的医护人员则组织进行体检，请专家会诊和安排到酒店隔离。

对于一线医务人员家属所遇到的困难，她总是在认真听取和收集整理后，及时上报给院领导研究和决策，力求让一线医务人员无后顾之忧。

此外，此次抗疫工作的另一个重心——疫情信息统计、上报工作，院领导也安排给了工作认真负责的张红。按信息上报的内容要求，她组建了一个由自己负责的3人疫情信息整理研判小组。她每天坚持亲自到感染科和发热门诊收集基础数据，对不清楚的信息一一进行认真核实，力求做到数据真实、准确、及时、有效和保密。据初步统计，目前已按程序向上级报送信息2781条。其中分项报送湖北（武汉）相关人员信息926条，报送与湖北（武汉）回来人员接触人员信息342条，报送本地发热人员信息550条，报送与其他省份发热人员接触人员信息946条，报送境外返回人员信息20条，报送隔离病人信息151条。

有人开玩笑说张红是女汉子，从没听到她说累，也没听到过她谈论家庭，可很少有人知道，张红爱人所在的中共威宁县委党校，疫情期间被定为湖北返威相关人员的隔离观察点，她的爱人负责协调后勤保障方面的工作，也是忙得一天见不到人，她刚满3岁的小二宝只能由上初三在家上网课的大女儿照顾。疫情特别严峻那段时间，她早上出门时孩子还在睡梦中，晚上回家时孩子同样已进入梦乡，可是她却只能远远地看上一眼，然后回到书房入睡。虽与爱人和孩子同在一个屋檐下，但几天见不到孩子的面是常事。偶尔早下班一天，二宝好不容易见到妈妈一面，想扑到妈妈怀里，抱着妈妈亲一口，但因为她每天需要到科室进行工作督导，不可避免要到感染科和发热门诊，因此她只能狠心地选择拒绝，此时3岁大的孩子总委屈得哇哇大哭。女儿不理解，埋怨妈妈："你已经洗过脸了，为什么不能让弟弟亲一口呢？"由于父母不在身边监督，女儿正值毕业季，学业紧张，每天上网课之外，还要照顾小弟弟，学习受到一定的影响。张红的母亲患小脑萎缩多年，行动不便，抗疫期间，她也没时间去看过一次，没有尽到作为一个母亲、一个女儿的责任。从1月19日至3月初的50多个日夜，张红从未休息一天，她忘了自己也是病人（罹患甲状腺癌），晚上加班或参加各种防控会议更是常事。不是她不知道累，不是她不想儿女、不思老母，更不是她不明白自己的病情，而是她深知，在这场疫情阻击战中，作为一名九三学社社员、一名医务工作者，不管有多大的困难，都必须肩上扛着患

张红（右前一）在威宁自治县人民医院参与研讨疫情防控有关措施。

者的安危和病人家属的期盼；而是她深知，自己背负千钧之责。虽然威宁自治县目前还没有发现一例患者，但疫情防控还没有取得最后的胜利，境外输入性病例在增加，无症状感染者仍然存在，防控工作还任重道远，绝不能放松警惕，必须严防死守，加强防备，才能彻底打赢这场疫情防控阻击战。

正是有了数万名像张红这样的白衣天使，在中国共产党的正确领导下，根据中共中央的总体部署，披甲而上，不计个人得失，舍小家顾大家，默默地奋斗在疫情防控的各个层面，中国的抗疫之战才取得今天这样傲人的成绩。

景照峰：医护人员的"守护者"

王 锐 陈利华[*]

景照峰

九三学社六盘水市人民医院支社副主委，贵州省六盘水市人民医院感染管理科主任，六盘水市人民医院第三批援鄂医疗队队长。

新冠肺炎疫情防控战是一场没有硝烟的战争，更是一场输不起的战争，而医院感染防控在这场战疫中起着举足轻重的作用。作为九三学社六盘水市人民医院支社副主委、六盘水市人民医院感染管理科主任的景照峰，在万家团圆、辞旧迎新的日子放弃休假，选择回到工作岗位，随时听从医院的统一调度及安排。

任何时候，感控人员都是医护人员和病源之间的一道安全屏障，只有保护好一线医护不受病毒感染，才能更好地为患者提供诊疗。结合疫情发展情况，景照峰带领全科人员制定新冠肺炎防控措施、流程，对全院人员进行防控培训，组织演练，确保每一个环节都万无一失，夯实防控工作第一线，使医院的防控工作井然有序、紧张而理性。她还多次受市卫健局委托，对全市进行新冠肺炎防控知识培训，通过现场教学、电视电话会等形式累计开展培训50余场，培训全市医疗机构临床医务人员、医技人员、保洁人员、医疗废物转运人员、标本转运人员、患者转运车辆司机等，累计培训2万余人次。多次到六盘

---

[*] 作者王锐系九三学社六盘水市委员会办公室主任；陈利华系六盘水市九三学社社员服务中心干部。

水市第三人民医院、六盘水市钟山区人民医院、盘州市人民医院、钟山凤凰山隔离观察点培训新冠肺炎防控以及防护用品的穿脱指导。戴口罩、护目镜、橡胶手套、穿隔离防护服，是每天开始工作前的必备步骤。防护装备的防护性虽好，但透气性不佳，发丝、眉毛上常常沾满水汽。身着厚重的防护服给患者反复多次观测诊治后，往往汗流浃背，双手也被消毒水洗刷得发白。尽管如此，景照峰还是毅然坚守岗位连续工作近 20 天。

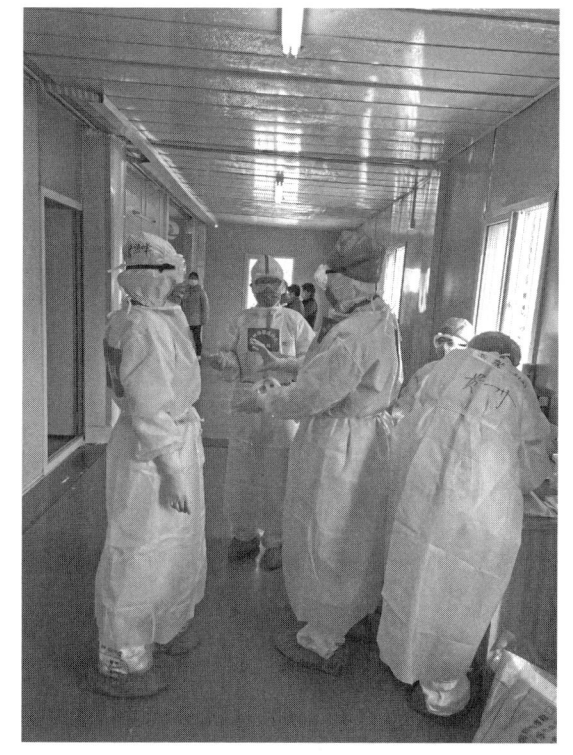

2020 年 3 月 12 日，景照峰（左一）进入雷山医院四病区隔离病房指导感控工作。

从六盘水市发现首例新型冠状病毒肺炎患者开始，景照峰全程参与患者诊疗救治。盘州和钟山区确诊病例的隔离病房里都有她的身影，医院的通风设施如何、防护用品是否到位、医护在病区的行走路线、如何减少医务人员的感染暴露等各种细节都要考虑周全。

在疫情防控处于胶着态势下，按照国家卫健委"一省包一市"，以精准资源对抗疫情的部署，贵州省负责支援湖北省鄂州市。作为六盘水市人民医院感染管理科主任，景照峰第一时间提交了请战书，请缨驰援湖北。"说走就走的'旅行'，凌晨 4 点半接到电话，6 点出发。这一刻千万遍鼓励自己，一定要把队友们平安带回来。"这是她作为六盘水市人民医院第三批援鄂医疗队队长，带队赴鄂参战前的一条朋友圈。2 月 22 日凌晨 4 点半，她接到驰援湖北的指令，带领市人民医院作为第三批援鄂医疗队的其他 6 名队员，6 点准时出发赶往贵阳，进行了半天的现场培训，下午 3 点随贵州省第九批援鄂医疗队驰援疫情防控前线。

"打胜仗、零感染"是每一支逆行湖北医疗队的作战目标。想要实现这一目标,医生、护士、感控人缺一不可。每一支医疗队到达援鄂地点之后,第一个工作任务就是培训,必须先培训再上岗。这是院感专家组一致提出的一个很艰巨但非常关键的措施。抵达鄂州,景照峰被任命为贵州省第九批援鄂医疗队六盘水医疗队队长,带领着30名队员,她深感责任重大。首要工作就是为医护人员开展培训及考核。她十分清楚,抗疫过程中,保护自己是救治病人的前提,而其中以脱防护用品最为危险,口罩、帽子、防护服、护目镜,每脱一件都有固定的程序,不能前后颠倒,不能乱了顺序,每进行完一个环节均需严格手卫生。所有队员必须经过严格的考核才能上岗,考核的严格程度也是前所未有的。她带领感控组三人采用培训考核一对一模式,每个人约20分钟,部分队员考核两到三次方能过关,时间更长。从2月23日至24日连续两天高强度的培训、考核,从早上8点持续到夜间零点以后,每天工作时间16个小时以上,共完成医疗队穿脱防护用品培训、考核101人,其中医生52人,护士49人。在考核过程中,她不厌其烦地将感控理念及个人行为的重要性灌输到队员们的脑海里,强调防护口罩的正确使用和手卫生的重要性。

紧张的培训考核结束后,她进入雷山医院开展工作。院感管理工作分四个工作组,每组三名成员,她是第三组组长,负责四、六、八病区的院感管理工作,以及防护用品质量把关审核、检验科院感防控、医疗废物管理、医护人员健康监测及职业暴露管理等工作。她接受工作任务后立即深入病区,摸底布局、流程、病区感控工作落实情况及存在的问题,对病区防控方案、预案和工作流程进行检查与督导;每个标准流程制定出来后,第一时间深入临床一线实地查看指导,抓好决胜感控的每一细节,与病区的负责人、医护人员进行交流沟通,现场讲解、答疑、考核验收,并且持续跟进督查,发现问题及时反馈、及时整改,保证消毒措施、个人防护到位,切实保障医务人员生命安全,不断"挖掘"风险点,做到发现一处"消灭"一处,不给疫情防控留死角。援鄂期间,景照峰共进入科室督导检查防控工作82次。

因消毒液的种类与配置浓度不同,她逐一指导配置方法,认真指导并落实病区及检验科的清洁消毒工作,做到科学消毒、精准消毒,避免过度消毒带来的环境污染和人体健康损害。每日帮助队员们处理护目镜，避免起雾影响操作。现场指导进舱队员防护用品的正确穿戴，指导防护用品穿脱510人次，且需经检查合格后方可入舱。每每听到队员们说"你们来了，我们就放心了"，她内心就会感到无比的欣慰，"你们去保护患者，我护你们周全！"

每天早晨，乘坐医务人员专用公交车到达医院后，景照峰和组员们就开始了一天的忙碌。"查看监控视频，主要是查看医护人员防护操作是否规范，防护用品穿戴是否正确等。"她除了在病区之间奔波，就是随时利用在缓冲间安装的监控设施，通过手机云视频软件实时查看队员们脱防护用品全过程，发现问题实时与队员交流，协助指导正确脱卸，牢牢盯住脱卸环节。

为了检验和督促防护效果，进一步了解队员们的工作细节，排查隐患，她多次深入"红区"督查防控工作落实情况，对在污染区工作的医务人员进行检查，指导隔离病房内的清洁、消毒、操作时防护、手卫生、注意事项等，确保个人防护和院感防控措施执行的每一个环节无漏洞。

每天晚上回到驻地，她也丝毫不放松，抓紧时间了解疫情动态，学习相关法律法规及治疗方案更新情况，每天为自己"充电"；协助入住酒店做好感染防控工作，宣传感控文化，有效保障了酒店援鄂医疗队员的安全，为疫情防控贡献了自己所有的能量。

援鄂医疗队零感染的背后不得不说感控工作发挥了至关重要的作用。作为默默守护着医护人员健康和安宁的"保护神"，景照峰用实际行动完美展现了贵州人勇于拼搏的时代进取精神，诠释了一位医者的初心与使命，彰显了感控工作者的责任与担当。

• 云南省 •

2020 援鄂抗疫记略

何建林

何建林

九三学社云南省第二人民医院支社副主委，云南省第二人民医院呼吸与危重症医学科副主任，云南省首批援鄂医疗队队员，云南省第二人民医院首批援鄂医疗队队长及云南省援助通山县医疗队队长，"全国卫生健康系统新冠肺炎疫情防控工作先进个人"称号获得者。

2020年春，我作为云南省首批援鄂医疗队队员，急驰湖北抗疫，受命为云南省援助湖北通山医疗队队长和云南省第二人民医院援鄂医疗队队长。医疗队1月27日出征，3月22日返回，在通山县奋战56天。其间，除大量接诊、检查外，治疗、护理患者324例，实现全部病例零死亡，医疗队员零感染，在各地医疗队中处于领先水平。我的工作得到各方肯定，被国家卫健委等三部委授予"全国卫生健康系统新冠肺炎疫情防控工作先进个人"称号，是云南省8名上榜者中唯一的一名医师。

2020年初，农历乙亥年年关将至，新冠肺炎在以武汉为内核的湖北省暴发。疫情突如其来，确诊和死亡人数急剧上升，党和国家决定全国各省区市和解放军抽组医疗队驰援抗疫。军人保家卫国是天职，医生临危受命是本分。在获知组队消息那一刻，我就做好准备，打点行装，只待一声令下。说实话，当初是激情与冲动使然，细细一想，开赴疫区虽不是十分恐惧，却也有几分担心。新冠病毒在人类历史上前所未见，我们对它一无所知。武汉和湖北相继封锁，一时流言四起，满城风雨。我作为队长，如何带领全队克疫制胜，又能全身而退，心中底气不足。可我坚信，有国内一流的专业技术，有各方的支持，更有同仁们的努力，何所畏惧！"越是艰险越向前"，"不破楼兰终不还"！农历庚子年大年初三，在家人和同事们担忧、期盼的目光中，我和医疗队出征了。

我们医疗队进驻地是湖北省咸宁市下辖的通山县。刚抵达通山县医院，当地医护人员就向我们反映，ICU负压病房内有一位患者出现呼吸衰竭。我立即拿来患者的病例资料，发现该患者影像学表现为双肺发白，呈磨玻璃影，已经出现严重低氧血症，怀疑气道堵塞。情况危急，必须立即进行适当的医疗干预。我迅速穿戴好防护装备进入ICU负压病房，给病人做了纤维支气管镜检查，清理气道分泌物，确定气道内感染的细菌种类及药敏情况，灌洗肺泡。我在20分钟内顺利完成全部检查程序，配合呼吸机治疗，病人症状得到缓解。

安顿下来，我发现通山县没有制定新冠肺炎诊疗方案。如此重大的疫情，没有完整、科学的诊治程序，必然会造成误判和混乱。因此，我立即根据《新型冠状病毒感染的肺炎诊疗方案（试行第四版）》，着手对新型冠状病毒感染的流程进行了梳理和归纳，制定了《通山县新型冠状病毒感染的肺炎收住入院标准》，方便快速准确地在门诊识别新型冠状病毒肺炎病人，使医务人员只需经过很短时间培训，就可以独立完成发热门诊收治新型冠状病毒肺炎病人的工作。随后制定了《通山县新型冠状病毒肺炎患者入院问诊表》，以表格的方式对新收病人进行问诊，提高了医生工作效率，减少了工作时遗漏问诊项目的可能，并使呼吸、感染专业以外的其他科室医生也能按照标准收治新冠病人。接下米又制定了《通山县新型冠状病毒感染的肺炎的确诊标准》《新型冠状病毒感染的肺炎的临床分型》《通山县新型冠状病毒感染的肺炎解除隔离及出院标准》《通山县新型冠状病毒感染的肺炎的治疗原则》等一系列标准和原则，在县医院全面实施，有效增加了医院的收治能力。

初期的工作压力非常大，医护人员严重不足，各班组加班加点，每天10点以后才能休息。我不但要负责医疗队全面工作，还具体承担诊断治疗。有位老太太属于重症确诊病例，认为自己过不了这一关，已经绝望，情绪十分低落，拒绝吸氧和呼吸机治疗，医生护士反复劝说也不管用。我得知情况后，进入重症病房疏导，她被我的苦口婆心和真情鼓励所感动，终于同意戴上呼吸机。有的病人情况相反，求生欲望极强。有位37岁的女性病例，我接手的时

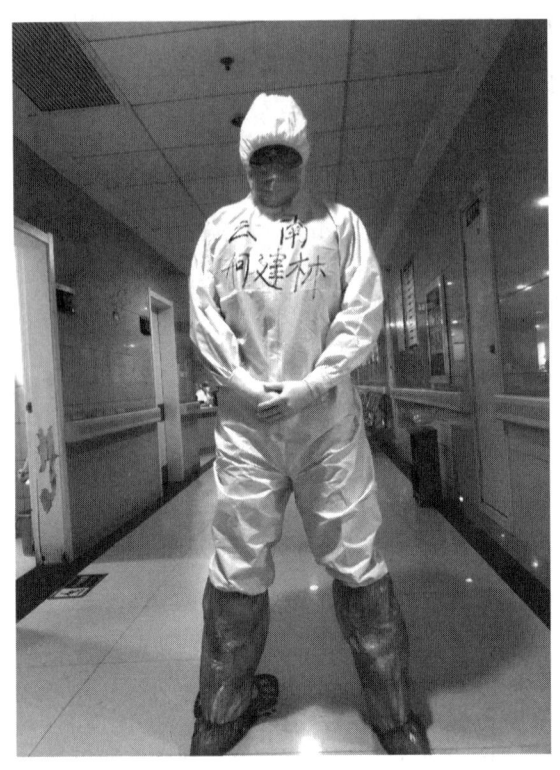

2020年2月20日,何建林在湖北省通山县人民医院抗疫一线。

候呼吸已经极度困难,说不出话来,死死拉着我的手不放,示意我救救她。我根据她的情况加用激素、免疫制剂、抗病毒药物和中药,同时配以机械通气,使她的病情逐渐稳定并好转。按照咸宁市的收治规范,她可以转移到医疗条件更好的咸宁市人民医院,但她说"是何医生救了我,我只相信他",拒绝转院。

经过几天的治疗与观察,我发现新冠肺炎病人的思想情绪对病情影响极大,便有意识地加强了心理干预。有位女性患者和丈夫、小孩一家三口同时确诊,由于在不同的病房隔离治疗,病人十分焦躁,病情急剧变化。我一方面安排针对性治疗,另一方面每天都到病区与她"话疗",详细讲述其丈夫和孩子的治疗情况,并反复强调,我们是国家派来的医疗队,有技术有药品,只要积极配合治疗,就一定能治好。经过我们的积极干预,患者的情绪逐渐恢复平稳,治疗效果显著,最终顺利出院。还有位老人家,入院后情绪非常激动,因为不会说普通话,拒绝与医生沟通。我查房的时候观察到他带有念珠,突然闪过念头,凭记忆小声诵读了一段《心经》,老人家听懂以后情绪逐步平定了下来,愿意交流并同意治疗。最大的挑战是一位96岁的确诊病例,老人入院时情况危重,神志不清,生活不能自理,三餐和大小便都需要护理。我在做收治检查时,老人家冷不丁抓住我的手臂咬了一口,幸亏没牙才没有穿透防护服。老人合并多种病症,家属已开始准备后事。我针对性地采取了护理为主的思路,安排专人照顾,加强营养,终于使其转危为安顺利出院，成为云南省援鄂医疗队治愈出院年纪最大的患者。

一线战斗最担心无谓减员，因此我非常重视医疗队队员的安全，始终强调做好自我防护，安排队员预防性推广使用"清肺排毒汤颗粒"和"新型肺炎预防二号方颗粒"。事实证明，上述方法对于早期新冠肺炎治疗实用有效。卓有成效的自我防护，确保了医疗队员的战斗力和抗疫激情，"零感染"有力地撑起"零死亡"。

对我而言，以上工作只是做好医生的本分，履行"不放弃一个病人，不落下任何队友"的誓言，但我的工作还是得到新冠肺炎患者、通山县医护人员和援鄂医疗队员的一致好评，也得到通山县委、县政府的高度认可。2月15日，我被通山县委任命为通山县新冠肺炎防控指挥部第一副指挥长、云南援助组组长、医疗和专家组组长、疫情防控组常务副组长，全面负责通山县新冠肺炎诊断治疗工作。责任在肩，不辱使命。作为一线的指挥员和战斗员，我做的工作还包括安排云南医疗队全面接管通山医院，整合医疗资源；将医护人员、医疗场所分为重症病区、普通病区，调动各方面的积极性，简化发热门诊到收治入院再到危重症患者转院的手续；提出对严重病例的筛查理念，根据实际情况设定筛查流程，高度关注有发展成为重症患者可能的人群，提出以影像学检查为主，辅助以血气分析等其他结果，从轻症患者中早期识别出重症患者，并要求在全县范围进行推广。这些做法为通山县成为咸宁市第一个将疫情风险等级降为低风险的地区，以及咸宁市成为湖北省第一个实现"双清零"的州市，发挥了积极作用。

胜利之日，载誉而归。医疗队出色完成使命，迎来一片鲜花和掌声。在通山，当地领导真情告别，群众夹道欢送；在昆明长水机场，水门迎机，省委书记讲话。这些场面，一帧一帧久久难忘；人生的价值，民心的选择，亦不待言说。56天的经历，是我生命中的一束浪花。浪花终究散去，但它定会激励我坚定前行，医者仁心，悬壶济世，让我在人生的道路上步履坚实，行稳而致远。

令人欣慰和自豪的抗疫答卷

邓星梅

邓星梅

九三学社曲靖市委员会副主委,云南省曲靖市妇幼保健院院长,云南省第四批援鄂医疗队队员,曲靖市第二批援鄂医疗队队长,武汉汉阳体校方舱医院医疗队副队长,"抗击新冠肺炎疫情全国三八红旗手"称号获得者。

这是一场灾难,当新冠肺炎肆虐大地、侵害人类的时候,我们医者的大考也就拉开了序幕。在这场大考中,我作为一名应考者,交上了一份合格的答卷,对此我感到欣慰,感到自豪。

2020年3月18日,在这春意盎然的日子里,我们回家了。离开武汉的时候,我们云南第四批医疗队102名队员还是忍不住哭了,这是对疫情袭民的心酸,这是对武汉人民的留恋,也是对完成使命的自豪。

1个多月前,在武汉保卫战最吃紧的2月15日,我和云南省第四批援鄂医疗队101名队员主动请缨,紧急集结驰援武汉。按照国家卫健委统一安排,承担了武汉市汉阳体校方舱医院的医疗救治任务。

这是我因为工作原因第二次来到武汉。与去年9月到武汉时的繁华相比,这次见到的武汉完全是截然不同的感受,整个城市仿佛睡着了一般,街道上基本没有行人,偶尔会出现的车辆也是来去匆匆,这样的安静让人感到心酸和痛惜。虽然我自己已过了知天命的年纪,但成长在盛世,享受着时代的红利,我以前从未像现在这样真切体会到个人命运与国家命运息息相关。疫情肆虐,学校不能按时开课,工厂不能正常复工,商场停业,市井失去往日的繁荣,国家蒙受巨大经济损失。此刻的我,只希望能够尽自己一份努力,尽早让疫情结束,让武汉人民的生活恢复到往日的祥和中。

我们医疗队由来自24个单位不同专业的人员共同组成,大家在抗疫战场的第一线精诚合作,团结一心,投身抗击新冠阻击战。从接到通知到抵达武汉、坐汽车、乘飞机、搬运物资、排班分组、参加培训,整个节奏非常紧张,马不停蹄,大家都积极投入方舱医院开舱的前期准备中,每天都在和"疫"魔抢时间!

在汉阳体校方舱医院的日日夜夜里,我们病区一共收治管理了50名患者,每天大家都非常默契地完成好紧张有序的医疗工作。经过共同努力,每天都有病人在康复好转,病魔的阴霾在我们顽强的战斗中一天天散去。怎能忘,到达武汉以来,省委省政府、省疫情防控指挥部为我们准备了防护和生活物资,为打赢这场战役提供了有力的保障;省卫健委致援鄂医疗队员的一封信,给我们以最大的安慰,暖热了我们的心;工会、所在单位以及社会各界人士,送到家的慰问,解除了我们的后顾之忧。

我们的方舱医院虽然开舱时间不长,但对于方舱的白衣天使和患者,却是永远不灭的记忆。在舱里,疫病是无情的,但医护与病患是有爱的。我们把从云南带来的鲜花饼和舱里的患者分享,而他们则给予我们最大限度的理解和支持。不能忘,患者康复出院临别之际,向医疗队表示感谢,并为仍在与病毒抗争的病友们加油打气。他们深情地说道:"每天,你们穿着密不透风的防护服,

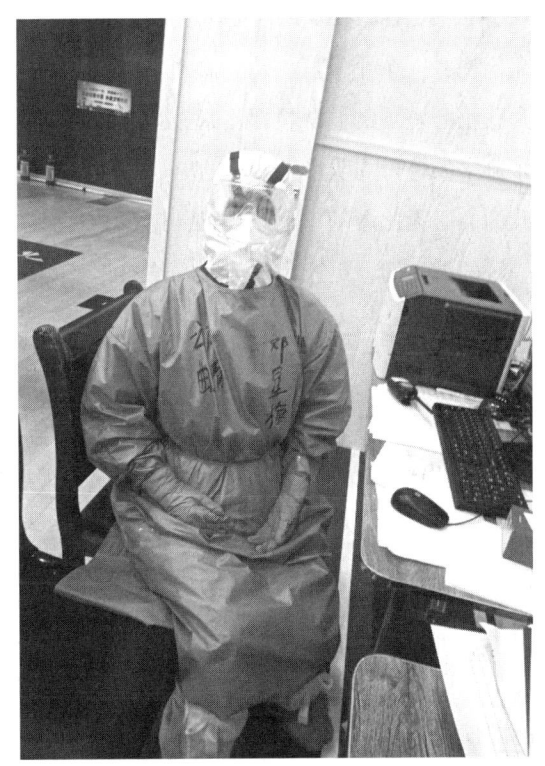

邓星梅第一天入舱收治病人后开医嘱。

戴着口罩、护目镜，辛苦地工作着、忙碌着。我们看不清你们的面容，但是我们可以清楚地看到你们写在防护服上的'云南''加油'，我们能够真真切切感受到你们的爱，你们这份情谊我们不会忘记……"

在武汉的日子里，医疗队员们之间建立起了深厚的感情，想起他们，我的内心就充满了无数的欣喜与感动。无论是男队员还是女队员，无论是上班还是下班，大家相互帮助、互相关心，从不计较个人的安危和得失。最让我感动的是我们的领队张丽萍以及联络员游德龙老师，他们如同家长一般，不但在整个医疗队的制度、流程、管理上花费了大量的精力，保障了我们工作的顺利开展，而且时时嘘寒问暖，询问我们的身体和生活情况，让身在异乡的我们倍感温暖。正是有他们无微不至的照顾，我们才能勇敢地在前线战斗。

从2月15日到武汉至今，我们受到了太多的关心、帮助和支持。其实我也只是一个普通人，只因穿上了这身白衣，我便有了挺身而出的勇气，但更是因为有了那些在背后默默支持关心我们的领导、公安、新闻工作者、保洁、亲人、朋友、各行各业的爱心人士及志愿者，我们才能从病魔手中抢回一条条生命，挽救一个个家庭。记得2月29日，我收到了一份来自曲靖交通广播电台为我精心整理的"队员邓星梅，你有礼物请查收！"报道，里面有我丈夫同事张燕华的哥哥周明华为我画的出征油画像《星梅领队征湖北》。收到的那一刻，我的内心无比激动，也让我感受到每个人都在以自己的方式关心、关注着抗疫一线的战士们，更让我坚信，有着如此多的人们在奋战疫情，我们一定能打赢这场疫情防控的人民战争！

本次带队支援武汉，感触颇深，除了全国上下万众一心共克时艰的感动之外，也让我对身上这袭白衣所代表的"救死扶伤，大爱无疆"的意义有了更加深层次的体会，也让我为中国共产党的伟大感到了震撼。"如果没有中国共产党的领导，没有社会主义制度的优越性，没有举国支援的体制，没有全国人民的共同努力和英雄武汉人民的牺牲，我们不可能在这么短时间内战胜疫情，取得举世瞩目的成绩，赢得国际社会的高度赞誉。"目前，新冠肺炎疫情防控阻击战已取得阶段性的胜利，但是我们决心继续发挥白衣战士能打仗、打硬仗、打胜仗的品质，为取得抗击疫情的最后胜利继续努力。

饶振译：新时代九三青年的责任与担当

王 璇*

饶振译

九三学社社员，云南省个旧市人民医院呼吸与危重症医学科副主任医师，本院援鄂医疗队队长。

"队长饶振译，一个帅到可以上杂志封面的男神！不过大家不要被他那帅气的外表所迷惑，因为他其实是实力派的成员——一位有着十多年ICU功底的呼吸与危重症医学科医生。"这是援鄂医疗队队员在日记中给饶医生的评价。

在新冠肺炎疫情肆虐神州大地，人民的健康遭受严重威胁的危急时刻，饶振译发挥专长，挺身而出，奋战在重症一线，逆行支援湖北省咸宁市嘉鱼县，带领医疗队全面实现了"打胜仗、零感染"的目标，展现了新时代九三青年的责任与担当。

逆行集结　主动请战援鄂

湖北有难，举国驰援。驰援湖北的号令发出后，饶医生第一时间请战。他说："我的专业对口，这是我义不容辞的责任。"简短的话语，坚定的口气，他认定自己是到"疫"线支援的最佳人选。随即，饶振译被任命为个旧市人民医

---

* 作者系九三学社个旧市委员会干部。

院驰援湖北医疗队队长。他知道，此去湖北，身上的担子很重，除了要完成救援任务，还要确保队员平安。

待命阶段，饶医生挤占和家人团聚的时间，为出征湖北做了大量准备工作。当时，湖北省确诊人数不断增加，抗疫形势日益严峻，他清醒地意识到：光靠一腔热血还不够，扎实的医疗救援功底和最新的防疫抗疫知识，才是完成救援任务和保护队员的"铠甲"！他组建微信群，让来自呼吸与危重症医学科、老年病科、重症医学科等不同科室的队员们尽快熟悉、相互交流，缓解紧张情绪；把尽可能搜集到的诊疗要求、感控流程、诊疗方案共享，组织队员们集中学习、讨论，为队员们适应救援环境做好充分准备。

2020年2月11日，出征仪式现场，饶医生代表个旧市人民医院援鄂医疗队庄严宣誓："支援湖北，抗击疫情，不辱使命，坚决完成医疗救援任务！"他向组织许下承诺："一定出色完成组织交给的任务，一定将队员一个不少平安地带回来！"

临危受命　解救危重病患

"千里援南嘉，妙手扶桑梓。"这是湖北省嘉鱼县康泰医院向云南援嘉医疗队送上的锦旗，也是对饶医生及其医疗队救援工作的充分肯定。

战士们抵达前线，真正的考验即将来临。到达嘉鱼县的当天，短暂休整后饶医生迅速进入嘉鱼县人民医院重症医学科查看患者，融入紧张的救援工作中。他内心只有一个信念：我是队长，我理应更早一步迈向前线。接下来，他开始参与病情评估，积极参与病情讨论、查房、调整病患治疗方案，并进入嘉鱼县人民医院感染科，协助危重新冠肺炎患者诊治。2月19日，饶医生在日记中写道："下午3:00，接到宁队长电话：县医院一位两次核酸检测阴性的疑似感染病人病情危重，须转院到康泰医院，但目前医疗资源紧张，急需一位重症医师管理患者。经队里协商，决定派我为主管医师，全面负责该患者诊治。临危受命，我与6名专业护理人员组成临时医疗组，转战康泰医院。"

临时医疗组抵达康泰医院时，病人脓毒血症、肾功能不全、肝硬化、多浆膜腔积液、低蛋白血症，病情复杂且十分危重。临时医疗组接手病人后，迅速实施抢救，患者呼吸困难的情况得到缓解，肾功能逐渐恢复正常。然而，他并不敢放松警惕，为了及时接到护理人员的微信、电话，他把手机音量、震动调到最大。十六个日夜寸步不离,十六个日夜不懈坚守,临时医疗组的白衣战士们一步一步将这位危重病患从死亡线上拉了回来——他于3月6日顺利康复出院。在管理危重病例的同时,临时医疗组还接手了1例隔离区老年病人,老人经过治疗后顺利出院。在坚守的夜晚里,他写道:"经我们全体医护努力救治,目前患者生命体征平稳,体温高峰下降,感染指标以及肾功能、心功能较前明显好转,我们紧悬的心暂时得以放松。感恩我的职业,让我可以用自己所学,尽自己所能去帮助那些需要帮助的人;让我永远从内心深处敬畏生命,对患者心存感恩。"

即使穿着笨拙的防护设备,即使病床周围是病毒暴露的高危险区域,饶医生仍然认真掌握患者的第一手资料,每次交接班都认真负责,本班的事情本班完成。在嘉鱼县开展工作后,援鄂医疗队工作的地点和班次不一样,队员下班后都是在各自宿舍休息,不允许串门。作为医疗队队长,饶医生每日在微信群里询问队员身体情况、饮食情况,每天无论多晚都要将当天全体队员的工作情况总结汇报给省、州队领导,同时也将医院大后方的支持鼓励传达给每位队员,让队员们在前线振奋精神、专心作战。

4月21日,咸宁市五届人大常委会第二十三次会议表决通过了咸宁市政府关于提请授予援咸医疗队502人"咸宁市荣誉市民"称号的议案,饶振译位列其中。

坚定信仰 践行九三初心

"最敬业、善沟通、肯钻研",这是同事和患者、家属对饶医生的评价。在得知饶振译第一时间请战奔赴湖北疫区救援时,大家并不感到意外,因为在大家的印象中,哪里需要饶振译,他就会出现在哪里。

2005年,饶振译从昆明医科大学毕业后到个旧市人民医院重症医学科工作。其间,作为科室骨干到北京协和医院内科ICU进修学习,2012年取得内科主治医师职称,2018年获得硕士研究生学历。著有论文《ARDS通气策略的回顾性研究》《血液滤过联合机械通气治疗重症急性胰腺炎致急性呼吸窘迫综合征》《治疗急性呼吸窘迫综合征是应该保留呼吸还是使用肌松剂消除自主呼吸》在《中国急救医学》等刊物发表。

白衣披甲　家国情怀

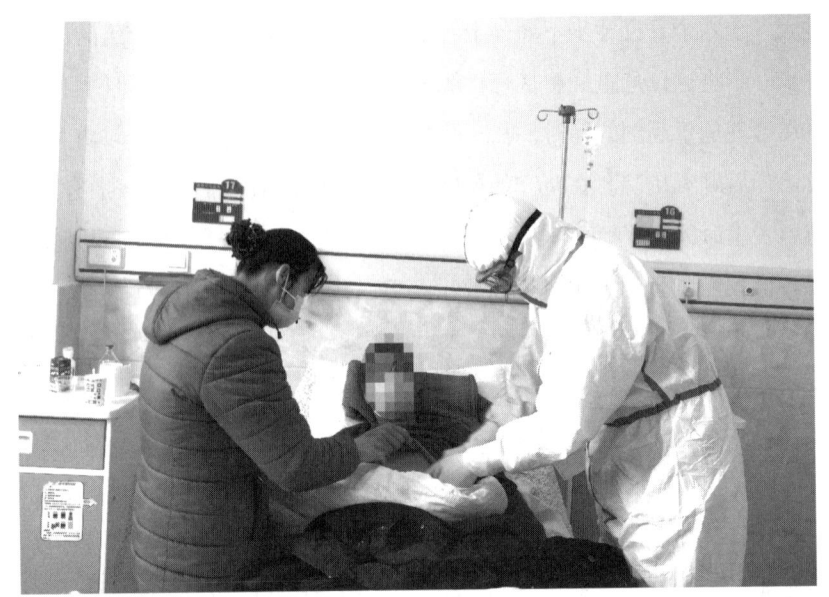

2020年3月1日，饶振译在咸宁市嘉鱼县康泰医院查看危重患者，评估病情。

每天战斗在救治新冠肺炎危重症病患的前线，他凭着强烈的责任心，过硬的专业能力，周到的诊疗服务，赢得了嘉鱼患者的赞誉、医疗队员的敬佩、受援医院和各级领导的认可。"闲不住"是他的性格，即使在抗疫支援期间，他仍不忘将所学所悟与当地医生交流分享。其间，他受邀为康泰医院内科医师进行胸腔穿刺置管术及无创呼吸机理论和操作培训，培训人员20余人次；休整期间，受邀对嘉鱼县医院进行有创机械通气的网络培训，受训者达100余人次。3月23日，九三学社云南省委授予饶振译同志"援鄂抗疫先锋社员"称号；"五四"来临，2020年"云南青年五四奖章"评选结果揭晓，饶振译荣获"云南青年五四奖章（新冠肺炎疫情防控专项）"。

"行医路上，几多艰辛，几多欢欣，送走一批病患，又迎来一批患者，时光就在这'迎来送往'中慢慢消逝。如履薄冰，如临深渊，慎独求精，不为良相，愿为良医。"这是饶振译从医15年的感悟，也是他对自己的鞭策。

他，用生命履行着自己的医学信仰；

他，在祖国最需要的时候，迎难而上、不计报酬、无论生死；

他，用实际行动践行"爱国、民主、科学"的宗旨，展现出新时代九三青年的责任与担当！

· 陕西省 ·

逆行不是牺牲，而是能力与责任

刘　昱

刘昱

九三学社社员，西安交通大学第一附属医院重症医学科副主任医师，陕西省第一批援鄂医疗队专家组成员及危重症组组长，"全国卫生健康系统新冠肺炎疫情防控工作先进个人"称号获得者。

新冠肺炎疫情突如其来，武汉成为全国疫情防控的重中之重。2020年1月24日，陕西省精心组建了由52家医院的137名重症、呼吸、感染专业的医护人员组成的第一批援鄂危重症患者医疗队，下设危重症组（6个小组，每组15名成员）、重症组、医疗专家组和感染控制组。于1月26日紧急驰援武汉，进驻新冠肺炎的定点医院——武汉市第九医院，全面接管了其危重症病区和重症病区。

在陕西省援鄂医疗队的137名队员中，我作为参加过抗击"非典"、华阴抗洪救灾、支援玉树地震、救治安康胡蜂蜇伤等多次应急医疗救援任务的重症医学专家，亲历了这场人类抗疫的战争，在危难时刻逆行，体现了自己的能力、责任及生命的活力，与英雄的武汉人民共同见证与缔造了这段重要的历史时刻。

我是西安交大一附院重症医学科的副主任医师及急危重症教研室骨干教师，已经工作了23个年头，有着丰富的应急救援经验，担任陕西省第一批137人援鄂医疗队中由90人组成的危重症组组长，兼任重症一组组长及全队医疗专家组成员。

55天来，我领导危重症组度过了最艰难、困苦的时期，充分发挥了危重医学精湛的医疗技术和防护技术优势，顺利地迎战了武汉2月4日、2月14日前后的2个疫情高峰，大大缓解了青山区的疫情重压，提供了当地急需的、关键性的技术和力量支持。在使大量危重症和重症患者得到及时、有效的抢救、治疗和护理的同时，也有效地保护了医疗队员的安全。医疗队累计收治患者117人，其中危重症患者69人，重症患者48人。累计治愈出院62人（其中危重症患者21人，重症患者41人），病情好转稳定后转出22人。总的好转治愈率达71.79%。

在武汉的55天，我作为专家组成员，每天参与队内多学科讨论，为危重症患者制定个体化精准治疗方案；前后与专家团队共同讨论并制定了前后3版医疗队使用的新冠肺炎诊疗常规与诊疗流程。作为重症一组组长，同时又是一名一线的临床医生，我一直坚守在疫区危重症患者临床救治工作的第一线，援鄂55天全勤带领本组所有成员完成临床工作，无一次病休事假，并且在非工作时间多次前往病区加班（深静脉置管行CRRT、安装新到仪器设备、整理死亡患者资料、亲自跟随负压救护车成功转运2名危重患者并安全抵达目的地）。针对九院初期硬件不足，病房设置不合理，氧源压力不够，呼吸治疗手段缺位，重症监护技术缺失等问题，自己动手改装九院所有呼吸机（8台）的供氧管道。虽然一个夜班需要消耗更换60多个一人高的氧气罐，但是通过大家的辛苦，解决了前期呼吸机的供氧问题；为解决危重症患者的血流动力学监测困难，四处呼吁，最终联系德国厂家定点向武汉市九院ICU和武汉协和西院区的ICU各捐助无创心排量监测仪一台，并率先在临床展开使用，为10余名危重症患者进行了连续血流动力学监测；充分利用资源优势，心系患者，多地连线，线上线下结合，救治了一名新冠肺炎合并急性心肌梗死的患者。在西安心内科团队、武汉省医院心内科团队及我们重症医疗队的密切合作下，这名患者安全经历了静脉溶栓、心源性休克、恶性心律失常、起搏器置入、呼吸机辅助通气各个危险时刻，最终病情稳定，现已安全转至专科医院接受进一步治疗。

气管插管是一个高危的临床操作，在SARS的相关研究中发现，医务人员感染的一个重要危险因素就是气管插管操作。医疗队在武汉市九院援助的先期，气管插管的防护条件不充分，气管插管条件简陋，无可视喉镜，无气管插管指引探条，无正压全面屏头套，对于气管插管高危操作只能有限开展。为了将对医务人员的污染可能降到最低，前期主要由我来完成。随着防护条件和设备的完善到位，组里规定尽量由指定的几位医师完成气管插管的操作。援鄂期间，全队共计完成气管插管16人次，我所在的危重症一组完成11人次，其中的8例由我本人完成。

"社区需要，我们解决。"因为青山区辖区的武汉市第九医院成了新冠肺炎的定点医院，导致综合医疗救治资源的缺乏，青山社区提出解决合并新冠肺炎的尿毒重症患者的需求。我带领危重症组先行在ICU开展重症患者的床边CRRT技术，利用国家调配的CRRT设备，采用超声引导下中心静脉置管，在九院ICU床边率先开展危重症持续床边血液净化治疗技术。针对不同的危重症患者，逐步开展了多种治疗模式（CVVH、CVVHDF）和抗凝方案（低分子肝素、普通肝素、枸橼酸局部抗凝和不抗凝）；自行调整置换液配方，满足不同的患者需求，并为九院自己的医务人员提供现场培训。在此基础上，九院成为青山区新冠肺炎患者的定点透析中心，重新开放已经关闭的透析室，每日接待数十名透析患者，响应了国家针对透析患者尽快满足透析需求的要求，降低了

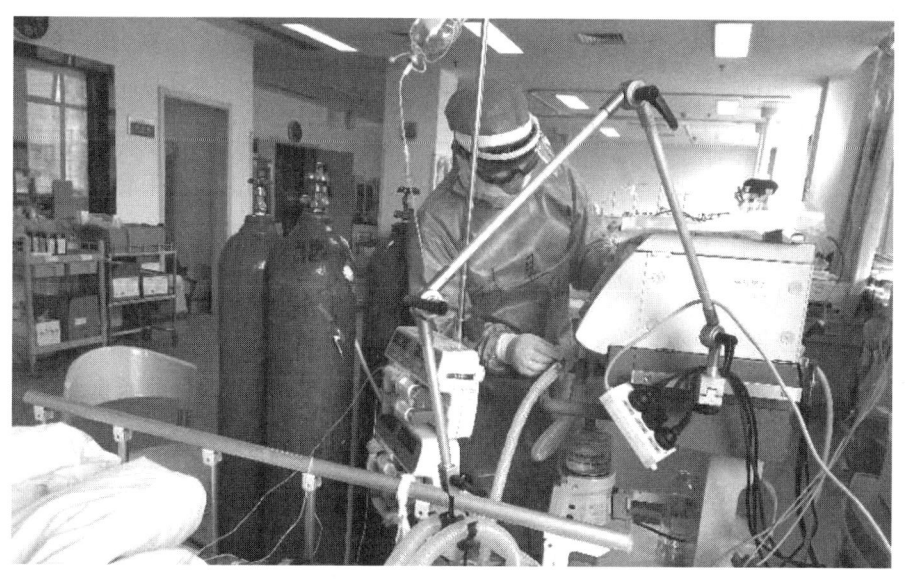

2020年2月，刘昱在武汉市第九医院调节呼吸机参数。

青山区的透析压力。

"患者的需求就是指令。"新冠肺炎的高传播性及高致病性，使得危重症的临床救治与监测变得困难重重。以往常规开展的有创操作要尽量避免，为此我率先为危重症患者开展床边重症肺部超声、心脏超声、血管超声及超声引导下中心静脉置管等有创穿刺技术治疗，填补了九院的空白。确诊急性肺栓塞一例，DVT多例，做到了每位危重症患者深静脉血栓的每周排查；指导护理同仁为多名重症患者进行了俯卧位通气；为所有的机械通气患者进行了PEEP的滴定并实施肺复张，同时设定保护性通气参数，为2名机械通气患者成功脱机拔管。在临潼隔离期间，总结回顾55天危重症患者的救治经验，我与线上省内同行分享了《危重症新冠肺炎ARDS患者机械通气的不同经验》，并完成全队的临床工作经验总结，提交至省卫健委。

"先行整改、分批进驻、逐步完善、分层管理、精准施治。"作为危重症组的组长，我不断完善重症组各组的组织架构，确保每组人员结构合理，任命各小组医疗组长及护理组长，并密切掌握组员心理状态，不定期与各组组长及护士组长沟通谈话，及时解决遇到的各种问题；制定各组工作制度、上下班作息时间表及工作纪律，明确各个班次的工作职责，细化临床工作流程；接待国家专家巡查组巡查工作6次；完成阶段工作小结并汇报危重症患者的救治状况及现存问题，制定整改方案。工作后期，按照国家要求，我对医疗队全队危重症患者死亡病例进行了一次全面的系统分析与报告，并就此向国家巡查组进行了汇报讨论，获得与会专家的好评；同时参与了九院所有死亡患者的系统回顾与分析报告工作；按照国家要求参与总结整理了3名死亡病例的临床治疗并进行了现场汇报与讨论，总结经验教训，用以改进后期的临床救治工作；对全组进行多次全员动员及临床技能培训。

"抗疫期间，不忘教学。"我时刻谨记一名临床教师的职责，和我的教学团队基于多年在临床技能培训和全国规培师资培训中模拟教学的经验，在武汉期间结合临床中遇到的典型新冠肺炎危重症临床病例的救治经验，设计和编写了使用SIMMAN智能模拟人进行模拟演练的新冠肺炎呼吸衰竭的模拟教学病案。

"两岸携手，科技创新。"在新冠肺炎患者救治过程中，因为防护的需求，常规听诊器无法正常使用。针对这一问题，我与台湾大学 ICU 同仁积极讨论并试验，解决了新冠肺炎患者的床边呼吸音听诊问题；调试安装了一台床边呼吸音可视化监测设备，为临床提供了积极帮助。同时，将这一经验及时传回西安交通大学第一医院本部，与规培中心刘华胜老师沟通交流，与西工大合作以另一种方式攻克这一问题，并已将相关设备用于新冠肺炎患者的临床救治中。

3月5日，国家卫生健康委、人力资源和社会保障部、国家中医药管理局授予我"全国卫生健康系统新冠肺炎疫情防控工作先进个人"荣誉称号，我感到非常荣幸，也倍受鼓舞！

新冠病毒疫情测试我们的善良与勇敢。我与我的危重症团队在此次逆行的任务中将自己最大的善意、担当与技能以最好的状态呈现出来，为武汉加油！为中国加油！

用中医药为患者保驾护航

屈小元

屈小元

九三学社社员，陕西省中医医院医疗质控办主任，陕西省第三批援鄂医疗队队员，"全国卫生健康系统新冠肺炎疫情防控工作先进个人"称号获得者。

自武汉疫情暴发以来，我就在关注每天各项数据的变化。看着日益攀升的感染人数，尤其是医务人员被感染的信息，我心中万分焦急，恨不能立刻亲赴前线，与战友们一起冲锋陷阵，共赴国难！当医院动员第一批援鄂医疗队报名时，我就主动向主管院领导请战："我是搞急诊和重症医学专业的，我有经验、有技术，那边需要我们这些人。国家有难，义不容辞！"

2020年2月15日晚，我们陕西省第三批援鄂医疗队抵达武汉，待队员们入住酒店、转运完物资，已是第二天凌晨3点多了。2月16日，进舱之前，所有医护人员接受了严格的穿脱隔离衣和个人防护培训。面对严峻的疫情，大家认真培训，熟练掌握每一个动作要领。因为我们知道，只有最大限度做好自身防护，确保"零感染"的前提下，才能打好这场硬仗！晚上带队领导决定，将医疗队分成4个医疗小组外加1个服务保障小组。作为一名有着多年急诊和重症医学专业经验的老兵，我要求带组第一批进舱。

2月17日一大早，我就带领医疗队第一小组医护人员进驻光谷科技会展中心方舱医院。大家迅速熟悉院内环境，学习医疗办公系统，查看各项防护、救治设备，准备日常医疗用品。光谷方舱医院可容纳约850名患者，在此工作的包括陕西等4个省级医疗队和北京中日友好医院医疗队，共同负责整个方舱医院的收治任务，其中陕西医疗队负责16—20舱227张床位的收治任务。

2月17日晚7时，方舱医院正式开始接收确诊的新冠肺炎轻型和普通型住院患者，当晚就收治了76人。作为第一批进舱的医生，我很快进入工作状态，交接病人，固定流程，分配任务。作为组长，我深知需要稳定整个队伍的军心，打好出门第一仗。看到有队员初见病人比较紧张，施展不开，我就身体力行，主动接近病人，做出示范，以实际行动为大家打气加油。

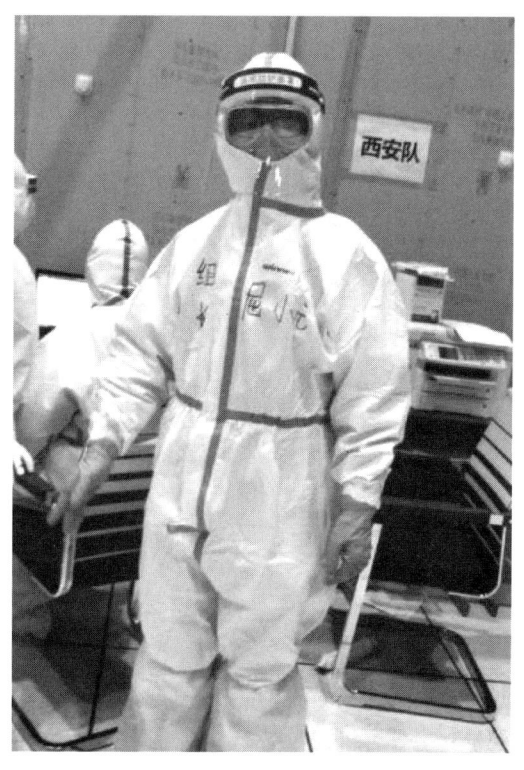

2020年2月16日，屈小元在武汉光谷科技会展中心方舱医院为患者开立医嘱。

这样渐渐地缓解了部分队员紧张、焦虑的情绪，使全组心无旁骛、全身心地投入医疗活动中。紧接着，我全面了解患者病情，制定中西医诊疗方案，有条不紊地安排各项医疗任务，协调与方舱医院内部各部门的关系，安排好患者的生活问题等。从早上9点进舱，直至午夜时分才出舱，连续工作十几个小时下来，厚重的防护服内早已是汗水淋漓、全身湿透！

截至3月5日光谷方舱医院休舱，我已完成6个班次的入舱工作任务，每班都要仔细查房，了解患者病情变化，完善治疗方案。本次武汉疫情阻击战中，中医药发挥了巨大的作用，但如何精准治疗是一个难题。方舱医院为患者提供3种国家诊疗方案里的汤药，分别是清肺排毒汤、寒湿郁肺汤和疫毒闭肺汤。作为一名中医药专家，我根据患者的病情，结合国家诊疗方案，制定个体化治疗方案，尽力发挥中医药特色和优势。陕西医疗队所收治的患者全都用上了中药（中成药），疗效都非常好！

穿着厚厚的防护服，从上到下包裹得严严实实，口罩、护目镜把我们遮掩得难以分辨，大家只能从写在防护服上的名字辨认出彼此。看到有的病人好转了，有的病人治愈出院了，有的患者确诊后心态崩塌了，被我们找回信心，心里有说不出的喜悦。尤其看到治愈的患者为我们竖起大拇指，轻声说"谢谢"时，一份自豪感油然而生。虽然规定每天工作6小时，但实际工作都在8小时以上，大家齐心协力，没有一个人有怨言。

由于舱内医务人员穿着厚重的防护装备，佩戴护目镜容易起雾导致视线不佳，在舱内从事电脑和文字工作受到严重影响，故方舱医院在舱外拓展了医生工作站。2月24日，我们第一小组接到新的任务，在舱外利用内网工作系统协助舱内医生下医嘱，审核办理患者转院、出院手续，完善入院志等。因方舱医院很多患者在入住时个人信息不全，入舱前核酸、CT检查时间、结果不掌握，这些都需要人工去补充和完善，加之舱内外信息联络比较困难，所以大家想尽办法取得数据，给患者打电话、发短消息，加微信主动向他们了解情况。我两次穿上防护服入舱和患者去沟通，请他们填问卷调查表，录入信息。尽管如此，往往一个数据需要反复核对几遍才能确定，大家常常从早上一直忙到晚上九十点钟。

3月1日下午，武汉市新冠肺炎疫情防控指挥部医疗救治组在武汉市会议中心召开"关于在方舱医院开展中医巡视制度"工作会议，光谷方舱医院领导推荐我参加了这次会议。我在表态发言中介绍了光谷方舱医院概况和目前中医药使用情况，希望借此机会加强中医药参与度，从而更好地为患者服务。从3月2日开始，方舱医院安排我作为中医专家每日在光谷方舱医院开展中医巡查工作。我每日对全舱所有住院患者的中医药使用情况进行统计、归纳和分析，及时将报表上传到武汉市新冠肺炎疫情防控指挥部。我想抓紧休舱前这最后一点宝贵的时间，扎扎实实做一点事情，为中医药抗疫尽一份力量。

经过大家在武汉近20天的艰苦奋战，3月5日光谷方舱医院胜利休舱，陕西医疗队负责医治的212名患者全部痊愈出院，实现了医务人员零感染、住院患者零死亡、出院患者零回头的目标！3月5日，国家卫生健康委、人力资源和社会保障部、国家中医药管理局授予我"全国卫生健康系统新冠肺炎疫情防控工作先进个人"荣誉称号,我感到非常荣幸,也倍受鼓舞!疫情尚未过去,责任仍然在肩,来不得半点松懈和满足,我决心坚决听从组织的统一安排,枕戈待旦,随时准备奔赴新的战场!

我的人生因抗疫而精彩

高 蕾

高蕾

九三学社社员,国际医学西安高新医院骨一科护士长,陕西省第四批援鄂医疗队感控组副组长和护理组组长。

从事临床护理工作21年,我越来越热爱我的工作。当一个个病患经过我的护理痊愈出院的那一刻,我为我是一名护士而自豪。2003年"非典",我刚参加工作不久,单身,一人在外租房,医院就是我的家!2020年,我上有老,下有小,二宝才3岁多,生活中有了许多的牵挂。新冠肺炎暴发初期,我就给爱人和家里老人、小孩儿科普了疫情暴发可能会出现的情况。湖北疫情全面暴发的时候,家人都做好了我随时不能回家的准备。随后防控升级,突如其来的新冠肺炎疫情改变了千百年来我们全家团圆、走亲访友的春节习俗,共抗疫情成为庚子鼠年春节的主旋律。医院成了战场,医务人员成了冲锋在前的战士。在这场没有硝烟的战争中,全国各地4.2万多医务人员主动请缨,不计报酬,不论生死,逆行支援湖北,因为我们知道,医务人员在疫情的控制中起着至关重要的作用。平时我是护士,疫情来临的时候,我就是战士。我们团结一心,共同抗疫!工作不分你我,合作不分地区,因为我们有一个共同的目标,那就是尽我们所能,与时间赛跑,尽早地控制疫情,去挽救更多的生命!

我是这4万多医护人员中的一个。

正月初七晚上,我接到医院支援武汉抗疫前线的命令,爱人一边帮忙收拾行李,一边叮嘱着网上宣传的防疫措施;11岁的女儿抱着我一句话也不说;老父亲知道我要去武汉,说了句:"去吧!咱就是干的治病救人的活,自己做好防护,家里别操心!"最兴奋的是二宝:"妈妈,你去武汉打完病毒,是不是我就可以去公园玩儿了?"报名支援武汉的时候,没想太多,觉得去武汉就是帮助当地的同行救治感染病毒的患者,就是把白大褂换成防护服换个地方上班。有了"非典"的防控经验,我们只要做好个人防护,把已经感染的患者治好,不要让疫情进一步扩散,疫情一定会被消灭,我们的家乡、我们的家人、我们的国人就都安全了。

2020年2月19日,我随陕西省第四批援鄂医疗队出发到达武汉,在天河机场先后遇到重庆和河北队友,相互挥手加油缓解了大家的紧张和恐惧,也让我们感受到祖国的强大和抗疫必胜的决心。第二天,援汉工作全面展开,人员分组培训,物资搬运和整理,与当地医院对接,工作职责、流程的梳理,医院及驻地防控方案和流程的制定……作为医疗队感控组副组长和护理组组长的我忙得恨不能多出两双手脚。练习防护服穿脱,经常练习到大半夜。我们都有一

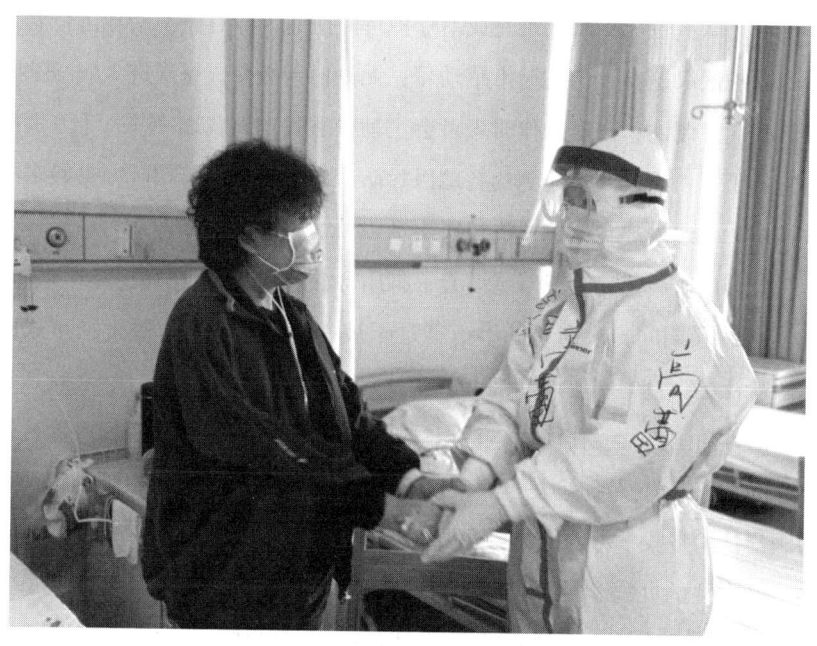

2020年3月,高蕾在华中科技大学附属同济医学院中法新城院区C区12楼东病区对患者进行健康宣教和心理安慰。

个信念：不能因为穿脱不当造成病毒传播，"零感染！打胜仗！"是我们的口号。

2月24日，我们国际医学西安高新医院队员作为第一批次整体进入华中科技大学附属同济医学院中法新城院区C区12楼重症病房工作。进入病区前，我把组员和病区里的患者分别分成3组，每组队员负责一组患者，最重的患者我来负责。我向每一位队员强调防护要点，特别告诉她们："有我在，怕啥！在病区里，只要遇到做不了的事情就叫我，我都给你们搞定！"后来队员们告诉我，进舱前正是因为听了我的"豪言壮语"才减轻了她们的紧张害怕而信心倍增。为了保证我们组护理工作顺利开展，我跟第一个班次进入病区熟悉情况。第一次进病区，困难大大超出了我的想象：在口罩、手套加防护服、隔离衣全面防护下，护目镜起雾让平时得心应手的护理操作显得困难重重，我大口呼气、不停地摇头，希望雾气凝结成水珠流下来冲出一道视线，后来我发现眼镜右上角的一丝丝视线可以让我完成护理操作。这个窍门让戴眼镜的同事们不会因镜片起雾而影响工作。很快，5名患者新入院了，忙碌的工作差点让我错过了接自己的组员进入病区。因为我的提前体验，我们组的工作很快进入了状态。个别队员因防护严密出现气憋、头痛、恶心等缺氧症状不得不离开病房时，剩下的队员也能克服困难完成治疗护理。所有工作有条不紊地进行着。每一天也都被武汉这座英雄的城市感动着：无论白天黑夜，每次进入病房都听到患者对我们说谢谢；查房操作时患者会主动提醒我：离我远一些，千万别把你们也感染了；上下班路上遇到的各地医疗队、志愿者见面打招呼喊得最多的是武汉加油！就连隔离在家的武汉市民也会隔着窗户对我们喊谢谢！最后一天值班，一位脑出血后遗症的爷爷蜷缩着手脚用含混的口音向我们说"回"……

支援武汉期间，最高兴的事情莫过于被九三学社陕西省委批准正式成为九三学社社员。自中学时期初知九三学社以来，九三学社的入社标准就是我一直努力的方向。参加工作以后，认识的九三学社社员更多了。我们医疗行业很多优秀的主任、教授都是九三学社社员，他们爱岗敬业、无私奉献的精神和精湛的医疗技术是我学习的榜样，我要成为像他们一样的人，我一定要加入我无限崇敬和向往的九三学社！去年10月，我向向往已久的九三学社递交了入社申请。我在入社申请上写道："九三学社是我为之向往、为之奋斗的地方。如果社组织没有接受我的申请，我也不会气馁，不会放弃，我会更加努力，以更出色的工作缩小差距,期待获得社组织的认可。"在武汉抗疫一线,队员们积极要求入党,我的组员们全部都写了入党申请要交给我,我及时与党委组织委员联系,配合将组员入党申请交给前线党委,同时也向九三学社陕西省委汇报前线工作情况,再次向社组织要求加入九三学社。社陕西省委组织部李胜利部长很快就联系到我,告诉我九三学社陕西省委将召开特别网络主委会,按照特殊时期特事特办办理入社程序。看到李部长发来我被批准加入九三学社的通知是在3月6日凌晨5点下夜班的时候,我捧着手机信息看了好几遍,激动和兴奋冲散了一夜的疲惫,社组织终于接纳了我!九三学社武汉市委蔡甸区支社陈主委也发来了慰问短信并邀请我加入援汉九三社员沟通服务群。支援武汉让我认识了更多来自全国各地的九三战友,在这个优秀大家庭里,我感受到了社组织满满的关爱和帮助。身旁有战友,背后有组织,我将牢记从医的初心,继续努力工作,把九三学社前辈的优良传统发扬光大。

我是一名平凡而普通的护士,照顾好每一位患者是我的责任。当疫情袭来,人民生命受到威胁的时候,我愿挺身而出,在危险的时候履行一名护士的职责。在以后的工作中,我会继续努力,带领我的护士姐妹们把护理人的爱心送给每一位患者,在平凡的岗位上为护理事业发展贡献自己的力量!

• 甘肃省 •

武汉，我还会回来

张韶橘

张韶橘

九三学社社员，甘肃省定西市第二人民医院感染科主治医师，甘肃省第五批援鄂医疗队队员。

离开武汉已经4天了，一切恍如昨日。

2020年2月17日，我作为甘肃省第五批援鄂医疗队队员，奔赴武汉抗疫一线。光阴如梭，来去匆匆。在武汉市中心医院工作的33个日日夜夜仍历历在目，怎么也挥之不去。

武汉市中心医院距离华南海鲜市场不到2公里，在疫情中受到的冲击可想而知。为了沟通及时、联络方便，医疗队一到那儿就建立了24位医生的工作群。3月17日，我们接到通知，武汉市中心医院被定为最后10家集中收治医院之一。队员里有夫妻、有孕妇，却没有一句怨言，没有一丝焦躁，没有回家的归心似箭。大家心里明白，把最后的任务交给甘肃医疗队是我们莫大的光荣。

一个多月的时间漫长而又短暂，医疗队员们互相照顾、互相鼓励，一切都朝着我们期待的方向发展，出院病人一天天在增多。3月21日，我们又接到通知，要求将剩余的重症患者进行转院集中治疗，并做好撤离的准备。平时热闹的医疗组工作群鸦雀无声。过了很久，来自省人民医院的樊艳主任发了一句："我们舍不得病人，想把他们治愈，看着他们出院！"立刻得到了响应，群里又有了动静，大家你一言我一句，都在表达相同的意愿。是啊！真正到了离别的时候,却是那样的不舍。

我的医疗小组是最后撤离的。像要出席什么隆重仪式似的,我们庄重地穿上防护服,去隔离病区最后一次查房,告诉患者我们即将撤离。一瞬间,透过护目镜,我看到患者的眼泪夺眶而出,一句"感谢你们"后竟无语凝噎,而我也感到鼻子一阵发酸。记得一位作家说过,世上最悲伤的莫过于刚刚建立起友谊,却要无奈地说声再见。

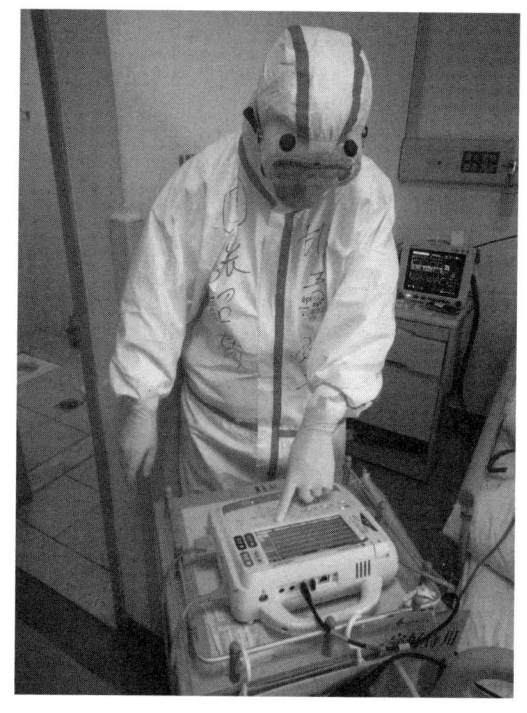

张韶橘在武汉市中心医院后湖院区发热18区病区工作站。

"相见时难别亦难,东风无力百花残。"我们朝夕相处,守望相助,并肩战斗,祛除病魔,他们是我们的亲人,我们是他们的依靠。让那种紧张对峙的医患关系见鬼去吧!在这里,我们是亲人、是战友,我们永远在一起!

汽笛一声催断肠。再见了,武汉!从接送我们上下班的志愿者、住宿的白玉兰酒店、吃饭的临夏高原风情餐饮店,再到这里的高楼大厦、一花一木甚至飘浮在城市中的空气,这一刻却是那样令人留恋。

大巴缓缓开出,街道两旁挂满了"武汉人民感谢你们"等字样的横幅,从建筑物的窗户不时传来"辛苦了!好样的!"的欢呼声。不知什么时候,泪水已经模糊了我的双眼,可我还是努力地睁开,想记住这曾经战斗过的地方,想再看一眼这座英雄的城市和英雄的人民。武汉,我还会回来的!

飞机在空中盘旋,透过舷窗俯瞰,大片大片的黄褐色点缀着星星点点的绿色。我知道,黄土高原的春天来了。故乡,我回来了!

警车开道,汽笛长鸣。父老乡亲张开怀抱,用最高礼遇欢迎回家的孩子,所有的疲惫、泪水和思念都化作重逢的笑容。

这之前,我从来都没有觉得自己和国家的命运如此紧密地联系在一起。感谢伟大的祖国,感谢可亲的人民!我也从未想过,我有机会在危难之际能够为武汉、为国家拼一次命。当祖国需要我时,我还会不论生死、赴汤蹈火!

> 逆行倥偬绝风尘,
> 十里相送泪雨下。
> 山河无恙愁可消,
> 笑盼来年看樱花。

• 青海省 •

羊赞措：抗疫线上的蒲公英

程颐农 *

羊赞措

九三学社社员，青海省海东市互助县中医院护理部主任，青海省援鄂医疗队队员及武昌方舱医院护理组组长，所在集体荣获"全国卫生健康系统新冠肺炎疫情防控工作先进集体"称号。

蒲公英，浑身洁白，代表着纯朴、纯洁的心灵。普通、多见，哪里有风，哪里就有蒲公英。

2020年2月4日凌晨1点接到院领导紧急电话，得知需要护理人员驰援武汉后，羊赞措毫不犹豫提交了请战书："我干过院感工作，从事临床护理20多年，家里也没多大困难，作为一名医护人员，救死扶伤，责无旁贷！"

她爱人已于2015年去世，看着熟睡中上高二的女儿，羊赞措不知道该怎么说。要去多久？还能不能回来？……考虑再三还是没有勇气告诉女儿，于凌晨3点给女儿的姑姑和大伯留了信息，说明自己要去武汉，希望他们照顾好女儿。早上8点去单位工作交接后，在县领导、同事和亲人们的再三叮嘱和泪目中，与青海237名医护人员一道飞赴武汉驰援。

抵达武汉后，第二天就马不停蹄地开始培训。羊赞措默默重复着所有细节，回到休息地也是一遍又一遍地重复练习。顺利通过严格的岗前培训和考核后，羊赞措被选派为武昌方舱医院护理组长。面对组里100个全新面孔、两

---

* 作者系九三学社青海省委员会宣传部部长。

区 173 张床位的工作压力，羊赞措深深地吸了一口气，告诫自己"必须完美！"因为自己不仅代表着青海人民，还代表全中国的医护工作者。

上班一天后各种问题接踵而至：地区差异带来的协作沟通问题；组里既有年近半百的前辈，也有从未出过门的 90 后，在排班的时候就需要特别注意，既要考虑防护服的有效时长，还要保障大家的休息时间，晚上睡不着，脑子里一直想着班应该怎么排怎么轮……着实让她绞尽了脑汁。科室正常运作后，每天的常规工作、协商会议、为身体不适的队员顶班、科室定期或不定期的整改，大大小小的事情填满了生活。

就在大家都开始适应的时候，因医院开了负一层，紧急通知青海护理队分出一部分人员承接一部分患者的照护工作，羊赞措欣然接受这一安排。两边的排班又让她费了一晚的心思，到吃晚饭时还很纳闷，今天怎么有三个元宵吃？直到突然接到单位领导的视频问候，才知道已是元宵节……最终在同学和同事们的帮助指点下再次完成两舱的护理和院感排班工作，并且顺利圆满地完成了交接工作。虽然较之前的担子又重了一些，但是经过这一段时间的磨合，大家精诚合作，在完成每日工作的同时，护理团队每晚都在工作群里畅所欲言，为工作献言献策，有什么想法和建议，一起讨论，方案通过后，如何实施，具体谁负责，怎样落地执行……

大家的磨合期过后，羊赞措积极带领大家参加医院护理部的急救技能培训、消防实战演练，带领大家争先恐后学技术，争取一个都不掉队。她说："现学现用技术，今天保护武汉人民的生命，今后还要把技术学回家为家乡人民造福。"

在武汉武昌方舱医院作为青海队护理组长、院感组长带领队员连续奋战的 35 天里，羊赞措深知责任重大，主动起草制定护理队工作、院感工作、安全、纪律等规章制度，切实做到了以制度管人、用流程管事。到武汉的第一周，她给所有队员打了一轮电话，了解每个人的身体情况、心理状态和生活困难等，开展心理辅导，把制度的刚性和人文关怀相连接。每日统计工作量，定期向市卫健委汇报队员生活等情况，在轮休期间组织了两次线上关于新冠肺炎感染防控应知应会考试，结合实际建立了医疗队院感三级组织架构，扎实开展培训，细化流程，打造全方位感控防御体系，实现了医护人员零感染目标。

2月25日,青海组里收进来一位高龄而且因脑梗生活完全不能自理的老人,因没有家属陪同,护士不仅要完成基础护理,还要完成她的所有生活护理。最困难的是帮助老人如厕,因方舱医院是在短时间临时改建而成,所以地面均有凹凸不齐的线盒、线管等,平时走路也得仔细看清楚,护目镜下视力是模糊的,更何况要推着轮椅。每经过一处线管都需要两三个队员一起抬起轮椅,每如厕一次需要耗时40多分钟。至老人出院为止,每一班次的队员们都毫无怨言地完成着老人的所有生活与基础护理,老人也会用听不太懂的武汉话来感谢队员。

在舱内,患者多为轻症患者,以包括基础护理、治疗、病情观察及记录、心理护理、健康教育、生活照顾等工作为主。羊赞措充分运用中医护理服务特色,挖掘护理队里中医护理人员和健身达人,在舱内组织患者开展中医健康养生保健操、宣肺操、八段锦及中医护理技术穴位按摩,甚至是青海大秧歌等康复运动。她还建立了护患沟通交流微信群,挖掘患者隐性需求,鼓励他们树立战胜疾病的信心。患者们都竖起大拇指说:"青海护士真负责!"

就这样,促进患者康复的"中医特色护理+有温度的护理"模式、健康

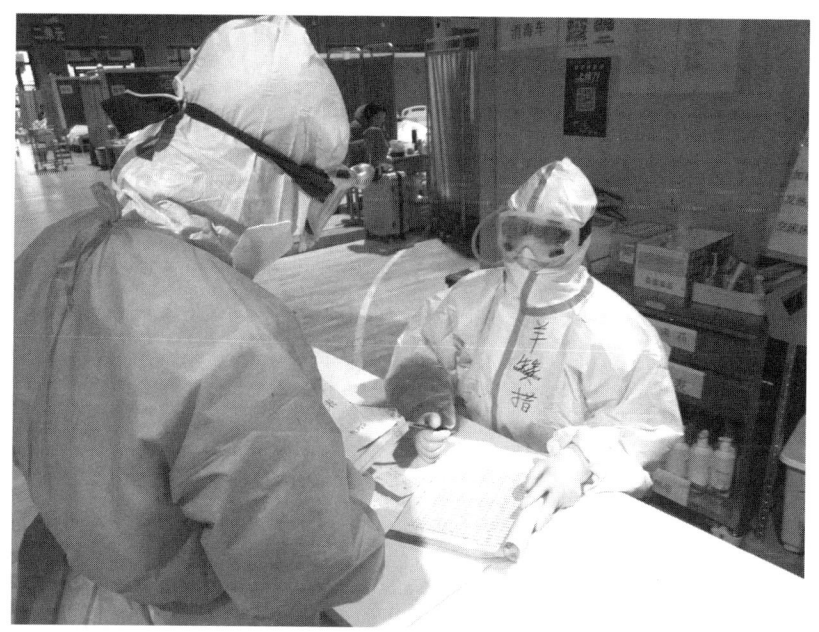

羊赞措在工作中。

宣教图片、战疫心灵图书角、打"call"墙、战疫决心树等护理策略逐一成形落实，先后救治 328 人，工作得到各方的高度肯定和认可，羊赞措所在团队获得了国家卫生健康委、人力资源和社会保障部、国家中医药管理局联合颁发的"全国卫生健康系统新冠肺炎疫情防控工作先进集体"荣誉称号。

2019 年 6 月以来，羊赞措推进"有温度的护理服务"，以科室为单位，在全院开展了 42 项有温度的护理服务，获得患者和群众广泛好评，在第三方满意度测评中各项指标位列全省第一。她热爱公益事业，是县上蒲公英公益团队的中坚力量。

她用自己的行为，感染、带动着全院护理人员；她总说："我只是做了我该做的"；她用坚守和奉献，演绎着一名平凡护理工作者的蒲公英品德。

• 宁夏回族自治区 •

张志远：白衣天使的守护者

卜 磊　裴秀英*

张志远

九三学社社员，宁夏医科大学总医院院感科副主任医师，国家紧急医学救援队（宁夏）援鄂队员，"全国卫生健康系统新冠肺炎疫情防控工作先进个人"称号获得者。

高高的个头，憨憨的微笑，勤快，肯干，待人真诚，这大概是同事和周围朋友对他最深刻的印象。

他叫张志远，是宁夏医科大学总医院院感科的一名医生，九三学社社员。在新冠肺炎疫情暴发之际，他肩负使命，随国家紧急医学救援队（宁夏）奔赴疫情最严重的武汉。

2019年12月，国家紧急医学救援队（宁夏）刚刚通过国家卫健委验收，张志远很荣幸地成了其中一员。没想到，还不到1个月，武汉就暴发了新冠肺炎疫情，救援队迅速开展疫情防控相关培训。张志远全力投入紧张的培训中，时刻准备接受命令。

疫情如猛兽一般在华夏大地肆虐蔓延，武汉成为重灾区，急需救援。

2月3日，出征命令下达到紧急救援队，一天后就要出发。时间紧迫，由于前方物资极度缺乏，救援队必须要在一天内准备好救援物资，并打包、装

---

* 作者卜磊系九三学社社员，宁夏医科大学外国语教学部教师；裴秀英系九三学社宁夏医科大学委员会主委，宁夏医科大学生育力保持重点实验室常务副主任。

箱。张志远来不及再多陪伴家人一刻,来不及准备个人物品,简短话别,就带着简单的行装和浓浓的不舍加入出征队伍中。在他眼里,疫情就是命令。那些不断上升的确诊、疑似和死亡的数字,就像一根根钢针,刺痛着张志远的心。作为一名医务工作者和一名九三学社社员,他的职业与身份时刻提醒他,必须担负起责任和使命。

2月4日晚,张志远和他的队友们连夜出发,驰援武汉"前线"。

院感工作担负着所有一线医护人员的安全防护问题,在疫情点从事院感工作的人,是保护"天使"的天使。来到武汉客厅方舱医院,张志远和队友们立即投入紧张的工作中。武汉客厅方舱医院有三个厅,1800张床位,因是会展中心临时改建,不符合传染病医院三通道两出口的要求,张志远和同事们对B厅、C厅出口进行改造,在不改变原有流程的情况下,想方设法把感染风险降到最低。做好物理隔离是防止病毒传染的最佳方法。巡查、沟通、协调、整理、疏导,眼观六路、耳听八方,每一个环节都不能有丝毫疏漏,因为每一个疏漏都可能造成不可挽回的后果。面对这些消耗大量体力和精力的工作,年轻的张志远总会主动要求多分担一些任务。

每天早晨,张志远都要提前2个小时从驻地出发,做好自身防护后再给一线医护人员穿脱防护服,戴取护目镜,反复仔细检查;对工作人员进行指导,监督CT室工作人员防护服穿戴是否规范。此外,其他人员,如警察、工勤人员、环卫工人等的防护问题也由他负责。他和同事还对病房入口进行了设计改造,安装排风系统;对医护人员的更衣室重新布置,防止重复污染的发生。每日晨会,他都会做好记录,及时反馈问题,保证工作中的各个环节顺利进行。为了保质保量地完成工作,他还与同事反复演练医务人员在病区工作的各个流程,从中发现风险点,想办法规避风险。每一批进和出方舱的医护和工勤人员穿、脱防护服都要花几个小时的时间。即便是下班回到酒店,他的工作也没有结束,在宁夏医疗救援队驻扎的酒店门口搭有4顶帐篷,他必须监督从方舱医院归来的同事在门口做手部消毒、衣物消毒,到帐篷里做紫外线消毒,然后换上干净衣物,再进入宾馆休息。一系列繁复的措施,确保了生活区的绝对安全。"从来没有像现在这样觉得自己非常重要,为我所从事的工作感到骄傲!"张志远说。

南方的冬天，湿寒入骨。为了防止病毒传播，不能开空调，厚重的外衣洗了晾不干，晾好的内衣穿在身上依然潮乎乎的，对于习惯了北方冬天有暖气的张志远来说，这是一个不小的挑战。恶劣的天气似乎也伴随着新冠病毒的猖狂考验着人们，不仅雨雪交加，还下起了冰雹，压在帐篷上，似乎要压垮人们的意志。除了为大家做好防护，还要去清理帐篷上面的积雪和冰。但他觉得这些困难都不算什么，"他们的手是冷的，他们的脚是冷的，可他们的心是热的，血一样的热！"他用古龙的文字勉励自己。"为了克服一切困难，竭尽全力挽救生命，齐心协力把病毒赶跑，举杯共贺、放心欢笑，我会继续努力的。加油、加油！"他信心满满地给自己鼓劲。

"江边的夜色是如此美丽，真想下去逛一逛。"每天两头顶着星星，热爱生活的他只能在上下班途中的大巴车上欣赏长江美丽的夜景。2月14日，西方情人节那天，远在武汉前线的他在朋友圈里转发了一条反映伉俪抗疫的央视新闻，封面是"思念"，配上鲜红的"玫瑰"和"心"的图片，借此表达他对亲人的思念。

驰援武汉的医护队伍中，专职的院感人员很少。转眼，张志远在武汉客厅方舱医院已繁忙地工作了20多天，这期间他不知道做了多少次的防护培训，指导了多少人如何正确地做好个人防护，每天都是10多个小时的超负荷工作。2月25日刚下夜班，张志远就又赶到宁夏第六批援湖北医疗队驻地，为队员做防护培训。刚刚到达武汉的这172名队员，来自宁夏各级医院，防护培训是他们要上的第一课。他向大家强调做好自我防护是医护人员工作的重中之重，医护人员要做到自己不被感染，也不感染他人。因为他们是与一线病人接触最多的人，也是最容易被感染的。他详细地给队员们讲解了防护服的穿、脱流程，需要注意的细节。他讲述了这20多天来自己的亲身经历，分析工作中容易出错的地方，还列举了工作中经常出现的意外情况，并且告诉队员们如何处理。从进出病区到下班进生活区整个过程的自我消毒流程，他都进行了耐心细致的讲解。他说："我们每个人都是管理者，每个人都是援助医院的一分子，我们要用主人翁意识去帮助他人。"

穿脱防护服并不是一件容易的事情，手卫生，戴N95口罩，戴帽子，穿一次性隔离衣，戴手套，穿鞋套，穿防护服，再戴手套，戴外科医用口罩，穿鞋套，戴手套，手卫生，戴护目镜。而脱防护服就是要把穿防护服的流程反过来，但因外面已经污染，所以比穿的难度更大，需要更加细致。第六批援湖北医疗队的172名队员被分成14个组进行训练，他亲自做示范，将自己的经验倾囊相授，反复练习让每一位队员都熟练掌握防护服的穿脱流程。队员们说："张老师讲解十分认真，很有耐心。"而他却说："只有这样，大家在进入病区工作的时候才能保护好自己，保护好同事，保护好每一位工作人员。"培训结束之后，张志远又带着医护人员实地勘察，指导队员上班、下班、平时驻地防控和消杀工作的整个过程，提醒队员注意事项并做好整改。

在武汉期间，张志远为宁夏第四批、第五批和第六批支援武汉的医疗队进行院感防控、防护服的穿脱、环境物品消毒流程等培训10余次，考核累计800余人次，同时协助派发各类物资，为医疗队能够尽快投入抗击疫情工作做出了不懈努力。只要疫情不结束，只要医生们还在前线，他的工作就不会结束。

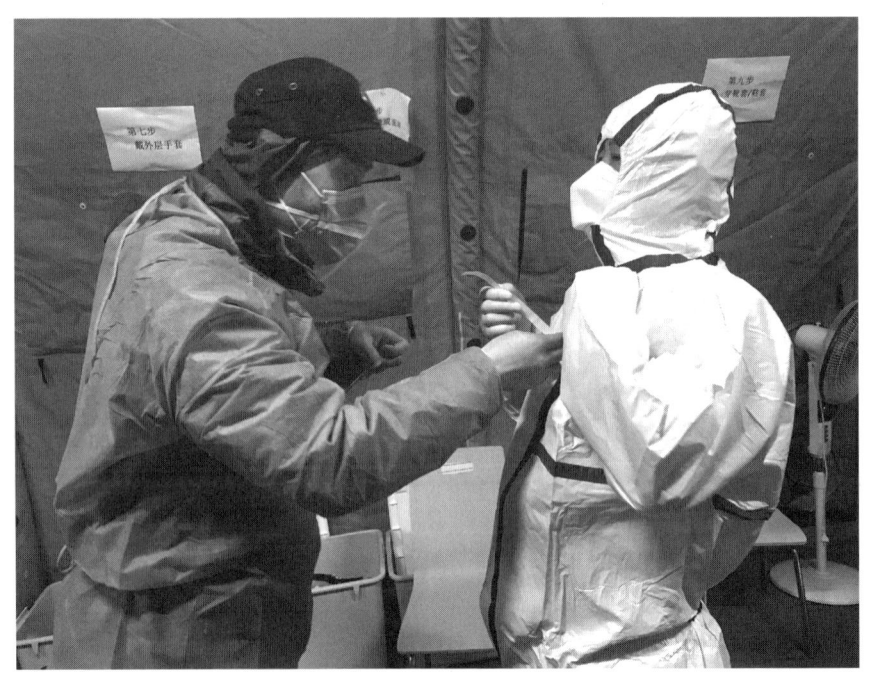

张志远（左）在检查医务人员的隔离服。

除了消毒防控和培训工作，张志远还参与制定了《东西湖方舱医院院感SOP》《护目镜清洗消毒流程》《防护服穿脱流程》《医疗废物管理制度》等规章制度，以及医院《新型冠状病毒（疑似）患者手术人员防护流程》《新型冠状病毒污染物品及表面消毒方法》《工作生活区域管理流程》等流程，为医院高效防控新冠肺炎打下了扎实的基础。参与编撰的中英文双语版《方舱医院感染控制手册——新型冠状病毒肺炎疫情防控实务》已由上海科学技术出版社出版，为当前世界各国防控新冠肺炎提供了系统的参考。

3月25日，在武汉奋战了50天的张志远随队回到了宁夏。在其他队员隔离休息期间，他的工作仍然没有停止，继续通过网络远程为宁夏第二十四批援助贝宁医疗队进行疫情防护工作的培训。在远离祖国万里之外的非洲贝宁共和国，医疗条件相当艰苦，缺医少药是援贝宁医疗队最常遇到的难题。有些医疗点，连紫外线灯都没有，也没有任何消毒措施。虽然国家卫健委、自治区卫健委为医疗队增援了防护服、N95口罩等防护物资，但防护物资紧张依然是援贝宁医疗队面临的最大问题。而此时，贝宁官方已经通报了5例新冠肺炎确诊病例。在1个小时的时间里，张志远结合自己在武汉方舱医院工作的环境、经历，从防护用品的选择、穿脱防护用品的步骤、院感管理分区、院感管理的方式方法等方面做了详细讲解。而医疗队的医生们也提出了一个又一个的难题。在武汉抗疫期间积累的经验，让张志远变得更加成熟。"建议因地制宜做好防护。""对患者问诊尽量在室外进行，每个人间隔1.5米以上。""没有紫外灯的话，要做到随时开窗通风。要尽量减少医护人员聚集。尽量让病人有序地就诊，病人与病人的间隔要控制。发热病人和普通病人一定要区分开，才没有传播的可能性。""一次性医用口罩达不到防护效果，如果接诊患者的话，至少要做到佩戴外科口罩、N95口罩、隔离衣、护目镜。""大家互相之间也要做好防护，尽量减少聚集，实行分餐制，减少队员之间接触传播的可能性。"张志远一一解答了医生们的提问，同时向队员们提出了要求："这次疫情跟人体免疫力相关，必须要保证个人良好的身体状况。"最后，张志远诚挚地说："每一个人的生命都值得尊重，希望援贝宁的天使都能凯旋！"

有人说医生是个好职业，受人尊敬，但是他们不知道医生有一天也会像战士一样冲锋陷阵，奔赴最危险的地方。肆虐的疫情挡不住白衣天使的步伐，逆行而上的他们平凡而伟大。今年3月，张志远荣获"全国卫生健康系统新冠肺炎疫情防控工作先进个人"称号，但在他看来，这份荣誉"不仅仅是对自己工作的肯定，也是对院感工作的认可。"

田炜宁:战疫中的担当

张西宁*

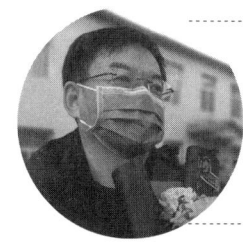

田炜宁

九三学社石嘴山市委员会主委,宁夏回族自治区第五人民医院院长,宁夏第三批援鄂医疗队领队。

第一时间,他主持制定医院新型冠状病毒疫情防治实施方案,以及应急预案及流程等文件,并成立医院疫情防控指挥部;

仅用1天时间,他组织建成隔离病房,统筹人员调配,按照传染科病房标准落实隔离防护措施,为医院抗击新冠肺炎疫情奠定了基础;

38天里,他带领79名队员深入湖北抗击疫情最前沿,承受着有生以来最大的压力,每天争分夺秒,不停奔波,用心用情守护着患者和医务人员的安全,最终不辱使命完成了援助任务,将所有队员一个不少、平安健康地带回了家。

文质彬彬的长相,睿智的目光,提起九三学社石嘴山市委主委、宁夏回族自治区第五人民医院院长田炜宁,在大家心目中是个敏锐、果敢、坚毅的人。

新冠肺炎疫情风暴逐渐远去,但对田炜宁来说,疫情中的那份责任仍历历在目。

---

* 作者系九三学社石嘴山市委员会青年联络委员会主任,宁夏回族自治区第五人民医院眼科、外科教研室主任。

2020年1月15日，宁夏回族自治区第五人民医院接到上级关于防控新型冠状病毒感染肺炎疫情的第一份文件，曾指挥过"非典"防控的田炜宁敏锐地感到疫情防控的重要性，他顾不得手腕三角骨骨折的伤痛，一头扎进抗击疫情的战斗中。

　　新闻里每天更新的确诊患者数据，冲击着每一个人。田炜宁带领着全体医务工作者迅速筑起一座战疫堡垒。

　　——制度先行。短短的几天时间里，《宁夏第五人民医院新型冠状病毒疫情防治实施方案》《新型冠状病毒感染的肺炎疫情应急预案及流程》等文件密集制定。

　　——组织有力。成立疫情防控指挥部，下设疫情防控组、院感防控组、后勤保障组、督导宣传组4个工作小组，各项工作井然有序、责任到人。

　　——配套跟上。发热门诊可改造的空间有限，田炜宁在多次现场调研、反复演练工作流程的基础上，多次协调、沟通交流，不断修改完善，设计完成布局、流程合理，符合标准要求的发热门诊改造方案；紧急征用康复科病区作为感染性疾病科病房，将感染性疾病科划定为隔离病区，仅用1天时间，隔离病房顺利建成，投入使用。

　　——防控做细。组织医务人员开展疫情防控知识培训，熟练掌握疫情医疗

田炜宁（中排左二）与指挥部成员到受援单位督导检查医疗队工作、生活情况。

救治方案、应急防控程序、方法和注意事项，提高防范意识和应急处置能力，以战时的状态、战时的标准、战时的方式，将各项工作做实、做细、做到位。

石嘴山市唯一病例确诊前一直在宁夏回族自治区第五人民医院就诊，这位患者虽然经4次核酸检测均为阴性，但田炜宁丝毫没有放松警惕，在将该患者转送至自治区定点收治医院后，该患者最终被确诊。由于前期治疗得当、防护措施到位，该患者很快治愈出院，而密切接触者和参与治疗的医务人员无一人感染。

20多天里，田炜宁吃住在医院，只为守护一方平安，就连他56岁生日也是在医院度过。

"2月10日是您的生日，我和妈妈为您过了一个特殊的、没有主人的生日，我们在家默默祝福您身体安康，早日战胜疫情。"田炜宁的女儿田凯怡在给他的信中这样写道。

随着疫情的蔓延、扩散，全国医务人员开始从四面八方向湖北聚集，支援湖北抗击疫情。田炜宁也不例外，主动请缨要求奔赴前线。在他的影响下，全院职工积极踊跃报名参战，在很短的时间里迅速组织了四批医疗队驰援湖北。

"湖北，我来了……"2月12日，田炜宁作为宁夏援鄂医疗队前方指挥部成员、医疗保障组负责人和宁夏第三批援鄂医疗队领队，带领79名医疗队员踏上了与新冠病毒对抗的主战场，被分配到襄阳。

看到这个被疫情肆虐的城市，看到这个按下暂停键的地方……田炜宁心情沉重，立即与前方指挥部成员夜以继日地起草拟定了队员管理及考核评价制度、物资管理制度、信息上报和宣传报道制度等10余项制度规范，使医疗队各项工作有规可守、有章可循。

物资紧缺，是抗疫一线面临的最棘手的问题。田炜宁主动和长期以来与宁夏回族自治区第五人民医院保持良好合作关系的中国大爱清尘基金会联系，争取到基金会为4家受援单位捐赠35台无创呼吸机（价值40余万元），进一步提升了受援医院的诊疗能力，为患者救治提供了更多保障。

"刚到襄阳，大家都很紧张，而且压力大，我们的任务就是做好'病毒防御者'的角色，医疗人员负责患者，我们负责医护人员，我要为队员筑牢生命安全的'防火墙'。"在襄阳的每一天，田炜宁都与前方指挥部成员奔波于8家受援单位之间。每个医疗分队的生活、工作环境，学习培训情况以及制度流程的落实情况，他们都如数家珍，做到监督检查全覆盖，精准发现问题，及时督促整改，推动疫情防控责任落地、措施见效。

忙，从早忙到晚，是田炜宁在襄阳抗击疫情的真实写照。

"2月11日，您突然告诉我们您主动申请参加宁夏第三批抗疫救援队，明日将带队赴湖北襄阳进行定点援助时，我才第一次深深感受到这场战争的严峻……那天一大早您带队从医院直奔机场，我和妈妈去送您，我们一家三口时隔多日再相聚却只在机场匆匆一见，您就又赶赴了抗疫战场……"

2月18日，收到女儿田凯怡的信，田炜宁想给女儿回信，却因工作一拖再拖。

时隔近半个月，随着疫情的好转，3月3日，田炜宁才挤出时间给女儿回了信。他在信中这样写道："我们不是从天而降的英雄，只是挺身而出的凡人，爸爸选择做一名'逆行者'，没有觉得自己有多'伟大'，有多'了不起'，只是医生的职业精神就是如此。在生命面前，在民族危难之际，爸爸不过是万千医务人员中的一位，在用自己的所学做着力所能及的事情，这既是我们每一个医务工作者的职责所在，也是我们的使命担当。"

3月20日，银川河东机场，宁夏第三批援湖北医疗队凯旋。经38天的支援湖北抗疫工作，田炜宁兑现了临行前的承诺：把所有队员一个不少、平安健康地带回家！

吴忠兰：隐形的逆行者

王 炜[*]

吴忠兰

九三学社社员，宁夏疾病预防控制中心病毒学检验科副科长、副主任技师。

在抗击新型冠状病毒疫情的战役中，有一支除医护人员外离病毒最近，但又最默默无闻的队伍，他们就像雷达兵一样，要发现敌人、鉴别敌人，从而发出不同的战斗指令，他们就是对感染进行确诊的检验组。吴忠兰就是宁夏疾病预防控制中心病毒学检测工作组中的一员，也是本单位社龄最短的九三人。

她将家国情怀驻心间。新冠肺炎疫情在宁夏发生后，身材弱小的吴忠兰就迅速义无反顾地投身到防控一线，身着厚重的防护服，成为距离病毒最近的检验人……父母年迈，女儿年幼，爱人是社区新冠肺炎疫情防控志愿者，无法照顾年幼的孩子，孩子在奶奶家一住就是2个月，有时她几天都顾不上打一个电话。孩子实在太想念妈妈了，经常哭诉"妈妈不要我了，把我一个人丢下了"，而她听到后只能强忍泪水，因为她知道，在这个关键时刻，国家需要战士们冲锋陷阵，需要顾"大家"，舍弃"小家"。她安抚女儿："很多饱受病毒侵害的患者更需要妈妈，妈妈要和病毒赛跑抢时间，早确诊就可以早治疗，可以挽救很多人的生命，宝贝，你支持妈妈就是支持我们的国家。"平息一下心绪后，

---

[*] 作者系九三学社宁夏回族自治区委员会组宣处处长。

白衣披甲　家国情怀

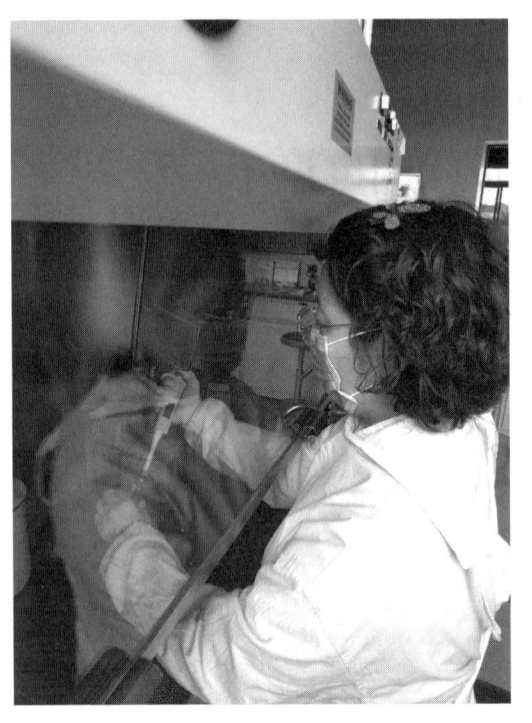

吴忠兰在实验室进行病毒检测。

她又继续投入工作中。因为热爱这片土地，所以眼中常含泪水；因为钟情于这个国度，所以甘愿肩负重任；因为家国情怀永驻心间，所以她从来无怨无悔。

她是检测战线上的尖兵。从2020年1月20日踏上疫情防控检测战场以来，她和战友们一起排查了2万多份病例标本。因技术过硬，她是检测组中进入实验室次数最多的工作人员。有很多次复核确诊病例，她刚脱下"盔甲"未能喝上一口水，便又再次领受任务穿上"盔甲"进入实验室核心区，开始5个小时的病毒检测工作。两轮十几个小时的连续作业，胳膊已经不能抬起，胸口闷痛，身体的异样和一锤定音的结果相较，显得微不足道。因为她在和病毒比赛，和时间赛跑，早一秒知道检测结果，就能早一秒采取下一步的措施。口罩压过痕迹的脸庞，密不透风的防护服里包裹的汗水湿透的身体，经消毒剂清洁后粗糙不堪的双手，这些都是她每天的日常。除此之外，她还负责全自治区检测的信息工作，100多个日夜，排列组合了数不清的检测数据，为从源头上迅速阻断疫情的蔓延奠定了坚实基础。

工作的疲倦、检测试剂告急、对新增确诊病例的焦虑、排查密切接触者、内部质控如何监测等繁杂事务充斥着、焦灼着她的内心……北方1、2月的晚间10点，清冷且孤寂，这是疫情期间她的正常下班时间。随着车轮的飞驰，眼泪也滑过脸颊，女子本弱，她唯有默默哭泣释放压力。在最困顿的时候，她经常用"人生路必曲，仍须立我志。竭诚为国兴，努力不为私"的诗句鼓励自己。一个人只有把国家利益放在第一位，把人民利益视为自己的利益，才能找到人生的坐标，才能具有坚定的方向，才能有用武之地。

她让自己工作精益求精。她经常谦虚地说："我不够聪明，只能勤奋弥补。"新冠肺炎核酸检测实验室质量控制是最关键的环节之一，她负责制备质控品，监督每一次实验的过程，确保实验室结果的准确、可靠。开展核酸检测工作之初，看到其他省份关于临床症状典型的感染者但核酸检测结果一直是阴性的报道，她及时总结宁夏的类似情况，分析实验室的检测结果，查找在采样、检测等各环节中可能存在的对检测结果的诸多影响因素并进行分析，发现了标本采集的时间和方法对核酸检测至关重要，要求样本采集必须严格规范。正是她在日常检测中勤于思考，善于总结，及时发现问题并提出解决办法，有效地将思考付诸实践，她的小小举动为及时调整检测方案增加了关键证据。

新冠病毒是一种全新的病毒，突然的暴发，让全世界都手足无措。在做好本职工作的同时，她一直在思考，新冠病毒为什么会造成如此大的流行，如此大的破坏？和其他病毒感染相比，它到底有哪些特点，以后又会何去何从？繁忙的工作之余，她经常和国内外的病毒学家、流行病学家和临床工作者一起探讨新冠肺炎疫情发展、病毒特征、病毒致病机理、治疗及防控措施等问题。连续30多个熬夜加班以第一作者撰写关于新冠病毒的综述性分析文章"The Unique Features of COVID-19 Transmission Behind Its Global Pandemic"，已投稿至一国际顶级医学杂志。同事们曾问她为什么总能一针见血地发现问题，她都会自信地说道："只要你细心琢磨，认真分析，坚持不懈，拥有不畏艰难的信念，没有克服不了的困难。"

她在不懈努力研究探索。吴忠兰从事高致病性传染病研究10余年，在艾滋病、丙型肝炎、乙脑等方面都有研究。她带领研究团队在艾滋病和丙型肝炎方面的研究，获得2019年宁夏科技进步三等奖，她也是宁夏第一批获得"宁夏青年拔尖人才"荣誉的科研人才。凭借扎实的科研功底、专注的科研热情，她敏锐地捕捉到宁夏就新冠肺炎可以挖掘的研究方向，在查阅大量国内外科研文献、系统梳理热点文章、与相关专家深度交流沟通的基础上，她大胆提出自己的思路和想法，主动向中心领导请缨申报科研项目。凭借多年的科研经验，她连夜奋笔疾书，项目提纲经过细致梳理和凝练，从她的手中高效率、高质量地新鲜"出炉"，最终成功申报2020年度宁夏重点研发项目"基于新型冠状病毒感染的病毒性肺炎防控机制和关键技术的应用研究",获得300万元科研专项经费支持,项目的开展也将为宁夏系统深入地开展新冠肺炎病原学、基因组学、免疫学、流行病学及预警机制研究等方面奠定基础。"明天或许我就能揭开你的面纱看到你",她默默地为自己新的研究项目鼓劲。

灾难能摧残人,但也更会淬炼人。作为一名新社员,吴忠兰就在这样的大考面前,毫不退缩,将生死安危置之度外,将此次疫情当作工作历练、难得的学习机会,在平凡的工作岗位上谱写出不平凡的篇章。

• 新疆维吾尔自治区 •

杨百京：只争朝夕　不负韶华

张　怡*

杨百京

九三学社新疆维吾尔自治区石河子市委员会副主委，新疆生产建设兵团中医医院副院长，新疆生产建设兵团防治新冠肺炎中医药专家组组长。

寒梅雪中尽，春风柳上归。凛冬将要离去，雪融天蓝草青，明媚的阳光再次照亮这片土地。2020年3月的一天，赵先生和毛女士一大早驱车几十公里来到了泉水地传染病医院大门前，双手捧着几袋结婚的喜糖，当他们看到医生护士的那一刹那再也抑制不住，热泪盈眶，深深地鞠了一躬，哽咽着说："感谢你们冒着生命危险拯救我们的生命！这是我们的喜糖，请你们一定要分享我们的甜蜜，你们也要保重自己的身体！"看到这一幕，杨百京和他的团队被深深地感动了！他清楚地记得赵先生和毛女士是一对恋人，从武汉回来探亲，准备要办喜事的，但1月26日却不幸被确诊为新冠肺炎。对这对年轻人来说，这犹如晴天霹雳，当时的痛苦和惶恐有多大可想而知！这对年轻人也是石河子最早被确诊的病人，上级领导和院领导都高度重视。作为兵团中医医院副院长和兵团名中医，杨百京很快组织中医专家团队参与了整个中西医结合救治工作全过程。如今，看到这对年轻人脸上洋溢的幸福，他能不激动吗？这喜糖既是表达他们对医护人员工作的最直接的认可和尊重，也代表着美好幸福生活的开始！

---

* 作者系九三学社新疆维吾尔自治区委员会宣传部干部。

杨百京是九三学社石河子市委副主委,兵团中医医院副院长,兵团防治新冠肺炎中医药专家组成员。2020年1月26日,他被推荐为兵团防治新冠肺炎中医药专家组成员。按照兵团卫健委和石河子大学医学院第一附属医院(以下简称石大医学院一附院)党委的要求,他牵头成立了兵团中医医院抗击新冠肺炎中医专家组并担任组长,和专家组成员根据国家第五版诊疗方案,结合新疆地域和气候特点,征求全国名中医袁今奇、孙良佐教授意见,很快制定了石大医学院一附院中医治疗新冠肺炎的方案。同时针对医务工作者及密切接触的一线工作人员,制定"扶正防疫汤"。他协调中药房每天煎熬扶正防疫汤,为一线3000余名工作人员做好防疫工作。因药材消耗量大,很快部分药材出现库存不足。杨百京多方沟通协调,及时调整药方,将石河子三家医院药材进行资源整合,根据不同岗位及危险性,有针对性地制定了3个分层防疫处方。这些药方此后也被石河子市人民医院、八师148团和石河子总场等单位使用,为一线工作人员预防疾病和当地防疫发挥了积极的作用。

他将兵团中医专家组的专家纳入医院专家组参与会诊。每隔4天连续会诊2天,每天会诊多次。在会诊时,为了确保药物配方没有偏差,考虑个体差异,对每位病人的作息时间和生活习惯都要了解清楚。2月5日,杨百京还被兵团卫健委推荐任命为兵团防治新冠肺炎定点医院泉水地传染病医院副院长,负责建立中西医结合防治新冠肺炎机制和联系专家会诊以及药房等工作。泉水地传

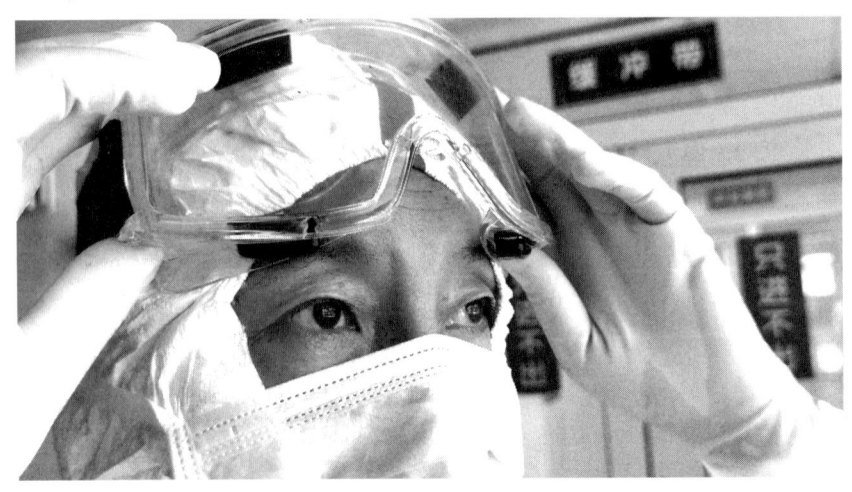

杨百京在工作中。

染病医院距离石河子人民医院30多公里，有时一天要会诊十几个病人，但由于疫情期间车辆人员控制，他只能自己开车，连轴转往返于两个医院之间。没有时间休息，顾不上喝水，更没办法按时吃饭，牙疼得半个脸都肿了，话也说不出来，但他还在坚守着，认真了解每一个患者的病情。半夜饿了，就泡个方便面，吃完饭坐在椅子上打个盹，醒来后继续加班，夜间办公室的灯是常亮的，工作人员可以随时找到他，他把科室当成了临时的宿舍。他的妻子会时常给他发信息，关心他的身体情况，但不敢打电话，担心影响他的工作。杨百京也时常牵挂妻子，妻子患有糖尿病和冠心病，一个人在家，需要有人照顾，但在工作面前，他只能舍小家，顾大家。

从2月9日开始，杨百京到泉水地传染病医院后，全身心地投入工作，团结同志，以身作则，与同事们一起，加强培训，完善制度和流程，全力对收治的病人进行救治。对确诊的病例，他根据辨证论治的结果，及时开具中药处方，还经常会亲自询问患者病情和服药后的反应、情志、饮食、睡眠等状况，及时调整确定中医治疗方案，给患者指导饮食、调理情志、坚定信心等，保证患者服用中药后减轻病情。经过他治疗的病人无一人转为重症。他一直关注疫情的报道，根据自己的工作经验，利用微信朋友圈为大家讲授中医科学预防新冠肺炎的知识，引导广大市民和各族群众科学防疫。针对一些假信息和不科学的认知，特别是看到大家排队抢购双黄连口服液的报道后，他连夜加班写了数千字的中医科普文章，就中医对疫病的认识和防护措施进行了较为全面的介绍，提出"科学防疫，主动防病"的观点，很短的时间就有近万人阅读和关注。除此之外，他还经常与应征远赴武汉及兵团四师的同事们联系，为他们加油打气，让他们做好防护，早日胜利归来！经常同兵团各师的中医专家互相交流抗疫经验，讨论完善兵团中医中药防疫治疫方案。

这场突如其来的疫情让大家措手不及，然而，有那么一群人，不顾个人安危奋战在抗疫一线，用职责坚守平安。正因为有你们在身边，我们才有幸福与健康。疫情就是命令，你们义无反顾，你们是充满爱与责任的白衣天使，向你们致敬！

后 记

《白衣披甲　家国情怀——九三学社参与抗击新冠肺炎疫情典型事迹》一书，是九三学社中央为记录广大社员和各级社组织积极参与2020年抗击新冠肺炎疫情，向伟大的抗疫精神致敬而专门组织编写的。为此，社中央专门成立编委会并面向全社征稿，共收到投稿171篇。经九三学社中央宣传部审核和编委会严格审订，将其中的113篇编辑成书，按照"全国抗击新冠肺炎疫情先进个人"称号获得者和"其他典型"，以及我国省级行政区划、"全国卫生健康系统新冠肺炎疫情防控工作先进个人"称号获得者、主人公姓氏笔画等排序。

本书图文并茂，讲述了泪别亲人远赴武汉的呼吸科医生，日夜守护病患的护理专家，与死神搏斗的重症专家，收治病患保护家乡的本地白衣战士，以及许多为抗疫奉献爱心、服务一线的志愿者、企业家们的感人事迹，展现了广大九三人在抗击新冠肺炎疫情的历史大考中，同中国共产党想在一起、站在一起、干在一起的坚定政治信念，与全国人民团结一心、众志成城抗击疫情的拳拳赤子之心，是九三人身上具有"生命至上、举国同心、舍生忘死、尊重科学、命运与共"伟大抗疫精神的鲜活体现。

本书的编辑出版得到了九三学社中央的高度重视。社中央主席武维华亲自撰写序言，副主席丛斌担任编委会主任、领导编纂工作。学苑出版社、30个省级组织及社中央各专（工）委对本书的编写工作均给予大力支持，在此表示衷心感谢。

由于编者水平有限，疏漏与差错在所难免，敬请读者见谅并指正。

编　者

2020年10月